JACQUES ATTALI

HISTOIRES ET AVENIRS DE L'ÉDUCATION

教育の超・人類史

サピエンス登場から未来のシナリオまで

ジャック・アタリ

林 昌宏 訳

大和書房

JACQUES ATTALI

HISTOIRES ET AVENIRS

HISTOIRES ET AVENIRS DE L'ÉDUCATION
by Jacques ATTALI

すべての臣民が学問に勤しめば、国家はとんでもないことになる。
多くの臣民は傲慢になり、従順な者はほとんどいなくなる。
臣民が学問するようになれば、国富の源泉である商売や、
国民の胃袋を満たす農業はおろそかになる。
また、兵士を育てるのは、学問ではなく粗野な無知であり、
臣民が学問に勤しめば勇敢な兵士がいなくなる。
学問を推進すれば、国が豊かになるというよりも、家庭が崩壊し、
世間を騒がす面倒な人物が増えるだろう

*

『政治的遺書』／リシュリュー枢機卿／1688年

村で最も美しい建物は学校であるべきだ。
学校に通う子供には、まるで宮殿を訪れるような気持ちになってほしい。
子供が村の教会ではなく学校で、学術によって高尚な理念を抱くようになり、
コンドルセが説いたような自然科学を尊ぶ人物になることを願っている。

*

ジョルジュ・クレマンソー（元フランス首相）／1884年

子育てには村が必要だ

*

アフリカの諺

叡智と創造力を養う者だけが
豊かな人間になれる

*

『マゼラン』／シュテファン・ツヴァイク／1938年

日本の読者へ

本書が日本で出版されることを大変光栄に思う。これまで私はさまざまな分野において、過去を分析することによって未来を予測する書籍を多数上梓してきた。本書もそうした試みの一冊だ。

世代間で知識を伝承すること、つまり、過去から未来を築くことが教育の役割だが、教育を通して未来を占うことは難しくなった。なぜなら、職業の種類が安定していた過去と異なり、今日では、未来にどのような職業が存在するのかが、わからないからだ。また、将来の世代にはどのような脅威が訪れ、どのような課題が待ち受けているのかも、きわめて不透明だ。

そのため、教育も時代の流れに応じて柔軟でなければならず、社会のあらゆる階層の子供も大人も、そして男子だけでなく女子も、教育に関心を持つ必要がある。

とくに日本の教育制度は、優秀な生徒にとってはきわめて効率的だが、女子よりも男子を、そして優秀な生徒を優遇しすぎ、暗記と競争に重きを置きすぎている。その結果、生徒は学歴病、引きこもり、受験戦争などで若くして疲弊してしまうこともあるだろう。

今日、世界の他の地域と同様、日本もあまりにも急速なテクノロジーの進歩に脅かされている。若者は読み書きから遠ざかり、ＳＮＳやビデオゲームに釘付けになっている。これらの新しいテクノロジーは輝かしい未来の展望を切り開く一方で、すべてが教育に資するわけではない。

国民の生活水準と暮らしを守る鍵である教育水準を維持するには、教育を発展させ続けなければならず、日本の未来の教育は、地政学、文化、教育学、テクノロジーなどを考慮して発展させなければならない。本書で詳述するように、とくに人工知能（ＡＩ）と神経科学は、教育に多大な影響をおよぼすだろう。こうした新しい分野の教育では、教師と保護者に対するこれまでにない研修や、斬新な教育法の開発が必須になる。

理想的な教育制度はまだ見えていないとしても、今日、世界で最も優れた教育制度は、フィンランドとシンガポールのものだと言われている。その理由を挙げると、教育学の最新の知見の導入、自国文化のニーズや特異性の考慮、教育への潤沢な公的支出、教師の社会的地位の高さ、および経済的な豊かさ、家族ならびに国民全員に生涯教育を受ける機会を設けるという社会的な仕組みなどだ。

つまり、世界の他の地域と同様、日本においても、外国の教育事例に精通し、性別や出自にかかわらず、生徒、若者、大人に教育の機会を均等に保証し、インターネットやビデオゲームの中毒に抗い、読書と手書きを奨励し、競争の激化を緩和し、個人のテスト結果に重きを置きすぎず、将来必要とされる資質を育成することが急務なのだ。

重要になるのは、創造力や独創性と独自性の追求、意欲、努力、粘り強さ、危機感、へこたれない精神、情熱、親切心、共感力、チームワークの精神、長期的な視野、自国の言語と文化の保護などである。

これらすべてにおいて、日本の歴史は、輝かしい未来の礎となるだろう。

目次

第二章

一神教による教育の支配

——紀元一年から一四四八年まで

第四章

権力者と理想の教育

——一七〇〇年からフランス革命まで

第五章

教育の発達と経済

——一八〇〇年から一九〇〇年まで

イギリス：貧者に教育をほんの少し施す

アメリカ：国をつくるための学校

プロイセン：暴力による服従の学校

フランス：学校から教会の影響力を排除するための長い闘い

アルジェリアなどのフランスの植民地：教育は施さず、隷従させる

ロシア：教育の普及を意図的に遅滞させる

ヨーロッパの他の地域：教育が普及する

オスマン帝国とイスラム世界：低迷し続ける

インド：帝国統治に全力を尽くすが、インド人には何もしない

メキシコ：アメリカ大陸初の非宗教型の教育制度

ブラジル：出遅れる

アルゼンチン：アメリカ大陸のイタリア

中国：二〇〇〇年にわたる教育制度は瀕死の状態

日本：徹底した西洋化

第六章 すべての人が教育を受ける時代
――一九〇〇年から二〇二二年まで

日本：まもなく子供のいなくなる国の過酷な競争
中国：すべては帝国と皇帝のために
イスラエル：複合的な制度
ロシア帝国、ソビエト連邦、ロシア：災難に次ぐ災難
インド：ひどい惨事
パキスタン：惨憺たる非宗教教育
ブラジル：迷走する政治に打ちのめされた貧弱な教育制度
メキシコ：成功できたはずが崩壊
チリ：徹底した民営化
アルゼンチン：ラテンアメリカで最も進んだ国
サハラ砂漠以南のアフリカ：悲惨な教育状況
ナイジェリア：世界最悪の教育制度
コンゴ民主共和国：フランス語圏の悲劇
エチオピア：内戦によって脅かされるアフリカの成功例
サウジアラビア：つい最近になっての進歩
モロッコ：挽回困難な遅れと格差
アルジェリア：負の遺産を引きずる学校制度

◎本文内における〔　〕は、翻訳者による補足である。
◎読みやすさ、理解のしやすさを考慮し、原文にはない改行を適宜加えた。

序章
教育の歴史から未来を予測する

価値観や知識の継承がなく、好奇心や学習意欲が育まれることがないと、社会はどうなるだろうか。子供時代に大切にされず、両親から価値観や知識を学ぶ機会のなかった人々や、熱心な教師に出会えず、落ち着いた学習環境を得られなかった人々は、どんな運命を辿ったのか。

私の場合、何人かの人物から多大な影響を受けた。

まず、両親。両親は正式な教育を受ける機会を持たなかったが、知識と学校を非常に重視し、自分たちを犠牲にして、私と弟、妹の学業を全面的に支援してくれた。

次に、偉大な教師たち。フランスの小学校高学年の教師は、私の学習意欲を目覚めさせてくれた。フランス語とラテン語を担当していた中学校の教師は、フランス文学とラテン文学の面白さを教えてくれた。別の中学校の教師は、古代ギリシアの演劇について熱弁してくれた。高校時代の教師は、放課後にプルーストの作品を読み解いてくれた。グランゼコール〔一般大学と区別される高等教育機関〕準備学級の数学の教師のことも鮮明に覚えている。エコール・ポリテクニーク〔理工系のグランゼコールの一つ〕を卒業した天才的な学者は、恐ろしく抽象的な概念を明快に解説してくれた。フランス史の権威だったパリ政治学院の学者からも大きな影響を受けた。また家庭教師たちは、長続きする勉強法を伝授してくれた。彼らは柔道のコーチのように私を励ましてくれた。そして高校時代の物理の教師だ。この教師は私に対し、クラスメイト全員の前で「君は、学問には向いていない」と断言した。だが、私はこの教師にも恩義を感じている。これらの教師たちのことは生涯忘れない。彼らの名前を列記しておく。バルデンウェグ、チャポーレ、フェルミジェ、ジョルノ、エカレ、シュワルツ、ジラルデ、スミロヴィッチ、ストラ、ルフェーヴル。

彼らの誰一人として、今日の教育法を知らなかった。彼らは教科書と問題集の他には何も持っていなかったが、伝える情熱だけは全員が持っていた。

その後、私は偉大な人物たちと出会い、彼らとの会話を通じて今日まで歩んできた。彼らの名前も列記しておく。ケネス・ジョセフ・アロー〔経済学者〕、ルネ・トム〔数学者〕、ルネ・ジラール〔文芸評論家〕、フェルナン・ブローデル〔歴史家〕、アンリ・アトラン〔哲学者〕、アンドレ・ルロワ＝グーラン〔社会文化人類学者〕、ミシェル・セール〔哲学者〕、アンリ・ラボリット〔神経生物学者、哲学者〕、ジョエル・ド・ロスネー〔作家〕、ルネ・サミュエル・シラ〔ユダヤ教指導者〕、マチウ・リカール〔チベット仏教僧、作家〕、イヴ・ストゥルデ〔社会学者〕、エドガール・モラン〔哲学者〕、フランソワ・ミッテラン〔政治家〕だ。

最後に、私の教え子たちだ。彼らの学習意欲により、私の思考は明確になった。実際、直感が最も働くのは、教えたり書いたりしているときだ。誰かに伝えようとすることで、何を伝えるべきかが見えてくるのだ。

読者の場合はどうだろうか。とくに、女性の場合、誰から影響を受けただろうか。何千年にもわたって知識や芸術を伝承する人々がいなかったら、人類はどうなっていたことか。たとえば、ゾロアスター教の文化や崇高なガーター〔サンスクリット語の詩句による経典〕は、ユーラシア文明の基盤だったのにもかかわらず、今日、それらの詳細について知る術はない。これらの例と同様、聖書、ウパニシャッド〔古代インドの哲学書〕、プラトンとアリストテレスの著作、アル＝フワーリズミーの数学、フランソワ・ヴィヨンとジャラール・ウッディーン・ルーミーの詩、バッハとモーツァルトの音楽、インドの歌などが、「先史時代の産物」あるいは「古臭い」といった理由から伝承されなかったら、現代はどうなっていただろうか。そして農民や職人が、休耕地、銅、鉄、ガラスの製造技術などを伝承していなかったとしたら、現代はどんな世の中になっていただろうか。

来年、再来年、二〇〇〇年後は、どうなるのか。健全な精神を持つ人々が環境に配慮しながら自由に暮らす社会を構築するには、全員がそのための学習をしなければならないのではないか。何千年にもわたって抑圧されてきた女性が、同じ社会で暮らす上流階級の男子と同じ学習機会を持つことはできるのだろうか。

私たちは何を伝えるべきだろう。世界中の子供を対象に普遍的な教科書のようなものが登場するのだろうか。古代文明は、現代とは異なる価値観を持つとして一掃されてしまうのだろうか。今後も読み書き算盤《そろばん》を学ぶ必要はあるのだろうか。教育によって機会の均等を保証できるようになるのだろうか。教育の役割は今日以上に、労働力の強化、規律正しい国民の育成、イデオロギーや信仰の普及を目的としたものになるのだろうか。教育を拡充すれば、少なくとも妬み、憎しみ、暴力、死に対する衝動を減らすことができるのだろうか。将来的に、自由、好奇心、疑念、勇気、芸術、分かち合い、真実、誠実、共感力の重要性を、全員に説く場は存在するのだろうか。教育により、誰もが自分らしさを見出せるようになるのだろうか。教育は環境保全の手段になるのだろうか。

誰が人類の叡智を伝えるのか。家族、教師、会社、団体、それともSNSだろうか。共同洗濯場、乗合馬車、固定電話、そしてこれらに付随する職業が消えてなくなったように、学校もいずれ消滅するのだろうか。暗記するという行為は無意味になるのだろうか。外国語を習得するのにかかる時間は短縮されるのだろうか。どうすれば生徒のやる気と集中力を引き出せるだろうか。幼少期の不平等を補うことはできるのだろうか。今後も多くの子供が体罰や虐待に苦しむのだろうか。生涯学習は一般化するのだろうか。将来、学校の教室はどんな雰囲気になるのだろうか。今日ではごく一部の国でしか達成できていないが、未来ではしかるべき訓練を受けた充分な数の教師を確保できるようになるのだろうか。教師は、教育の専門家が生涯にわたって担う特殊な職業であり続けるのだろうか。教育は人類共通の必要不可欠なものだと見なされるようになるのだろうか。

これらの問いの回答を見出すには、知識や文化、イデオロギー、技術、儀式、風習の伝承に関する長い歴史を物語る必要がある。

人類は教育の必要性に、いつ、どうして気づいたのか。自分たちの子供を支援するため、つまり、子供に自分たちよりも豊かな人生を送ってほしいという願いだけが、教育の必要性だったのか。また、どのような教育が、女性や抑圧された社会層、マイノリティの解放に微力ながらも寄与し、経済、社会、政治の発展を促したのかを確認する必要がある。教育は、いかにして農業や工業、技術の発展を後押ししたのか。権力や地政学は教育からどのような影響を受けたのか。

これらの問いに対する私の回答を数行にまとめると、次の通りだ。

社会を機能させるのに必要な知識の伝達は、世界中で何千年もの間、一九世紀中頃までは、おもに学校抜きで、学校外で、さらには学校に反して行われてきた。学ぶ時期は子供時代であり、これは現在も変わらない。学びの場は一般的には家庭であったが、多くの子供が職場で学んでおり、女子は学ぶ機会を持たなかった。学びの場では虐待が横行していた。ようやく近年になって、学校は知識伝達の主要な場になったが、現在では人口増加とデジタル化という二つの荒波に巻き込まれ、世界中で崩壊の危機に瀕している。

二つの悪夢のような未来が予見できる。

一つめは、財源不足によって人類の四分の三が学校に通うことができず、知識を得ることができないという悪夢だ。教育制度はヨーロッパにおいてさえ崩壊する恐れがある。

二つめは、デジタル機器や遺伝子操作を利用して知識を個別に伝達できるようになるという悪夢だ。社会的に役立つ知識は、各自の脳と直結する機械によって伝達される。このようにして知識を得る人間自身もいずれ機械だらけの人工物のようになる。この悪夢では、エネルギーを最も消費しないはずの教育という活動が、気候変動の大きな脅威になる。

これら二つの悪夢が同時に現実になる恐れもある。そうなればリアルな学校は消滅するだろう。これら二つの悪夢は、個人主義や公共サービスの民営化の推進といった昨今の潮流と合致する。この場合、遠い昔のように、質の高い知識を受け継ぐことができるのは超富裕層だけになる。

教育制度の崩壊と機械化という二重の悪夢を回避し、誰もが「自分らしく生きる」ことを支援するには、現在の世界経済を「命の経済〔すべての人が健康に暮らせることを優先する経済活動〕」へと移行させ、公的および私的な初期教育と生涯教育に莫大な投資を行う必要がある。そうすれば、親や教師といった教育関係者は、未来のテクノロジーを最大限に活用した個別教育法によって、子供の出自や年齢にとらわれることなく、新たな四学科〔芸術、科学、生態学、倫理学〕と価値観〔自尊心、生命への敬意、共感力、利他主義、学ぶ喜び、探求心〕を伝えることができるようになるだろう。

唯一の期待は、将来的に新たな人類「ホモ・ハイパーサピエンス」が誕生し、「集合知」、さらには「超意識」が生み出されることだ。

以上が、本書のきわめて簡潔なまとめだ。

＊

本書は教育に関する総合的な歴史書というよりも、さまざまな形態の知識伝達の歴史とその未来についての書だ。

私の知る限り、いかなる言語でも、教育に関する総合的な歴史書、さらにはさまざまな知識の伝達に関する歴史書はまだない。世界にはこれらのテーマに関する優れた文献が多数存在するが、それらは基本的に、国、分野、時代ごとに絞って構成されており、しばしば残念なほど不完全であり、明白な事実についても出典が矛盾している。

そして教育の長期的な展望については、ほとんど考察されていない。たとえば、家庭や職場での知識の新たな伝達形式、あらゆる人に新たな知識を生涯にわたって授けるという課題、必要となる財源や人材、的確な教育法、教育に用いられるであろう未来のテクノロジー（例：ホログラム、神経科学、遺伝子工学など）、教育に関して民間部門が担うであろう役割、伝える、そして教えるべき内容などだ。真実、努力、共感力、協調性、親切心、非暴力、生命の尊さなどをあらゆる人に教えるための包括的な教育計画に関する考察を記した書物はさらに少ない。

本書は、私が四〇年以上前から始めた「世界の歴史と未来シリーズ」の一冊でもある。これまで私は、医療、フランス、時間、所有、迷宮、愛、国家債務、地政学、ノマディズム、近代性、娯楽、ユダヤ人、海、食、メディアに関する歴史と未来を執筆した。

何らかの形で伝達について語ったこれらの書籍も本書の源泉だ。これらすべての書籍は相互に影響をおよぼし、人類の歴史と未来に関する、私なりの壮大なフレスコ画になっている。

＊

知識を伝達するのは人類だけであり、人類が登場する以前には次世代に技能を伝えたり教えたりする植物種や動物種は存在しなかったと思うかもしれない。多くの哲学者はそのように考えてきた。

たとえば、ジャン＝ジャック・ルソーは『人間不平等起源論』〔一七五五年〕において「動物の個体では、数ヵ月の間にすべての能力が完成する」と記している。

その数十年後、イマヌエル・カントは『教育学』〔一八〇三年〕において「動物は本能によって完成されている。つまり、外部の理性がすべてを取り仕切っている。一方、人間は本能を持たないため、自分の理性を必要とし、行動計画を自分自身で立てなければならない。人間は未熟な状態で生まれてくるため、他の人間がこれを代行する必要がある。（……）人間は規律による教育によって動物とは異なる存在になる」と記した。

ルソーは自由であること、カントは規律正しくあることを教える必要があると説いた。両者は、学んだり伝えたりするのは人間固有の活動だと考えていた。

たしかに、多くの動植物種は子孫にほとんど何も伝えない。遺伝子配列を受け継ぐだけで、生まれたときからサバイバル術と生殖法を独学する。とくに、多くの生物種は遺伝子の影響力だけを利用して味覚や嗅覚を磨き、食べ物を見つけ、危険から遠ざかる。多くの生物種では、大人は生まれた子供の世話をしない。大人は、年長者が面倒を見ることなどないとわからせるために、子供に対してしばしば非常に厳しく接する。子亀は誕生直後に母亀に見捨てられるので、生き延びるには自分の本能だけが頼りだ。ツグミやキジバトなどの鳥は、数週間前に生まれた雛鳥をくちばしでつついて巣から飛び立つように促す。その後、雛鳥は親鳥の真似をしながら生き延びるのに必要なことを独学する。鳴き声も同様だ。農場の近くに生息するツグミは、自分は鶏だと勘違いし、鶏の鳴き声を真似る。

反対に、思いやりを込めて子孫に知識を伝える動植物種も存在する。これらの生物種は、あたかも次世代にサバイバル術を教えることが自身の幸せな暮らしにつながると理解しているかのようだ。ちなみに、私はこうした態度を「利己的な利他主義」と呼んでいる。

たとえば、いくつかの種類の樹木の親木は、幼木が樹冠の陰で育つことになっても生き残れるように長年にわたって日光を意図的に奪っているようだ。また、別の植物は経験から得た情報を細胞の一部に蓄積して次世代に伝達している。一例として、アブラナ科のシロイヌナズナは、ストレスになる出来事に遭遇すると、子孫がそうした出来事に適応できるように遺伝子を組み替えることによって遺伝的多様性を高める。この自己遺伝子組み換えによる適応力は、同様のストレスにさらされなくても、その後、四世代にわたって継続する。

さらには、実演、模倣、反復練習、懲罰、報酬など、人間と同様の方法を用いて次世代に知識を伝える動物種もある。たとえば、コンゴのボノボの場合、雌は樹上の住処のつくり方、雄は道具の使い方を子供に教える。ギニアのボッソウ村の森林に棲むチンパンジーは、木の実を石で砕いて割る様子を子供に見せて真似させる。北アメリカの熊は子熊に木登りを教え、失敗すると蹴ったり噛んだりして罰する。ナミビアの豹はガゼルを捕まえても、すぐには殺さず、子供と遊ばせてから、母親が仕留め方を教える。チーターの子供は、生後七ヵ月になると母親から一年ほどかけて猟を習う。カンムリガモの雌は、雛鳥に魚の捕まえ方を長時間にわたって教え、雛鳥が疲れ果てると背中にのせて岸まで連れて帰る。太平洋のシャチは、イルカを呼び寄せて捕まえるためにイルカの発する音の真似方を子供に教える。アメリカ北東部沿岸の鯨も採餌《さいじ》術を次世代に教える。イルカの母親も採餌術を子供に教える。ちなみに、西オーストラリアのシャーク湾では、イルカの採餌術は「シェリング〔貝殻を使った採餌〕」と呼ばれている。

カラス〔記憶力抜群。二年後も見た顔を覚えている〕は、雛鳥に真似させながら捕獲術を教える。オウムの中には、人間から一五〇の言葉を学び、一〇〇〇以上の言葉の意味を理解し、色の名前を言い当てたり、ゼロを含めて六まで数えたりすることのできる個体がいる。ガボンのアレックスという名前のヨウム〔オウム目インコ科の鳥〕は、鏡に映った自分の姿を見て「自分の羽は何色か」という質問をした史上初の動物だ。

また、習得した能力を子供に伝える動物もいる。たとえば、一九二〇年、ロンドンのシジュウカラは住宅の玄関先に置かれた牛乳瓶のふたを嘴《くちばし》でつつけば浮いた脂肪分を飲むことができると気づいた。数ヵ月後、ロンドン近隣の街では別のシジュウカラも同じように牛乳を飲み始めた。二五年後、この現象はイギリス全土で確認されるようになった。

同様に一九五三年、日本の宮崎県にある幸島《こうじま》では、雌のニホンザルが人間からもらったイモを海水で洗ってから食べるようになった（それまでイモを洗ってから食べるニホンザルは一匹もいなかった）。三ヵ月後には周りのニホンザル、五年後には島中のニホンザルがイモを洗ってから食べるようになった。最初のニホンザルがどうしてイモを洗うことを思いついたのか、そしてどうやってこれを仲間に伝えたのかは不明だ。


では、人間の場合はどうなのか。これが本書のテーマだ。

二〇〇万年前に存在した最も初期のヒト属ホモ・ハビリスの社会組織、そしてとくに次世代への知識（例：衣食住、狩猟採集）の伝達法については、ほとんど何もわかっていない（およそ七〇〇万年前のサヘラントロプスについては、さらにわかっていない）。

知識伝達が行われるようになったきっかけの一つは、ある集団のメンバーが「次世代の能力を高めることは自分たちの利益につながる」と理解したからだろう。すなわち、自分たちが衰え、狩猟、採集、物資の運搬、自衛などの活動が難しくなったとき、次世代が自分たちの助けになり、さらには役割を交代してもらうことに利益を見出したのだ。また、人類としてというよりも、部族としてサバイバルしなければならないと強く意識し始めたからに違いない。おそらくこの時点から、これらの活動を担う人材を確保するために他の人間を服従させ、彼らに訓練を施すようになったはずだ。

言語が発明されるはるか以前から、世代を超えて伝えられてきたのが火の利用だ。火の利用は少なくとも一〇〇万年前から行われていた（南アフリカにあるワンダーワーク洞窟からは、焼けた動物の骨片や植物の灰が見つかっている。だが、当時のホモ・ハビリスが火をつけることができたのか、自然に発火した火を保管していただけなのかは不明）。火で調理したものを食べることにより、生のものを咀嚼するために使っていた脳の領域に余裕が生じた。そして梃《てこ》や石器のつくり方（数多くの痕跡が残っている）、さらには、狩猟や待ち伏せの方法、調理、布の製造法、皮のなめし方、裁縫、楽器の製造と演奏、天候の予想、薬草の効能、狩猟や漁業の時期などが、次世代に伝えられた。

それからしばらくして登場したホモ・エレクトスはアフリカ大陸を脱出し、中国まで旅した最初のホモ属だ。およそ五五万年前、ホモ・エレクトスはホモ・サピエンスと同様、当時は遊牧民であり、最初の生息地はアフリカだったが、その後、世界中に散らばった。洞窟の壁画は狩猟のノウハウや旅の儀式を伝えるためのものだったと思われる。ジャワ島のトリニールでおよそ五四万年前の地層から見つかった淡水貝に彫られたジグザグ模様は、今日までに発見されている最古の記号だ。

その後、（およそ三〇万年前から始まった）中期旧石器時代には言語が登場し、物語が語られ、歌によって知識が伝えられるようになった。この一族の末裔とも呼ばれるニジェール共和国のフラニ族に属するウォダベ族は、モンゴルの遊牧民と同様、おもに歌によって知識を次世代に伝えている。もっとも、ペルーのシャラナワ族など、歌によって禁忌や儀式を伝える部族はたくさんある。

しかしながら、こうした学習過程における児童虐待については、まったくわかっていない。またこの時期から、人間は動物とともに埋葬されるようになった。こうした葬儀も世代を超えて受け継がれたと思われる。

およそ七万五〇〇〇年前、まるで芸術家が生徒に知識を伝えるためにつくったデッサン学習教材のようなものが登場した。それは南アフリカのブロンボス洞窟で見つかった黄土片だ。黄土片に刻まれたデッサンは、人体や壁に描く模様を学ぶために用いられたのだろう。

およそ五万年前、ホモ・サピエンスはアフリカ大陸を離れ、相変わらず遊牧民として暮らし、洞窟の壁画を通じて知識を伝達した。現在までに見つかっているこうした壁画で最も古いのは、およそ三万六〇〇〇年前のものだ。

こうした時期における、子育ての方法、つまり、大人が子供をどう扱ってきたかについては、ほとんど何もわかっていない（例：子供が受けた愛情、暴力、トラウマなど）。

定住化（およそ一万二〇〇〇年前、おそらくサヘル地方、次にエチオピアの高地）、次に新石器時代の始まり（およそ紀元前八〇〇〇年）より集落が形成され、在庫管理と会計の必要が生じ、こうした業務を担当する専門家が登場した。これは世襲制だった。

次に、次章以降で詳述する内容の要約を記す。

史上初の帝国が誕生したメソポタミア地方で文字が発明されたおよそ紀元前三四〇〇〇年頃

（数字の発明よりもかなり後の時代）、知識は粘土版やパピルスに記されて伝達されるようになった。記されたのは、アルファベットではなく、まだ記号だった。職業は専門化し、見習い期間は長くなった。ほとんどの場合、男子は父親の職業、女子は母親の家事を引き継いだ。

社会階層の最上位に位置する人々は、他者の労働によって生じる余剰で暮らし、子供の教育の一部を家庭教師（一般的に奴隷）に任せた。家庭教師は、これらのエリート（写字生、会計士、医師、神官、教師、将校）にとって有用な人材も育成した。学びの場と形式は、後に「学校」と呼ばれるものとはまったく異なっていた。

芸術家（彫刻家、金属細工師、武具師、陶芸家、家具職人、画家、語り部、詩人、音楽家、歌い手）は、師匠のもとで修業した。農民、織物工、パン職人、鍛冶屋、肉屋、陶工は、畑、作業場、店で働きながら修業した。

貧しい出自の若者が権力者になることもあった。女性の中には、良妻賢母あるいは宮仕えになるのに必要なことだけを学ぶという義務から逃れ、社会的に高い地位に就く者も、稀にだが存在した。

この時代、今日と同様、幼い子供の教育はほとんど家庭で行われたが、それは必ずしも愛情に基づくものではなく、肉体的、性的な虐待、過酷な労働が横行していた。

四〇〇〇年前、メソポタミアに始まり、インド、エジプト、中国に、今日の大学の原型とでもいうべき、一部の若者を対象にする学問の場が誕生した。これらの場では、今日でいう数学、物理、医学、哲学、詩、歴史、地理、地政学の知識が伝えられた。ほとんどの場合、これらの場で学んだ者は、社会のイデオロギー、宗教、政治を司る職に就いた。学問形式は今日の大学とは大きく異なっていた。

やがてアルファベット文字の起源となる文字を生み出したユダヤ教とともに、新たな価値観と禁忌が登場した。少なくとも紀元前八世紀になると、ユダヤ民族は全員、律法の教えを知り、伝えるために、読み書きを学ばなければならなかった。

当時の世界最大の勢力だった中国における教育は祖先崇拝とほぼ同義であり、その目的は常に崩壊の危機にさらされていた帝国の幹部を養成することだった。

また、インドの仏教もすべての人に教育を施すという理想を掲げたが、世界で初めてすべての人に読み書きの習得を実際に課したのはユダヤ民族だった。ユダヤ民族の世界では、一般的に祈りの場の近くに学習の場が設けられた。

それからしばらく経つと、ギリシア、次にローマにおいて、支配階級の子供のための学校、高校、ギムナシオン（運動だけでなく討論も行う場）が建てられ、今日でも尊敬されている人物の哲学（当時の「科学」の名称）が伝えられた（とはいえ今日の規範に照らし合わせると、彼らの大半は、女性蔑視者、小児性愛者、差別主義者、独裁制と奴隷制の追随者として糾弾されるだろう）。

紀元後一〇〇〇年くらいまでは、生きていくための知識伝達はおもに母親によって行われ、その後は幼い子供であっても職場で知識を得ていた。ヨーロッパでは、古代ギリシア・ローマから受け継いだ教育法ならびに哲学と科学は、キリスト教、次にイスラム教の教義と対立し、次第に宗教がその影響力を強めていった。

古代の学校を引き継いだカトリックの学校は、司祭や宮仕えになる予定の者だけを迎え入れた。カトリック教会にとって、これら以外の人が読み書きを学ぶ必要はなかった。したがって、識字率は向上しなかった。

ヨーロッパでは一〇世紀以降、ほんのわずかしか存在しない小学校、中学校、初期の大学において、宮仕えになるごく少数の男子が、宗教、法律、医学を学んだ。残りの子供たちは、家庭や教会、畑、作業場、店で知識を得た。

一四世紀以降、教会の影響力から逃れたフランドル地方とヴェネチア、次に、印刷機が発明されて宗教改革が起こったドイツの小学校、中学校、大学では、教会の教えを揺さぶるような知識を大衆にも教えるようになった。

職場や学校では、職人、商人、裕福な農民の息子が工業、商売、農業に役立つ知識を学んだ。教育にはラテン語やギリシア語だけでなく、現地の言語も用いられるようになった。

多くの社会層で、両親と同じ人生を送るのは嫌だと考える男子も現れたが、女子の場合ではそうした夢を抱くことはできなかった。高度な学問と軍事教育を受けることができるのは、働かない権力者およびその取り巻きの子供だけだった。

一七世紀、プロテスタントになったオランダとスウェーデンでは、初等教育が法律上義務化された。その後、イギリス領アメリカとプロイセンでも初等教育は法律上義務化された。土地の分配が平等になればなるほど、親は子供を学校に通わせるようになった。また、農民や職人の子供たちの中には、親の職業を継がずに、教師、従業員、商人、将軍、枢機卿、政治家、学者、芸術家になる者も現れた。権力者は国民の大部分に教育を与えず、彼らを働かせた。というのは、国民に知識を授けると、彼らが反抗する恐れがあったからだ。街の路上をさまよう孤児は施設に閉じ込められ、まともな教育を与えてもらえなかった。

一八世紀(世界人口は十億人弱になった)、人々には社会を経済的に機能させる知識のみを伝えるだけでよく、国民全員を対象にする平等な学校を設立する必要はまだなかった。だが、そうした理想は(都市部の一部の有産階級の間で)芽生え始めていた。子供の気持ちを考慮する新たな教育法と、新聞、書籍、美術館などの文化を伝える新たな手段が登場した。

一九世紀以降、ヨーロッパとアメリカでは、驚異的な技術進歩にともない、若者に新たな知識を伝えなければならなくなった。そのためには、これまでよりも多くの子供を学校に通わせ、大人にもそれらの知識を周知させる必要があった。都市部を中心に、知識は世代を超えて継承すべきという考えが広まった。さらには、都市部には農村部からの移住を強いられた両親とともに暮らす貧しい若者が増え、彼らを路上に放置しておくのは社会的に危険になった。

ヨーロッパでは、カトリックの国でもプロテスタントの国でも小学校が増えた(最初は日曜日だけ。おもに教会が運営)。中等教育の機関と大学へは、相変わらず都市部の富裕層の子供だけが通った。とくにフランスでは、学校はカトリック教会の支配のもとに建設された。公的、私的な教育費は増加し始めたが、財源は加速する経済成長によって充分に賄うことができた。

アフリカ、イスラム地域、アメリカ、アジアの教育制度に変化はなかった。イスラム地域では宗教学校、中国では選抜試験だった(崩壊の危機と背中合わせの帝国にとって、幹部候補の選抜と育成は厳しさを増していった)。世界各地に入植したヨーロッパ人は、現地人を奴隷として扱い、彼らに知識を授けようとしなかった。

二〇世紀になると経済大国では、読み書き算盤ができ、理解力のある人材が大量に必要になったため、既存の秩序を危うくすることのない程度、作業場や家庭だけでは伝えることのできない内容を教えなければならなくなった。つまり、自動車を組み立てるように若者を流れ作業で教える必要が生じた。

商売が盛んな国では、四世紀前のヴェネチアやフランドル地方においてみられたように、裕福な商人と宗教を敵視する者が結束するようになった。両者は大地主と教会の影響力を排除しようとした(大地主と教会は同盟関係にあった)。北欧の一部の国では、こうした動きは成功を収めた。一方、フランスなどの国では、宗教と家庭は圧倒的な影響力を保持した。

どこの国でも特権階級の家庭の男子だけがよい学校に通い、最高の職に就くことができた。新たな教育法や知識伝達法(例:若者の社会運動、スポーツ、映画、ラジオ、テレビなど)が登場した。

世界中で公的、私的な教育費が急増した。経済活動は急速に発展した。

二〇世紀が進行するにつれ、国際連合教育科学文化機関(ユネスコ)などの国際機関により、読み書きの能力を授け、基本的な知識を教えるという理念が掲げられ、民主国だけでなく世界全体において国民全員に知識を授けるべきだという要望が強まった。

二〇世紀後半、学校は最盛期を迎え、知識伝達の殿堂になった。だが、北欧のごく一部の国を除き、社会的格差の再生産を防ぐことはできなかった。

どの国においてもイデオロギーに満ちた国粋主義的な教育は維持されたが（とくに歴史教育）、両親、教会、教師の権威を否定し、独自の価値観を持つ若者が増えた。

二〇二二年、世界人口（およそ八〇億人）における（非常に短期間で不充分な内容であっても）なんらかの教育を受けた人の割合は九五％になった。ちなみに、一九四八年の世界人口（およそ二四億人）に占める同じ割合は四五％だった。世界中で、幼少期から大人になるまでに、知識伝達が多少なりとも学校を通じて行われるようになった。

そうはいっても、二億四〇〇〇万人の子供はいまだに学校に通えず、さらに多くの子供は経済的に学ぶ余裕を持たない。教育は大いに発展し、ほぼ世界中で過酷な受験戦争が続いているが（北欧の一部の国は除く）、恵まれた環境にある子供だけが、優秀な教師のいる学校に通い、名門大学に進学し、将来性のある職業に就いている。

民間企業は教育事業によって儲けようとしており、宗教とイデオロギーは相変わらず多くの教科を支配している。多くの国では、学校は充分な訓練を受けていない教師が生徒の面倒を見る託児所のような施設になっている。

ほぼ世界中で女子がいまだに教育制度の犠牲者であることに変わりはないが、かなりの数の女子は男子と同じ年齢で教育を受けられるようになった。女子は男子に勝るようになり、新たな知識や価値観によって社会を揺るがし始めた。

今日、主要な知識は、課外活動やデジタル機器などを通じて再び学校外で伝達されるようになった。多くの国では、幼い子供を含む若者がパソコン、テレビ、スマートフォンに費やす時間は、学校で過ごす時間と家族とともに過ごす時間を上回っている。こうした傾向は大きな変化を引き起こすだろう。

未来を予見して行動を起こすには、過去から教訓を導き出す必要がある（次章において詳しく分析していく）。それらの教訓をまとめると次の通りだ。

- すべての生物種のサバイバルに最も重要なのは、知識の伝達と環境変化への適応だった。
- 人類の活動の中で、知識伝達は最もエネルギーを消費しない活動の一つだった。
- 知識伝達のおもな目的は支配秩序を持続すること、そしてそれとは逆に、ときには支配秩序に反することもある革新的な知識を拡散することだ。
- 知識伝達は影響力を行使することを意味する。
- 多くの場合、知識伝達とは、労働力を維持し、国民の規律を保ち、イデオロギーや信仰を押し付けることである。
- 身体的、性的な児童虐待は過去から存在し、知識伝達はそうした虐待の一つの口実だった。
- すべての文明において、ごく稀な場合を除き、女性と女児は、つい最近までほとんどすべての知識から完全に遠ざけられていた。
- 裕福な家庭の男子は昔も今も、自分の好きな学問を選択して成功を収める機会に最も恵まれている。

▼権力者は国民を信用しておらず、国民が政治的、経済的、社会的に必要とする知識伝達を制限する。

▼芸術的、科学的な知識に関する教育（批判的な知識を形成する教育）は、人間の解放と経済成長に不可欠な要素だ。

▼数千年間、知識は、おもに氏族、宗教、職場を通して伝えられてきた。ごく稀に学校も知識伝達を行ってきたが、それは、権力者に仕え、権力者のために働く労働者たちのためのものだった。

▼知識伝達の基盤は今も昔も、模倣、反復、管理、懲罰だ。

▼知識習得に必要な時間は減っていない。

▼知識伝達の場は、次第に八つになった。すなわち、家族、氏族、職場、教会、軍隊、学校、メディア、SNSだ。

▼伝達すべき知識の分野は、次第に九つになった。すなわち、性、実用、軍事、神学、倫理、政治、芸術、法学、科学だ。

▼批判的な知識を学んだ国民ほど、子供の数が少なく、教育費を捻出しやすい。

▼知識伝達システムの性能は、社会のニーズと新たな発見に対応しながらも、システム管理者の利益のために常時内容を変更できる能力に依存する。

▼教育方針は常に支配階級の要望に即して決定されてきた。

▼将来、訓練が必要な職業の数は分業化とともに急増する。
▼人生における学習時間は増加し続ける。
▼憎悪、暴力、死に対する衝動の拒絶は、これまで伝えることに失敗してきた。
▼子供が両親とは違う道を歩もうとするとき、社会は進歩する。
▼批判的な思考を鍛える教育が普及すると、さまざまな集団との交流が加速する。
▼社会の教育水準のおもな決定要因は、子供たち一人一人のニーズへの対応力だ。
▼知識伝達の予算は、人口増とは関係なくますます増やす必要がある。
▼知識を伝えるという行為は、次第に教師などの専門家の仕事になった。
▼どこの学校も何らかのルールがない限り、富裕層の子供しか生徒にしない傾向がある。
▼知識伝達の際、当局は社会的規範から外れた思想を必死になって取り締まってきた。
▼学校の教室の雰囲気からは、その時代の労働現場をイメージできる。
▼教育者が知的な交流や物質的な交換、そして科学の進歩に役立つ知識を伝える手段や自由を持つ国が世界を制する。
▼さまざまな政治体制に関するイデオロギー、経済、政治に関する論争は、常に教育現場で繰り広げられ、各陣営は、優秀な研究者、教師、学生を囲い込もうとする。
▼教える、そして伝える際は、過酷な罰を減らし、学習者の満足感を高める方法を用いるべきだ。
▼質の高い教育システムは、二世代のうちに破壊されることも救済されることもありうる。

教育の歴史からは、次のような教訓も導き出せる。

▼よい教育システムを構築すれば、その財源を賄うのに必要な経済成長を生み出すことができると結論づけたいところだが、そうではない。
▼宗教色のない理性的な教育を普及させると、国は民主的になり、経済は繁栄し、社会は公正になると結論づけたいところだが、そうではない。
▼教育によって、科学、理性、芸術の推進に力を入れると、社会からは野蛮な行為や独裁者がいなくなると結論づけたいところだが、そうではない。
▼理性的な知識を授ければ、民主主義は守られると結論づけたいところだが、そうではない。

しかしながら、批判的精神に基づくきわめて高度な教育を全人類に非暴力的な形式で施すことがなければ、人類は自滅することになると私は確信している。

教育の過去から導き出したこれらの法則から未来を予測することは、原則としては可能だ。たとえば、一八世紀末の時点なら、女子はその後も長きにわたって学校に通うことができないと予想できたはずだ。二一世紀初頭の時点で、どんな知識がどのように伝達されるようになるのかを予想できたはずだ。答えは、氏族から核家族、農村部から都市部での暮らし、手工芸から工業生産への移行にある。

各国の学校の現況についても、過去を振り返ると納得できる。オランダの優れた教育制度、イギリスのエリートを優遇する実用主義、プロイセンの大学教育、アメリカとフランスの革命主義というユートピア、オスマン帝国の蒙昧主義、中国の選別主義などだ。

一八〇〇年の時点で、人類史上最悪の蛮行が発生すると予想できたはずだ。というのも、嫉妬や死に対する衝動を放置し、学校などを通じて、博愛の精神、女性の尊重、生命の大切さを教えることなく大量殺戮の手段が開発され始めたからだ。

同様に、二〇二二年現在の教育状況を考察すれば、二二世紀の知識伝達形式と内容、そして社会的、政治的な形態を予測できるだろう。

そのために歴史を語り、未来を占うことが本書の目的だ。

第一章 教育のはじまり
――ホモ・サピエンス登場から二〇〇〇〇年前まで

およそ三〇〇万年前の初期のヒト、そして三〇万年前のその後継者の間で、知識や能力がどのように伝わっていたのかは、ほとんど何もわかっていない。したがって、わずかに残っている痕跡から想像するしかない。しかしながら、こうした長い期間に何も起こらなかったと考えるのは誤りだ。人類は大いに旅をして、身体的、知的、文化的、社会的、技術的に大きな進化を遂げた。

およそ二〇〇万年前、（ホモ・ハビリスとまだ共存していた）ホモ・エルガステルの半数は一五歳に達せず、二五歳を超える者はほとんどいなかった。だが、彼らは子供が生き残って幸せに暮らすことが自分たちの利益になると気づき始め、サバイバルに必要な知識を伝えなければならないと悟ったようだ。たとえば、敵、野獣、悪天候から身を守る方法、食用になるモノの見分け方、火の起こし方、狩りや釣りの方法、獲物の解体、調理、裁縫、道具や武器の製造、育児などの知識だ。

まだ言語はなかったが、石斧などの非常に洗練された道具のつくり方など、数多くのことを学び、これらの知識と技術を次世代に伝えなければならなかった。これらの知識と技術は数十万年かけて進化を遂げたに違いない（一〇〇万年以上前につくられたミニチュア・サイズの石斧が見つかっている。これは子供に石斧のつくり方を教えるために用いた教材に違いない。というのは、ミニチュア・サイズの石斧には、子供がつくったと思われる失敗作も見つかっているからだ）。

三五万年前まで、こうした知識伝達には文字はもちろん、言語さえ用いられていなかった。手本、模倣、承認、不承認、不満のうめき声、怒鳴り、懲罰によって指導したのだろう。火の利用、狩りと釣りの場所、天体の動きなどの知識は指導者が受け継ぎ、薬草の効能などの知識は祈禱師《きとうし》が受け継いだ。祈禱師は自然の力や目に見えない存在と交流する役割も担っていた。男性が受け持つ役割もあれば、女性が受け持つ役割もあった。

このような伝達形式は、現存する遊牧民にも見出すことができる。

たとえば、メキシコのナワ族の大人は、二歳未満の子供には何も伝えず、罰しない。彼らによると、それは子供の魂を奪って殺すことになるからだという。二歳以上の子供には、大人のしぐさを真似るように身振りで教える。部族の大人は子供が上達するたびに喜ぶ。一〇歳くらいになっても引き続き身振りによって、根性、忍耐、日常の仕事、道具の使い方を教える。

ブラジル西部のマットグロッソ州に住む先住民ナンビクワラでは実演によって、母親は娘に織り方や編み方を、父親は息子に道具や武器のつくり方を教える。

太古から今日まで、家庭は私的で基本的な知識を伝える重要な場だった。たとえば、性教育、農業、儀式、手仕事、タブー、野心、価値観、言語、信仰、科学などだ。そして今も昔も知識伝達に懲罰はつきものだった。その証拠に現在も用いられている古代言語であるウォロフ語（アフリカ西部の言語）の「教育」という言葉には、「棒」という意味もある。

三五万年前から一五万年前にかけて、ホモ・エレクトス、次にホモ・サピエンスが言語を操るようになったと言われている。まず、ホモ・エレクトスが単純で具体的な状況を表現するための祖語、しばらくするとホモ・サピエンスが抽象的な思考や概念を伝えるための言語を発明した。こうして、子供は母親からおとぎ話や歌を学んだ。

言語による知識伝達に関しても、現存する遊牧民に人類初期の痕跡が見出せる。たとえば、カナダのアルゴンキン族の若い男子は全員狩りと獲物の解体を、大人と一緒になって実践しながら身振りと言葉によって学ぶ。分娩法は一部の女性だけに伝えられる。メルギー諸島（ミャンマー南部）に住むモーケン族やチャオレイ族（海の民）では、造船、地理、気象、航海、水泳（子供は水中での視力を高めるために瞳孔を小さくする方法を学ぶ）などに関する知識を、一部の家族だけが受け継ぐ。

およそ七万五〇〇〇年前からは、一部の技術は壁や粘土板に刻まれた図画によって伝えられるようになった。分業化にともない、大人は子孫や一族に自身の職業の継承に必要な特定の知識だけを教えるようになった。

三万年前、陶器の原型となるテラコッタ技術が登場した（最古の出土品は、チェコで見つかったドルニ・ベストニツェのヴィーナス像）。この技術は二万年前の中国、そして一万七〇〇〇年前の日本でも見つかっている。

数万年前から、母親は育児が終わると、女子の教育だけに専念した。これは一般的に、調理、裁縫、日常の雑事など、男性に仕えるための準備だった。父親は息子に自分の職業に関する技術を教えた。息子は父親の職業を継ぐ以外の選択肢を持たなかった。過酷な児童虐待については何もわかっていないが、おもな犠牲者は女子だったと思われる。

定住化（およそ一万二〇〇〇年以上前。おそらく最初はサヘル地域、次にエチオピアの高地）、およそ七〇〇〇年前の新石器時代の始まりと最初の集落形成（アフリカ、中東、インド北部、中国の大河川周辺）により、農業と畜産が始まり、変化は加速した。

およそ五〇〇〇年前、車輪が登場した。この最古の出土品はスロベニアの首都リュブリャナ近郊の沼地から見つかっている。

定住するようになったこれらの民族は、遊牧民と同様に自分たちの世界観だけでなく、銅や青銅（銅と錫の合金）などのきわめて高度な知識と技術を伝承し続けた。その後、中東では、錐《きり》、短刀、斧、矛槍、盾、宝飾品などの製造と伝達が始まり、村、集落、都市が形成された。世界の大河川沿いには、これらの都市と周辺地域を束ねる帝国が誕生した。

戦争術に長けた人物が相変わらず政治力を握った。つまり、王子、皇帝、王と呼ばれる者たちであり、彼らは未来（例：死後の世界、天候、戦争の行方）を予見できるという神官を頼りにした。神官は彼らに助言したり、祈禱したりした。

軍人と宗教人という二つの階級が会計を担当し、彼らは食糧をつくる農民や武器、宝飾品、衣服、家具、宮殿をつくる職人から税金を徴収する官吏（文字はまだ発明されていなかったが、計算を学ぶ必要があった）に指示を出した。王子には取り巻きができて細分化された作業に就き、支配層と被支配層との間に中間層を形成し、自分の子供や助手に職業訓練を施した。

それら以外の知識、たとえば、儀式、価値観、社会で暮らす知恵などは、相変わらず家庭、氏族、畑や作業場などの仕事を通じて伝えられた。各人は、社会での自身の居場所を維持するために必要な知識だけを受け継いだ。当時、全員に一般的な知識を教えるのは論外であり、自分の属する階級から抜け出したいと願うのは妄想にすぎなかった。ほとんどの場合、女性は相変わらずすべての階級において男性に従属していた。

メソポタミア：写字生と粘土板

紀元前三四〇〇年頃、知識と伝達のあり方は一変した。メソポタミア地方の大河川の一つユーフラテス川の岸辺にあった帝国の首都ウルクでは、人類初の文字システムが登場した。これは葦《あし》ペンで粘土板に楔状の文字が刻んであるので「楔形文字」と呼ばれている。この文字は、シュメール語、次にアッカド語に用いられた。文字は、脳、伝達、権力、経済の発達に多大な影響をおよぼすことになった。

メソポタミア地方では、初期のころの帝国の王族は、子供に読み書き算盤を習わせることはなく、それまでの支配者の子供と同様、軍事、歴史、儀礼に関する一般的な知識だけを家庭教師とともに学ばせた。一方、重要人物（神殿の管理者、高級官吏、写字生、医師、商人）は、子供に神殿内やその近くにある史上初の学校「エドゥブバ（粘土板の家）」で読み書き算盤を学ばせた（生徒は、粘土板の左側に書かれた教師の絵文字を右側に模写した）。

これらの学校の雰囲気は、今日のものとは大きく異なる。それは職人の工房のような場であり、親方が頭ごなしに生徒を個別指導した。見つかっている最古の「エドゥブバ」の一つは、シュメール人を支配したウル第三王朝のシュルギ王（紀元前二〇九四年〜紀元前二〇四七年頃）が設立した（この時代、ウルク王に関するシュメール語で書かれた詩を基に、史上最古の天地創造の物語『ギルガメシュ叙事詩』が編纂された）。

この時代、この場所で史上初のガラスがつくられた。ガラスの製造法は秘密であり、工房において父親から息子へと密かに伝達された。

バビロン、そしてその北西に位置するシュメール人の都市シッパル（現在のテル・アブー・ハバーフ遺跡）から出土したいくつかの粘土板からは、有力者の息子は一八歳になると大学の原型のような場で三つある宗教知識（占い、悪魔祓い、祈禱）のうちの一つを専攻していたことがわかっている。また、戦争術、立法、医学、数学の基礎（天文学、商業、会計に必須だった）を学ぶ者もいた。近年になってシッパルで発見された文章には、「女神ニシャヴァよ、葦の筆の運びが滑らかになり、粘土板に正確に文字が刻めますように」と記してあった。

メソポタミアでの学習も数万年前からと同様、模倣、反復、暗記、懲罰を通じて行われ、厳しい体罰があった。生徒の休日は当時の労働者と同様、月に三日だけだった。

知識は次第に、実用、技術、学芸、法律、神学、商業、軍事に区分されるようになった。これらの知識のうち、読み書き算盤を必要とするものは、まだほとんどなかった。

紀元前一八五〇年頃まで小さな都市だったバビロンは、ハムラビが王になると他の都市と同様、軍人と神官が統治し、写字生が行政を司る王国の首都になった。この王国の王子とそのまわりの子供たちはまだ読み書きを習っていなかったが、それまでと同様、軍事、歴史、儀式などに関する一般知識を家庭教師とともに学んだ。

紀元前一八〇〇年頃になると、これらの上流階級の子供は諺や寓話も学び、宿題が課せられるようになった。読み書き算盤を習うのは、相変わらず官吏と神官になる者たちだけだった。農業、調理、洗濯、織物、裁縫、工作、治療、語り、音楽、祈禱、生殖、子育てなどの教育は、ほとんどの場合、家庭や氏族に委ねられていた。

同時期、アナトリア中央部でヒッタイト族が帝国をつくった。紀元前一三〇〇年頃、ヒッタイト帝国はこの地域最大の勢力の一つになった。彼らは鉄器の製造を発展させた。ちなみに、鉄器の製造はこの地域よりも以前に、インド北部のウッタル・プラデーシュ州などでも行われていたと思われる。

この時代の学習用粘土板は、二枚しか見つかっていない。一枚は歌、もう一枚は料理に関する粘土板だ。世界の他の地域と同様、これら以外の知識は、家庭、公共の場、神殿、畑、店、作業場などで伝えられた。

その四世紀後、アッシュルバニパル（アッシリア帝国の王。紀元前六六八年〜紀元前六三一年頃）は、文字を書くことのできる史上初の王だと自認した。この王の自慢は、当時の楔形文字をすべて収集する図書館を設立したことだった。つまり、二万枚もの粘土板を集めたのである。

その後のネブカドネザル二世の治世下（紀元前六〇五年～紀元前五六二年頃）、メソポタミアの文化と宗教の中心は都市ニップルへと移った。文字や読みは簡素化した。絵文字は音節文字になり、それらを組み合わせることで言葉をつくることができるようになった。

次にキュロス二世（在位期間は紀元前五五九年～紀元前五三〇年頃。アケメネス朝ペルシアの創始者）により、メソポタミアはペルシアになった。

上流階級の男子の教育については、二世紀後にギリシアの歴史家クセノポンが残した記述により、よくわかっている。七歳から始まる教育では、父親と専門家とともに、疲労、空腹、喉の渇きに耐え、武器の使い方、馬術、弓術、植林、植物採集を学んだ。純粋に知的な教育はまだなかった。

上流階級以外の男子も父親の職業を家庭や仕事場で学んだ。家族経営の作業場からは、この時代の徒弟契約書が見つかっている。家族経営の作業場は、独自の神を掲げて同業組合を結成し始めた。これらの知識の伝達は、学校でなく口承で密かに行われた。

女子はほとんどの場合、それまでと同様、どの社会層においても父親や夫に従属する際に必要となることだけを学んだ。

エジプト：写字生と「命の家」

バビロニアが発展し始めたときと同時期の紀元前三〇〇〇年頃、ナイル川周辺にバビロニアと同様、階層的であり、軍人が支配し、神官が統御し、写字生が行政を司る社会が誕生し、象形文字システム〔ヒエログリフ〕が登場した。少し前に開発されたウルクの楔形文字システムと異なり、文字は粘土板でなくパピルス（古代エジプト語「パ・プ・ウロ」は「王家のもの」を意味した）に記された。ナイル川の葦を編んでつくられるパピルスの寿命は、わずか数十年だった。

この数千年間、有力者の家族の女子だけが（すべての社会層の女子はきわめて早婚だった）、学芸史や政治に関する最低限の教育を受けた。その目的は、花嫁修業あるいは男子の後継者がいない場合に家業を継ぐことだった。有力者の家族以外の女子はこうした教育を一切受けず、家業や農作業に従事し、母親から性教育と育児の手ほどきを受けた。

超上流階級（王、高級官吏、トップの神官、宮廷の医師など）では、子供が四歳になるまでは母親が世話した。五歳以降、女子は引き続き母親の世話になるが、男子（そして超富裕層の女子）は父親の監督下に置かれ、家庭や神殿の近くにある場（「アト・セバ〔訓練の場〕」）で教師から最低限の教育（読み書き算盤、文学、宗教、スポーツ）を受けた。メソポタミアの「エドゥブバ〔粘土板の家〕」の少し後に登場したこの「アト・セバ」は、エジプト初の学校だ。

エジプトでも一般知識の教育を受けるのは、手仕事をしない者たちだった。彼らは野外や神殿に近い場で個別指導を受けた。宗教、軍事、外交、医学の分野に進む名家の若い男子は、

「命の家」という大学に似た教育機関で教師とともに暮らし、天文学、幾何学、算術、音楽、外国語、宗教などを、長期間にわたって学んだ。

紀元前二七〇〇年から紀元前二二〇〇年にかけて、この「命の家」はナイル川沿いにいくつも建てられた。アクエンアテン王時代の王都テル・エル・アマルナ、テーベ西岸のラムセス二世の「数百万年の神殿」があるラメシアム、アビドス、デール・エル・バルシャー、ブバスティス、サイス、ヘリオポリス、メンフィス、アフミーム、コプトス、エスナ、エドフなどだ。テーベ地域には、神殿ごとに一つの「命の家」があったと思われる。

中流階級（写字生、裁判官、大商人）では、父親が子供に職能を伝えることが教育だった。紀元前二四一四年から紀元前二三七五年頃まで在位したファラオであるジェドカラーの時代のある高級官吏が、写字生、裁判官、官吏に向けて編集した箴言集『プタホテップの教訓』には、「父親から教育を受けた者は幸せだ」という一節がある。このときもまだ教育は、模倣、反復、暗記、懲罰だった。その証拠に、写字生の子供の教育について「生徒の耳は背中についている。殴らないと聞こうとしない」と記してある。

紀元前二〇五〇年ごろ、エジプト中王国のファラオであるメンチュヘテプ二世に仕えた財務官のケティという人物の指導のもと、写字生と神官を養成する学校がつくられた。この学校の生徒たちは、象形文字で書かれた当時のおもな聖典（『プタホテップの教訓』、『ケティの教訓』、『ナイル川賛歌』）を読解した。教育法は相変わらず厳しい体罰をともなう暗記と模倣だった。

この長い期間、世界の他の地域と同様、おもな知識は、家庭、畑、兵舎、作業場、公共の場などにおいて口承された。数千年前から、男子は父親の職業である、農民、職人、大工、鍛冶屋、石工などになるのに必要な知識を父親から学んだ。

高い技能を持つ都市部の職人の子供の中には、親の知らない技術を学ぶために他の職人の家に預けられる者もいた。この時代のパピルスからは、織物、金属加工、石工、音楽、象形文字の書き方、舞踊などの技術習得に関する徒弟契約書が見つかっている。職人は徒弟を持つと、当局に申請して徒弟税なるものを納めなければならなかった。

徒弟期間は六ヵ月間から五年間だった。奴隷の子供も徒弟になることがあったが、徒弟期間は自由な身分の子供よりも短かった。徒弟は親方の家で暮らした。

徒弟は、技術を習得したと同業者たちから認められる必要があった。たとえば、エジプト新王国（紀元前一五五〇年〜紀元前一〇六九年頃）では、石工組合（ファラオとその親族の墓と埋葬用神殿の建設を担当）がデール・エル・メディナ（アメンホテプ一世がこれらの石工たちを住まわせるためにつくった町）に設立された。この町で見つかった石碑には、親方が徒弟に宛てたと思われる次のような文章が刻まれていた。「文字を刻むことに集中することだ。道行く人々は、君の父親が刻んだ象形文字を見て誉めそやしている」

アメンホテプ二世（紀元前一四五〇年頃）やラムセス二世（紀元前一二六〇年頃）の神殿の「命の家」からも文字を石に刻んで学習した痕跡が見つかっている。そこには徒弟と親方のサインが入っていることもある。これらの痕跡からは、父親と祖父（写字生や図案家などの職人）の教育を受けた子供や孫が、さらなる技術習得のために親方のもとへと修行に出されたことを物語っている。

最貧層の家庭の男子は軍隊に送られ、戦闘に役立つ知識と技術を叩き込まれた。彼らはそれ以外の教育を一切受けなかった。

この期間、将来のファラオたちの教育は似通っていた。たとえば、ファラオになる以前のラムセス二世は、父親の遠征に同行して軍事教育を受けただけだった。

紀元前一〇〇〇年、帝国全土に「アト・セバ（訓練の場）」と「命の家」が設立された。数ある「命の家」の中でも、サイス（ナイル川河口の三角州西側にあった重要な都市）は医師、そしてヘリオポリスは写字生と装飾職人の教育で有名だった。後に、プラトンは「命の家」においてセクヌフィスという人物のもとで哲学を学んだという。

紀元前二一〇年、アレクサンドロス大王の末裔であり、アレクサンドリアに居を構えたファラオのプトレマイオス五世は、小アジアにあるギリシアの植民地ペルガモンの図書館に嫉妬心を抱き、この都市の住民にパピルスの使用を禁じた。そのため、ペルガモンの住民は動物の皮に文字を書くようになった。この「ペルガメノン」はフランス語の「羊皮紙（parchemin）」の語源だ。粘土板とパピルスに次ぎ、羊皮紙は文字媒体に大きな変化をもたらした。

インド：カーストと学問所

およそ紀元前二〇〇〇年、インド北部のインダス川とガンジス川の周辺地域に、集落、都市、帝国が登場した。これらの地域では二つの知識伝達システムが継承された。紀元前一五〇〇年頃から紀元前六〇〇年ごろの「ヴェーダ時代」（「ヒンドゥー教時代」とも呼ばれる）では、三つの特権身分（バラモン、クシャトリヤ、ヴァイシャ）の男子は、幼少期には母親と女性の召し使いに育てられ、八歳になると自宅にグル（先生）を迎え入れて、サンスクリット語、ヴェーダ〔バラモン教の経典〕、ウパニシャッド〔哲学書〕、シャーストラ〔さまざまな論文〕、歴史、論理、建築、政治、農業、商業、弓術、武術を学んだ。

これら以外の身分の子供は、グルの家で召し使い、あるいは奴隷として数年間奉公した。彼らは自宅に戻るまでグルのもとで最低限の宗教知識を身に付けた後、世界の他の地域と同様、父親の職業を継いだ。一部の女子は結婚するまでに最低限の教育を受けた。非常に稀だが、舞踊、音楽、神聖な儀式、ヴェーダを長期間にわたって学び、宮仕え、教師、医師になる女子もいた。

およそ紀元前六〇〇年、言い伝えによると、クシャトリヤの身分である王子の息子ガウタマ・シッダールタは、他の同じような身分の子供と同様、家族の宮殿でグルたちに甘やかされて育ったという。二〇歳のころ、若王子シッダールタは宮殿の近くで、老いた病人、乞食、死体を目の当たりにし、病気、老い、死は、人間にとって自然なことだと気づき、激しく動揺した。そこで彼はすべてを捨て去り、「究極の真理」を探究し、悟りを開いて仏陀《ブッダ》になったという。ブッダはすべてのカーストの子供に一般教育を施す法を世界に先駆けて定めた（ただし、後にヘブライ人の例を紹介するように、世界初ではない）。教育にかかる費用は寄付によって賄うことにした。この教育はブッダによると、この世での財の儚さと涅槃《ねはん》での悟りの境地を伝授するものだという。

しかし、ヴェーダ時代と同様、実際に教育を受けるのはバラモンの男子だけという超エリート主義の教育システムであり、全員に教育を施すという状態とは程遠かった。バラモンの男子は八歳になると、自宅あるいは寺院で、サンスクリット語の文法、兵法、文学、法律、天文学、医学、数学などを学んだ。教科書はヴェーダに代わって仏教の主要宗派のものが使われた。生徒に対する規律は少し和らいだ。

学び続けたい者や学ばなければならない者は、大学でもあり巡礼地でもある精舎《しょうじゃ》（修行の場）へ行った（精舎はバビロニアの若者の学びの場やエジプトの「命の家」と並び、世界初の大学だという主張もある）。精舎では、僧侶、医師、裁判官、会計士、商人、軍の幹部が養成された。たとえば紀元前六世紀、今日のパンジャブ地方のパキスタン側にあるタキシラという町には、こうした学問所がつくられた（その後、一〇〇〇年間、存在した）。そこでは、ヴェーダ、サンスクリット語、法律、医学、天文学、軍事が教えられた。

また紀元前三世紀頃、インド北東部ビハール州では、マウリヤ朝第三代の王アショーカ（帝国中の石柱に政治理念を刻ませたことで有名）が寺院を設立した。この寺院には、一〇年間から二〇年間にわたってアジア中の学者が滞在した。

どの家庭においても女子の教育は、性教育と家事（調理、掃除、育児、家畜の世話、薬草）だけだった。貴族身分の女子の場合では、「女性的な学芸」（舞踊、音楽、演劇、歌、香水の利用法、織物、絵画、園芸）を習うことがあった。最高位のカーストの女子になると、文章、修辞学、文法、論理、天文学を学んだ。

インドにおいても世界の他の地域と同様、特権身分以外の層と被差別カースト（シュードラとパーリア）の子供は、将来の職業（清掃、耕作、調理、織物、裁縫、狩猟、そして物品、武器、宝飾品、布、衣服の製造）に必要な知識を家族から受け継ぐだけだった。

紀元前五〇〇年ごろ、職人たちは伝統と商売の秘訣を守るために、シュレニという同業者組合を組織した。この組織のメンバーは男性だけだった。というのは、女性は結婚すると秘密を夫に漏らすのではないかと疑われたからだ。

中国：毛筆と学校

紀元前二〇〇〇年の中国では、アフリカからやってきたホモ・サピエンスが大河の周辺部（黄河とその支流である渭水の合流地点）に集落を形成した。これらの集落は、地域の首長、次に皇帝の権力によって次第に取りまとめられた。皇帝は天の代表者であり、地上を治める人物と見なされていた。

人民の暮らしには、王朝の存続が不可欠だと思われていたため、内戦によって帝国の安定が損なわれることがないように万全を期す必要があった。そうした理由から教育のおもな課題は、祖先崇拝、そして王朝に忠誠を尽くす幹部候補の養成と選抜になった。今日の中国の指導層もこうした強迫観念を抱いている。

中国でも皇帝の息子は特別扱いだった。家庭教師が彼らに施す教育は、精霊崇拝とシャーマニズムの混合である、祖先、風、雷、雨、稲妻の崇拝、天文学と占星術の概念、亀の甲羅や牛の骨を利用する占い、そして当然ながら兵術などだったと思われる。

中国で見つかった最古の文字は、殷の時代（紀元前一六〇〇年～紀元前一〇五〇年頃。歴史的な存在は確認されていない）のものであり、それは占い師が牛の骨に刻んだ預言だった。「子供は勉強に行くべきか」という質問が記されていることから、すでに学問所があったことがわかる。修行僧は寺院において、礼儀、太極拳、音楽、健康管理なども学んでいた。

紀元前一〇四六年ごろ、周の時代（この時代も歴史的な存在は確認されていない）が始まり、宮廷の賢人たちが編纂したとされる『易経《えききょう》』（今日の中国でも、易学と哲学に関する最も重要な書物とされている）が登場した。この書物には、貴族の若者は君子の建てた学校に寄宿し、「六芸《りくげい》」（宗教の儀礼、音楽、弓術、馬車を操る術、書道、算術）と呼ばれる学問に勤しんだと記してある。

この時代の徐州《じょしゅう》（現在の江蘇省《こうそ》）には、裕福な家庭の子供が通う今日で言うところの「小学校」や「中学校」が設立された。これらの学校の教育目的は、帝国の幹部候補の選抜試験に備えることだった。非宗教的で道徳的な教育を施すことにより、古典に対する理解を深め、祖先、皇帝、国家に対する義務感を養った。

紀元前七七〇年～紀元前四〇三年頃の「春秋時代」と呼ばれる混乱期の末、学校は一部の地方を除き、消滅した。だが、これらの地方では「士」（旧貴族と庶民との間に位置する階級）の子供はまだ教育を受けることができた。これらの子供の一人だった若き孔子は、道教の教師から「六芸」を学び、やがて孔子自身も教師になって学校を設立した。

言い伝えによると、孔子には三〇〇〇人の生徒がいて、そのうちの七二人は「六芸」を完全に習得したという。

東周時代（紀元前七七〇年〜紀元前二五六年頃）の後半、帝国の秩序は崩壊したが、都市化は進んだ。裕福な商人は、皇帝の影響力を受けない存在になった。この創造力豊かな時代に、道教、儒教、実用主義が対立した。皇帝たち（たとえば、紀元前三一八年ごろの宣王《せんおう》。この人物が実在したかは確認されていない）は、道家思想家の慎到《しんとう》、自然主義学派の祖である鄒衍《すうえん》、孔子の弟子である孟子などの碩学《せきがく》から助言を受け、彼らの弟子を高級官吏に据えた。

国立の小学校と中学校に通うのは貴族の子供だけであり、教育内容も相変わらず、行政官として必要になる六芸だった。

一部の村では地域が運営する学校が設立された。四年間の授業は標準の中国語で行われ、試験によってクラス分けされた。庶民の大人は、男女とも仕事が終わった後に授業に参加した。中国でもほとんどの場合、女性が受ける教育は相変わらず家事に限定されていた。世界の他の地域と同様、社会を機能させるのに必要な知識は、学校ではなく、家庭、畑、作業場を通じて伝達された。

紀元前二一三年、始皇帝（中国史上、実在が確認されている初の人物）は、自分が皇帝になる以前の書物をすべて破棄させた。

紀元前二一二年、始皇帝は孔子の著作の研究を禁じた。

紀元前二〇九年、農民が秦に対して一揆を起こした〔陳勝・呉広の乱〕。秦を陥落させて前漢を建国した劉邦は、高官を世襲以外の方法で採用しようとした。孔子の教えを再び広めるために、劉邦は孔子の失われた書物を暗記していた長老たちの記憶を頼りに、これらの書物を復元させた。

紀元前一二四年、武帝は高級官吏を養成するために授業料免除の帝国学校を設立した。入学するのは一〇歳以上の名家の男子であり、生徒は数百個の漢字の書き方を学んだ。教師は学識豊かな官吏から選ばれた。

知的な活動が盛んになり、人口が急増したこれ以降の中国では、数学書『九章算術』においてマイナスの数字が登場した。また、中国人は世界に先駆けて二次方程式〔貿易業務に役立つ〕を操ることができるようになった。この時期、初めて本格的な磁器が登場したが、その製造法は秘密にされた。職人の間では、知識は家庭内あるいは親方によって伝えられた。徒弟は男子だけだった。

地方でも学校が設立され、地方で暮らす若い貴族は、帝国の支部で高級官吏になれるようになったが、女子は出自にかかわらず、相変わらず学校に通うことができなかった。

ユダヤ：律法の伝達

世界では、読み書きの学習はエリート層が独占していたが、ユダヤ民族では、男女を問わず、全員が読み書きを学ぶことにより、ユダヤ民族の律法を形成する旧約聖書とその注釈書を直接読み解くように指導された。こうした教育を普及させるために授業料は無償だった。教師は無償で働くため、医師、ブドウ栽培者、肉屋、靴屋、井戸掘り、薪拾いなどの副業を必要とした。これらの教師の中には、セーフェル・トーラー、テフィリン、メズーザー（ともにユダヤ教の文書が書かれた媒体）の写本をこなす者もいた。写本は少しのミスでも原稿全体を破棄しなければならないため、きわめて神経を使う作業だった。

ユダヤ民族全員が読み書きを習うという革新的な教育は、モーセがエジプトから脱出したヘブライ人に対し、彷徨の記憶と将来の使命を次世代に伝えるように説いた紀元前一三〇〇年頃から始まったという。

モーセが神から直接受け取ったメッセージであり、ユダヤ教の祈りの最初の言葉である「聞け、イスラエルよ」の後に次のような文句がある。「今日わたしが命じるこれらの言葉を心に留め、子供たちに繰り返し教え、家に座っているときも道を歩くときも、寝ているときも起きているときも、これを語り聞かせなさい」（『申命記』、6・6－7。日本聖書協会の新共同訳より引用）。

モーセは（人類史上初のアルファベットである「原シナイ文字」で陶器の破片や羊皮紙に書かれるようになった）律法を、兄アロン、そして息子たちや長老にも繰り返し読ませた。こうしたユダヤの習慣は今日においても健在であり、ユダヤ人は律法の一節を学ぶ際には最低でも四回繰り返して読む。

ユダヤ教では、物質的な成功は神の祝福の証であり、個人は野心を持つべきだとされる。こうした精神には「子供には自分よりも幸せになってほしい」という世代を超えた野心も垣間見える。

およそ紀元前一〇〇〇年、ヘブライ人がユダヤの地に定住すると、裁判官と王は、全員に読み書きと律法を学ぶように命じた。家庭や祈りの場では、こうした学習が行われると同時に、聖典が書かれ、詳述され、体系化された。イッサカル族はトーラー〔ユダヤ教の教義〕の研究と教育を行う一方で、ゼブルン族は両部族のために働くという具合に、部族ごとに役割が分担された。

皇太子は預言者から教育を受けた（たとえば、ダビデ王の息子ソロモンの教育は、預言者ナタンが受け持った）。裕福な家庭の子供は、住み込みの家庭教師から学んだ。

一般家庭の男子は読み書きを家庭で学び、次に祈りの場で学習し（学習するのが祈ることでもあった）、それから父親とともに、畑、作業場、店で働いた。女子は出自にかかわらず母親から家事を学び、自分の子供に教えるときのために読み書きを学んだ。これは世界初の初等教育の義務化だ（先ほど述べたように、これは仏教界の建前上の義務化よりも前の出来事だ）。

ユダヤ民族は読み書きを熱心に学んだ。こうして培われた読み書きの知識は、何度も離散したユダヤ民族のサバイバルに寄与した。というのは、ユダヤ民族は読み書きの能力のおかげで各地に散らばった村々や共同体と文通できたからだ。

ところが、しばらくすると信仰が薄れ、ユダヤ民族は読み書きを学ばなくなり、『申命記』などの文書は姿を消した。

およそ紀元前六九〇年、ユダ王国の王ヒゼキヤは、各村に律法を学ぶ場を設立するように厳命した。「ベート・ミドラーシュ（学びの家）」と呼ばれたこれらの家の扉には、「律法の学習を怠る者は死刑に処す」との貼り紙とともに剣を掲げさせた。これらの学問所で教えたのは律法の読解だけだったようだ。教師は相変わらずボランティアだった。

およそ紀元前六二〇年頃、ユダ王国の王ヨシヤは『申命記』を再び取り上げ、全員が毎日、「聞け、イスラエルよ」で始まる祈りを唱えるように命じた。

紀元前五九七年に軍事的な敗北を喫すると、エルサレム神殿は破壊され、ユダヤ民族のエリート層はバビロニアに捕囚された。

そのおよそ一五〇年後の紀元前四五九年、預言者で写字生のエズラは、およそ五〇〇〇人のユダヤ捕囚民をエルサレムに導いた。捕囚民は自分たちの文化をすっかり忘れてしまい、カルデア語、アッシリア語、アラム語しか話さなくなっていた。

エズラはエルサレム神殿を再建させ、これらの言語からヘブライ語に戻すように指導し、トーラーの公教育を再開させた。まずは、市場やシナゴーグにおいて写字生に律法を朗読させ、次に六歳から一〇歳までの男女全員にヘブライ語とカルデア語での読み書きを教え、聖書を読む学問所を設立させた。男子は、一〇歳から一五歳までは律法を詳しく学び、一五歳から一八歳までは律法を議論した。ソロモンやヒゼキヤの時代と同様、教育は無償であり、教師は副業を持っていた。

エズラは、教師は温厚で寛容な年配の人物でなければならないと説いた。また、アルコール依存症や独身であってもいけないと付言した。子供を未婚の男性に預けるのは危険だと見なしたからだ（教師が生徒と性的関係を持つのではないかという疑念は、歴史を通じて散見される）。

その少し後、アテナイが栄華を極めたころ（後述する）、エルサレムは一変した。というのは、ギリシアの影響に脅かされ、ユダヤ人権力者の家庭の若者や宗教人は、当時「ギリシア科学」と呼ばれていた学問（数学、天文学、物理学、医学）を学ぶことを許されたからだ。こうして、彼らはこれらの学問から導き出せる律法に対する反論に回答できるようになった。一方、自分で子供に専門知識を伝え、読み書きを教える親は、ギリシアの知識を子供に伝えてはいけなかった。これらの規律を一つの文書にまとめた少し後のタルムードには、「ギリシアの知識を息子に伝える者は呪われる」と記してある。ギリシア思想へのこうした警戒心は、その少し後にユダヤの賢人たちが、アリストテレスの中に無自覚な一神教徒的な思想を読み取ったときに解かれた。

だが、こうした読み書きの義務化は、またしても下火になったようだ。なぜなら、その後のユダヤ王たちは、およそ五〇〇〇人の兵士からなる騎兵部隊に兵士の子供のための学問所を設立するように要請していたからだ〔エズラが目指した全員のための学問所がなくなっていたため〕。また、学校のない場所では、富裕層は自宅の一部を学問所として提供するように指導された。「あなたの家を賢者の集会所にしなさい。彼らの足についた埃に眉をしかめることなく、彼らの言葉を貪欲に吸収しなさい」（『父親の倫理』の一章の四項より）。

当時のすべての文書からは、ユダヤ教の指導層は全員に律法を学ばせようとしていたことがわかる。ユダヤ教の指導層は、祝賀、断食、家庭内の儀式などの一連の行事を取り仕切り、親はこれらの行事を通じて、さまざまな価値観、道徳、祈りを子供に伝え、子供と教義について議論した。

紀元前一〇四年、サンヘドリン〔最高評議会〕の議長、シメオン・ベン・シェタクも「ユダヤ王国には学校がほとんど残っておらず、子供の教育は親任せになり、親自身もしばしば無学だ」と嘆いた。そこで、大都市に今日で呼ぶところのイェシーバー〔教育機関〕（語源は「座る」という意味）を再建させた。

ヘブライ語と律法の知識は、ギリシア、次にローマによる支配の影響を受け、再び軽視された。最も神聖な場であるエルサレム神殿も尊重されなくなり、イエスの反乱などでユダヤ人社会は混乱した。

ギリシア：アテナイの教育

紀元前一〇〇〇年頃から、船舶は大型化および堅牢化し、重い荷物を積んで大海を航海できるようになった。こうして、都市は大河でなく海岸沿いに発展した。貿易は富のおもな源泉になり、農業を代替あるいは補完するようになった。とくに、地中海沿岸部は富と文化の集積地になった。ギリシアとヘレニズム文化の影響を受けた小アジアの植民地は、武器と工具、そして青銅に代わる鉄の精錬などによって発展を遂げた。

これらの新たな都市国家では、農村と都会、農業と商業、内陸と海洋の両方の社会でサバイバルするのに必要な職業に就く者を育成しなければならなかった。また、世界の他の地域と同様、アイデンティティの要素（言語、世界観、価値観、民族史）と武器の扱い方も教える必要があった。

他の地域と同様、これらの新たな都市では市民（つまり、少数の地主）の男女の子供は、まず母親から最低限の教育を受け、その後、男子は父親の監督下に置かれた。

同様に、都市国家の庶民は、神殿、軍隊、畑、作業場において、自分たちにとって必要なことだけを学んだ。テクネー（技術知）は家族経営の作業場において伝達された。性教育や恋愛関係は、実践、神話、会話を通じて学ばれた。ひどい児童虐待については、詳しいことはわかっていない。

ギリシア史は、ギリシア人自身、そして西洋全体によって神格化されてきた。ギリシア人はアルファベットや学校など数多くのものを発明した民族だと語られることもあるが、これは誤りだ（アルファベットは、ヘブライ人が発明し、フェニキア商人が少し修正を加えてギリシア人に伝えた。一方、学校は先述のように、バビロニア、中国、インド、エジプトなどが先に始めた）。

すべてが始まったクレタ島（紀元前一〇〇〇年ごろに鉄の精錬が伝来した）では、男子の教育はまずは軍事だった。子供は生後間もなく家族から引き離された。後に、アテナイの歴史家エフォロスは著書の中で次のように述べている。「クレタ島の立法者は、貧乏人が金持ちと平等であることを示すために大人たちが全員で食事をすることを望んだ。子供を勇気ある大人に育てるため、そして、暑さ、寒さ、険しい道、スポーツや戦場での肉体的な苦痛に耐えられるようにするため、子供は幼少期から武術を学ばされた。また、弓術や武器を使った舞踊も習得させられた。アンドリー（会食）にはペドノーム（子供の監督者）が同席した。年長の子供はアゲレ（軍団）の団員になった。アゲレの指揮はメンバーになった子供の父親がとった。子供の食費は国が賄った。アゲレは他のアゲレと素手や鉄製の武器を用いる練習試合を定期的に行った」

クレタ島の貴族の男子は、武術、舞踊、神話、詩、音楽を学んだ。語り部は、神々や男たちの偉業を村から村へと伝え歩いた。革職人などの職人は親から息子へと技術を伝えた。女性靴専用の靴の製造、裁断、縫製、肉を茹でる、肉を焼くなど、専門職も登場した。

紀元前七世紀頃より、繁栄していたギリシアの国家都市スパルタでは、ヘイロータイ（奴隷になったラコニアの住民）とペリオイコイ（ラコニアの農民。自由だが政治には参加できなかった）を搾取する軍事階級が支配権を握った。

スパルタ市民の子供は、まず戦士になるための教育を受けた。長老たちは生まれたばかりの子供が美しく頑強であるかを吟味し、育てるに値するかを判断した。育てるに値しないと判断された子供は、ペロポネソス半島にそびえるタイゲトス山脈の麓にあるアポテタイと呼ばれる穴に投げ込まれた。

七歳になると、男女とも寄宿学校に入学させられ、厳格な規律のもとで暮らした。

一〇歳までは、ほとんど裸に近い格好で過ごし、食事の量はわずかで、床で寝た。子供たちは喧嘩や夜襲によって闘争心を絶えず試された。教師は、隠蔽、嘘、略奪、槍投げ、武術などを教えた一方、知的な教育に関しては、宇宙論、そして宗教と軍隊の歌を教えるくらいだったが、一〇歳から一六歳になると、過酷な軍事訓練を受け続ける傍ら、読書と格言を教えた。その後には大自然の中で独り生き延びるという入隊テストがあった。こうして立派な戦士として隣国のアルカディアやメッシニアとの戦いに備えた。

スパルタの社会はきわめて軍国的だったため、その少し後にアテナイにいたエウリピデスは悲劇『アンドロマケ』の中で、スパルタの女性の非常に男性的な態度を非難した。「スパルタの女子は、たとえ自分たちが望んだとしても貞淑にはなれない。家事は一切せず、ゆったりとした衣服からは裸の太ももがのぞいている。男子と一緒に競技場や体育場を駆け回る。私は彼女たちのそうした態度に耐えられない」

紀元前三八六年、戦争の末、スパルタはギリシアの他の都市国家（アテナイとテバイ、そしてコリントス）の連合軍に敗れた。

一方、紀元前五世紀より、アテナイが覇権を握った。アテナイの人口三〇万人を支配するのは四〇〇〇人の市民だった。彼らの中でも貴族は一等地を所有し、自分たちは一度も戦わずに政府を操った。

これらの市民の子供が受ける教育の目的は、兵士でなく徳の高い人物になることだった。伝え方と伝える内容は、世界の他の地域と大きく異なっていた。アテナイのエリート層の子供の教師は、メソポタミア、エジプト、インドと異なり、神官ではなかった。中国と異なり、帝国の官吏でもなかった。クレタ島やスパルタと異なり、軍人でもなかった。アテナイの教師は、文法学者や哲学者（科学者を含めて熟考する人物の総称）だった。

「伝える」を意味する「パラディドーミ」という動詞は、専門知識と同時に、遺産や神聖な知識の伝達も意味した。さらには、伝達するのは知識そのものではなかった。教師の役割は何かを伝えることではなく、弟子に考えさせて彼らの知恵を育てることだった。

アテナイでは、性教育も宗教的な儀式や祭を通じて全員に施した。たとえば、「豊穣祭」では、女子は女性と男性の性器の形をしたケーキを焼いた。

超上流階級の男女は、家庭教師から学んだ。たとえば、権力者の家庭に生まれたペリクレス（政治家、将官）の子供時代の家庭教師は、豪華な顔ぶれだった。音楽はアテナイのダモン（後にペリクレスの顧問になった）、哲学はプロタゴラス、アナクサゴラス、建築はミレトスのヒッポダモス（幾何学者、技師、建築士）、彫刻はフェイディアス（彫刻、金属細工、絵画）、商業はシラクサのケファロスなどの大商人、神々の冒険物語は神官から学んだ。ペリクレスは、アスパシアという教養豊かな女性と結ばれ、アテナイをともに統治した。こうして、アテナイはギリシアの光明になった。歴史家トゥキュディデスはペリクレスに「われわれの都市国家全体がギリシアの学校だ」と語らせている。

比較的裕福な貴族の男子の場合、五歳から一二歳までは、「パイダゴーゴス」という奴隷（当時は単なるボディーガード〔後に教師を意味するようになった。ペタゴーグの語源〕）をともない親が費用を払う学問所に行き、教師から、読み書き算盤、詩、英雄が登場する神話を学んだ。彼らは、蠟が塗られた木の板、陶器の破片、パピルスに文字を書いた。通常、一日の始まりはスポーツであり、午後は読み書きの教師が教えた。一年を通して休みはほとんどなかった。他の地域と同様、学習到達度に応じたクラス分けは行われていなかった。教師は一度に一人の生徒しか教えなかったため、他の生徒は放任されたが、懲罰によって何とか秩序を保っていた。

一二歳から一六歳になると、読み書きの教師に代わって文法学者が、その数世紀前から語り部によって伝承されてきた叙事詩（ホメロスやヘシオドスなど）を教えた。生徒が音読して暗記した後、教師が文章を解説した。また、「ペドトリブ」と呼ばれたコーチのもとで、武術、体操、武器の扱い方、槍投げ、弓術を学んだ。教育目的は「美しくあると同時に善であること」だった。一方、数学、科学、技術、神学は、ほとんど勉強しなかった。

一六歳になると、これらの男子は「ギムナシオン」（アテナイのスポーツ器具のある体育場）に通った。そして弁論術や説得術を学ぶために修辞学者（演説者）やソフィスト（知識の専門家）のもとで学んだ。最も有名なソフィストは、弟子を連れて町から町へと渡り歩き、新たな弟子を得るために討論会を行った。紀元前五世紀の後半、これらのソフィストには、プロタゴラス、ゴルギアス、アンティポンなどがいた。

一八歳から二〇歳になると、男子は兵役を終えた後、市民になり、「リュケイオン」に通った。「リュケイオン」の語源は、アテナイの北東部にあったアポロン・リュケイオス神殿の近くに哲学を教える学校が建てられたことによる。「リュケイオン」は、当初はギムナシオンだった（後に、ドイツ語で高校を意味するギムナジウムの語源）。「リュケイオン」では哲学も教えるようになり、これらの学校は「スコレー」（昔は「一日のうちの会話のために設けられた時間」という意味）と呼ばれた。学費はすべて親が負担した。

「スコレー」の教師の中でも、紀元前四三五年ごろ、彫刻家の息子だったソクラテス（どんな教育を受けたのかは不明）は、街頭、体育場、競技場、商店など、人々に会うたびに教えを説いた。ソクラテスの考える教育者の役割は、本人が生まれたときから持つ考えや真理を引き出すという「産婆術」によって生徒を助けることだった。

紀元前三九九年、ソクラテスが「国家が信じるのとは異なる神々を紹介した」という罪状で死刑を宣告されると、弟子の一人プラトンはソクラテスの教えを引き継ぎ、彼の教えから教育論を打ち立てた。この教育論は、地中海沿岸部で何世紀も前から構想されていた考えをまとめ上げたものだった。「教えるのは誰にでもできることではない」「哲学を熱心に学び、世の中を俯瞰する者もいれば（……）、哲学を学ばずに為政者に従う者もいる」「優秀な農民あるいは建築家を目指す者は、前者なら土に親しみ、後者なら玩具の家を建てるなどして遊ばなければならない。子供を教育する者は、本物を模倣した小さな道具をそれぞれに提供すべきだ。子供は必要となる学問を事前に学ばなければならない。たとえば、大工になりたいのなら墨壺の使い方、兵士になりたいのなら乗馬だ」

プラトンは、エリート層の子供にはホメロスやヘシオドスなどの神話ではなく対話篇を教えるように忠告し、音楽教育を推奨した。「音楽は、荒れ狂う魂を落ち着かせ、落ち込んだ魂に活力をもたらし、調和の概念と審美眼を養う」

プラトンは教師の知的権威を尊重するように諭し、教師は生徒を魅了する存在でなければならないと説いた。ソクラテスの発言を記した著書『国家』には、それは男色のようなものでさえあると記してある。

プラトンの死後すぐに、ギムナシオンでは彼の著作が教科書として使われた。たとえば、『リュシス』(対人関係について)、『カルミデス』(知恵について)、『プロタゴラス』(徳と卓越を教えることについて)、『国家』などだ。

庶民の子供は、三、四歳ごろから両親とともに働くことによって親の職業を学んだ。ギリシア文化については、吟遊詩人の伝える神話に触れるだけだった。

その少し後、アテナイ市民は隣国マケドニアの将軍フィリッポス(二世)に実権を譲った。フィリッポスは息子のアレクサンドロス(大王)の家庭教師に、レオニダス、リュシマコス、アリストテレスを選んだ。

アリストテレスはマケドニア王アミュンタス三世の侍医の息子だった。一一歳のときに両親を失ってからは義兄に育てられ、一七歳のときにプラトンのアカデメイアに入学し、そこに二〇年間在籍した。プラトンはアリストテレスを「読書家」「学校の知性」と呼んだ。

アレクサンドロスは七歳になると、軍事とスポーツの訓練を集中的に受け、その後、文学、音楽、節度、敬愛をアリストテレスから学んだ。アリストテレスはアレクサンドロスに対し、「反復練習が素養を培う」「善行を積むと正しい人間になる」「勇敢に振る舞うと勇者になる」

と説いた。アレクサンドロスは、アリストテレスから「正しい生き方」を学び、よき統治者としての価値観を叩き込まれ、「人生において最も必要な友情」の育み方を教わったと述懐している。

王になったアレクサンドロスは行く先々で、エジプトの「命の家」のような専門的な学問（例：哲学、医学）を教える場を設立させた。死去した紀元前三二三年、アレクサンドロスのつくった都市の一つであるエジプトのアレクサンドリアは、ギリシアの知識の保存と伝達の中心地になった。彼の帝国のエジプトの部分を引き継いだプトレマイオス一世ソテルは、博物館、教室、図書館を備えた高等教育機関をアレクサンドリアに設立させた。この図書館は、世界中から集めた八〇万本ものパピルスの巻物を所蔵した。この教育機関ではエウクレイデス〔ユークリッド〕をはじめとする偉大な学者が教鞭をとった。

だが、紀元前四七年のユリウス・カエサルとプトレマイオス一三世との戦いにより、すべては失われ、エジプトはローマ領になった。

ローマの教育

紀元前八世紀ごろ、イタリア半島に誕生した都市国家ローマでは、スパルタと同様、軍事教育と愛国心を育む教育が重視された。その後、アテナイと同様、農村部の貴族の子供は、祖先と神々に対する無条件の崇拝（世界観はギリシアとラテンの混合）、そして儀式の厳格な伝承という一般的な教育を受けた。他の地域と同様、具体的な知識は、家庭、畑、作業場、浴場、円形劇場などで受け継がれた。すべてのローマ人は自分たちの神話(ほとんどがギリシア神話の模倣)を学んだ(文字の読めない者は、耳と身振りから学んだ)。

裕福な家庭の男女は、七歳までは家庭で教育を受けた。母親は子供に神々と祖先の崇拝を、乳母の助けを借りて教えた。乳母は、多くの場合、解放奴隷の女性であり、家族の一員になっていた(死後に奉公先の家族の墓に入る者もいた)。

女子は一二歳まで学校に通った(学費は親が負担した)。女子は、書き方の基本、ラテン語とギリシア語の古典、歌と楽器を習った後、母親から家事を学ぶために学業を断念させられた。ポンペイ遺跡から見つかった紀元初期のものと思われる二枚の有名なフレスコ画「パクイオ・プロクロと妻の肖像」と「サッフォー」には、二人の女性が文字を書こうとしている姿が描かれている。キャバレーの女将が書いた価格表や、若い女性が恋人に書いた短い手紙も見つかっている。この時代、カエシリア・トレビュッラやエウケリアなどの女性詩人、そしてルカニアのアエサラやメリッサなどの女性哲学者も存在した。

男子は七歳になると父親の監督下に置かれた。超裕福な家庭の男子は、七歳から一一歳まで家庭教師から軍事に重点を置いた教育を受けたが、裕福な家庭では「ペダゴーグ(pédagogue:教師)」が子供を学校まで送り迎えした。他の地域と同様、学費は親が負担し、学校は通り沿いかフォロ・ロマーノの柱廊にあった。

子供は背の低いベンチか簡素な椅子、教師(一般的に、奴隷あるいは解放奴隷)は背の高い椅子に座った。教師は生徒に対し、読み書き算盤、兵法、祖先崇拝、神話、愛国心、農業の基本、奴隷の扱い、法律、道徳を個別指導した。書き方の授業では、生徒は二枚の木板の表面に塗った柔らかい蠟の上に、鉄製のペンで文字を書いた。エジプトと同様、パピルス、先の尖った葦、インク壺を使うこともあった。他の地域と同様、学習の基本は暗記と模倣だった。音読し、小さな貝殻やカルキュリと呼ばれる骨でできたコインを使って計算を学んだ。世界の他の地域と同様、教師は木製の棒と革の鞭を使った。

一般家庭では、子供は五歳か六歳になると、男子は父親のもとで畑や作業場で働き、女子は母親のもとで家事を手伝った。

専門知識は職人組合が伝達した。各職域団体は、知識の伝達や財産の保有に関して地元当局の認可を得る必要があった。たとえば、紀元前六世紀のローマには金属加工の職人組合があった。組合員は自身の職業を子供に継がせなければならなかった。測量士、造作大工、建築士、看護師、さらには、東洋のガラス職人やシリアの刺繡職人など、外国人の職人組合も存在した。

宝石職人が一二歳で死んだ弟子へ寄せた追悼の詩には、「彼はいろいろな宝石をちりばめた金の首飾りをつくる卓越した技術を持っていた」とある。また、弟子の一人が親方に寄せた碑文には、「私が一人前の仕立て屋になれたのは、親方が熱心に仕事を教えてくれたからだ。恩返しをしたいと思っていた矢先、親方は三五歳で亡くなった」と記してあった。

農業の知識も家庭だけでなく専門家によっても伝わった。紀元前一世紀には、農業論（例：ウァッロの著作）、農業経済論、養蜂や牧畜の指導書があった。

ローマ時代の碑文には、女性（秘書、速記者、会計士、教師）に宛てたものもある。彼女たちは、家庭で働く奴隷あるいは解放奴隷であり、彼女たちの技能は高く評価されていた。

紀元前二世紀の半ば以降、ローマは征服したギリシアの影響をさらに強く受けるようになった。エリート層の男子の教育は、ギリシア人奴隷に任せられた。彼らは、ギリシア語の読み書き、さらにはラテン語の文法、修辞学、文学を教えた。二ヵ国語で書かれた教科書が登場した（語彙集やイソップ寓話が、左側にギリシア語、右側にラテン語で記されていた）。学校の運営費は相変わらず親が負担した。富裕層の男子が通う特別な学校では、剣闘士が養成された。

解放奴隷に限り、奴隷の子供も学校に通った。たとえば、解放奴隷から市の会計係になった詩人ホラティウス（紀元前六五年〜紀元前八年）の父親は、息子の教育に全財産をつぎ込んだ。

富裕層の男子は一一歳から一五歳まで、親の負担でラテン語学者の家に通い、計算や作文の勉強を続けた。

特権階級の男子は一五歳になると修辞学者のもとで学業を続け、キケロの『構想論』やクィンティリアヌスの『弁論家の教育』を読み解いた。そして「政治家」（一般的に家族の友人）のもとに一年間派遣され、政治の世界に触れた。その後、兵役に就き、さまざまな殺しの技術を習得した。

ユリウス・カエサルは幼少期、母親アウレリアから家庭で教育を受けた。そして（キケロの『アッティクス宛書簡集』、『ブルータス』、『カティリナ弾劾演説』によると）社交術（礼儀、親切、礼儀作法、贅沢）を身に付けた。一六歳には、演説、馬術、陸上競技、水泳、武術、戦術や戦略を学んだ。

カエサルの話術は卓越していた。また、同時代のマルクス・ポルキウス・カト・ウティケンシスによると、宴会中に酔っていなかったのはカエサルだけだったという。

ガリア：ドルイドと吟遊詩人

ローマ人がやってくる前のガリアでは、若い自由農民は四歳くらいになると、家畜の世話、薪割り、製粉所の管理、篩《ふるい》を使った作業、穀物の乾燥を家庭で学んだ。ほとんどの民族と同様、貴族は一夫多妻制であり、子供はたくさんいた。

歴史家ミシェル・ルーシュ〔一九三四年〜二〇二一年〕によると、貴族の男子は七歳になると（ときには誕生したときから）、「肉体と精神の糧」を得ることができるように、養父に預けられたという。養父からは、狩り、馬術、チェス、武器を用いた舞踊、犬や鷹の調教、棍棒や短剣による猪狩り、槍による鳥の捕獲を学んだ。また、奴隷を相手に闘いの訓練を行い、暴力に慣れた（例：敵の生首を釘で扉に打ち付けた）。

こうして子供は実父よりも養父に親近感を覚えるようになり、養父を中心に軍隊が組織された。養父を命がけで守り、養父が殺された場合には復讐した。

貴族の娘は、妻としての義務、裁縫、刺繍などを習った。

ドルイド（語源に異説はあるが「大賢者」という意味〔古代ケルト社会の祭司〕）は女性のドルイドを含め、若者にこの世の神秘を教えた。ユリウス・カエサルはドルイドについて、次のように叙述している。「彼らは実に見識の深い者たちであり、皆から尊敬されている。多くの若者が彼らの教えを乞いに（……）自発的にやってくる。あるいは家族から送られてくる。（……）彼らは、自分たちの宗教は教育を文字化することを許さないと考えているが、公的および私的な会計業務など、教育以外のことにはギリシア文字を使用している。（……）さらには、天体の動き、世界の大きさ、物事の本質、神々のご利益などについて思索し、これらの教義を若者に伝えている」。

紀元前五一年、ガリアがローマの属州に編入されるや否や、ローマ人はガリア人に自分たちの言語、文化、宗教を押し付けようとした。紀元前八年頃、ローマ帝国初代皇帝アウグストゥスはドルイド教を禁じ、ラテン語とギリシア語による行政および教育システムを導入するという文化革命を組織した。

当時のポンペイ（唯一住民調査が実施されていた裕福な都市）の住民全体における文字が読めて自分の名前を書くことができる者の割合は、男性は六〇％、女性は二〇％だった。

ところが、教育の普及はまもなく崩壊した（ただし、ユダヤ人社会は除く）。その後、世界で大衆の教育レベルがこの程度にまで回復するのには一五〇〇年以上を要した。

第二章
一神教による教育の支配
――紀元一年から一四四八年まで

一五世紀までの間、政治、地政学、経済、文化の面では、数多くの急変があった。だが、社会に必要な知識の伝達法には少なくとも外見上、何の変化もなかった。知識伝達の場は相変わらず、家庭、氏族、畑、作業場、軍隊だった。

今日、われわれが「学校」と呼ぶ施設は、各種教会の神官や権力者に仕える高官の養成を除き、ほとんど何の役割も担っていなかった。

とくにヨーロッパや中東では、ユダヤ教などの一神教を起源とする新たな宗教が定着した。これらの地域では、聖職者が権力を握り、彼らは倫理的な規範を課し、知識の独占を試み、自分たちが君臨する以前の知識の価値を失墜させた。

そうはいっても、医学、天文学、法学、哲学は、ユダヤ・ギリシアの知識によって育まれ、確実に伝達され、新たな発見によって発展を遂げた。世界では、世の中の現実を理解したい、学びたい、伝えたいという欲求がくすぶっていた。

知識がこうした神学的な管理下になかった中国は、他のどの国よりも革新的であり、一五世紀まで人口と農業の両面で大国として君臨した。もっとも、中国の公的教育の目的は、崩壊の危機に常にさらされている帝国幹部の養成と選抜だった。選抜方式は不変であり、教育内容は伝統的な知識を深めることだった。

ユダヤ：ラビとタルムード

六四年、ユダヤ教の大司祭ヨシュア・ベン・ガムラは、ローマの占領が厳しくなる中、世界中のユダヤ人共同体に対し、ヘブライ語の読み書きの重要性を喚起し、六歳からの義務教育を再び訴えた。各地の共同体に対し、シナゴーグ〔ユダヤ教の会堂〕を建てるよりも先に学校を設立し、教師を確保するようにと命じた。

ところが、この指令は大きな効果をもたらさなかったようだ。なぜなら、翌年もラビたちは、六歳から一二歳までの子供全員が学問所に通うのは義務であり、各町には最低一つの学校が必要だと繰り返し訴えていたからだ。

事実、ユダヤ人はアラム語で暮らし、ギリシア語で学び、ラテン語で発せられる命令に従っていた。ヘブライ語は祈りのときにしか用いられていなかった。

七〇年、ローマ軍がエルサレム第二神殿を破壊しても、ラビたちはあきらめなかった。ラビの一人ヨハナン・ベン・ザッカイが中心となり、ローマの承諾を得てヤムニア〔古代パレスチナの都市。現在のイスラエルのヤブネ〕に学問所を設立した。この学問所では、数十人のラビが注釈書を集めてタルムードをつくった。ラビたちは、離散し始めたユダヤ民族が生き残るには、言語、信仰、知識の伝達が、これまで以上に重要になると確信していた。

ラビたちは、子供にとって教師は父親よりも大切な存在であり、学校のない町で暮らすのは宗教上の罪だと説いた。町が河川によって分断されているのにしっかりとした橋が架けられていないのなら、学校は河川の両岸に必要だと訴えた。もし町が貧しくて学校を建てる費用を工面できないのなら、シナゴーグを学校として利用すべきだと指導した。そして「祈りの家が破壊されたとしても、子供は学校に通うべき」と力説した〔バビロニア・タルムード、『シャバット篇』一一九b〕。

ヤムニアに設立された学問所では、ギリシアの知識を教えることが正式に認められた。ラビのシモン・ベン・ガンリエルは次のように記している。「父の家には千人の若者がいた。半数はトーラー、残りの半数はギリシアの知恵を学んだ」〔バビロニア・タルムード『ソーター篇』四九b〕。こうした学院は、ロードやカイザリア〔ともに現在のイスラエルの都市〕にも設立された。各共同体の学校では、言語と儀式に加えて数学と科学の基礎を教えるようになった。

その少し後、大勢のユダヤ人は、ユダヤの土地を離れ、ヨーロッパ、アジア、北アフリカへと離散し、以前に経験したのと同じ状況に置かれた。

ユダヤ人のアイデンティティを決めるのは土地ではなく聖書だった。聖書を忘れることはアイデンティティの消滅を意味した。世界中のユダヤ人家族は民族のアイデンティティを再び伝達するようになった。すなわち、言語、信仰、文化だ。

聖書が土地に取って代わった。ユダヤ人はシナゴーグに集まった。シナゴーグでは、若者はヘブライ語の読み書きを学び、聖典を読解した。こうして、東ヨーロッパのユダヤ人が用いる「シューレ」という言葉は、学校とシナゴーグの両方を意味するようになった。

各共同体の資金によって運営されるより高度な学問所（イェシーバー）は、律法を学ぶための施設だった。これらの施設では、二人の生徒が一組になって聖書を読解した。両者は自分の解釈のほうが論理的に正しいと相手が納得するまで議論した。さらには、ギリシアの文献を研究し、これらを律法と照らし合わせる学習もあった。

ここでの学習はおもに宗教だったが、そうした訓練はその後も何世代にもわたり、ユダヤ人に事実の背後にある普遍的な真実を探し出すという精神を植え付けた。こうした精神は科学的な探求心につながった。

ユダヤ教を含め、すべての一神教は自分たちの律法を広めなければならないという強迫観念を持つようになった。ところがその後、カトリック教会はユダヤ教とは異なる三つの側面を持つようになった。一つめは、聖書を読む権利は司祭だけにあること。二つめは、司祭は異教徒を改宗させなければならないこと。三つめは、ギリシアの文献の研究を禁じたことだ。イスラム教もこれらの側面をほぼ踏襲した。

ローマ：帝国内から広がるキリスト教

初期のキリスト教徒はユダヤ人とまったく同じ暮らしを送っていた。絵画などで、聖母マリアが母アンナからトーラーの読み方を教わっている姿はお馴染みだ。イエス自身もベート・ミドラーシュ〔学びの家〕において、律法、預言書、聖書の詩篇の一節を繰り返し読み書きしながらヘブライ語を学んだ。だが、イエスが職業訓練を受けたという形跡はない。

イエスの死後、ユダヤの地でユダヤ教の新たな宗派、キリスト教が誕生した。キリスト教の本質は『レビ記』の数節にある〔例：「あなたの隣人をあなた自身のように愛しなさい」〕。キリスト教では、信者は律法を読めなくても構わなかった。聖書を読み、伝えるのは司祭の役割であり、読み書きは司祭だけができればよかった。したがって、礼拝所の中にも外にも、誰もが学ぶことのできる学校など必要なかった。教会は読み書きのできる司祭を養成し、親は子供が司祭から教わったことを暗唱できるようになったかを確かめるだけだった。

教育には体罰をともなった。使徒パウロは次のように記している。「父親たち、子供を怒らせてはなりません。主がしつけ諭されるように、育てなさい」（『エフェソの信徒への手紙』、6・4〔日本聖書協会の新共同訳を引用〕）。キリスト教徒はこの愛の哲学の名のもとに子供を虐待するようになった。

一方、ローマ帝国全土では、社会生活に必要な知識伝達のおもな場は、相変わらず家庭だった。同様に、ごく一部のきわめて裕福な家族は、子供を専門の学校に通わせ、修辞学、哲学、数学、地理、会話と文化の初歩（おもにギリシア語）を学ばせた。採用試験（プロバティオ）に通過した修辞学や文法などの教師は、国から給料をもらい、医師と同様、納税を免除された。

セネカはこうした教育について「このような教育では、生徒は熟考せず、好奇心を抱くことがない。文章の丸暗記だけでは、現実の問題に対処できない」と酷評した。

ヒスパニア・タラコネンシス〔現在のスペインの大半とポルトガル北部を含む地域〕出身のファビウス・クィンティリアヌスという人物も、この時代のローマのエリート教育に多大な影響をおよぼした。クィンティリアヌスはローマに来て、ドミティウス・アフェルやユリウス・アフリカヌスといった著名な弁論家から修辞学を学び、六八年に修辞学の学校を設立して有名になった。ローマ皇帝ウェスパシアヌス（在位六九年〜七九年）は、彼を弁論術の大家として称賛した。彼の生徒には、小プリニウスや（皇帝になる前の）ハドリアヌスがいた。ウェスパシアヌスの後に皇帝になったドミティアヌスは、彼を姪孫《てっそん》の教育係に任命した。

クィンティリアヌスは著書『弁論家の教育』において文法と修辞学の教育法について論じている。「重要なことは幼いころから学ぶべきだ。幼年期を怠惰に過ごさせてはいけない」。彼は体罰に否定的であり、暴力よりも褒めるほうが効果的であり、問題の答えを丸暗記させるよりも生徒にじっくり考えさせ、自分で答えを見つけるように指導すべきだと説いた。彼は、教師は優秀な人物でなければならず、教師は高給取りであるべきだと力説した。だが、衰退する帝国で優秀な教師から学ぶことができるのは、一握りのエリート層の子供だけだった。大衆の子供は学校に通うことができても（まだきわめて稀だった）、暗記と体罰による教育しか受けることができなかった。クィンティリアヌスの唱える近代的な教育法が再注目されたのは、そのおよそ一五〇〇年後のことだった。

同時期（ローマ帝国が地理的に最も拡大した時期）、筆記用具は葦からペンになり、文章は羊皮紙に書かれるようになった。複数の羊皮紙を紐で閉じたものはコデックス〔冊子本〕と呼ばれた。コデックスは大きな変化をもたらした。巻物と異なり、ページをめくりながら読み進めることができるようになったからだ。また、書物の保管や運搬が容易になり、ページを綴じる前に複数の写字生が分担して写本できるようになった。その結果、書物の価格は下がり、より多くの人々が書物を手にすることができるようになった。また、中国で発明されたばかりの紙がローマに持ち込まれた。

一方、ガリアなどローマ帝国のローマ以外の地域では、超上流階級の男子は、家庭教師（ギリシア人あるいはラテン人の奴隷）からラテン語とギリシア語の文法を習った。一四歳くらいになると、修辞学の教師からキケロやギリシア人の著書、そして地理を学んだ。一六歳になると法律や文学を教える学校に通った。（およそ一〇〇〇年後、これらの学校はヨーロッパの大学の基礎になった）。

ストラボンは一七巻からなる地理分野の百科事典『地理誌』の第四巻に、次のように記している。「（二一年ごろ、マルセイユでは）街の野蛮人は学校に通うようになった。由緒正しい市民は弁論術と哲学を熱心に学び、ギリシアかぶれになったほどだ」

タキトゥスは「ガリア人の高貴な家庭の若者は学校に通っている」と報告している。

中流階級の家庭の男子も、一年間あるいは二年間学校に通うようになった。職人の家庭の男子は父親から仕事を学ぶか、地元当局に認可された職域団体で修行した。

二三五年に皇帝アレクサンデル・セウェルスが暗殺されると、ローマ帝国はドルイド教を一掃するとともに、ガリア語の使用と教育を禁じ、ローマの言語と聖職者を押しつけた。

三世紀初頭、ローマのエリート層がキリスト教になびき始めると、この新たな教会は、（哲学、文学、科学の教育を推進しようとはせず）ローマの教育に徐々に忍び込んでいった。

皇帝ディオクレティアヌスの時代（在位二八四年〜三〇五年）、弱体化したローマ帝国は、教育制度を教会に委ねた。ローマ化したガリア人である修辞学の大家エウメニウスは、三〇五年に皇帝になったコンスタンティウス・クロルスの要請を受け、アウグストドゥヌム（現在のフランス中部の都市オータン。コンスタンティウスはここをガリアの首都にしようとした）に学校を設立した。学校の設立目的は、聖職者（フランス語の clercs の語源はギリシア語の「教会の人：clericus」）を養成して教会の儀式に就かせることだった。生徒はここで、福音書、ラテン語、ギリシア語、修辞学、計算、歌、神学を学んだ。

エウメニウスは歴史と地理の学習に地図の利用を推奨し、アウグストドゥヌムにある学校の柱廊に世界地図（世界図絵）を描かせた。生徒は、この地図によってローマ帝国が征服した地域を視覚的に把握できた。二九八年、エウメニウスは次のように記している。「地図を使えば、地名の位置、街の広さ、距離を確認でき、河川の源流と河口、海岸線の凹凸、大陸に影響を与える海流の動きなど、口頭では説明しにくいことを視覚的に理解できる」

また、エウメニウスの熱心な生徒は、『カトの二行連句集』や道徳訓を題材にして文法を学んだ。優秀な生徒は修辞学と対話法を学び、教会の聖職者や帝国の幹部になった。世界の他の地域と同様、授業スタイルは、騒がしい教室での一対一の個別指導だった。

同時期、カトリック教会は、大衆に読み書きを教えるのをやめさせ、学校教育以外においても価値観や宗教物語の伝達を管理し始めた。たとえば、ローマの神々に代わってカトリックの聖人を崇める祝いごとや家庭行事を大衆に押し付けた。親は子供に価値観や道徳を口承したが、ユダヤ教徒とは異なり、子供に読むことを教える義務はなかった。読むことができるのは司祭だけでよく、司祭は聖書の内容を自分たちの解釈に沿って大衆に解説したからだ。

三一三年、ローマ皇帝コンスタンティヌス一世は、ミラノ勅令によってキリスト教を公認した（この時点では、コンスタンティヌス一世自身はまだ改宗していなかった）。司祭は（子供だけでなく）信徒に対してもキリスト教の教義を口頭で教えた。三三七年にコンスタンティヌス一世が死に際に洗礼を受けたことにより、帝国におけるキリスト教の存在は確実になった。

コンスタンティヌス一世の死後、三人の息子、コンスタンティヌス二世、コンスタンティウス二世、コンスタンス一世が揃って正帝として名乗りを上げ、彼らは帝国を分割支配した。

管区の首都（ローマ、ラヴェンナ、コンスタンティノープル、アテネ、アレクサンドリア、アンティオキア〔トルコ南東部〕、ガザ、ベイルート、エデッサ、ニシビス〔トルコ南東部〕、ブルディガラ〔フランスのボルドー〕、カルタゴ）では、教師は、生徒の親、あるいは市の行政、あるいは帝国の権力者から給料をもらい、私塾や公立学校において、福音、文法、修辞学、対話法を教え、帝国や教会の幹部を養成した。これらの基礎を習得すると、キリスト教の聖職者から哲学を無償で学ぶことができた。

キリスト教徒は、エジプト、シリア、メソポタミアなどの森や砂漠といった人里離れた場所において祈りの生活を送るため、修道院（monastèresの語源はギリシア語のmonos〔英語のonly〕）をつくって引きこもった。

三三八年、ローマに居住していたコンスタンティヌス一世の息子コンスタンス一世の統治下、ローマの裕福な家庭の子供と地主の息子は、引き続き（家庭教師による自宅での個人授業や文法を教える学校において）ローマ式の教育を受けた。家庭教師による個別授業によって、ウェルギリウス、テレンティウス、サッルスティウス、キケロ、ホラティウス、オウィディウス、スタティウス、ティトゥス・リウィウス、小プリニウス、大プリニウス、ホメロス、ヘロドトス、デモステネスなどの著作を学んだ。生徒は要職（国の幹部、弁護士、執政官）に就くことができた。

医師を志望する者は、ギリシア語を学ぶ必要があった。というのは、解剖学の授業はこのときもまだギリシア語で行われていたからだ。

貧困家庭の子供の中には、社会的に出世した者もいた。コンスタンス一世の顧問だったシリアの修辞学者リバニオスによると、洗濯屋、金物屋、肉屋の息子であっても、官職、宮廷の財務官、さらには執政官にまでなった者がいたという。

三六一年、ローマでは皇帝ユリアヌス（「背教者」とも呼ばれる）がキリスト教の排除を決意し、キリスト教徒が、哲学、文法、修辞学を教えることを禁じた。その理由は、「教師は自分が信じていないことを教えるべきでない」だった。だが、ローマの宗教とギリシア思想への回帰は、二年間しか続かなかった。

三七九年、皇帝グラティアヌスは帝国の重要な都市にカトリックの教えに従順な公立学校を設立するように命じた。これらの学校に通うことができるのは富裕層の男子だけだった。生徒は、弁論術、ギリシアとラテンの文学、そして帝国の新たな宗教の基礎を学んだ。皇帝は各教師の給料の額を自ら決定し、教師全員の給料を負担した。

三九二年、帝国を再統一した皇帝テオドシウス一世は多神教を禁じ（多神教の信者がまだ存在していたという証拠）、ビザンティウム〔後のコンスタンティノープル〕に首都を構えた。皇帝テオドシウス一世は、エリート層の教育を徐々にカトリックの聖職者に委ねた。ポントス（今日の黒海）のネオカエサリア（今日のトルコのニクサール）の司教グレゴリオス・タウマトゥルゴスは、ギリシア哲学をギリシア語で教えることはキリスト教の信仰を強化することにつながると訴えたが、カトリックの聖職者は、ギリシア語でなくラテン語で教えるようになった。というのは、子供たちは自分たちにとって外国語であるギリシア語で学ぶことに難儀していたからだ。当時のキリスト教徒の詩人パウリヌスは、自伝詩『聖餐』に「子供だったころ、意味の分からない言葉で書かれたこれらの書物を読み解くのは正直言って苦痛だった」と述懐している。

修道士と神父は、一部の司祭が監督する特別な学校で養成されるようになった。たとえば、三九六年、ヒッポ・レギウス〔アルジェリア北東部〕の都市の司教になったばかりのアウグスティヌスは、司教館に大勢の弟子を迎え入れ、彼らに講義した。

教会は、中流階級の子供にまだ読み書きを教えていた学校を閉鎖させるために、あらゆる手段を講じた。職業訓練は相変わらず、家庭、畑、仕事場を通じて行われた。

帝国全土が退廃的なムードに包まれた四世紀末、歴史家アンミアヌス・マルケリヌスは次のように嘆いた。「ローマ人は読書の習慣を失った。それまで勉強熱心だった一握りの家族も短絡的な快楽に現《うつつ》を抜かすようになった。哲学者の代わりに歌い手、雄弁家の代わりに遊びの専門家がもてはやされるようになった。各地の図書館は墓場のように閉ざされた一方、水オルガン、馬車のような巨大な竪琴、喜劇役者の使うフルートがつくられた」

マルケリヌスの嘆きは、前述の用語を少し変えれば今日の西側社会に見事に当てはまる。この点については、後ほどじっくりと語る。

三九五年、皇帝テオドシウス一世は二人の息子に混乱する帝国を分割統治させた。長男のアルカディウスには帝国の東半分(首都はコンスタンティノープル)、次男のホノリウスには帝国の西半分(首都はミラノ、後にラヴェンナ)を継がせた。これはローマ帝国終焉の始まりと言えた。

ローマ帝国とともに滅びる恐れのあったカトリック教会は、伝達組織としての地位を取り戻した。それまでの世界の他の地域と同様(ただし、中国は除く)、ヨーロッパでも聖職者が倫理と道徳を定義して説いた。聖職者はすべての知識の伝達を独占し、科学や金銭的な成功など、自分たちにとって都合の悪いことの価値を貶めた。

聖職者の説く規律は、ローマに接近してきたいわゆる蛮族と呼ばれていた者たちにも刷り込まれ、彼らもキリスト教徒になった。

その一方で、医学、天文学、法律、哲学は、いまだにユダヤ・ギリシアの知識によって培われていた。これらの知識は、アイルランドの初期の修道院やアラビアの砂漠など、思いもよらない場所で密かに受け継がれていた。新たな知識を理解し、学び、伝えたいという思いは相変わらずくすぶっていた。

中国：皇帝のための無神論的な教育

紀元初めから一五世紀半ばまで、中国は人口と経済の両面で超大国であり続けた。中国の影響力はシルクロードを活かしてアジア全域に広がった。漢（紀元前二〇二年〜二二〇年）のおよそ四〇〇年にわたる統治下、中国は、毛皮、絹、鉄、馬、食品などを輸出した。

知識伝達の場は相変わらず家庭と仕事場だった。家庭では、祖先崇拝と年長者への敬意を子供に伝えた。

帝国の官吏になるには、古典文学、王朝の歴史、算術、修辞学などの知識を問う選抜試験に合格しなければならなかった。三日間の試験では、受験者は試験会場に隔離された。各受験生の解答用紙は採点前に写字生が複写した。無記名だったが、複写することで受験者の筆跡が採点者にわからないようにして、公平な試験を担保するためだった。試験内容は複雑になる一方だった。それでも合格者は高官の子供たちだった。というのは、合格に必要な複雑な問題を学習できる環境にあるのは彼らだけだったからだ。高官の子供以外は学校に通えず、学べたとしても、商人の子供が交易と会計に必要な文字と算術を習う程度だった。

二二〇年、漢が滅びると、魏、蜀漢、呉の三国時代という混乱期が訪れた。二五八年、呉の南京に帝国学校〔太学〕が設立された。多くの中国人はこれを世界初の大学と見なすが、これ以前に、エジプト、インド、ペルシア、ギリシア、ローマなどに大学の原型は存在した。二六五年、司馬昭の息子である司馬炎が西晋という王朝を打ち立てた。このとき、南京の帝国学校は官吏を育成する高等教育機関になった（一九一二年までこの役割を担った）。中国の皇帝たちはこの学校を頻繁に訪れ、大勢の学生に儒教の古典を自ら読み聞かせた。ここでの教育内容は、おもに儒教と古典の学習だった。大衆の教育に関しては、中央政府はほとんど関与せず、地方の長官が担った。

その後、中国の分割状態は数世紀にわたって続いた。五八一年に再統一すると、この統一状態はおよそ三〇〇年余り続いた（隋と唐の時代）。

ペルシア：「ガーター」を伝える

紀元前七～六世紀頃にイラン北東部で生まれたとされるザラスシュトラ〔ゾロアスター〕という人物（実在の人物であるかを含め、詳しいことはわかっていない）は、ペルシア地域で広まっていた多神教と対立した。

ザラスシュトラは（ユダヤ教と同様）、禁欲をやめ、貧困から抜け出し、生きる喜び、豊かさ、寛容を推進する必要があると説いた。ザラスシュトラは「よき思考、よき言葉、よき行い」という箴言に要約される革命的な教義を打ち立てた。彼の思想は「ガーター（詩）」と祈りの言葉を集めた『アヴェスター』という聖典に集約されている。一九世紀になって見つかったこの聖典は、間違いなく最初期の一神教の文書だ。

ザラスシュトラの宗教は、徐々にペルシア地域に広まった。二二六年頃にはサーサーン朝ペルシア帝国の王アルデシール一世が、この宗教を国教に定めた。

この帝国の貧しい家庭の息子が父親の職業以外に学んでおくべきことは、乗馬、弓術、真実を語ることだった。エリート層の家庭の男子に施す教育のおもな目的は、世界の他の地域と同様、宗教の戒律、そして家族と国家への忠誠心を植えつけることだった。

ペルシア貴族の子供は、五歳までは母親、そして五歳から七歳までは父親から教育を受けた。男子は『アヴェスター』（おもに「ガーター」）を暗唱し、二〇歳になるまで学校で学んだ。学校は、嘘が飛び交う場であるバザール（市場）から離れたところに設立しなければならなかった。男子は早起きを強いられ、入念に体操し、馬に乗った後、パフラヴィー語（中期ペルシア語）、アラム語、数学、宗教、ポロ、チェス、フェンシング、乗馬、弓術、狩り、格闘を学んだ。教師はおもに祭司（おもにメディア族の占い師）だった。

生徒は木炭で木の板に文字を書いた。世界の他の地域と同様、学習は暗記が主体であり、個別指導だった。生徒が被った暴力については不明だ。

二〇歳になると、試験を受けた（試験官はさきほどの祭司）。女子はまったく教育を受けていなかったようだ。高位貴族の男子は二四歳になるまで大学のような機関で、政治学、行政学、軍事学を学び、そして行政学や神学の履修課程では、外国語も習った。

二七〇年頃、皇帝シャープール一世は、ジュンディシャープール（今日のイランの南西部に位置するフージスターン州に、皇帝が夏の別荘を建てるためにつくらせた都市）に、優秀な学生を対象とする、当時としては最先端の学問所を設立した。この学問所では、医学、哲学、神学、科学を、ギリシア語で教えた。併設された図書館には、哲学、数学、医学に関するギリシア語の文献が膨大にあった。天文台と世界最古の教育病院もあった。教育病院では、研修医は一人の医師からその医師の知っていることを学ぶのではなく（それまで世界の他の地域ではこのやり方だった）、複数の医師とともに働きながら医学を学んだ。

後に、この学問所は東ローマ帝国から逃れてきた大勢のギリシアの哲学者やネストリウス派のキリスト教徒を受け入れた。彼らは、ヒポクラテスやアリストテレスなど、医学、哲学、占星術に関する多くの著書を、ギリシア語やシリア語からペルシア語に翻訳した。つまり、キリスト教会が排除するギリシア思想を保護して伝承したのは、ゾロアスター教徒だったのだ。

ヨーロッパ：教会が教育を牛耳る

五世紀後半、西ローマ帝国の崩壊によって都市部の暮らしぶりは貧しくなった。景気後退により、教師に給料を払うことができなくなった。ガラスや建築など数多くの技術は伝達されなくなった。ローマ化もゲルマン化もしていないアルモリカ（今日のブルターニュ地方）では、教育は一〇〇〇年以上前から変わらず、男子は戦術、女子は貞節、子供のつくり方、結婚後には夫に仕えることを学んだ。

一方、南ガリアの名家では、六五〇年頃までローマ文化が残っていた。キリスト教国では、教会は教会の幹部だけを養成し、ギリシアの知識の学習を容赦なく締め出し、大衆にはカトリックの教義以外の教養を学ぶ機会をできる限り与えなかった。

四一五年、ヨハネス・カッシアヌスはマルセイユに修道院を設立した。

その少し後、ガリア地方を旅したアイルランド人たち（ローマ帝国の植民地化から逃れたアイルランドには、司祭や教区聖職者がいなかった）は、ヨーロッパ初の修道院（男性用と女性用）を設立した。ここでは「献身者」（両親が神に捧げる子供）と呼ばれる若者が修行した。

四二六年、ヒッポ・レギウスの司教（後の聖アウグスティヌス）は大著『神の国』において、ギリシア・ローマの文化はキリスト教の啓示に反すると糾弾した。彼の自伝『告白』には、算術を学ぶ際に「《1＋1は2、2＋2は4》と繰り返し唱えさせられたことにはうんざりした」と記してある。また、ギリシア神話（「大勢の兵士が木馬から出てきて（……）トロイアの街が焼き払われたという場面に魅力を感じただけ」）と修辞学（「おしゃべりで相手を言い負かすことができるとうぬぼれていた」）が好きだったことを後悔していると打ち明けている。哲学については、唯一の真実である神を遠ざけると評している。彼は、文法、修辞学、問答法、算術、幾何学、天文学、音楽など、ギリシア文化の伝達を全面的に禁止したかったのだ。

四七五年（西ローマ帝国が滅亡したとされる前年）、ガリアで出版された『教会の憲章』（南ガリアで編纂された概論書。修道院の門番から司祭までの階級と職務が記載されている）には、次のように明記してある。「司教は異教徒の書物を読むのを控えるべきであり、異端の書物は必要に応じて参照するだけとする」

同時期、古典学派最後の偉大な哲学者ボエティウスは、独房に四大ギリシア科学（算術、幾何学、音楽、天文学）の書物を集め、これらの学識の重要さを訴えたが、時すでに遅しだった（イタリアのパヴィーアにある刑務所で処刑された）。絶大な権力を握った教会は、これらの知識を検閲するようになった。

最初に教育が行われる場は、相変わらず家庭だった。教育係は女性だった（例：話し方、歩き方、礼儀作法、家庭でのさまざまな役割、儀式、聖者の歴史、信仰、大罪、キリスト教の価値観など）。母親は子供と一緒に教会の説教を聞いた。

当時の育児書には、次のようなことが書かれていた。赤子の泣き声を解釈すること、母乳で育てること、一歳になる前に歩行を教えないこと、食物はまずは自分で噛み砕いてから赤子に与えること、魚を与える際は骨を抜き取っておくこと、話す能力を発達させるには子音プラス母音が連続する単語（例：「パパ」、「ママ」、「ドド」、「ボボ」など）を使うことなどだ。

その後、男子の教育は父親が引き継ぎ、仕事を教えた。一方、女子の教育は結婚するまで母親が受け持った。世界の他の地域と同様、父親の職業を学ぶなどの大衆の教育は、家庭で行われた。また、大衆の子供は、子守歌、農民の歌、哀歌、踊り、曲芸、団欒《だんらん》（さまざまな社会層の子供が勇敢な戦士の物語を聞く）などを通じて学んだ。

六世紀初頭のローマには、ローマ時代の学校が数多く残り、これらの学校には相変わらず富裕層の子供が通っていた。教育の内容や方法はそれまで通りだった。しかしながらこの時期（とくに、五二九年にプロヴァンスで行われた地方議会の後）、ローマ帝国とともに崩壊する恐れのあった教会は、教会の幹部を養成するためにキリスト教独自の学校を設立し始めた。

こうして農村部と都市部には、教会によってそれぞれ異なる学校が設立された。

まず、アイルランドとスペインの農村部の修道院に「修道院学校」がつくられた。初期の修道院は、神の御心は知識ではなく心を通じて理解すべきと説き、禁欲的な暮らしを推奨したが、後の聖ベネディクト（四八〇年～五四七年）が創設した修道制度により、修道士を養成するための知的教育が始まった。修道士は手作業をこなす傍ら、読み書きを学び、修道院の蔵書や教父の著書を写本した。教師役を務めたのは、ベネディクトやアイルランド出身の修道士コルンバヌスの弟子たちだった。

一方、都市部では、司祭を養成するために小さな町には「小教区学校」、そして大聖堂の近くには「司教学校」が設立された。五二九年の宗教会議において各地の司教は、村には小教区学校、主要都市には司教学校を設立するように促された。小教区では「主のもとへ導かれる羊の群れが、精神的な牧草地に辿りつくことができるように」平易な言葉で後継者を育成するようにとの要請があった。

西ローマ帝国消滅後に地域から誕生した世俗勢力は、教会が知識伝達を独占することを望まず、小教区学校のカリキュラムに口出しした。五六一年、キルペリク一世（メロヴィング朝の三代目）は、ゲルマン化したガリアの全都市に対し、小教区学校の教育で使用するアルファベットに新たに三つの文字を追加してゲルマンの音声に適応させるようにとの通達を出した。これは教会の学校教育において自身の権力を教会に誇示するためだった。

五四〇年から五七二年にかけて、ラヴェンナの宮廷議員だったカッシオドルスにより、カラブリアにウィウァリウム修道院が設立された。この修道院では、リベラルアーツ（自由七科：文法、修辞学、問答法、算術、音楽、天文学、幾何学）、アレクサンドリア司教ディオニュシウス（三世紀のギリシア人）の『世界旅』、ユリウス・ホノリウス（この時代の地理学者。彼の著作は弟子に書かせたと思われる注釈書しかわかっていない）の『宇宙誌』も学んだ。『宇宙誌』には、「聖書に書かれている場所が世界のどのあたりにあるのかを把握しておく必要がある」と記してある。こうして世俗的な知識は密かに戻ってきた。

カール大帝：パラティン学校と「専門学科併設校」

八世紀初頭のキリスト教のヨーロッパでは、領主の男子の教育は相変わらず家庭教師によって行われていた。ゲルマン民族の教育は、騎士叙任式（貴族の男子を騎士として王家の一員と認める儀式）まで続いた。

七五五年、ピピン三世（フランク王国の国王）はフランク王国全土に、（ローマ皇帝が六四五年頃に採択し、七四〇年頃に改定した）ローマ式の典礼を行うように命じた。というのは、ガリアでは教会ごとに独自の典礼が行われ、混乱が生じていたからだ。ピピン三世はメス〔フランス北東部の都市〕の司教クローデガングに対し、宗教書と小教区学校の授業にラテン語を使用するように指示した。

七八〇年、カール大帝はアングロサクソンの学者であり神学者でもあったヨークのアルクィンの助言を受け、アーヘン〔ベルギーとオランダの国境に近いドイツの都市〕に高級官吏を養成する学校を設立した。なぜなら、ピピン三世の時代から始まった領土の拡大は優秀な官吏を必要とし、カール大帝はフランク王国をヨーロッパ全域にまで拡大させたからだ。カール大帝はヨーロッパ各地を旅行して「パラティン学校」と呼ばれたアーヘンの学校に、文法、音楽、算術に関する最高の教師を呼び寄せた。

そしてカール大帝は聖職者の幹部とフランク王国の男子全員を〔別々のクラスにおいてだが〕同時に養成すると宣言し、帝国内の修道院と司教区に「専門学科併設校」を設立させた。これは、専門学科を教える「内学校」では聖職者〔司祭と修道士〕を養成し、「外学校」では原則としてすべての階層の男子が読み書き算盤、天文学、宗教を学ぶという画期的な仕組みだった。専門学科併設校の理念は、「出自に関係なく男子を集め、男子の教育のための学校を設立する。修道院では、詩、文章、歌、計算、文法を教える。そして推敲された文献を取り揃える」だった。

カール大帝は大勢の者が書物を理解できるように文字の簡素化にも着手した。地域ごとで異なる綴りを統一し、メロヴィング文字から判読しやすい帝国共通の文字へと切り替えさせた。

これは出自に関係なく男子全員に同じ学校で読み書きを学ばせようというヨーロッパ初の試みだった。

八一四年にカール大帝が死去した後、ザンクト・ガレン修道院〔スイス〕の修道士で、音楽家、著述家、詩人でもあったノトカーは、逸話集『カール大帝業績録』の中でカール大帝を「学校を普及させた偉大な人物」と紹介し、カール大帝神話を打ち立てた。

だが実際は、カール大帝の義務教育施行の試みは（以前にもそうであったように）机上の空論だった。その理由は、教会の協力を得られなかったことだ。また、公費で賄われるはずが、教師は親に多額の授業料を要求した。さらには、授業の質もお粗末だった。後にエグベール・ド・リエージュ（『赤ずきん』の原型を書いた著者）は、「学校では講義よりも鞭打ちの時間のほうが長かった」と記している。また、子供は畑や仕事場での労働力であり、親には読み書きを習わせるために子供を学校に通わせる余裕がなかった。この試みはすぐに破綻した。

カール大帝の死去から三年後、三男のルートヴィヒ一世は司教たちの賛同を得て、修道士になる子供のためだけに修道院学校（「内学校」と「外学校」）を維持した。ようするに、普遍的な義務教育の施行を掲げた「専門学科併設校」という試みは、三〇年間しか続かなかったのだ。

しかしながら、これらの学校を変革して大衆の子供に信仰を教えようという声もあった。八五九年、サヴォニエール〔フランス中部の街〕の宗教会議では、「司教は公立学校を各地に設立すること」という決議があった。しかし、財源不足のため、この計画は実現しなかった。八七七年、シャルル二世の死後、アーヘンのパラティン学校自体が廃校になった。こうして知識伝達は、両親、仕事仲間、歌、物語を通じて学ぶという、数千年前の状態へと逆戻りした。変化があったとすれば、ステンドグラスで飾られた教会での説教だった。

コンクリートのつくり方など、古代人が生み出した多くの知識が失われ、これらの知識を取り戻すのに数百年を要した。

それでも、こうした衰退に抗った者もいた。九九九年に波乱の末にローマ教皇になったシルウェステル二世（本名はオーリヤックのジェルベール）は、ヨーロッパに十進法を導入し、ユーグ・カペーのフランス王就任を手助けした後、（ごく少数の学校ではあったが）ギリシアの学識に関する教育を再開させた。

東ローマ帝国：キリスト教世界における初の大学

三世紀、統一ローマ皇帝アレクサンデル・セウェルスは、ベリテ（現在のベイルート）に非キリスト教の文法および修辞学の学校を設立した（ローマ帝国東部における初の大学）。この学校の学生は兵役を免除された。まだキリスト教になっていない地域に設立されたこの大学の教育は、ギリシアとローマの思想研究に特化した。その後、数世紀にわたってキリスト教世界では最も評判の高い大学になった。場所は、アナスタス教会の隣で、現在の聖ゲオルギオス大聖堂にあったと思われる。「アンティオキア（現在のシリア国境に近いトルコの街）のリバニオス」という有名な修辞学教師が、アンティオキアの元弁護士でベイルートに定住したメレシウスに送った手紙には、「すべての偉大な弁護士はベリテに行く」と記してある。

テオドシウス一世の死去とともに東ローマ帝国が誕生した三九五年の時点では、この地域の六歳から一〇歳までのエリート層の子供に対する読み書きの教育は、西ローマ帝国よりもはるかに進んでいた。東ローマ帝国の中等教育では、エリート層の若者全員（一〇歳から一六歳まで）にまだギリシア文学とラテン語を教えていた。文法と修辞学はこれらの学問の基礎だった。修辞学者は、学生にプラトンやアリストテレスなどの古典を読ませてから明快かつ優雅に自分の考えを表現する方法を教えた。ローマの全盛期と同様、こうした教育の目的は、帝国幹部の養成だった。

東ローマ帝国がキリスト教化した後の四二五年、テオドシウス二世は帝国幹部の養成のためにコンスタンティノープルに世界初のキリスト教大学を設立した。これは前述のベリテの非宗教の大学に対抗するものだった。テオドシウス二世はキリスト教という新たな信仰の優位を示すために、この大学をローマのカピトリウム神殿を模して一〇〇〇年前に建てられたローマの神殿内に設置した。教師陣は元老院が任命した（一〇人のギリシア語の文法学者、一〇人のラテン語の文法学者、五人のギリシア語の修辞学者、三人のラテン語の修辞学者、一人のギリシア哲学者、二人のラテン語の法学者）。

司祭を養成する学校もあった。たとえば、四五七年、シリアの神学者たちは、大聖堂と司祭の住居の近くにあった利用されなくなった外国人のたまり場に神学校を設立した。ニシビス〔現在のトルコのヌーサイビン〕に設立されたこの神学校には、一〇〇〇人以上の学生がいた。この学校は、古典シリア語、賛歌、説教、写本などを教えた。
そしてこれまでにない大胆な試みとして、アリストテレスの『オルガノン』、修辞学、歴史、地理、自然科学などの授業の実施、授業料と寮費の無償化、八月から一〇月までの夏休み期間中のアルバイト認可などがあった。

五四〇年、ゾロアスター教徒でサーサーン朝ペルシア帝国の君主ホスロー一世は、教会と修道院の破壊というキリスト教弾圧の一環として、ギリシア、ローマ、キリスト教の知識を伝授するこの神学校を廃校にした。教師と学生はクテシフォン〔バクダードの南東にあった都市〕などの都市に離散した。後に、アレッポのイスラム教の王子ヌールッディーンは、千冊ほどの蔵書を持つこの神学校の図書館を焼き払った。

アテナイに四〇〇〇年ごろに設立された学校では、著名なギリシアの哲学者や無神論者が教鞭をとった。この学校は四三八年から四八五年にかけて最盛期を迎えた。だが五二九年、権力を掌握したばかりのユスティニアヌス一世は、この学校を廃校にして非キリスト教徒の教師を追い払った。

ユスティニアヌス一世の治世化、ベリテは「偉大な都市」になり、フェニキアの主要都市の座を守った。この大学の法学研究は継続した。当時のある地理学者は次のように記している。
「ティルス〔レバノン南西部にあった都市〕を後にし、ベリテに来た。この美しい都市にはローマ法の法解釈を行う法学の本拠地がある」

五五一年の地震でベリテの街が破壊されると、優秀な教授たちはコンスタンティノープルの大学へと移ったが、その大学は七一一年から七一五年までの内戦によって廃校になった。

八二〇年、数学者、医師、天文学者であるレオは、コンスタンティノープルにまともな図書館がないことに驚き、民家を利用して学校を設立した。この学校は、幾何学、算術、天文学、文法を教えた。その一〇年後、皇帝テオフィロスはこの学校を、四〇人殉教者教会〔現在のブルガリア〕、次にマグナウラ宮殿〔コンスタンティノープル〕に設置した。十字軍がコンスタンティノープルを破壊するまで、この学校はキリスト教世界におけるギリシア知識の発信地だった。

一二六一年、ミカエル八世パレオロゴスがコンスタンティノープルを奪回すると、ギリシア知識の教育は再興した。この教育により、東ローマ帝国最後の幹部が養成された。

イスラム世界：宗教と科学の知識

誕生時のキリスト教と同様、初期のイスラム教は世俗の知識伝達を抑制しなかった。コーランのスーラ九六〔「凝血」〕には、すべてのムスリムは宗教以外の知識とコーランの両方を学ばなければならないと記してある。またコーランは理性的であれと繰り返し説いている。

とはいえ、イスラム教の教育は、すぐにキリスト教よりも宗教色の強いものになった。アラビア語は神聖な言語になり、これを読み書きできるようになるのは、ごく一部の者だけだった。

カリフの宮殿のメンバー〔大臣、高官、裕福な商人〕の子供は家庭教師から学んだ。また、コーランだけでなく、書道、数学、哲学、文学、文法、法律、詩も学習した。その後長期間にわたり、イスラム教エリート層の子供は、神学だけでなく理性や哲学も学んだ。

大衆の男子はコーランだけを学んだ。学びの場は、最初の数年間はモスクに併設するマクタブ〔簡素な学びの場〕であり、次にマドラサ〔最初は簡易宿泊所だったが、次第にコーランを教える学問所になった〕だった。初期のモスクでは、子供たち全員がコーランを暗唱し、ときには読み、稀に書くこともあった。さらには稀に算術も学んだ。イスラム教も、儀式、祈り、断食などの行事を親子に課すことにより、家庭内の価値観の伝達を支配した。そしてキリスト教と同様、聖職者だけに知識を伝達した。女子が知識を得る機会はなかった。

イスラム教の後のウマイヤ朝となる軍隊がゾロアスター教のサーサーン朝を打ち負かすと、ゾロアスター教は衰退した。ウマイヤ朝が支配した地域は、六六一年から七五〇年まではイスラム世界全体、その後、七五六年から一〇三一年頃まではアンダルス〔イベリア半島〕だけだった。ジュンディシャープールのサーサーン朝の大学は、イスラム教の高等教育機関になった〔現在のジョンディシャープール大学〕。

ウマイヤ朝の首都は、最初はダマスカスに定められ、教育の中心地はダマスカスの大モスクになった。バクダード、カイロ、メッカ、トレドでは、後にイブン・スィーナー、アル・ラーズィー、アブー・アル＝カースィム・アッ＝ザフラウィーなどの学者が、病院と医学研究所を設立した。ここの学生は食事付きの寮で暮らし、給料をもらうこともあった。

七五〇年になると、新たなイスラム王朝であるアッバース朝がウマイヤ朝をイベリア半島に追いやり、首都をバクダードに定めた。地方のマドラサ〔学問所／大学〕は教師の自宅だった。

たとえば、バスラ〔イラクの都市〕では、政府や宗教組織の許可がなくても、教師はマドラサを設立できた。マドラサでの神学課程は、初等、中等、高等に分かれていた。カリキュラムに対する検閲はほとんどなく、読み書きを含め、あらゆる教科を学ぶことができた。八三〇年頃、バスラの神学者ジャーヒズは、コーラン、文字、算術、法律、詩、音楽、チェス、狩り、ポロ、乗馬などを、すべての子供に教えるべきだと説き、学習から「理性的な思考を阻害する」暗記を減らすように呼び掛けた。

教育カリキュラム（とくに高等教育）は比較的自由だったので、学生は大きな知的刺激を得た。こうしてアッバース朝のエリート層の子供は、閉鎖的な宗教教育から解放された。

八三〇年頃、バグダード（当時の人口は一〇〇万人以上。経済と知識の面において、中華圏を除くと世界の中心地と見なされていた）では、アッバース朝カリフのマアムーンが、ギリシアとインドの文献を講義および翻訳する「知恵の館」を設立した。ここには、数学、医学、占星術、農業、哲学、そしてプラトン、ピタゴラス、アリストテレス、エウクレイデス、ヒポクラテス、スシュルタ、ブラフマグプタなどの文献があった。

その少し後、チュニジアの教師イブン・サハヌーンは、初等および中等教育のカリキュラムを、コーラン、アラビア言語学、書道、詩、算術、アラビア史というように（かなり具体的に）定義した。イブン・サハヌーンは、「男女は同じ教育を受けるべきだが、別々に学ぶべき」と説き、当時非常に厳しかった体罰に異議を唱えた。

同時期、バグダードでは、哲学者で科学者のキンディーがアリストテレスの教えを学ぶことを公然と奨励した。ダマスカスでは、アル＝ファーラービーは大衆とエリート層の教育を区分することによって〔道徳、政治、美の面で〕人間の頂点に達する方法を説いた。エスファハーン〔イランの都市〕では、コーランと同時に記憶力を高めて弁舌に役立つ愛の詩を教えるべきだと主張され、イスラム圏に多くの大学が設立された。コーランだけを教える大学は稀であり、トンブクトゥ〔西アフリカのマリ共和国の都市〕のサンコーレ大学などでは、さまざまな学問が教えられた。

一〇世紀になると、後ウマイヤ朝アミール領〔現在のスペインとポルトガル〕をまだ支配していたウマイヤ帝国の聖職者は、「政治と経済のエリート層の男子はモスクに併設するマクタブで導師から学ぶように」と命じた。マクタブで数年間学んだ後、さらに宗教的な知識を学びたい者は、マドラサ〔大学〕へと進学した。マドラサは首都のコルドバだけでなく、フェズ〔モロッコの都市〕〔八五九年に設立されたカラウィーイーン大学〕、カイロ〔九七〇年に設立されたアル＝アズハル大学〕、トレド、セビリア、ヴァレンシア、カイルアン〔チュニジアの都市〕、ベジャイア〔アルジェリアの都市〕、トレムセン〔アルジェリアの都市〕にもあった。これらのマドラサでは、イスラム哲学、イスラム法、アラビア語文法、イスラム法学、イスラム天文学、医学の学位を修得できた。

世界有数の巨大都市になったコルドバ〔コルドバはカスティーリャ王のフェルナンド三世がコルドバを奪取した一二三六年までイスラム王朝下にあった〕では、ギリシア思想の研究、論評、伝承は、相変わらずエリート層が担っていた。ハカム二世〔後ウマイヤ朝の第二代カリフ。在位：九六一年〜九七六年）は、四〇万冊以上の蔵書を持つ図書館を設立し、珍しい資料の収集のために世界中に使者を送った。この都市では、ギリシア医学やユダヤの詩人の書籍がアラビア語に翻訳された。こうした行為をイスラム教の信仰に反すると考える者は誰もいなかった。数学者、哲学者、生理学者、物理学者であり、また科学的手法の先駆者で近代光学の創始者とされるイブン・ハイサムは、著書『光学の書』で次のように述べている。「われわれの目的は客観性を保つことであり、情に流されることではない。判断および批判の際は、真実を見出す努力をすべきであって、他者の意見を鵜呑みにしてはいけない」

一〇五六年になると、サハラ砂漠から来たベルベル人たちのムラービト朝がウマイヤ朝に取って代わり、当初は厳格なイスラム信仰だったが、ウマイヤ朝と同様に寛容になり、コルドバでギリシア思想を普及さえした。

同時期のコルドバでは、後に医師、裁判官、神学者になるイブン・ルシュド（西洋ではラテン語名のアヴェロエスとしてよく知られている）は、家庭教師から当時の古典教育（コーラン、文法、詩、音楽、基礎的な計算と書き方）を受け、その後、父親からハディース（預言者ムハンマドの言行録）とフィクフ（イスラム法学）、そしてアヴェンゾアル（イブン・ズフル）から医学を学んだ。イブン・ルシュドは、物理学、植物学、動物学、天文学に対する造詣を深めた。どこで学んだのかは不明だが、アリストテレスの思想にも精通していた。イブン・ルシュドは数々の著書の中で、宗教的な真理と科学的な事実は両立すると断言し、両者は別の領域にあるのであって矛盾するのではないと説いた。

イブン・ルシュドの分析は、キリスト教の西洋諸国にまで多大な影響をおよぼし、だいぶ後のことだが、キリスト教が牛耳るヨーロッパの教育を非宗教化させる原動力になった。

同時期のコルドバにあった大きなユダヤ人社会では、後に医師でラビ〔指導者〕になるモーシェ・ベン＝マイモーンは、ヨセフ・イブン・ミガシュの教育を受けた。モーシェ・ベン＝マイモーンも若くして科学やギリシア哲学の文献に親しんだ。これらの文献をアラビア語の翻訳書で読んだという彼は、ユダヤの知識にはギリシアの知識が含まれていることを示すことによって「迷えるユダヤ人」に、科学的な知識は、必要かつ普遍的であり、時空を問わず、すべての人間の精神にとっての真理であり、これを「ギリシア的」と見なすべきではないと伝えようとした。彼は、コルドバのユダヤ人学校に律法やタルムードだけでなく、アリストテレスの思想を教えるように推奨した。

その少し後、アリストテレスの思想とギリシア科学がヨーロッパの教育カリキュラムに復活したのは、コルドバからトレド、そしてモンペリエに移ったユダヤ人の教師と翻訳者のおかげだった。

キリスト教世界と同様、他のイスラム地域では聖職者が教育を牛耳っていた。

たとえば、一〇八〇年ごろ、現在のイラクではトルキスタン〔中央アジアの地域〕からやってきた部族の宰相ニザームルムルクが、ニーシャープール〔イランの都市〕の私立学校をマドラサに変えた。教師陣は政府が任命した。

一二世紀、マドラサの数は、カイロに七五、バグダートに三六、ダマスカスに五一あった。

アレッポ〔シリアの都市〕では、一一二二年から一一六〇年までに、ウラマー〔一般的にイスラム教の神学者〕や首長が四六のマドラサを設立した。というのは、彼らは十字軍に対するムスリムの士気を高めるためにイスラム法に精通した官吏と裁判官を養成する必要があったからだ。アレッポでは、さまざまなイスラム法学派〔マーリク派、ハナフィー派、シャーフィイー派、ハンバル派〕が競い合った。これらの一つ〔ハナフィー派〕は今でもバスラ〔イラクの都市〕に残っている。

一一八七年にサラーフ・アッディーン〔サラディン〕が十字軍からエルサレムを奪還する少し前、モロッコからやってきたムワッヒド朝がコルドバのムラービト朝を倒し、モーシェ・ベン＝マイモーンやイブン・ルシュドはコルドバから追い出された。こうしてイスラム圏でのギリシア知識の伝達は終わった。これはイスラム圏における啓蒙時代の終焉を意味した。

同時期のペルシアでは、モンゴル帝国の地方政権であり、ハンの率いる仏教中心のイルハン朝が権力を握った。一二五八年、イルハン朝は当時のイスラム世界の中心地だったバグダードを攻略し、三六の「知恵の館」〔図書館〕を破壊し、イスラムのエリート層と知識人を虐殺した。

その後、バクダードは知識伝達の中心地になることなく衰退の一途を辿った。一五〇一年になってイスマーイール一世がイランとその周辺地域にサファヴィー朝を創設し、主要宗教をイスラム教シーア派に定めた。この地域では、現在でもシーア派が主流だ。

フランドルとヴェネチア：市民学校が修道院学校と対立

世界の他の地域と同様、おもな知識伝達は、相変わらず家庭や職場で行われていた。修道院は修道院学校を設立し、そこでは聖職者と（新たに）「公証人」（領主の契約書の作成を担う）が養成された。パスタや紙の製造、そして造船技術など、中国からアラブを経由して入ってきた技術革新が定着し、これらを活用する術を学ぶ必要があった。

一〇世紀以降、フランドルの港街の商人や貴族は、「子供は純真な存在」と考えるようになり、子供の教育に熱心になった。なぜなら、読み書き算盤の能力を必要とする仕事が急増したからだ（例：契約書、帳簿、報告書の作成、コスト計算、出張の計画、地図の読み方など）。商人は、船舶、風車、製粉工場、鉱山、橋梁をつくる必要があった。商人の従業員は、報告書をきれいな文字で素早く作成しなければならなかった。つまり、初歩的な算術と簿記の知識が必要になったのだ。また、算盤を習得し、地図を読みこなし、港や海路、そして航海の状況を把握し、フランス語やイタリア語を操り、世界各地の歴史を習得することも必須になった。

仕事に忙しい商人は、自分たちの知らないこれらの知識を（将来の従業員に）教える学校を必要とした。つまり、聖職者がラテン語で祈りを唱える小教区学校の出番ではなくなったのだ。

一一世紀末、ブルージュは西洋の商業経済の中心地になった。毛織物の主要生産地であり、商業と金融の面で北海と地中海を結ぶ港街であるブルージュの資産家は、これらの知識を自分や従業員の子供に伝える学校を設立するための資金を提供した。ヘント大学（現在のゲント大学〕の図書館にある一二世紀末の写本には、フラマン語で書かれた商業文の見本がある。教師はこれらの見本を使って生徒を指導した。

対話を重んじるこの新たな教育により、西洋におけるフランドルの経済、政治、文化の面での支配は強固になった。知識の拡散により、生産力は増した。そして増強された生産力によって、実用的、科学的な知識伝達のための資金が確保された。

ブルージュのライバル都市で東洋への玄関口だったヴェネチアの船主と商人も、航海、商取引、計算、帳簿の記入ができる従業員を必要とした。また、海を支配するのに必要な新たな船舶（商用ガレー船）をつくらなければならなかった。こうしてヴェネチアでも、教会、仕事場、家庭での教育だけでは必要な人材を育成できなくなった。

一三世紀後半、ヴェネチアに宗教的でも私立でもない「市民学校」という新たなタイプの学校が登場した。教師（おもに教皇派と対立する教会関係者）は、商人の子供にヴェネチア語で、読み書き、ヴェネチア語の文法、哲学、道徳、活語の外国語、算術、会計、地理、歴史、地域文学、算術（アバコ）、造船技術を教えた。その一方で、ラテン語、キリスト教の美徳、悪徳がもたらす悲惨な結果については、ほとんど触れることがなかった。

市民学校ではラテン語と現地語で書かれた詩編を読んだ。たとえば、『カトの二行連句集』（マルクス・ポルキウス・カト・ケンソリウスの道徳訓）、『愉快な人』（一三世紀初頭にイギリスのヨハネス・デ・ガルランディアが書いた礼儀作法に関する書物）、『イソップ寓話集』などだ。また、イスラム教の影響がまだ色濃く残っていたシチリアから大量に取り寄せた、ギリシア語から翻訳されたアラビア語の文献も活用された。

女子も学ぶことができた。教師の給料は生徒の親が負担した。孤児の学費については、ヴェネチアの行政が彼らの親の遺産を充当した。

一三九〇年になると、ヴェネチアはブルージュを抜いて世界経済の第二の中心地になった。ヴェネチアの市民学校（相変わらず私学であり、街の富裕層が資金を拠出していた）は、ブルージュ、パルマ、パリ、マントバ、ミラノ、トレンティーノ、カラブリア、シチリア、ドイツ、ポルトガルなどから優秀な教師を集めた。

この頃、ヴェネチアには一六〇の市民学校があり、各校には生徒として十数人の富裕層の子供がいた。多くの教師には副業（公証人や官吏）があった。

一五世紀初頭、ヴェネチアに市民学校を設立したジョヴァンニ・コンヴェルシーニ（人文主義者、文法学者、哲学者、歴史家。別名はラヴェンナのジャン。ハンガリー王ラヨシュ一世の主治医の息子であり、ペトラルカとも親しかった）は、裕福な家庭の息子である生徒と教師の関係を次のように記している。「授業料を払っているからといって、あなたがたの子供たちは教師に尊敬の念を示さず、まるで蠅があちこちと飛び回るように教室内を駆けずり回っている」

トスカーナのブルジョワ階級の家庭の子供たちも、このような学校に通っていた。たとえば、トスカーナの公証人の庶子レオナルド・ダ・ヴィンチは、最初は父方の祖父母に育てられ、一〇歳になるまでは読み書き算盤を祖父母から学んだ。その後、一四歳になったレオナルド・ダ・ヴィンチは、父親の計らいでフィレンツェの偉大な画家で彫刻家のアンドレア・デル・ヴエロッキオのアトリエに入り、画家、そして技術者としての道を歩んだ。他の職業と同様、こうした専門職に就く者は、必ずしも知識を伝える学校ではなく仕事場で学んだ。

一四世紀までのヨーロッパの他の地域：都市部の小教区学校と司教学校

同時期、ヨーロッパの他の地域に「市民学校」はなかった。職人と商人の子供は、親や親の同僚から学んだ。その他の町の子供の中には、聖職者になるために「都市部の小教区学校」に送られる者がいた。今日でもこれらの学校は、教区の主任司祭、助任司祭、司祭の監督下にある一般信徒などによって運営されている。

これらの学校の生徒は一五歳まで、宗教、読み書き、計算、歌、文法を学んだ。学校のカリキュラムはブルージュやヴェネチアの学校とはまったく異なっていた。生徒になれるのは、聖職者になる領主の子供だった。授業はラテン語であり、最上級クラスではギリシア語で行われた。すべては個別授業だった。

頻繁にひどい体罰が加えられた。グレゴリウス改革に寄与した知識人である修道士ノジャンのギベールは、一一一五年に執筆した自伝の中で自分の受けた教育について不満を述べている。「ほぼ毎日、平手打ちと鞭打ちを嫌というほど食らった」。性的虐待もあったはずだが、これについては語られていない。

体罰や性的虐待をともなうこうした教育は、（富裕層の女子を含めて）女子に対しても同様だった。修道院で修道女や女性の家庭教師から学び、社会的に大成した女子（例：ヒルデガルト・フォン・ビンゲンやマリー・ド・フランスなど）もいたが、女子が高度な教育を受けて社会的に活躍するのは男子と比べるときわめて稀だった。

修道生活を推進する者たちは、都市部の小教区学校の発展を恐れ、これらの学校に対抗しようとした。一一四〇年、聖人クレルヴォーのベルナルドゥスは、パリの学校に通うある生徒に次のような手紙を書いている。「本を読むよりも森の中を歩くほうが、多くの発見があるだろう。教師からよりも森や石ころから学ぶことのほうが多いはずだ」

フランスでは、都市部の小教区学校卒業後も学業を続ける資力のある若者は、司祭を養成する司教学校に進学した。この学校に通うと稀にだが官吏にもなれた。とはいえ、司教学校の教育内容はまだ社会的ニーズとかけ離れていた。教導者（大聖堂の総長から教員免許を得た聖職者）は、生徒の親の寄付で暮らしていた。

司教学校としては、ランス、ラン、シャルトル（ともにフランスの都市）にあるものが有名だ。司教学校では、アリストテレスを少し教えることはあっても、会計、商業、文学、哲学の授業はなかった。

一般的に、これらの司教学校の教育は、内容はきわめて初歩的であり、あくまで司祭を養成するためのものだった。

貴族の家庭の男子は武器の扱い方や乗馬を学んだ。また、家庭教師は彼らに、力強さ、忠誠心、正義、貧しい人々に対する施しの心を身に付けるといった理想の王子像を教えた。これは当時のフランドルやヴェネチアの商人の男子が受けていた教育とはまったく異なっていた。

フランスの若い貴族の最初の通過儀礼は、相変わらず騎士叙任式への出席だった。これは社会的に偉い人物から武器を手渡される儀式だ。一二〇〇年頃になると、こうした儀式にキリスト教の要素が含まれるようになった。

商人や職人の子供は、自宅か親の同業者の家で教育を受けた。

テューダー朝のイギリスでは、無学の若者が教師を務めていた。

スウェーデンでは、一二二五年頃に市立学校が設立された。この学校の教育はきわめて貧弱だった。教会の厳格な管理のもと、教師陣は教皇の使者あるいは市当局が任命した。

人々は教育に関心を持つようになり、奇怪な疑問も抱くようになった。たとえば、フランチェスコ修道士サリンベーネ・デ・アダムによると、一三世紀初頭、神聖ローマ皇帝フリードリヒ二世は、教育を受けていない子供が最初に話す言語を知るため、乳母と看護師に授乳している赤子に何も話さないように命じた。最初に口にする言葉は、ラテン語、ギリシア語、ヘブライ語、アラビア語のどれだろうか。ところが、赤子たちは全員一言も言葉を発することなく死んでしまったという。

ヨーロッパ全域において、社会を維持するために必要な知識は、相変わらず家庭と仕事場だったが、次第に同業者組合によっても伝達されるようになった。

西側ヨーロッパ：最初の中等学校と大学

同時期、商業都市では、ますます複雑化する職業（科学、会計、法律、外交、医学）に就くことのできる若者を養成しようとした。こうして「ストゥディオルム（勉強、学習）」（後の「大学」）と呼ばれる最初の教育機関が設立された（最初はロンバルディアとヴェネチア）。

当初、教皇庁はこの仕組みを利用して自分たちの指導者を養成できると考え、設立を容認した。ところがボローニャでは、教皇支持派、皇帝、商人との間で政治的な対立が起こり、各陣営は、自分たちの主張を正当化するための法的な議論を組み立てる、法学者、弁護士、外交官を必要とした。そのためボローニャの商人たちは後に「ボローニャ大学」（ウニベルシタス：教師と学生の「組合」を意味した）となる教育機関に資金を提供した。これが近代型の大学の原点だ。

発足当初のボローニャ大学の教師には、文法学、論理学、修辞学の権威が採用された。ローマ教皇ウルバヌス二世は、自分が大学のカリキュラムと人事を管理し、将来の枢機卿を育成するつもりで、こうした経緯を容認した。

一一五八年、神聖ローマ皇帝フリードリヒ一世（愛称は赤髭王）も同様に「ハビタ特許状」を発布し、ボローニャ大学でローマ法を学ぶ学生にいくつかの特権を付与した。たとえば、これらの学生は、帝国内を自由に旅行でき、自分たちの同郷人に対する犯罪や債務の追及は一般の地方行政官の管轄ではないという法的特権を有した。皇帝は教皇の司法が彼らにおよばないように保護したのだ。つまり、ボローニャ大学では、教皇に対抗して皇帝に仕える人材、あるいは逆に、皇帝に対抗して教皇に仕える人材、さらには当時まだほとんど認識されていなかったが、皇帝に対抗する商人の育成が争点になったのだ。

当初、ボローニャ大学には法学部しかなく、現在および将来に必要な職業に就くための教育（商売、会計、繊維や染料の製造、造船、製粉、鉱業）はなかった。

ほぼ同時期、イギリスの小さな町オックスフォード（テムズ川がいくつもの水路にわかれたところにある商業の要所。修道士の大きな団体がある）では、フランスの神学者ティボー・デタンプ（司祭は独身であるべきとの決まりに異議を唱えたことで有名）は、百人ほどの聖職者に対して神学と法学の講義を行った。これが後に世界有数の大学になるオックスフォード大学の始まりだった。

科学に対する敵意に取りつかれていた教会は、聖職者だけでなく法律をつくる法学者や医師も育成したかったが、教会の教義に疑念が生じることを恐れた。

一一一〇年頃、パリではエティエンヌ・ド・ガルランド（ノートルダム寺院の副司教、王室礼拝堂の司祭、オルレアンのサン＝テニャン教会長を歴任）の認可を得て、哲学者で神学者のピエール・アベラールが、サント＝ジュヌヴィエーヴ修道院内に修辞学と神学の学校を設立した。この学校はシテ島の司教の支配から逃れた。

この学校の生徒に関しては、出身地は四つの「国」（フランス、ピカルディー地方、ノルマンディー地方、イギリス）、年齢と期間は一四歳から八年間、カリキュラムは、まずは学芸、次に神学、そして法学あるいは医学だった。

当時、「アート」あるいは「リベラルアーツ（自由七科）」と呼ばれていた多岐にわたる分野（文法、修辞学、問答法、算術、音楽、天文学、幾何学）の教育は、今日の「中等教育」に相当する。同郷の生徒は「コレージュ」（「兄弟団」あるいは「同胞団」を意味した〔現在では中等学校という意味〕）と呼ばれる会館で暮らし、費用は裕福な篤志家によって賄われた。

一一一九年、アベラールは、パリの聖堂付属学校の教師ギヨーム・ド・シャンポーにパリで教えることを禁じられたが、シテ島の司教学校に対抗して再び教鞭をとった。

一一三七年頃に哲学者で神学者のサン・ヴィクトルのフーゴーが記した『学習論』は、閉鎖的な教会に多大な影響をおよぼした。彼はこの著書において、アート〔学芸〕の中でも、論理学、問答法、数学、機械工学を教える重要性を説いた。

しかし、フランスでは商人が教育に影響をおよぼすことはなく、彼らが私立学校に資金を提供することもなかった。おそらく教会と王政は、商人が教育に関与しないようにあらゆる手段を講じていたのだろう。

一一六五年になると、イングランド王ヘンリー二世はオックスフォードに設立された学校群に予算と特権を与えた。その二年後、予算を付与したのにクラスの席が半分しか埋まっていないことに立腹したヘンリー二世は、イギリス人学生がパリの大学で学ぶことを禁じ、ヨーロッパ大陸に散らばったイギリス人聖職者を無理やりオックスフォードに呼び寄せた。

一一八一年、モンペリエ伯ギレム八世は、「誰であろうと、どこの出身であろうと、モンペリエで医学校を運営する権利を付与する」と宣言した。

一一八二年、パリの「コレージュ」では、宿泊施設だけでなく図書館付きの特別な建物で授業が行われるようになった。裕福なパトロンたちが土地や資金を寄付し、宿舎と勉強の場が設けられた。

たとえば、パリのあるブルジョワ夫婦は「優等生（ボンザンファン）学院」を設立した。一三人の生徒が学ぶこの学校では、ギリシアの知識（科学や哲学など）を教えたが、商売に役立つ知識はまだ教えていなかった。ようするに、この学校の目的は、教会の聖職者、そして教会に忠実な医師と法学者を養成することだった。授業は、パリのファール通りやソルボンヌ地区の馬小屋など、適当な場所で行われた（生徒は藁の上に座って学んだ）。

これらの「コレージュ」は「教師と学生の大学」という組合を結成した。こうしてヨーロッパではボローニャとパリを発端として、これらの高等教育機関は「大学」と呼ばれるようになった。

一一九〇年、パリ大学初の外国人教師エモ・ド・ラ・フリーズが着任した。

一二〇〇年、フランス王フィリップ二世は、パリ大学に法律上の特権を与え、学生の兵役と税金を一部免除した。

パリ大学は、学芸、法律、神学、医学の四つの学部（facultas：「知識」を意味した）に分けられた（「アート」や「リベラルアーツ」は、言語と文学の基礎となる教育を意味する）。当時の大学教育の目的は、神学者、説教師、医師、司法官、官吏を養成することだった。

司教総長は、教員免許の発行および、その拒否をする自身の権利を固守した。

一二〇八年、パレ・ロワイヤル（ルーヴル宮殿の北隣）の近くに学費を払うことのできない生徒の寮として「貧しい生徒のための施設」が設立された（後に、この施設は先述の「優等生（ボンザンファン）学院」になった）。

一二一一年、パリ大学総長にロベール・ド・クールソンが就任し、ローマ教皇インノケンティウス三世は彼を枢機卿に任命した。

一二一五年、パリ大学の規約が定められた。これにより、学生は自分たちの権利が侵害されたと判断した場合、ストライキを行う権利を得た。

同年、パリの司教の反対にもかかわらず、教皇特使はフランス王フィリップ二世の承諾を得てパリ大学に自治権を付与した。こうして、教員の人事および教授の認めた学生に卒業証書を授与する権利を持つのは、大学総長だけになった。

学芸学部、次に、医学部、法学部、神学部に「バカロレア」（成績優秀な学生の頭に載せる月桂冠の意味）を授与する権限が付与された。ラテン語を話すことのできる学生は、三年間でバカロレアを取得できた。学芸のバカロレアを取得しなければ他の学部に進めず、最高峰のバカロレアは神学部のものだった。

授業はラテン語での朗読と解説が基本であり、教師が一章を音読してから解説するというスタイルだった。教師と学生は、「われわれは両親を敬うべきか」というような議論も交わした。バカロレア合格者は、教師がバカロレア受験者を指導する際の補佐役を務めることができ、所属する学部の「学士号」取得の準備を進めることができた。

学士号を取得すれば大学の教壇に立つことができた。学士号を取得するには、六年間から八年間の研鑽か、三年間の研鑽と二年間の助手としての実績が必要だった（公で議論できる能力も要求された）。学士号の取得後も研究を継続すると修士号を取得でき、さらには博士号を取得すると、大学で最も権威のある教職に就くことができた。医学博士や法学博士になるには最低でも二八年間、神学博士になるには三五年間が必要だった。

教育のあり方を巡る大学当局と教皇のいがみ合いは継続した。一二一九年、ローマ教皇ホノリウス三世はボローニャ大学の支配権を奪い、大学教育を自身の利益のために利用しようとした。その三年後、これに反発した教授と学生はボローニャを離れ、教会から独立した大学をパドヴァに設立した。設立の財源を負担したのは、皇帝ではなく皇帝よりはるかに裕福なヴェネチア共和国だった。学長にはヴェネチア共和国の学識豊かな三人の貴族が就任した。

一二三七年、両親がボローニャの貴族だったベティシア・ゴッツァディーニという女性が男装してボローニャ大学で学んだ後、この大学で法学の教鞭をとった。彼女は強い意志と優れた才能の持ち主だったに違いない。

一二二〇年、モンペリエでの医学教育を、統制、組織化、保護する必要性が生じた。ローマ教皇ホノリウス三世の特使である枢機卿コンラート・フォン・ウラッハは、医科大学初の規約を定めた。この規約により、モンペリエ大学医学部は、教員の採用基準や校則の決定などに関して大きな自治権を得た。

一二二九年、パリ大学の学生がサン＝マルセルの居酒屋でワインの値上げに対して騒動を起こした。この騒動では、王室衛兵によって三〇〇人ほどの学生がセーヌ川で溺死してしまった。

学生と教授はストライキを起こし、大学の自治を保証して今回の騒動を不問に付さなければパリを離れ、オルレアン、アンジェ、オックスフォードに移ると恫喝した。これは史上初の大学のストライキだった。

その二年後の一二三一年、ローマ教皇グレゴリウス九世は、学生の成績評価と卒業判定をパリの教師陣に一任することに渋々同意した。さらには、学生が寮の家賃値上げに納得できない場合や、教授や学生に危害が加えられたのに犯人が裁判にかけられない場合、また学生や教授が不当に逮捕された場合などには、学生がストライキを行う権利も認められた。

しかしながら、教会は黙っていなかった。フランチェスコ会などの托鉢修道会は、パリ大学でのリベラルアーツ、具体的に言えば「異教徒の文献」の研究を禁止しようとした。だが、この試みは不調に終わった。

一二四九年、ウィリアム・オブ・ダラムはパリを離れてオックスフォードに移り、ユニヴァーシティ・カレッジを設立した。その少し後、イングランド王ヘンリー三世の親類である男爵ジョン・ベリオールは、オックスフォードにベリオール・カレッジを設立した。ロチェスター司教ウォルター・ド・マートンは、これらのカレッジを自分の意のままに支配しようとして一連の規則を制定した。ところが教師陣は反発し、組合を結成した。この動きに呼応して、オックスフォードには司教に敵対するさまざまな宗派（カルメル会、ドミニコ会、オーガスティン会、フランチェスコ会など）の教師が集まってきた。

しかしそのまた少し後、オックスフォードで三人の学生が証拠もないのに殺人罪で死刑に処せられると、一部の学生は隣町のケンブリッジへと移住した。

一二五〇年頃、パリで第七回十字軍の際に再び摂政になったブランシュ・ド・カスティーユは、カンブレー聖堂参事会員でルイ九世の宮廷付き説教師のロベール・ド・ソルボン（彼自身は大変な苦学をした）に、クーペ・グエル通り（現在のソルボンヌ通り）にあるジャン・ドレアンという人物が所有していた家と隣接する馬小屋を学生寮として提供した。ソルボンは後に「ソルボンヌ」と呼ばれる大学を設立し、一二六〇年には図書館もつくった（当初は数十冊の本しかなかった）。

宗教者は貧しい学生には無償で修辞学の授業を行った。宗教者や法学者を目指す学生は、カト、キケロ、ウェルギリウス、カエサレアのプリスキアヌス（六世紀のラテン語文法学者。著書『文法学教程』は当時でも評判だった）などの名著を読破しなければならなかった。

優秀な教師はヨーロッパ各地の大学を渡り歩いた。アルベルトゥス・マグヌスはパリとケルン、ロジャー・ベーコンはオックスフォードとパリ、トマス・アクィナスはローマとパリで教鞭をとった。

トマスはパリで、前世紀のコルドバの偉大な哲学者イブン・ルシュドの文献の誤った解釈に基づき『知性の単一性について――アヴェロエス主義者たちに対する論駁』を執筆した。というのも、コルドバのイスラム教徒とユダヤ教徒は、教会の怒りを恐れながらもアリストテレスの主張を恐る恐る取り上げ、解説し、これがラテン語に翻訳されていたからだ。理性と信仰、アリストテレスと教会、商人と聖職者との対立は続いた。

一二七〇年、パリ司教のエティエンヌ・タンピエは、「急進的なアリストテレス主義者」が抱く一三の教説を非難し、パリ大学学芸学部で二一九の命題（そのうちの一五はトマス・アクィナスのアリストテレス主義）を教えることを禁じた。それでも大学に入り込んだ理性が消え去ることはなかった。

一二八四年、ケンブリッジに最初の正式な大学が登場した。その少し後、この大学はローマ教皇ヨハネス二二世から学位を授与する権利を得た。

ヨーロッパの各大学には、評判の高い学部や専門分野があった。たとえば、ボローニャ大学とオルレアン大学は法学部、ナポリ大学は官吏養成、モンペリエ大学は法学部と医学部が有名だった。

教皇庁はとくにパリ大学の神学部、法学部、医学部を高く評価し、一二九二年、ローマ教皇はパリ大学の教授陣に「万国教授免許」（キリスト教圏ならどこでも教授になれる資格）を付与した。

一三〇四年、パリではシャンパーニュ女伯でフランス王妃のファナ一世が遺言状に、七〇人の学生が学ぶことのできるコレージュを設立する計画を記した（内訳は、二〇人が文法、三〇人が学芸、二〇人が神学）。ファナ一世の願いは、このコレージュを単なる寮とするのではなく、各教科の教師の講義に加えて補習や討論のできる学びの場にすることだった。

一三一五年に設立されたこの教育機関が本格的な授業（相変わらず神学）を開始したのは、一四世紀末になってからだった。この初の王立コレージュは大学区長の監督下に置かれ、大学区長自身はパリ大学の神学部長の監督下に置かれた。

このときから「コレージュ」という言葉は、教育の場を意味するようになった。「全過程を揃えたコレージュ」ではブルジョワ階級や貴族の家庭の子供が基礎教育を学び、「小コレージュ」では恵まれない家庭の子供が限られた科目の授業を受けた。

一三四七年から一三五二年にかけて蔓延したペストで、ヨーロッパ人口の三分の一が死亡した。子供の死亡割合はこれよりも高かったため、親は以前よりも子供を大切に育てるようになった。そうはいっても農場や作業場では人手不足のため、生き残った子供の労働力が必要になり、子供は学校に通うことができなかった。

ヨーロッパにおける家庭と職場での知識の伝達

学校と大学は、依然として、宗教者あるいは教会に依存する人物を養成する機関でしかなかった。

ヨーロッパにおいても他の地域、また数万年前からと同様、社会に必要な知識伝達のおもな場は家庭だった。

話すこと、歩くこと、礼儀作法、文字を書くこと、信仰を学ぶことなど、最初に教育を施すのは一般的に母親だった。ルイ九世の伝記を書いたジャン・ド・ジョワンヴィルによると、「ルイ九世が神を信じ、神を愛することを学んだ」のはフランス王〔ルイ九世〕の母になるブランシュ・ド・カスティーユからだったという。

同様に、領主は大衆の家庭の子供が反逆を起こさないように家庭での躾《しつけ》を望んだ。一三世紀、ベルトルト・フォン・レーゲンスブルクは次のように記している。「貧しい者は偉人のように家庭教師を雇えず、子供を自分たちだけで教育しなければならない。彼らは子供に対し、裁きの日の修道院長や神父のように振る舞わなければならない」

司祭とブルジョワ階級に向けて、「農民の子供が悪さしないように躾ける」ための書物が登場した。この書物は修道院生活の規則を参考にしていた。「テーブルマナー」に関する書物もあった。テーブルマナーには、会食の席では背筋を伸ばすこと、唾を吐かないこと、急いで食べないこと、口を拭ってから飲むことなどのマナーが記されていた。これらの書物すべては大衆を服従させるためだった。

おもな教育は相変わらず職場を通じて行われた。男子は父親から、女子は母親から学んだ。一二七〇年、トマス・アクィナスは、「とくに人間という生き物の場合、子供の教育には男性が必要だ。男性による子供の教育は身体だけでなく魂も養う」と記した。

一二八〇年頃、カタルーニャ人のラモン・リュイは架空の息子に宛てた『児童のための公教要理』という著書において、キリスト教徒が学ぶべき内容をまとめている。

多くの父親が教育論を記した。この時代の教育論の多くでは、体罰が推奨されている。これらの書物によると、姉の役割は、年下のきょうだいの世話を焼き、風呂に入れ、食事の面倒を見て、彼らの衣服を繕うことであり、兄の役割は、学校で習った知識を弟たちに教えることだという。

数千年前からフランスでも他の地域でも、女子は、夫の世話、料理、裁縫、祈りなどを母親から学んだが、家事以外のことを学ぶ機会はなかった。料理のつくり方に関しては、母親は娘に口頭で教えた。ちなみに、料理のつくり方に関するヨーロッパ初の文献は、一四世紀のタイユバンの料理書だ。

大衆家庭の女子は結婚するまで両親のもとで畑や家事の手伝いをした。ブルジョワ階級の家庭の女子は修道院において、あるいは両親から、最低限の教育を受けた（例：躾や読み書き）。貴族の家庭の女子は医学の基礎や音楽も学び、女教師の教える小さな学校に通った。フランス北部農村部のプチ・ブルジョワ階級の家庭の女子は小学校に通った。一般的に、学校に通う期間は、男子が三年間から八年間、女子が二年間から四年間だった。

一三〇六年、トマス・アクィナスや「ブラバンのシゲルス」の弟子であるノルマンディー生まれの法学者ピエール・デュボワは著書『聖地の回復について』において、女子は男子と同じ教育（文法、論理学、宗教、護教学、自然科学、医学）を受けるべきだという考えに基づき、女性修道院の閉鎖を訴え、また聖職者の独身主義の廃止を要求した。

これとは逆に一三七一年、下級貴族出身のジョフロワ・ド・ラ・トゥール・ランドリーは『娘の教育読本』において、未婚の女性の社会での立ち振る舞い、宗教教育、夫に献身する義務、子育てなどのあり方について提言した。

一四二九年頃、パリ大学大総長だったジャン・ド・ジェルソンは、「女子のためだけの教育という考えは疑ってかかるべきだ」と宣言した。

ヨーロッパでは、男子の教育は家庭だけでは難しくなったため、古代から世界中に存在した同業者組合がそれまで以上の役割を担うようになった。同業者組合は、雇用規則を定め、作業場での徒弟訓練を組織した。

フランドル地方とヴェネチアという二つの「中心都市」の各種同業者組合には、ヨーロッパ各地から親方が集まっていた。

ヴェネチアでは、絹織物組合はおもにルッカ〔トスカーナ州の都市〕の職人、ガラスと鏡の製造組合はフリウーリ〔イタリア北東部の地方〕の職人で構成されていた。羊毛職人の三分の一はロンバルディアの出身者だった。バッティオロ（金箔の製造）の組合は全員がドイツ人だった。ヴェネチアには、造船大工、製粉業者、建築士、織物師など、地元経済を支えるあらゆる業種の組合があった。

フランスでは、フランドル地方とヴェネチアよりもかなり後の一二六八年、パリの行政官エティエンヌ・ボワローは職人の知識伝達をまとめた『職業規則』を出版した。この本によると、徒弟制度は次のように機能していたことがわかる。職業に就く子供は一二歳になると、三年間住み込みで面倒を見てくれる親方を見つけた。子供の夜間労働は原則として禁止されていた（ただし、たとえば靴屋が王室の注文に応じなければならない場合は除く）。徒弟は三年間修業すると「親方見習い」になり、仕事を任され、腕に磨きをかけた。「親方」になるには優れた業績が必要だった。同業者組合の頂点には同業者から選出された幹事がいて、幹事には、弟子がその親方のもとできちんと修業できる環境にあることを保証する責務があった。

一三八一年、食肉業組合の幹事は、フランス王シャルル六世から特権を得たことにより、組合員の汚職、詐欺、暴力、さらには私事などを独自に裁くことができ、また市内で肉屋を開業できる者を指定できた。そして肉屋の営業権の譲渡は親子間のみであり、結婚相手は組合員である肉屋の家族間だけと定められた。

聖職者を目指す者以外も司教学校に通う

一五世紀初頭のフランスでは、教育水準の低い母親が子供を教会に連れて行き、絵画や彫刻を通じて聖者の物語を語り聞かせるという宗教教育が続いていた。ジャンヌ・ダルクは、「主の祈り」「聖母マリアへの祈り」「信条」を母親から学んだと述懐している。男子の場合では、その後の教育は父親（あるいは学校）が引き継いだが、女子の場合では、母親が教育者であり助言者であり、女子は母親から家事や愛情の作法を学び、良妻賢母になる準備をした。母親は娘が結婚した後も、娘に家事のアドバイスをしたり、孫に信仰を教えたり、夫の世話の仕方について教えたりした。

フランスの各大都市（人口一万人以上）には二〇から二五の司教学校があった。これは男子のほぼ全員、女子の四分の一に読み書きを教えることのできる規模だった。たとえば、ランス〔フランス北東部の都市〕には小教区ごとに学校があった。学校は大聖堂の祭式者の監督下にあり、指揮は学校長がとっていた。生徒は制服を着用しなければならなかった。パリではまだ細工師が蠟《ろう》を引いた板をつくっていたが、紙は普及していた（だが、まだ紙の冊子はなかった）。生徒は、小さな祈禱書とオウィディウスの『変身物語』の読み方、文章の書き方、算術、宗教、ラテン語を学んだ（職業に役立つ学問はまだなかった）。教育内容はまだ宗教色が濃かったが、「生徒全員が聖職者になるのではない」という社会的な認識ができあがっていた。

フランス人口の九割以上が暮らす農村部では、学校に通う男子はほとんどいないか、通ってもすぐに退学して父親と一緒に働きながら仕事を覚えた。彼らの中にはごく稀に、主任司祭や公証人書生、職人、商人、さらには、染料工場、鉱山、製粉工場、ガラス工場、武器工場、織物工場の経営者になる者もいた。

イギリスでは、上位中産階級の子供が、教会あるいは教会に関係する法律関係の職業に就くために、七歳からラテン語を学ぶというラテン語学校がまだ存在した。ラテン語学校は一五世紀半ばから、修辞学、自然哲学、問答法も教えた。これらの学校には、教会運営型と私立があった。領主が授業料を負担すれば、農奴の子供もラテン語学校で学ぶことができた。しかし、鉱山ビジネス、貿易、海運など、後のイギリスの快進撃に役立つ教育はまだなかった。

一五世紀前半、ヨーロッパの大学は、教会の支配から逃れようと模索し続けた。

ヴェネチアに依存する都市（ヴェローナ、パドヴァ、フェラーラ）では、教皇庁の影響がおよばない学校が設立された。これらの学校では、それまでのように外交だけでなく商業に関連した知識を学ぶことができた。

同時期、イングランド王ヘンリー六世は、ロンドンから四〇キロメートル離れたイートンに新たなカレッジを設立し、七〇人の貧しい生徒に無償で教育を提供した。これらの生徒はヘンリー六世が設立したばかりのケンブリッジ大学キングス・カレッジに進学できる仕組みになっていた。しかし、イートン校はそうした当初の使命から逸脱し、やがて富裕層の子供だけが通う学校になった。

パリ大学はヨーロッパ（ただし、フランドル地方や北イタリアを除く）のほぼすべての大学と同様、神学、医学、法学の教育に特化し続けた。商業と会計、そして織物、建築、橋梁建設、鉱山採掘に関する技術教育はまだ行われていなかった。これらの知識伝達は相変わらず同業者組合の役割だった。

一四〇七年から一四三五年にかけてのアルマニャック派とブルゴーニュ派による内戦時、パリ大学はブルゴーニュ派、つまり、イングランドを支持し、大学の非課税を訴え、公債の購入を拒否した。これに怒ったフランス王シャルル七世は、大学の法的特権を取り上げた。そのため、大学に関係する訴訟はすべて議会で諮られることになった。

一方、父親を失ったとある少年は、母親が読み書きができなかったため、ソルボンヌ近郊の聖ベノワ・ル・ベトルネ教会の司祭、ギヨーム・ド・ヴィヨンに預けられた。司祭は少年を自ら教育したのち、パリ大学の学芸学部に入学させた。一四四九年、彼は一八歳で学士号を取得し、その三年後には修士号を取得、聖職者の資格を得た。しかし聖職の道には進まず、やがて詩人フランソワ・ヴィヨンとして知られるようになった。

中国：皇帝に仕えるための教育

五八七年、隋（五八一年〜六一八年）の時代が始まったころ、中国では地方を含むすべての官吏は国務院の選抜試験によって任命されていた。彼らは毎年、人事評価を受けた。中国の各地域は毎年三人の国家官吏を輩出しなければならなかった。

六〇五年、隋の最後の皇帝の煬帝《ようだい》は、帝国の選抜制度の概要を次のように述べた。第一試験では「古典の学力を身に付けた者」を選抜し、彼らは現場の行政官を務める。第二試験以降では「教養豊かな者」を選抜する。理論上、これらの試験は出自に関係なくすべて男子が受験できたが、実際には貴族の子供しか合格しなかった。この選抜試験〔後の科挙〕は一九〇五年まで続いた。

中国の学校で教えるのは、農業、手工業、造船業、繊維業など、経済を動かすのに必要な技術ではなく、帝国の優秀な行政官になる人材を選抜するための学問だった。

祖先崇拝と年長者への敬意については、至るところで教えられていた。

六一八年以降、およそ三〇〇年間続いた唐の時代では、各地域に学校が設立され、運営費は裕福な篤志家が負担した。これらの学校では、裕福な農民の子供が漢字と文法を学び、六世紀の儒教の長詩『千字文《せんじもん》』を暗記させられた。

地方都市では、数学、法学、書道を教える学校が設立された。裕福な家庭の若者は古典や儒教を学び、帝国の選抜試験に備えた。

七三八年、皇帝の玄宗は長安に、皇帝のアドバイザーを選抜するためのエリート教育機関である翰林院《かんりんいん》を設立した。

九〇七年の唐の崩壊により、五代十国時代というおよそ五〇年間にわたる混乱期が訪れた。この時代の選抜制度は、単なる政治的えこひいきとして機能した。

九六〇年になると、混乱期を経て宋が建国され、宋は帝国の選抜試験を再興させた。陶器製、木製、そして金属製の活版印刷の発明により、儒教、道教、仏教の文献が大量に印刷された。だが、これらの文書は帝国のエリート層だけのものであり、全国的には知的、技術的な変化は起こらなかった。また、選抜試験に仏教の影響がおよぶことはなかった。選抜試験の科目は、「秀才」、「明経」、「進士」などと呼ばれるようになった。

一〇五〇年頃、副宰相の范仲淹《はんちゅうえん》は、老朽化した地域の学校の再建と専任教員の確保を官民一体で行うという政令を発した。

一〇七〇年、宰相の王安石は、帝国の幹部養成に経済政策の教育を導入した。

一一〇〇年、北宋の皇帝である徽宗《きそう》は、地方の学校を再建するために災害復興基金と食糧価格安定化基金を設立した。ところが、一部のきわめて裕福な家族は、これらの学校は大衆に解放されすぎだと不満を覚え、山奥などに私塾（書院）を設立し、そこで子供に道教や仏教を学ばせた。

一二六〇年頃に仏教文化のクビライが中国全土を征服すると、学校ではモンゴル語が教えられた。従来の宗教は国家を脅かさない限り、容認された。モンゴル帝国は、紙幣の利用を課し、道路網を整備し、大規模な郵便事業を確立した。帝国の選抜試験は、当初はモンゴル人だけが受験できたが、モンゴル人の受験生がいないためモンゴル人に官職を独占させる目的で中断された。

一三六八年、南京、後に北京を首都にする明の時代が始まり、農業は栄え、外国との貿易は盛んになった。人口も増大した。

一三八四年、明の初代皇帝である朱元璋《しゅげんしょう》は、試験科目を新たにして選抜試験を再開させた（法律と数学をさらに重視し、書道、乗馬、弓道などの科目を加えた）。裕福な地主や商人は、子供を高級官吏にすることによって自分たちの財産を守ろうとした。とくに中国南部では、彼らは自分たちの子供が選抜試験で合格するように、帝国政府の承諾を得て学校をつくった。これらの学校の授業は儒教が中心だったが、従来の帝国の学校と異なり、貿易、職人仕事、工業の技術に関する授業もあった。

高級官吏（例：翰林院のメンバー、内閣大学士、大臣、副大臣など）には、進士の中でも殿試の合格者だけがなれた。

同時期、日本は中国をモデルにして知識伝達システムを構築した。

学問の重要な場である寺院では、仏教、漢字、儒教の基礎が教えられた。一説では文人である小野 篁《おののたかむら》が設立したとされる足利学校など、いくつかの高等教育機関が設立された。

しかし大衆は、まだ家庭や一族を通じて（式典、儀式、祭礼を密かに伝える）伝統的な教育を受けていた。

そして世界の知識伝達の仕組みに、技術と倫理の面で激震が走った。

第三章
印刷技術の発達と宗教改革で広がる知識
——一四四八年から一七〇〇年まで

一四五〇年頃、中国は依然として大規模な農業と厳格な行政機構を基盤とする世界最強の国だった。

社会に必要な知識の伝達方式は、世界中でまったく代わり映えがしなかった。農民、商人、芸術家は、家庭で訓練を受けた。職人は同業者組合で修業した。行政官と宗教者は学校や大学で学んだ。上級官吏の職には支配階級の子供が就いた。

知識伝達システムにより、社会階層は固定化した。つまり、エリート層とその周辺の人物だけが権力の操り方に関する知識を得ていた。女子は相変わらず学校教育を受けることができなかった。教育と称する体罰は奨励されていた。教育方針は支配階級のニーズによって決定されていた。

ヨーロッパの一部の地域では学校が普及したが、大衆の子供全員が読み書き算盤を学ぶことができる状態とは程遠かった。大衆の子供に教育は不要であり、仕事の妨げだった。職人、旅人、商人などが新たな知識を拡散したが、これらの知識を学校で教えていたのは、フランドル地方とイタリア北部においてだけだった。

ヨーロッパではどの社会層の家庭においても、子供を大切に扱うようになった。誕生してから一〇歳を超える子供の割合はまだ二人に一人であり、孤児も多かったが、大衆は、子供には自分たちよりも幸せになってほしいと願うようになった。教会などの社会的権力がおよぼす圧力にもかかわらず、大衆は「世代を超えた野望」を抱くようになったのだ。この新たな願いはまだ他愛のないものだったが、社会の進歩と発展の重要な要因になった。というのも、子供が親とは異なる暮らしを模索するからこそ、社会は発展するからだ。

印刷機という大きな技術革新によって状況は一変した。印刷機の当初の用途は、支配的な知識（聖書とその注釈書）の伝達コストを安価にすることだった。

カトリック教会の腐敗に抗議するキリスト教徒は、ヨーロッパ北部において、二〇〇〇年ほど前にユダヤの地でユダヤ人が掲げた「すべての子供は律法を独学できるように読み書きを学ぶ必要がある」という理念と同じ考えを表明した。

ところが、本来はユダヤ人と同じ理念に基づいて設立された学校では、その後およそ一五〇年間にわたり、理性に関する教育はほとんど行われなかった。実際の学校の役割は、拡大し始めた都市部の街角でたむろする子供を、教育という口実のもとに一ヵ所に収容しておくことだった。

中国：印刷技術を知識を広げるために使わなかった

一三六八年から一六四四年までの明の時代の中国は、依然として世界一の経済大国だった。印刷機はかなり以前から存在していたが、知識拡散の目的では利用されていなかった。帝国が教育に託した役割は、相変わらず官吏の選抜と育成だった。

全国の予備校では、学生は数学と科学をほとんど学ばず、哲学と古典文献を集中的に勉強した。官吏の選抜試験の目的はこれらの文書の知識を評価することであり、一五〇〇年前から変化がなかった。だが、試験制度は複雑化した。童生《どうせい》（「志願生」）、秀才（「開花した才能」。地域の試験の合格者）、挙人《きょじん》（「選抜された文官」。三年ごとに行われる省の試験の合格者）、貢士（「推薦書生」。国の総合選抜試験の合格者）、進士（「昇進書生」。三年ごとに行われる宮中試験の合格者。最高位だが、この階級も数段階に分かれていた）というように区分された。これらの合格者は全員が男子であり、彼らは人口三〇〇人に対して一人以下のエリートだった。彼らの父親の三分の二もかつての合格者だった。合格者は強制労働と体罰を免除された。

合格者である高級官吏の働きにより、土地貴族、反体制派の知識人、都市部のブルジョワ階級、軍人は抑え込まれ、統一国家としての社会的、政治的な秩序が維持された。高級官吏は税収の見込める農業を支援し、農業生産（茶、果物、染料、穀物）と初の本格的な工業である繊維業に必要な素材（綿花、麻、絹）を増産させる水利事業を推進した。

政治制度は二〇〇〇年以来の汚職と縁故主義によって脆弱な状態だった。政府は、芸術、音楽、数学、技術、科学をさらに軽視するようになった。

一六四四年になると、満州民族は明を制圧し、新たな王朝である清（一二五〇年以上続いた最後の王朝）を打ち立てた。清が帝国の幹部を採用するという教育の役割を見直すことはなかった。清の第四代皇帝の康熙帝《こうきてい》は、明の皇帝たちと同様、側近に文官を選んだ。ヨーロッパのイエズス会士（彼らについては後述する）は、最新の数学、物理学、製図法を皇帝に紹介したが、皇帝はこれらの知識を学校で教えさせようとはしなかった。

皇帝の願いは、単に皇帝の選抜試験に満州民族を合格させることだった。だが、満州民族は必要な教育を受けていなかったので、皇帝は（漢民族に対して）満州民族を優遇する民族枠を設けなければならなかった。

一方、商人は息子に会計、旅行、商売を自分たちで教えた。というのは、中国の都市にはフランドル地方とヴェネチアで三〇〇年前から発展したような、学校に相当する教育機関が存在しなかったからだ。

印刷機、宗教改革、知識の伝達

ドイツのマインツ出身の裕福な金細工師ヨハネス・グーテンベルクは、世界中の大勢の商人が行き交う市場のあるストラスブールに居を構え、中国の木版印刷を真似た印刷機の製作を何度も試みたが失敗した。だが、異なる技術（可動式活字、布に用いるプレス機、油性インク、鋳造、金銀細工の押し抜き機）を組み合わせることによって印刷機をつくることに成功した。

やがてグーテンベルクは教会のために免罪符を印刷した。教会はこれを信者に売って借金の返済を工面すると同時に、ローマのサン・ピエトロ大聖堂の建設費を賄った。免罪符を二〇万枚も印刷した修道院もあった。さらにグーテンベルクは初の本としてラテン語の本を印刷し、それ以外にもさまざまな書物を印刷した。書物の価格は急落した。手書きの本の価格は家一軒分だったが、キケロの著作の印刷版の本の価格は、すぐに教授の一ヵ月分の給料と同じくらいにまで下落した。

印刷機の威力は即座に現れ、数年のうちに、ストラスブールで初のドイツ語の聖書が印刷され、西洋の経済中心地だったヴェネチアでは、初の商業印刷所が設立された。

一四七六年、ウィリアム・キャクストンがロンドンのウェストミンスターにイングランド初の印刷機を設置した。

一五世紀末、印刷所は二〇〇以上のヨーロッパの大都市にあり、そのうち六二の大都市は神聖ローマ帝国内にあった。

活版印刷が発明されて数年後、印刷物の点数は二万五〇〇〇以上、平均発行部数は五〇〇部だった。つまり、およそ一二〇〇万冊の書籍が出回っていた計算になる。裕福な商家には図書館がつくられた。

そうはいっても、印刷機の登場によって知識伝達のメカニズムや内容が変化することはなかった。それまでと同じ文書を同じ顔ぶれの教師が、これまた同じ顔ぶれの生徒に読み聞かせていた。ようするに、それまでと同じ文書の価格が下がっただけだった。

多くの人々は、印刷機という技術革新によって「人々の記憶力は低下し、無教養で愚かな人間が増える」と予測した。一方、この技術革新を好意的に受け止めた人々の見通しは次の通りだった。「ラテン語がヨーロッパ中のコミュニケーションと知識伝達の言語になる。神聖ローマ帝国の地位は強化される。教会は聖書を全員に配ることによって権力を強化する」

ところが、正反対のことが起こった。

第一に、印刷機によって各地のナショナリズムが盛り上がり、神聖ローマ帝国は弱体化した。次に、一四九二年（この年、コロンブスが大西洋を横断し、ヨーロッパ最後のイスラム王国が崩壊し、ユダヤ人がスペインから追放された）、セビリアでは現地語のカスティーリャ語（現在のスペイン語）の文法書が印刷された。するとすぐに他のヨーロッパ言語の文法書も印刷された。こうして数十年後、ラテン語は公的文書から姿を消した。

そして、敬虔な信者は聖書を安価に読むことができるようになり、司祭や教師の説教は聖書の内容と食い違うことに気づいた。

革命の兆候が見てとれた。

ドイツ：ルターは教会を打破するために聖書を読ませる

一五一七年、ドイツでは若い修道士マルティン・ルターが、大量に印刷された初の文書である免罪符を厳しく糾弾した。ルターの怒りはそれまでにない説得力を持った。またルターは、キリスト教徒は福音書を自身で読むべきだと宣言した。

同年、ヴィッテンベルク（現在のドイツのザクセン＝アンハルト州の都市）の教会の扉に貼られたルターの『九五ヵ条の提題』は、印刷機のおかげでヨーロッパ中に瞬く間に出回った（一七日後にはロンドンに届いた）。

教会は自分たちの権力を強化するはずだった印刷機によって苦境に立たされた。宗教改革が始まったのだ。帝国の小教区学校の大勢の教師は宗教改革に賛同し、この改革の扇動者になった。

一五二〇年頃のストラスブールでは、ヤコブ・ヴィンプフェリングがヴェネチアの学校と似た教育カリキュラムを持つプロテスタント教徒の学校を設立した。この学校では宗教から独立した教師がすでにラテン語を習得した子供を生徒に迎え、彼らを数年間教育した。四〇年後には、この学校は大学レベルの教育も施すようになった。おもな授業内容は神学だった。こうしたプロテスタント学校の中には、ラテン語ではなくドイツ語で教える学校も登場した（ドイツ語で教える学校は以前から存在しただろうが、何もわかっていない）。

一五二四年、ルターはドイツの王族全員に手紙を書き、誰もが読み方を学ぶことによって聖書を読むだけでなく教養豊かになるために学校を設立すべきだと訴えた。なぜなら、ルターは「カトリック教会とは異なり、学校は生計を立てる術を教えるべきだ。貧困は神の思し召しではない。それどころか、物質的な豊かさは恩寵の印だ」と考えたからだ。そして次のように述べた。「都市に繁栄、救済、力強さを生み出すには、教育によって教養豊かな市民を大勢つくり出すことだ。彼らこそが社会にとって大切なものを集め、保存し、有効活用することができる」

その一方で、ルターは男女間に数千年来存在する知識格差を助長した。「学校を至るところに設立する必要がある。というのは、男子は立派な職業人になり、女子は家庭を切り盛りしながらキリスト教に即した育児に専念するためだ」

その他にもルターは、教師は新たな司教ともいうべき牧師が務めるべきであり、牧師は独身でなくても構わないと説いた。

一五二二年、ルターは自分でドイツ語に翻訳した福音書を出版した。このドイツ語版の福音書は、たったの二週間で五〇〇〇部も売れた。すぐにオランダ語版、イタリア語版、フランス語版、英語版の福音書が出版された。

当時、ドイツで販売された書籍全体の三分の一はルターの著作だったという。他にもルターの協力者でギリシア語教授で神学者のフィリップ・メランヒトンは、『アウクスブルク信仰告白』を執筆し、これを一五三〇年に神聖ローマ皇帝カール五世に献本した。また、ギリシア語やラテン語の文法書などの教科書も、ルターは数多く手がけた。ルターのつくったこれらの教科書は、その後三〇〇年間にわたってカトリックの学校でも利用された。

ルターはザクセンとテューリンゲンに学校を設立した。これらの学校の生徒（男子のみ）は、「主要科目」（ヘブライ語、ギリシア語、ラテン語、数学、歴史、体育、音楽）と規律を学び、聖書を読み解いた。ルターは、教師は生徒の記憶力だけでなく理性を養うべきだと説いた。

しかしながら、ルターの義務教育を普及させるという計画はうまくいかなかった。なぜなら、社会では児童労働がまだ必要とされていたからだ。

ジュネーブでは一五四一年、フランスを追われた神学者ジャン・カルヴァンが、ルターとは異なるプロテスタント運動を推進した。カルヴァンは聖餐のパンと葡萄酒の中にキリストが霊的に臨在していると説き、ルター以上に社会正義に関心を抱き、宗教に基づく政治的な絶対主義を唱え、ジュネーブに恐怖政治を行う独裁政権を樹立した。

カルヴァンは、ジュネーブ当局はプロテスタント教徒の学校だけを認めるべきだと主張した。そして学校の教師は「宗教大臣と同様に教会の規律に従う公務員」であるべきだと言い添えた。一五五九年、カルヴァンは実権を握っていたジュネーブ当局の承認を得て「ジュネーブ学院」を設立し、牧師を養成した。この学院の初代学長はフランスの神学者テオドール・ド・ベーズだった。

オランダ：初の大衆教育

一四五〇年、フランドル地方にはまだラテン語で教える修道院学校があった。司教都市ユトレヒトには司教学校があった。まだハプスブルク家の支配下にあったオランダでは「共同生活兄弟会」（カトリック教徒に厳格な祈りと懺悔を課す一三七〇年代に設立された宗教団体）のメンバーが私立小学校を設立した。これらの学校の規模は、各自治体の予算に応じて町ごとに異なっていた。教育内容はお粗末であり、体罰が常態化していたが、貧困家庭の子供の授業料は無償だった。

ヨハンネス・デスパウテリウス〔彼のつくったラテン語の文法書は長年にわたって中等教育の教科書だった〕は、セルトーヘンボス〔オランダ南部の都市〕の「共同生活兄弟会」の学校で教鞭をとった。後に偉大な人文学者になるルドルフス・アグリコラとデジデリウス・エラスムスは、「共同生活兄弟会」の学校で学んだ。

一四七九年、ヨーロッパ中を旅し、ラテン語、ギリシア語、ヘブライ語の堪能なルドルフス・アグリコラは、著書『弁証法論』の中で母語での教育と文法の簡素化を提唱した。

祭式者、神学者、人文学者、哲学者になったデジデリウス・エラスムス〔写字生と理髪師兼外科医の娘との非嫡出子として、おそらくロッテルダムで生まれた〕は、自分が幼少期に通った学校を「野蛮」と評し、カトリック教会の教育への関与と体罰を拒み、批判的な精神を育む教育の普及を訴えた。

一五世紀末、ハプスブルク家の手に渡ったブルゴーニュ領ネーデルラントには、ラテン語学校がまだ存在した。これらの学校には六歳の男子が入学し、生徒は、ラテン語の文法、問答法、修辞学を身に付け、聖職者になるためにローマの作家の著作や福音書を学んだ。

ルター派はとくにドイツ出身のブルジョワ階級の商人の間で急速に広まった。しかしながら、ルター派はカトリック教徒の迫害によって離散し、より過激なカルヴァン派や再洗礼派などの改革派のほうが勢いを得た。

一五二一年、「異端」からカトリックを保護しようとした神聖ローマ皇帝カール五世は、オランダでの改革派の信仰を禁止したが、この試みは失敗した。

一六世紀中ごろ、ルネサンスと宗教改革という二つの運動により、「共同生活兄弟会」の（カトリックの）学校に代わって宗教改革の戒律を教える公立学校が登場した。市当局は、教師を任命し、給料の一部を負担し、親の負担額を定めた。その一方では、改革派による教育を拒むカトリック教徒の家庭の子供に初等教育を施す教師もいた。

都市部では、教師は、語学、算術、図画、音楽、剣術などの個人授業を行い、学校の給料の足しにしていた。裕福な親の中には、子供にこうした個人授業しか受けさせない者もいた。

授業では紙の冊子（現在のように綴じたものではなかった）を利用するようになった。

重要な知識は相変わらず、家庭、露店、作業場、同業者組合で伝達された。会計、商業数学、農業に関する手引書が出回った。うまく機能すれば、特別な教育を受けずともこれらが複製されて拡散され、農業革命（さらには産業革命）につながった。アントウェルペン在住のイタリア人ロドヴィコ・グイチャルディーニは著書『全オランダ描写』に「オランダの農村部では、ほぼ全員が文字を読むことができる」と記しているが、これは誇張だろう。

後にユトレヒト同盟を経てネーデルラント連邦共和国になる、当時北部州の総督オラニエ公ウィレム一世は、四〇年ほど前に死んだエラスムスの理念を鑑み、ライデンに国内初の大学を設立した。当初、この大学はカルヴァン派の学生だけを受け入れ、国の資金で運営された。このライデン大学では、宗教、哲学、数学、政治学、法学、そしてエラスムスの理念に従い、哲学、ラテン語、修辞学、ローマ史、アラビア語、文明史、天文学が教えられた。近代的なこの大学には、ヨーロッパ中から大勢の学生（宗教職に就きたい裕福な家庭の男子）が集まった。

大学はライデン以外にも、フリースラント、ヘルダーラント、ユトレヒト、フローニンゲンにも設立された。ライデン大学はまもなくカトリック教徒の学生（例：ルネ・デカルト）も受け入れた。スピノザとライプニッツは、ライデン大学で合理主義哲学を打ち立てた。

一五八一年、七つのプロテスタント教徒の州（ホラント、ゼーラント、オーファーアイセル、フリースラント、フローニンゲン、ヘルダーラント、ユトレヒト）は、オランダの統治権を主張していたカトリック教徒のスペイン王フェリペ二世の統治権を否認すると、ネーデルラント連邦共和国をつくった。他の一〇のカトリック教徒の州はスペイン王国の支配下に置かれたままだった。世界経済の中心地は、ヴェネチア、小休止してアントウェルペン、ジェノヴァと続いた後にアムステルダムへと移った。アムステルダムでは、読み書き算盤、会計、活語の外国語の能力を持つ、船主、技術者、会計士、船員、商人が大量に必要になった。ラテン語学校やカルヴァン派の基礎教育ではそうした人材を育成できなかった。

小学校網が拡充し、どの村でも初等教育が行われるようになった。こうしてネーデルラント連邦共和国では、子供全員（男女）が歩いて通学できるようになった。

やがてスペイン王国の軍隊が再びブリュッセル、ヘント、アントウェルペンを征服すると、プロテスタント教徒の教師の多くは北部の州へと移住した。

一五八八年、オラニエ公ウィレム一世の娘婿ナッサウ＝ディレンブルク伯ウィレム・ローデウェイクは教育の普及を、カルヴァン派を運営するいわゆる「長老派教会」に委任した。新たな宗教教育を拒否する教師は解雇され、代わりに長老会議によって採用されたカルヴァン派の一般信徒が教師になった。

プロテスタント教徒の国と同様、カトリック教徒の国でもラテン語学校の教育はあまりにも学術的だと見なされるようになったため、ブルジョワ階級の要望に応えるために地方の行政官の認可を取りつけ、「フランス学校」が設立された。この学校の目的は、ブルジョワ階級の家庭の子供を商人として育成することだった。フランス学校の授業は、ヨーロッパの貿易および外交の主要言語だったフランス語で行われた。

教育は急速に普及した。一七世紀初頭にライデン大学の教授だったフランス人ヨセフ・ユストゥス・スカリゲルは、ネーデルラント連邦共和国の農民と使用人は概ね文字を書くことができると報告している。一六三〇年、男性の五七％、女性の三二％は、婚姻届けに自分の名前を書くことができた。

一六三一年、アムステルダムにいたルネ・デカルトは、パリにいたジャン＝ルイ・ゲ・ド・バルザック〔一九世紀の文豪バルザックとは別人〕に次のような手紙を書いた。「自由をこれほどまでに満喫でき、心配事なく安眠でき、自分を守ってくれる軍隊が常駐している場所が他にあるだろうか」

レンブラント（一六〇六年生まれ）は、まずライデンのラテン語学校で学んだ。この学校では、デッサンを習い、声と身振りを組み合わせるという演劇手法を学んだ。これは後にレンブラントの絵画に演劇的な効果を生み出すのに役立った。一四歳のときにライデン大学に入学したが、すぐに画家に転向した。一六二〇年、歴史画の権威ヤーコプ・ファン・スヴァーネンブルフのもとで三年間修業した。一六二四年、アムステルダムで六ヵ月間、ピーテル・ラストマンとヤコブ・ピナスのもとで鉛筆画、構図の基礎、模写を学んだ。ラストマンはローマでカラヴァッジョから学んだことをレンブラントに伝授した。

一六三二年、ジェラルドゥス・フォシウスやカスパール・バルラエウス（歴史と哲学の教授）は、アムステルダムに学術堂を設立した。大学として機能するようになったこの学術堂では、ラテン語、法学、医学、神学をラテン語で教えた。教授陣が公開講座や有料の個人授業を行った学術堂は、ライデン大学との競合を避けるために学位を授与できなかった。

一方、ライデン大学では、医師シャルル・ドレランクールが臨床検査や解剖を用いた新たな医学教育を推進した。

一六四八年、ウェストファリア条約によって三十年戦争が終結すると、教育は非宗教化した。ネーデルラント連邦共和国の各都市には、八歳から一四歳までの子供が通う学校が少なくとも一つはあった。これらの学校では、読み書き、文法、宗教の授業はあったが、算術はまだ教えていなかった。

一六五七年、アムステルダムでは（レンブラントがこの都市で『テュルプ博士の解剖学講義』を描いたのは一六三二年）、物乞いをする孤児が路上に増加し続けることに不安を抱いたブルジョワ階級が、彼らのために学校を設立した。この学校では、女子は、祈り、読み方、編み物、裁縫、男子は、改革派宗教の教義、読み書き、職業に必要な技術を学んだ。教師は学校に住み込みで子供を監視し、夜の礼拝に参加し、子供を寝かしつけた。この学校では厳しい体罰があった。

一六八〇年、男性の七〇％と女性の四四％は婚姻届けに署名できるようになった。一七世紀末には、ネーデルラント連邦共和国は世界で最も識字率の高い地域になった。この高い識字率は一八世紀のネーデルラント連邦共和国の経済力に多大な影響をおよぼした。

スウェーデン：国民の識字率第二位

一五二三年、スウェーデン王グスタフ一世は、一三九七年にスウェーデン、ノルウェー、デンマークの三ヵ国で結成したカルマル同盟からのスウェーデン離脱を決意し、プロテスタント宗教改革を採択した。まず、グスタフ一世は七つの大聖堂学校と一一のカトリック市立学校をプロテスタント学校に変革した。

一五七一年、改革派のスウェーデン国教会は、都市部の子供全員（男女）が学校に通うこと、そして家庭での読書を呼び掛けた。都市部の住民は定期的に試験を受けなければならなかった。学ばない者は罰せられた。

スウェーデン人口の大半が暮らしていた農村部では、世界の他の地域と同様、人々は学校に通うよりも重要なことがあると思っていた。

一六一〇年、ウプサラ大聖堂の大司教ペトリュス・ケニシウスは、都市部に新たな学校制度を整備するようにとの要請をエレブルー県議会から受け、八年制の市立学校と一二年制の大聖堂学校を区別し、それぞれを二年制にして四段階と六段階にすることを提唱した。

一六二二年、ウプサラ大学の総長は「弁論と政治」という講座を開設した。これは世界初の政治学の講座だと言われている。また、都市部の各地区には、女子を含む子供が通う小学校が設立された。

一六二三年、ベステルオース〔スウェーデン中部の都市〕に国内初の高校が設立された。

一六二八年、中学校と高校の教育基準が統一された。高校には、物理、スウェーデンの法律、数学、ギリシア語、ヘブライ語の教師、それに二人の神学者の配属が義務づけられた。大学の数は少なく、大学に入学できるのは貴族の子弟だけだった。

一六三二年、都市部の学校教育が義務化された。グスタフ二世は子供に文字の読み方を学ばせない都市部の住民に罰金を科し、読み書きのできない一六歳以上の者の相続権を三分の一に減らすと宣告するなどして、教育の非宗教化ならびに学校監督当局の非宗教化を提唱したが、うまくいかなかった。

一六四九年、スウェーデンの学校制度は、ペダゴギウム、トリヴィアル・スクール、ギムナジウム（中学校）の三段階に区分された。トリヴィアル・スクールには、ギムナジウムに進学するつもりのない子供向けの算術学級という特別な複線型学級があった。

一六六〇年、スウェーデン人の識字率は四〇％だった。

一六八六年、大きな変化があった。義務教育は農村部にも適用され、国民全員が学校に通うようになった。各教区では聖職者が初等教育の運営を担った。学校の授業時間は短かったので、子供は働くことができた。

牧師には自分の信徒たちが文字を読むことができるのかどうかを確認する義務があったため、牧師は各家庭で識字試験を毎年実施した。この試験は強力な社会的圧力をもたらした。大衆は不合格になって周囲に恥をさらしたくないという気持ちを抱くと同時に、識字者が勉強の手助けをするようになったからだ。とはいえ、当然ながら、識字の教材は宗教文書だけだった。

一六九三年、学力に関係なく貴族の子供なら大学に入学できるという特権は廃止された。入学希望者は、出自に関係なく受験しなければならなくなった。

一七世紀末、スウェーデン人の識字率は約七〇％になった。スウェーデンはオランダと並び、ずば抜けて識字率の高い国になった。

ザクセン＝ゴータ公国：史上初の義務教育

一六四二年、ザクセン＝ヴァイマル公国の宮殿があり、一〇〇年ほど前からプロテスタント教徒の都市になったゴータ〔ドイツのテューリンゲン州〕では、ペストと三十年戦争からの復興を指揮していたザクセン＝ゴータ公エルンスト一世が、エルネスティヌム・ギムナジウム（ゴータの中等学校）の新しい校長アンドレアス・ライアーに対し、教育制度の刷新を命じた。

ライアーは商人の息子であり、神学と哲学を学んだ後に教師になり、いくつかのギムナジウムの校長を務めた。フランシス・ベーコン（後述する）の影響を受け、母語での教育と体罰の禁止を提唱した。ライアーが確立した「ゴータ学校方式」は、世界初の義務教育制度だ。というのは当時、ネーデルラント連邦共和国とスウェーデンの教育制度は、法律上ではまだ義務化されていなかったからだ。

ライアーは義務教育について七つの原則を打ち立てた。一つめは五歳から一〇歳までの義務教育。二つめは、基礎クラス、中級クラス、上級クラスの設置。三つめは、基礎教科（読み書き算盤、歌、宗教）とそれ以外の教科（自然史、郷土史、公民、地域経済）の区別。四つめは教科書（読み書き算盤と自然科学）の使用。五つめは、わかりやすい授業の実施と生徒活動の重視。六つめは母語による教育。七つめは体罰の禁止だ。

ライアーの教育改革を適用したのはザクセン＝ゴータ公国だけだったが、ドイツの他の小国の教育モデルになった。しかし、強権的な帝国プロイセンは自国の理念にそぐわないとして、このモデルを採用しなかった。

残念ながらライアーの教育改革はすぐに忘れ去られた。しかしながら、この改革は非宗教的かつ普遍的な義務教育を（男子だけに）導入するというヨーロッパ初の試みだった。

イギリス：慎重かつ実用的な教育、エラスムスやロックなど

一六世紀初め、三〇〇のグラマー・スクール（六世紀から存在したが、この名称で呼ばれるようになったのは一四世紀から）は、まだ大聖堂や修道院に帰属していた。これらの学校の生徒は司祭や修道士を目指す者であり、彼らは、カトリックの典礼、（教会暦を理解するための）天文学、（教会を運営するための）法律をラテン語で学んだ。教会で働きたい者なら誰でもこれらの学校に通うことができた。学費を工面できない場合は無償だったが、実際には世界の他の地域と同様、貧しい家庭の子供がこれらの学校に通うことはほとんどなかった。

一五〇九年、豪商でロンドン市長だった父を持つセント・ポール大聖堂の首席司祭ジョン・コレットは私財を投じ、教会から分離した学校を設立した。これがセント・ポールズ・スクールだ。

コレットはエラスムスにこの学校の校長に就任してほしいと打診した。当時、オックスフォード大学を離れたばかりのエラスムスは、文法書、教育学の本、『痴愚神礼讃』（風刺文学）を執筆中だったため、この依頼を断ったが、いくつかの助言をした。たとえば、クラスを八つに分けること、後期ラテン語でなく古典ラテン語を教えること、礼儀作法を教えることなどだ。さらには、ギリシアとローマの偉大な作家の著書と聖書を組み合わせた教科書の執筆、トーマス・リナカーの『ラテン文典』の紹介、一五一二年に自身が執筆した教科書『文章用語論』の推奨などだ。ちなみに、この教科書は一〇〇版を超えるベストセラーになり、複数のヨーロッパ言語に翻訳され、ヨーロッパ中の中等教育の主要参考文献になった。

一五一六年、イングランド王ヘンリー八世の顧問だったトマス・モアは、国民の半数以上が英語を読むことができると評した（おそらく過大評価）。モアは外交と通商の任務を果たした後に執筆した『ユートピア』の中でオランダの例を挙げ、国の繁栄の鍵を握るのは女子を含む大衆教育だと説いた。

モアの教育を受けた彼の娘たちはラテン語を流暢に話した。モアの家を訪ねたエラスムスは次のように証言している。「モアの家庭はプラトン・アカデミーのようだ。だが、彼が教えるのは数学や幾何学でなく家庭の美徳だ。彼の家族全員は、何らかの職業に就いている。厳しい言葉が飛び交うことなく、家庭には優しさと礼儀正しさに満ちた規律が浸透している。（……）家族全員が読書し、リベラルアーツを学んでいる。それでも家族の最大の関心事は信心だ」

だが一五三五年、モアは国王至上法（ルターの宗教改革を非難しながらもローマと決別して国王をイングランド国教会の首長とする法案）に反対したため、ヘンリー八世によって処刑された。

その少し後、ヘンリー八世は自分の言うことを聞く聖職者に教育政策を委ねると同時にイングランド国教会に資金を提供し、中等教育機関である五〇のグラマー・スクールを新設させた。グラマー・スクールは、英語、科学、フランス語、イタリア語、スポーツなどを中心に教えるようになった。これらの学校の教師には大卒者が増えた。

一五四八年、ヘンリー八世の後継者で息子のエドワード六世は、古いグラマー・スクールを含むイングランド国教会の財産を没収し、フリー・グラマー・スクールという公営制度を立ち上げた。この制度では教会から独立した教育が施され、貧困家庭の子供は無償で授業を受けることができた。

フリー・グラマー・スクールでは、七歳児からラテン語、ギリシア語、ヘブライ語を学んだ。英語の使用は禁止だった。ところが、貧困家庭を含む国民全員が学ぶことができるはずだったこの学校も、すぐに各地の富裕層の家庭の子供だけが通うようになった。この例からもわかるように、貧困家庭を対象につくられた学校を金持ちが独占するというのがイギリスの教育制度の特徴だった。

メアリー一世の後、一五五八年に王位に就いたエリザベス一世は、数多くの礼拝堂を学校に改修した。これらの学校では、英語、プロテスタントの聖書、古典、算術、天地創造論、活語の外国語、イングランドとキリスト教の歴史を、印刷された教科書から学んだ。（初の試みとして）スポーツの半日授業や年度末試験が導入された。各地の住民がこれらの学校の運営費を賄うため、貧困家庭の子供の授業料は無償だった。ところが、これらの学校も次第に、地主、商人、職人、弁護士、聖職者の子供だけが通うようになり、結局は再びイングランド国教会の管轄下に置かれた。

裕福な家庭は相変わらず家庭教師を雇い、自分たちの子供を評判の高いグラマー・スクールに入学させた。そしてイングランド国教会信者だけがオックスフォード大学やケンブリッジ大学に進学した。

義務教育が施行されたのにもかかわらず、農民、鉱山労働者、職人の子供が学校に通うことはなかった（女子の場合ではなおさらだった）。

読み書きのできる教師がそれまで以上に必要になった。

一六一六年、新たな教育法により、各地の小教区は男子のための学校を設立し、校長を確保することが義務づけられた（こうした法律から、義務教育がまだ普及していなかったことがわかる）。

一六四六年、義務教育はまだ普及していなかった。そこで新たに法律が施行され、裕福な大地主は、小教区の学校の校舎と校長の給料を提供することを義務づけられた。多くの親は子供を学校に通わせることにまだ熱心でなかった。そのため、市当局の担当者はしばしば不登校の子供を探し出し、子供を学校に通わせない親に対し、罰金を支払わせるよう校長に命じた。

一六二〇年、イングランド王ジェームズ一世の側近を長年務めた後に二年ほど不遇な扱いを受けていたフランシス・ベーコンは、著書『大刷新』（別称『ノヴム・オルガヌム』）の中で、世界を変えた三大発明は、火薬、羅針盤、活版印刷術だと説いた。ベーコンは当時の教師の偏狭な精神を批判し、経験に基づく教育法を提唱し、論理学や修辞学よりも自然科学を教えるべきだと訴えた。

同年、「イングランド国教会はカトリックの教義に近すぎる。ルター派に歩み寄るべきだ」と考えていたピューリタンは、メイフラワー号に乗船してアメリカへと向かった。

海上貿易の盛んなイングランドでは、とくに航海に関する発見と技術革新が相次いだ。同業者組合の力が弱いイングランド社会では、知識を自由に流通させることができ、商業、農業、算術、外国語、契約の作成、会計を教えることができた。

裕福な商人は、これらの知識を子供に学ばせるために家庭教師をそれまで以上に利用し、基礎学力をつけさせてから息子たちをアムステルダムやライデンに留学させた。

王立取引所〔為替取引所〕を設立したトーマス・グレシャムの遺言により、大学がまだなかったロンドンにグレシャム大学が設立された。この大学では七人の教授が、航海に必要な天文学、幾何学、物理学、数学を、毎日一講座ずつ公開講義した。

同じ頃、チェコ兄弟団というプロテスタント運動のメンバーであるコメンスキーという人物がロンドンに移住した。コメンスキーは、学ぶことは子供の自然な欲求であり、強制する必要はないと説き、「教育は、言葉、感情、意見などを子供に詰め込むのではなく、物事を通じて理解を深めさせることだ」と記した。

コメンスキーは、学校の第一義は子供に社会性を身に付けさせることであり、学校では遊び心のある教育法を用いるべきだと訴えた。コメンスキーは、一六三六年に設立されたばかりのアメリカのハーバード大学（後述する）の学長の座を打診されたが、ピューリタン革命、そしてクロムウェルによってスウェーデンへの移住を強いられた。ルソー、ペスタロッチ、フレーベル、そしてアメリカの教育制度に影響をおよぼしたコメンスキーは、近代教育学の創始者の一人と見なされている。

一六五三年、（テオフラスト・ルノドーのつくった住所録局のイングランド版を設立した）サミュエル・ハートリブという人物がイングランド議会に「研究、教師の育成と監督、そしてすべての社会層の男女のための学校と救貧院を包括する、国民全員のための教育システム」という計画を提出した。だが、この計画は実現しなかった。

聖職者と教師は、イングランド国教会の祈禱と礼拝儀式を統一するために制定された「統一法」により、教会や国の改革に一切関与できなくなっていたが、一六六二年、イングランド国教会に属する教会の祈禱と礼拝儀式を記した「聖公会祈禱書」が改訂され、さらにこの内容を遵守するとの誓約を義務づけられた。誓約しない者は教会から破門され、公職（軍隊、役所、学校）に就くことができなくなった。さらには、一六六五年に制定された法律により、誓約しない者は街から最低五マイル（八キロメートル）離れて暮らすことを余儀なくされた。

一六八四年（イギリスが立憲君主制になるクーデター〔名誉革命〕が成る五年前）、エドワード・クラークという人物が、自分の息子の教育について友人の哲学者ジョン・ロックにアドバイスを求めた。一六九三年、ロックはクラークに宛てた一連の手紙をもとに匿名で『教育論』を出版した。この著書はヨーロッパ中に大きな反響をもたらした。その内容を要約する。ロックは教育こそが個人を形成すると考え、「私がこれまで出会った人物の一〇人に九人は、善良であるか邪悪であるかに関係なく、また有能であるかそうでないかにも関係なく、教育によって形成されたと断言できる」と述べた。また、「子供には生まれつきの才能や興味があり、親は子供が嫌がる活動を押し付けるのではなく、子供の才能を見出して開花させるべきだ」と力説した。

ロックの考える教育は次の通りだ。「子供は理性的な人物として扱われるべきだ。親と教師は、教育法を学び、子供に知識を授けることに喜びを覚えなければならない。まずは母語を正確に話すこと、書くこと、デッサン、そして地理学、天文学、解剖学を教えるべきだ。音楽や詩を学ぶのは時間の無駄だ。教育を通じて徳を積めば、自身の欲望や性向を制御でき、邪念にとらわれることなく理性が示す最善の道を歩むことができる」。そしてロックは「奴隷の規律が奴隷の気質をつくり出す。愚かな下女が《闇には霊が宿っている》と子供に語り聞かせるのを放置してはいけない。なぜなら、子供は闇を恐れるようになるからだ」と記している。

ロックは、教育の基本は男子であっても女子であっても同じだと説いた。だが当然ながら、これは富裕層の子供だけを対象にした話だった。労働者階級の子供については、「学校に通うのはまったく無駄だ。しかし、彼らを怠け者にしてはいけない」と言い放ち、職業訓練学校の設立を提唱した。職業訓練学校では、労働者の子供には繊維産業に導入されたばかりの機械とともに働く術を学ぶなど「幼いころ（三歳）から仕事に慣れてもらう」という。ロックの考えは、職業訓練学校によって「労働者になるための精神を鍛え、小教区の税収を確保する」ことだった。児童労働は農村部だけでなく都市部でも必要になったのだ。

ロックの『教育論』はすぐに重版になり、少なくとも五三刷まで版を重ねた（内訳は、英語版が二五刷、フランス語版が一六刷、イタリア語版が六刷、ドイツ語版が三刷、オランダ語版が二刷、スウェーデン語版が一刷）。

イギリス人男性の識字率は、一六四〇年代のおよそ三〇％から一七世紀末には五〇％になった。イギリス人女性の識字率は不明だが、おそらく五〇％以下だったと思われる。

ヴェネチアは衰退、ボローニャは持ちこたえる

一四五三年、コンスタンティノープルが陥落し、オスマン帝国が台頭すると、ヴェネチアは

いくつかの通商路を失い、大西洋や地中海の大きな港街に対して徐々に劣勢になった。ヴェネチアは世界経済の中心地の座を明け渡したが（中心地はアントウェルペン、ジェノヴァを経てアムステルダムへと移行）、依然として造船業の中心であり、貿易ネットワークの要所だった。ヴェネチアの学校は相変わらず先進的だった。ヴェネチア人は日常的に学んでいた。子供は机上の理論ではなく貿易や航海に関する実践的な学習に勤しんだ。

活版印刷機が登場すると、ヴェネチア共和国は（教皇の支配下になかったため）最も重要な出版都市の一つになり、ギリシア学問の専門家であるビザンツ帝国の学者を大勢迎え入れた。とくにヴェネチアの貴族と親しかったビザンツ帝国の貴族のノタラス家はヴェネチアに避難し、ギリシア文字による最初の印刷機の製造に資金提供した。この印刷機によって刷り上がった書籍はヴェネチアとパドヴァで流通した。ちなみに、ビザンツ帝国の時代から存在したヴェネチアのギリシア人共同体は、四〇〇〇人から五〇〇〇人規模のヴェネチア最大の外国人社会だった。一五八七年、ヴェネチアの男性の三分の一は読み書きができた。ヴェネチアの男性の九〇％は学校教育を受けていた。

新たな知識は、教皇庁と教会が阻止しようとしても学校や大学以外にも拡散した。フィレンツェでは人文的な百科全書主義の議論の場として、アカデミア・プラトニカが設立され、ピコ・デラ・ミランドラ（母親に育てられ、幼いころからラテン語とギリシア語を勉強し、一〇歳になるとボローニャで教会法を学び、フェラーラとパドヴァで哲学を学んだ）らが活躍した。イタリアの他の地域でも、王子の保護を受け、演劇、音楽、法律、医学を専門とする学術機関が設立された。

ボローニャ大学は存続した。一五〇九年には刑法の講義が始まり、一五六八年には、博物学者ウリッセ・アルドロヴァンディの要請により、植物園がつくられた。その後、ボローニャ大学は新たな知識を教えることができず、衰退したが、それでも偉大な卒業生を輩出した（例：パリ天文台の所長などを務めたジョヴァンニ・カッシーニ。解剖学、生物組織学、生理学、発生学、臨床医学などにおける顕微鏡観察の創始者マルチェロ・マルピーギ）。

イタリア半島では、理想的な学校を設立しようという計画が相次いだ。たとえば、トマソ・カンパネッラは一六〇二年に出版した著書『太陽の都』〔近藤恒一訳、岩波文庫、一九九二年〕の中で、理想の都市における教育のあり方について叙述している。

カンパネッラの思想からは、当時のユートピアの理念が窺われる。「乳離れした子供は、女子なら女性教師に、男子なら男性教師に委ねられる。（……）学校の壁一面に必要な知識を記す。最初の一年間から三年間は、子供たちは壁に記してある文字と言葉を学び、体操をする。そして各自の興味に応じてさまざまな職場を見学する。（……）七年かけて壁に記してある数学をマスターした後は、すべての自然科学を学ぶ。（……）次に高度な数学や医学など、あらゆる自然科学に打ち込む。そして実践に移す。子供たちは農村に行き、野原を駆け回り、狩りをし、植物や鉱物の知識を得て、農業と畜産について学ぶ。一二歳になると男子と女子は武器の扱い方を習得する。こうして全員がさまざまな学芸を学んで造詣を深める。成績のよい者は（……）行政官になる。全科目で優秀な成績を収めた者が最も評価される。（……）。合理的で論理的な思考は男女に共通している。ただ、屋外で行う肉体労働だけは男性が行う」

イエズス会士：信仰のために卓越した教育を施す

宗教改革の反動により、カトリック教会では、価値観の伝達ではなく優秀な人材を育成するという教育が重視されるようになった。

一五三四年にイグナチオ・デ・ロヨラとフランシスコ・ザビエルらによって設立されたイエズス会は、一五四〇年にローマ教皇パウルス三世により承認された。まず、イエズス会はドイツで起こったばかりの宗教改革に対抗する活動を開始した。

ルターやカルヴァンに対抗するために、イエズス会は将来の会員を小さな寄宿舎で教育した。これらの学校はすぐに、聖職に就くかどうかにかかわらず、カトリック教徒のブルジョワ家庭の男子が教育を受ける場になった。イエズス会の序列は、「総長」が「管区長」を監督し、「管区長」が「校長」と「学監」を指導するという構造になっていた。

一五五一年、初代総長ロヨラはローマに初のイエズス会の学校を設立した。この学校はイエズス会の実験場になった。一五五六年以降、イエズス会はヨーロッパ各地、および植民地で暮らす裕福なカトリック教徒に対し、「異端に対抗する学校」を設立するための寄付を呼び掛けた。寄付はすぐに集まり、イエズス会の学校は、スペイン、ドイツ、ポルトガル、イタリアに設立された。またカール大帝の時代から教育が行われていたビヨム（フランス中部ピュイ＝ド＝ドーム県の街）でも、ギヨーム・デュプラの発意によってフランス初のイエズス会の学校が設立された。二二歳でクレルモン司教になり、フランス王フランソワ一世の特使としてトリエント公会議に出席したこともあるデュプラは、この学校でイエズス会士たちと知り合った。イエズス会の理念に共鳴したデュプラは、パリにあるクレルモン邸を寄付した。

一五五三年、ペストが流行するとイエズス会士たちはクレルモンにあるデュプラの司教区に避難したが、デュプラの司教区の住民は歓迎しなかったため、イエズス会士たちはビヨムの学校運営を続けた。

イエズス会の学校には、読み書きができ、ラテン語が少しできる者が入学することになっていた。生徒（男子のみ）は教師とともに寄宿舎で暮らした。教育の期間は一三年間だった（内訳は、文法と修辞学が六年間、哲学が三年間、神学、歴史、自然科学が四年間）。授業はラテン語で行われた。イエズス会士は、高度なラテン語を学ぶ前にラテン語の読み書きに磨きをかけるための補講（いわゆる第六古典学級）をしばしば行った。

フランスの王室は数学と水路学の教育を奨励した。フランスの中学校には立派な図書館が据え付けられた。演劇は道徳心を養い、言葉と身体を上手に操るための手段だと推奨された。生徒は「十人組」という小グループをつくって授業で習ったことを暗唱した。体罰は頻繁にあった（とくに自己による体罰）。

プロテスタントの宗教教育は文献に記された知識に限られていたが、イエズス会の宗教教育は批判的な議論に基づくなど、ユダヤ教指導者の教育法にきわめて近かった。

まず「レクチオ」だ。教師が文書を読み、コメントする。その間、生徒はメモをとる。次に「レペティティオ」だ。生徒は自分が理解したことを復唱するが、間違えると他の生徒が指摘する。週の終わりは「コンチェルタティオ」だ。生徒は二人一組になり、勉強した文書について意見を述べ合う。こうした教育法はユダヤのイェシーバー〔学院〕とそっくりだった。

イエズス会の学校の授業料は安価だったが、寄宿舎の費用は高かった。裕福な農民や職人の息子でも、学校が成績優秀者に支給する奨学金をもらわない限り、最初の三年間か四年間しか学業を継続できなかった。

一五八二年、イエズス会総長クラウディオ・アクアヴィーヴァは、世界各地のイエズス会の学校のために教育憲章を定めるように要請した。こうして一二人のイエズス会士からなる委員会が設置されたが、意見はまとまらなかった。

一五八四年、アクアヴィーヴァは、スペイン人、ポルトガル人、スコットランド人、南オランダ人、シチリア人のイエズス会士からなる新たな委員会を設置した。一五八六年、この委員会は「学問の計画」という草案を作成した。イエズス会の一八の管区はこの計画案について意見を求められた。一五九一年、彼らの意見を反映させた新たな計画案がまとめられると、この計画案は三年間にわたってすべてのイエズス会の学校で試験的に運用された。この試験的な運用を経て、さらなる改良が加えられた。

一五九九年、イエズス会総長はナポリにおいて教育憲章の最終版を発表した。この規定は世界中のイエズス会の教育憲章になった。この教育憲章により、授業の時間、時間割、使用する教科書、読んで学ぶべきローマとギリシアの作家、教育法〔予習、読書、補習、討論、演説、論説〕が詳細に定められた。そして管区長、学校主管者、教師、生徒に対し、三〇の規則が定められた。

イエズス会士たちの中国訪問後、この教育憲章にはさらなる改良が加えられた。数名のイエズス会士は、一五八二年に肇慶市《ちょうけいし》、一六〇一年に北京に辿り着いた。（中国について一二〇〇ページ以上の大著を執筆した）ダニエッロ・バルトリ神父は、中国の選抜試験の過酷さと受験生同士の助け合いの精神を称賛し、「皇帝の選抜試験は高潔であり尊敬に値する。それはわれわれの最も神聖な部分である魂と精神の高潔さだ」と記した。

バルトリはヨーロッパに戻るとイエズス会を説得し、筆記と口頭の試験によって生徒を三段階に振り分ける制度を導入させた。一つめは上級クラスへの入学が許可される「オプティミー（優良）」だ。二つめは在学が一時的に許可される「デュビイー（不確実）」だ。三つめは不適格者として退学になる「インエプティー（不適格）」だ。これはヨーロッパの教育機関初の成績分けだった。

一六世紀末、一部のイエズス会の学校では、成績優秀者に賞金やメダルが授与されるようになった。

イエズス会の学校では一七世紀には、ルネ・デカルト、ミシェル・ド・モンテーニュ、モリエール、一八世紀には、マクシミリアン・ロベスピエール、マルキ・ド・サド、ヴォルテールらが学んだ。

フランス：学校は教会の支配から抜け出せず

フランスでも活版印刷機が利用され始めた頃、教会は大衆が自分たち自身で文書を読むことに強く反対していた。農村や作業場では、大衆の子供の労働力がそれまで以上に必要とされていた。知識は相変わらず、おもに両親、仕事仲間、日曜日の説教、水曜日の教理問答、教会の宗教画によって伝達されていた。

学校では個別授業が行われていた。教室では、教師が生徒一人ずつに教えていたため、教師が相手している生徒以外は放置された状態だった。授業では、一〇世紀前にカール大帝の家庭教師だったアルクィンが定義した三学科（文法、修辞学、問答法）、次に四学科（算術、幾何学、音楽、天文学）がまだ教えられていた。

一四〇五年、フランス王シャルル五世の主治医の娘である偉大な詩人クリスティーヌ・ド・ピザン（一五歳で国王秘書官のエティエンヌ・ド・カステルと結婚。二五歳で三人の子供をもつ未亡人になる）は、男女間の平等に関するジェンダー教育の本『女性の教育に関する三つの徳』を記し、自分の息子たちに女性を尊重する教育を施した。

一四八五年、フラマン人ジャン・スタンドンクは、「共同生活兄弟会」の説く極端な禁欲をパリのモンテギュ学校に持ち込んだ。その後、「共同生活兄弟会」はオランダから追放された。

スタンドンクはフランスの教育に、学力によるクラス分け、授業間の休息時間、体育の授業などを導入した。これらの制度はイエズス会によって受け継がれたが、フランスのすべての学校に普及するまでにはかなりの時間を要した。一四九九年、フランス国王ルイ一二世は学生のストライキ権を廃止した。パリ大学では一九六八年までストライキがなかった。

国は相変わらず、貧しい若者を路上でたむろさせてはいけないという強迫観念に駆られ、教育という名目で彼らを屋内に閉じ込めた。国は大学の自治や学位の認定基準についても口出しした。

一五世紀末、フランスでは世界の他の地域と同様、活版印刷機によって書籍の価格が急落した。これによって、行商人の販売する安価な冊子（聖人の生涯、騎士物語、暦書など）や絵本（宗教画が掲載された文集：通夜の際に文字を読むことのできる者が音読した）が流通するようになった。

農村部で暮らす少し裕福な家庭の若者の中には故郷を離れ、学費を納めて宗教団体の運営する学校の寄宿生になる者もいた。これらの寄宿生の中には、学費を工面するために仕事を見つけなければならない者もいた。彼らは町の司祭学校で学ぶことができた。彼らの中には稀に教師の家に下宿する者もいた。一方、きわめて裕福な家庭の生徒の中には、使用人を連れてくる者もいた。

家庭の貧富の格差に応じて生徒の暮らしはさまざまだったが、女子はこれらの可能性からほぼ除外されていた。

同時期、アンヌ・ド・フランス〔ボージュー〕（フランス国王ルイ一一世とシャルロット・ド・サヴォワとの間に生まれた長女。フランス王シャルル八世の姉。ブルボン公ピエール二世と結婚し、当時は未亡人だった）は、著書『アンヌ・ド・フランスのブルボン女公シュザンヌへの教育論』の中で自分の娘に対し、「政治に関する書籍や官報に目を通し、慎重かつ愛想よく振る舞い、他人の悪口を言わず、貞潔であるように」と諭した。そして夫に先立たれたのなら、「身の振る舞い、言葉遣い、人付き合いにそれまで以上に細心の注意を払い、読書などをしながら過ごせ」と付言した。

パリでは、「プチ・ゼコール」と呼ばれる小学校の教育は相変わらず司祭が行っていた。しかしながら、フランス北部、ロレーヌ地方（教師の給料は、「十分の一税（農民は生産物のうち一割を教会に納めるという税）」の一部で賄われていた）、パリ地域の一部の自治体は、小学校教育を教会に代わって自分たちで運営しようとした。

新設された教会学校や小教区学校では、教員として非宗教者が雇われるようになった。パリ南東部にあるエティオルという自治体のある学校の創設者は、「教師は非宗教者で、妻帯者が望ましい。というのは、教師の妻が女子の面倒を見ることができるからだ」と述べた。当時の教師と生徒、神父と子供の性的な関係については、ほとんど何もわかっていない。

一五二五年、ルーアン市議会の決定により、文章と数学を教える役割を担う「非宗教者による文芸組合」が結成された。この組合員は、宣誓審査官、家庭教師、会計士、公文書作成人も兼任していた。この組合に加入しない人間は教えることができなかった。生徒は宗教書だけでなく行商人から購入した簡単な書物からも読み方を学んだ。

ルーアンの教会は市議会に対し、学校から文芸組合員を排除し、組合の活動を禁止するように要請した。しかし、この抗議は受け入れられなかった。そこで教会は市議会に対し、「学校では少なくとも神の名誉を汚したり教会の伝統や公序良俗に反したりするようなことは教えないように」と訴え、さらには「授業料を払うことのできない貧しい孤児や困窮者は貧者向けの学校に通い、そこで神の慈悲に感謝しながら学べ。彼らの帽子あるいは胸元には、四、五センチメートル四方の羊皮紙を縫い付け、そこに教会の印章と責任者の名前、そして生徒本人の名前と《ルーアン市の貧者》と記すことにしよう」と言い放った。

パリでは、修道会の運営する大学校に通うのは事実上、大学校に寄付した家族の子供だった。文法、学芸、神学の教師が授業を行い、他の教師は補習を受け持ち、補講や討論会を取り仕切った。これらの講義はすべてラテン語だった。大学校には図書館もあった。

フランスの大学の学部は、依然として形式主義の塊だった。ソルボンヌ大学の神学博士ジョス・クリクトーヴは著書『学芸と科学の区分』の中で、「機械的あるいは独創性のないアーツ」（木工や鉄工、航海術、農業）の教育と、エリート層のための「リベラルアーツ」（先述のように、文法、論理、数学、音楽など、純粋な知識と美を目的にする学問）の教育の区分について考察している。

クリクトーヴは次のように記している。「独創性のないアーツに対するリベラルアーツ、すなわち、肉体に対する精神の優位性はあまりにも大きい。文学を学ぼうとする志の高い若者たちよ、自身の存在条件となる尊厳の探求に向けて邁進するのが君たちの責務だ。つまり、独創性のないアーツだけに専心しなければならない者たちよりも高次元な精神性を確立するのが君たちの本分だ」。この文書は、なぜフランスのエリート層が何世紀にもわたり、自分たちの子供が科学や技術を学ぶことを嫌がったのかを如実に物語る。彼らは、科学や技術の学習が「自身の存在条件となる尊厳の探求にはならない」と考えていたのだ。

一五二五年にリヨンの裕福な綱商人の娘として生まれたルイーズ・ラベは、当時の女子としてはきわめて稀な教育（フランス語、ラテン語、ギリシア語、イタリア語、スペイン語、乗馬、馬術、リュート）を受け、偉大な詩人になった。

一五三〇年以降、いくつかの変化が生じた。ソルボンヌ大学では、文法学者のラミュや数学者のフォルカデルなどの教授は、フランス語で教えるようになった。修道士が教えるキリスト教の学校を含め、小学校教育も徐々にフランス語になった。学校に通っていた女子の教育（読み書き、文法、歴史、文学）もフランス語になった（例：貧しい女子の教育を担ったサン・シール校）。

一五三二年、トゥーレーヌ（フランス中部の地区）のブルジョワ家庭の息子フランソワ・ラブレーは、当時の伝統的な教育を受けた。フランチェスコ会、ベネディクト会の修道士を経て医師になり、『ガルガンチュワ物語』と『パンタグリュエル物語』を執筆した。

ラブレーはこれらの作品の中で、健全な精神活動を軽視した暗記中心の教育法を非難した。ラブレーによると、人間はあらゆる瞬間から学ぶことができるという。たとえば、食事の際には食べ物の性質、トランプで遊ぶ際には数学を学ぶことができる……。ラブレーは、古代語、法学、道徳の教育を提唱した。「そして、ギリシア、アラブ、ローマの医学書を繰り返し精読して解剖実習を行うことにより、人間というもう一つの世界について正確な知識を得ることができる」と説いた。

ラブレーはプロテスタント教徒ではないかという疑いをかけられ、メス〔フランス北東部〕に逃れたが、フランス国王アンリ二世の計らいにより、サン＝マルタン・ド・ムードン〔パリ近郊〕の聖職と、サン＝クリストフ・デュ・ジャンベ〔フランス北東部〕の司祭の特権、ならびに自著を出版できる特認を得た。

他のヨーロッパ諸国の大学と同様、フランスの大学は法学と医学を除いて発展せず、フランスの大学がその時代の文化的、知的な興隆に寄与することはなかった。フランスでは大学改革は起こらず、科学、技術、商業を教える大学は設立されなかった。

一五三〇年、裕福な公証人でフランス王フランソワ一世の秘書だったギヨーム・ビュデはこうした状態を打開するために、パリ大学では扱っていなかった教科を教える王立教授団（一八七〇年、この学校はコレージュ・ド・フランスになった）を設立した。この学校では、ギリシア語、ヘブライ語、数学に加え、一五三四年にはラテン語の弁論術、一五三八年には東洋言語、一五四二年にはギリシアとローマの哲学の授業が行われた。だが、ヴェネチア、アムステルダム、ライデンで行われていた科学、技術、会計、経営、商業、航海術、地理の授業はまだなかった。

一五三四年、リヨンでは物乞いを減らすために、孤児はコルドリエ修道院に設立されたばかりの「総施し会」に入れられた。孤児はここで読み書き、教理問答、音楽を学んだ。

孤児は次のように分類された。一つめは「養子男子」（裕福な家庭の子供になる）。二つめは「売れ残り男子」（「庶子」と同義であり、養子になれず、できるだけ早期に修道院の使用人あるいは見習いとして就労する）。三つめは「通りがかりの子供」（合法的に「見捨てられた」嫡出子であり、親元に引き取られる可能性のない子供）。同じ問題に頭を悩ませていたパリでも同様の取り組みとして「救済局」が設立された。

同年、フランス語で古代言語の繊細さを再現させようとしたフランス王フランソワ一世は、オウィディウスの叙事詩『変身物語』のフランス語翻訳をクレマン・マロに依頼した。

一五三九年、フランソワ一世はヴィレ＝コトレ（フランス北部の自治区）において裁判文書にフランス語を用いるように命じた。

一五四九年、ジョアシャン・デュ・ベレーの『フランス語の擁護と顕揚』が出版されると、初のフランス語の辞書が登場し、その五〇年後には（スペインの）現地語であるカスティーリャ語の文法書も現れた。

フランス全土に設立された救済局は、しばしば貧しい子供を率先して教育した。一五五五年、ルーアンでは司教の要望もあり、救済局が貧者のための学校を四校設立した。これらの学校は司祭が運営し、司祭は救済局から直接給料をもらった。その後、これらの学校では寄付のおかげで高等教育も行われるようになり、貧しい若者たちは、帳簿係や秘書、さらには文筆家など、さまざまな職に就くことができるようになった。

ノルマンディーなどのように住民が学校の教師を選択する地方もあった。逆に、トロワ（フランス北部）では学校は教会の管理下にあり、大聖堂の参事会員が「親は子供を学校に通わせるように」と命じていた。

フランス南部では、学校の運営方針（予算、年度計画、教師の採用と解任）は、自治体の委員会が決めた。歴史家ミシェル・ヴォヴェルが一五五〇年から一六〇〇年までの期間にプロヴァンスの五つの村で教師を務めた一一一人の経歴を調査したところ、宗教者はたったの七％だった（非宗教者が九三％だった）。

フランスのプロテスタント教徒も教育に力を入れた。一五五九年、フランス語で『教会の規律』（ローマ・カトリック教会における教会法のプロテスタント版）が出版されると、改革派の各共同体は独自の学校を設立し、共同体のすべての子供（男女とも）はこれらの学校に通った。共同体の委員会は、教師の採用試験を行い、採用者には住宅を提供し、保護者の払う「授業料」に加えて給料を支給した。

一五六〇年、オルレアン条例により、「教会は貧者のための学校に資金を提供する」と定められた。一方、教会は自分たちに都合の悪いことは教えないという権利を留保した。

一五六四年、アンジェでは、トリエント公会議から戻った司教ガブリエル・ブヴェリーは次のように命じた。「各小教区は子供や若者が通うことのできる学校を設立すること。そして子供にはわれわれの信仰の基礎を教え、大人には、読み書き、日曜日の祈禱、使徒信条、告解、その他のキリスト教の信仰心などを説くことのできる司教、あるいは聖職者を、少なくとも一人は常駐させなければならない」

当時の請願書から次のようなことがわかる。国民は神学の概念や初歩的な国語以上のことを学びたがっていた。親たちは、自分たちの子供の通う学校の費用は、富をため込んだ教会が負担すべきだと考えていた。

一五六七年、ノルマンディー当局への請願書には「患者が不在のハンセン病患者の隔離施設や病院の予算は、学校教師の給料に充てるべきだ」と記されていた。

リヨンでは、富裕層が孤児の住居費と教師の給料を負担することにより、男子は木工と鉄工、女子は家事を学んだ。

一五七〇年、フランス王シャルル九世は、文芸組合（四五年前にルーアンで結成された教師の集まり）をフランス全土に普及させた。教会は相変わらず非宗教および無神論の学校教育を禁止した。

一五八二年、サント＝リュフィンヌ（現在のモーゼル〔フランス北東部〕にある村）では、ノエル・ジュルネという教師が「イエス・キリストは他の人々と同様、悪人であり、罪を犯して死んだ」と語ったため、火刑に処せられた。

一方、フランスの若い貴族の子供はまだまだフランスの大学を敬遠し、イタリアのフィレンツェやローマに新設された学校で学んだ。

やがてフランスでもイタリアを真似て、一六三五年に「アカデミー・フランセーズ」、一六四八年に「芸術アカデミー」などの「王立アカデミー」が創立された。

自由な精神のもと、自然科学、言語、商業を教えるライデンやアムステルダムの大学に留学するフランス人学生はほとんどいなかった。

一五八〇年、まもなくボルドーの市長になる予定で四七歳だったミシェル・ド・モンテーニュ（この時代の偉人たちと同様、学校には通わずに父親の教育を受けた）は、当時の教育を批判した。モンテーニュは『エセー（随想録）』の第一巻二五章「ペダンティズムについて」で次のように記している。「われわれの教育法では、小学生や教師がどんなに勉強しても賢くならないのは当然だ。われわれは《あの人はギリシア語やラテン語がわかるのか。詩や散文をたしなむのか》と問う。しかし、重要なのはその人が優れた賢い人物になることであって、物知りになることではない。われわれの教育は暗記中心であり、知性と良心をぞんざいに扱っている。（……）私は、学をひけらかすだけの知識は大嫌いだ。（……）餌を運ぶ親鳥が試食もせずにくちばしから雛鳥に穀物を与えるように、われわれの学校教師は書物から切り取った科学を口先で語って聞かせているだけだ」

さらには、モンテーニュは家庭教師の尊大な態度を批判した。「教師は子供のレベルに合わせて話を聞き、指導すべきだ。われわれは子供と真の対話を持たなければならない」

モンテーニュは、暗記は知識ではないと説いた。彼の願いは「知識を詰め込んだ脳ではなく明晰な頭脳をつくること」だった。

しかしながら、モンテーニュはフランスのそれまでの知識人と同様、教育を技術伝達の手段だとは考えていなかった。

モンテーニュはさらに「ギリシア語やラテン語は美しい配列を持つ言語だが、習得するのはかなり大変だ」と漏らした。

「私たちが教育するのは、魂でも肉体でもなく人間だ」と語るモンテーニュによると、教育の究極の目的は良心、つまり、誠実さと道徳を身に付けることだという。また、生徒に発言権を与え、自分の意見を表明させるべきだと説いた。子供は知識を自分のものにして、判断したり徳を積んだりする必要があるという。

モンテーニュの提唱する教育は、生徒の学ぶ喜びに働きかけることだった。そのためには、生徒の興味を呼び起こすためにさまざまな手段を用いる必要があると訴えた。

モンテーニュは、学をひけらかしたり体罰を行使したりする横柄な家庭教師ではなく、思いやりのある個別化した教育を施す教師が必要だと力説した。

モンテーニュの教育論は、ルソーをはじめとする一八世紀の教育思想に多大な影響をおよぼした。

同時期、一五八五年に宮廷裁判官の息子として生まれたリシュリュー公爵アルマン・ジャン・デュ・プレシーは、九歳のときに叔父アマドール・ド・ラ・ポルトの計らいでパリのナヴァール校へと送られ、哲学、ラテン語、ギリシア語、ヘブライ語を勉強した。その後、プリュヴィネル〔馬術の名人〕の馬術アカデミーに入学し、馬術、剣術、舞踊、文学、数学、デッサンを学んだ。二〇歳になると、神学を学び始め、一六〇七年、二二歳のときにソルボンヌ大学で博士号を取得した。

一六世紀末、フランスの教育は、近隣諸国に比べて大幅に遅れていた。自分の名前を書くことのできた大人の割合は、ノルマンディー〔先述のように、学校の運営は教会でなく住民が握っていた〕では男性の八〇％、女性の五〇％、ブルターニュでは二〇％、リムーザン〔フランス中南部」では一〇%だった。

慈善学校：貧者に教育を施す

一七世紀初頭、フランス農村部の貧しい子供は、家庭や作業場での長時間労働の合間に、ラテン語や現地語で書かれた祈禱書を使って簡単な読み方を習っていた。一方、都市部では、貧困の広がる農村部から移住してきた貧しい子供が増えた。路上にたむろしないように教会運営の寄宿学校に入れられた彼らは、最低限のことしか学ばせてもらえなかった。

教会が目を光らせていたので、教師が教会の断りなしに学校を設立することはできなかった。一六〇〇年四月二二日、パリ議会は「パリ市およびその郊外の教師は、生徒に文字の書き方を教えたり、手本を見せたりすることはできるが、書き方の学校を設立して特別に教えることはできない」と定めた。

一六〇六年、カトリックに改宗したフランス王アンリ四世は、小学校の教師になるには小教区の主任司祭の「承認」を得なければならないと通達した。

一六二五年、ルーアンでは（非宗教教育を実施した先駆けの都市ではあったが）、ある未亡人が自宅の扉に「文字と算術の学校」という貼り紙をしたために処罰された。

それでもルーアンの文芸組合はあきらめなかった。文芸組合は、学校で書き方の授業を行うだけでなく書き方の教科書を作成して販売した。

一六三三年、パリ議会は書記の文書を読みやすくするために文芸組合に筆記体の改良を依頼した。ジャン・ペトレという人物が、丸文字、イタリア風筆記体、そして折衷書体を学ぶための教則本『筆記術論』を出版した。

歴史家ピエール・グベールの著書『フランス人とアンシャン・レジーム』によると、「パリの主任司祭たちは、貧しい孤児にキリスト教の価値観を説き、そして職業訓練を行う際には、彼らを中流階級の子供から隔離した」という。なぜなら「裕福な父親や母親は、自分たちの子供がぼろをまとった薄汚い乞食の男子や女子と一緒に学ぶことを許容しなかった」からだという。

愛徳姉妹会（一六三三年にヴァンサン・ド・ポールとルイズ・ド・マリヤックが創立したカトリックの女子修道会）が設立した「慈善学校」では、日曜日だけ男子に読み書き算盤、教理問答、聖歌を教えた。これらの授業は貧しい男子には無償であり、裕福な寄宿生は有料でより高度な授業を受けることができた。

リヨンでは、貧しい子供の中には、印刷、鋳造、剣の金メッキ、刺繍などの高度な技術を習得するために街の職人に預けられる者もいた。

教会は、小学校が男女共学にしないように目を光らせ、女子修道会（教えるのは家事だけ）を増やした。

この時代に関しても、学校にまつわる虐待あるいは倒錯した行為に関する史実はほとんど報告されていない。

一部の病院（実際は貧者の収容施設）も、受け入れた貧しい子供や孤児に教育を施した。たとえば、パリのサン＝エスプリ病院は、男女とも孤児を受け入れていた。

パリ総合病院の規約には、孤児たちは「眠り、起き、服を着て、食事をし、必要なものをすべて与えられ（……）、学校に通って音楽などの芸術を学んだ後、何らかの仕事に就いてまっとうな人生を歩んでもらう」と明記してあった。

同時期、ブレーズ・パスカルの父親エティエンヌ・パスカルはモンテーニュやラブレーの影響を受け、三人の子供（二人の娘と一人の息子）を熱心に教育した。パスカル家では、フランス語の読み方は宗教書ではなく厚紙でできた文字を使って学んだ。文法は会話を通じて習得し、文法の規則を暗記させることはしなかった。歴史と地理は、書物からではなく食卓の会話を通じて学習した。数学はすぐにでも教えたかったが、子供たちが抽象的な概念を把握できるようになるまで待った。

ブレーズ・パスカルはイエズス会と敵対するジャンセニスムの代弁者になった。人間を原罪から救うのは神の恩寵だけだと主張するジャンセニスムは、新たな教育法を発展させた。ジャン・ラシーヌなどが受けたこの教育法に基づく学校では、授業はフランス語で行われ、一クラスの生徒の数は二五人以下、そして物質性よりも精神性を重んじるきわめて厳しい教育が施された。

ジャンセニスムの学校の数は、フランス国王が財源不足を理由にこの学校の数が増えることを嫌ったため、ほとんど増えなかった。一方、イエズス会はフランス国王の支持を取り付けたため、その数はフランスの小さな都市や農村部の大きな村だけでなく、カトリック教徒のヨーロッパ諸国においても増えた。

そのころ、ソルボンヌ大学神学部は名声を失い、北欧諸国の大学に抜かれた。ソルボンヌ大学で学ぶことができるのは相変わらず、法学、医学、神学だけであり、地理、植物学、経済学などの新たな知識に関する講義はまだなかった。

マラン・メルセンヌは、科学研究や思想について論じ合うための交流会、「アカデミア・パリジエンシス」を設立し、この組織のメンバーはメルセンヌをはじめとするメンバーの自宅に集まり、科学、哲学、天文学、文学について語り合った。この組織にはブレーズ・パスカルも参加するようになった。

貧しい子供に教育を施すと彼らは就労しなくなるのではないかと懸念する意見がまだあった。一六四二年、先述のリシュリューは死ぬ間際に、『政治的遺書』（出版は一六八八年）に次のように明記している。「文字による知識は共和国にとって必要なものであるのは確かだが、誰にでも教えることには疑問を覚える。全身に目を持つのは怪物だけであり、すべての臣民が学問に勤しめば、国家はとんでもないことになる。多くの臣民は傲慢になり、従順な者はほとんどいなくなる。臣民が学問するようになれば、国富の源泉である商売や、国民の胃袋を満たす農業はおろそかになる。また、兵士を育てるのは、学問ではなく粗野な無知であり、臣民が学問に勤しめば勇敢な兵士がいなくなる。学問を推進すれば、国が豊かになるというよりも、家庭が崩壊し、世間を騒がす面倒な人物が増えるだろう」

一六六〇年ごろ、小学校の生徒（一四歳まで）の出自を検証すると、半数は「身分のある家庭」の子供、四分の一から三分の一は、商人、医師、下級将校の子供、残りの四分の一（弱）は、職人や農民の子供だった。生徒間の会話にラテン語を課す風習は次第になくなった。

一六六一年、マザランはパリにコレージュ・デ・キャトル・ナシオンを設立した。この学校の目的は、四ヵ国から来る六〇人の若い貴族に無償で教育を提供することだった。

一六五二年、パリ大学の周辺地区は、ジャン＝ルイ・ゲ・ド・バルザックの著書『キリスト教徒ソクラテス』の中で初めて「ラテン語の国」と称されるようになった。

一六六九年、リヨンでは慈善事業団（先述の「総施し会」とは異なる）がサン＝ジョルジュ地区に初の「貧者の小学校」を設立した。この学校の校長には、ブール＝カン＝ブレス（フランス東部の都市）の薬剤師の息子であるシャルル・デミア神父が就任した。デミアはブール＝カン＝ブレスのイエズス会の学校に通った後、リヨンのコレージュ・デ・ラ・トリニテで学位を取得し、司教になった人物だった。

一六七一年、デミアはリヨンでサン＝シャルル神学校を設立した。この学校の目的は、貧しい若者を司祭や教師に育成することだった。デミアは貧者のための学校を設立し続けた。リヨン市内にある貧者のための学校の数は、一六七九年には一〇校、彼が亡くなる一六八九年には一六校になっていた。

これらの学校では、個別授業ではなく生徒の学習到達度に応じた集団教育が行われた。フランスでもついに集団教育が始まったのだ。また、デミアは教師を養成するために「農村部の教師のためのゼミナール」を開いた。

一六七〇年、イエズス会の学校で学んだ後にフランス王ルイ一四世の息子の教育係を務めたジャック＝ベニーニュ・ボシュエは、宗教的な教育計画を打ち出した。ローマ教皇インノケンティウス一一世への手紙と著書『キリスト教の教義に関する概要』において、全国の子供を対象に完全な宗教教育を行うという計画が記されている。「子供が言葉を話すようになったのなら、まずは十字の切り方を教えるべきだ。生まれたときから教会の言葉に親しむには、ラテン語で祈禱するのもよいだろう。悪魔、物欲、肉欲の不安が生じる七歳からは、家庭に代わって小教区の司教が週二回の教理問答と教義の暗唱を行う」

一六七九年、ラ・サール会の創設者ジャン＝バティスト・ド・ラ・サールは、自分の出生地ランス〔フランス北東部の都市〕に無償で通える貧者のための学校を設立し、次に学校の教師を養成する神学校、さらにはパリにも神学校と職業訓練校を設立した。

リシュリューと同様、コルベール〔ルイ一四世の財務総監〕も、裕福な農民の子供であっても彼らが「天職」を離れて勉学に勤しむという考えを憂慮し、小さな町の学校の数を減らそうとした。しかし、各地の自治体はこの政策に反対した。というのは、自治体にとって、学校は収入源であり、町の誇りだったからだ。また、子供を学校で学ばせたいプチ・ブルジョワ階級も学校数が減ることに反対した。

フランスでも世界の他の地域と同様、ほとんどの女性は知識から遠ざけられていた。教養豊かな女性は嘲笑された。たとえば一六七二年、モリエールは戯曲『女学者』において、登場人物の男性の一人に次のように語らせている。「女性がいろんなことに知識を持つことには賛成ですが、しかし、学者ぶりたいために学問をするなんて鼻もちならない情熱は、願いさげですね。ほら、よくあることじゃありませんか、人から質問されたとき、知っていることでも知らないふりをする――そんな女性が好きなんです」(『モリエール全集』(鈴木力衛訳、一九七三年)より引用)

一六八四年、フランス王ルイ一四世は妻マントノン夫人の願いにより、サン＝シール＝レコール〔パリの南西にある自治体〕に聖ルイ王立学校を設立した。この学校は、貧しい貴族の女子(国のために命を落とした、あるいは健康や財産を失った勇士の娘)のための寄宿学校だった。志願者の家族は少なくとも一四〇年前からの貴族である必要があった。女子生徒はこの学校の教師になることを志望しない限り、通常は二〇歳で寄宿舎から離れた。その際、結婚資金あるいは修道院への持参金として三〇〇〇リーブルが支給された。

太古の時代から、女性が学ぶにはさまざまな工夫が必要だった。大学には籍を置けなかったので大学の「特別講座」(とくに数学の講義)に通って学んだ。

一六八七年、フランソワ・フェヌロン(フランスの神学者、教育者、作家、ルイ一四世の孫ブルゴーニュ公の家庭教師)は著書『女子教育論』において、女子の教育は男子と同じであるべきだと明言した。そして著書『テレマックの冒険』ではその六年後にジョン・ロックが説いたのと同様、「子供は自由と喜びを感じながら楽しく勉強すべき」と説き、遊び感覚を用いた教育を推奨し、虐待や体罰は禁じるべきだと訴えた。

一六九〇年、アントワーヌ・フュルティエールが編さんしていた辞書が刊行され、初めて「教育」という項目が登場した。その定義は「子供を養育するという配慮。より具体的に言うと、科学や道徳のための精神を植え付けるという配慮」だった。

ナントの勅令の廃止から一三年後の一六九八年、フランス王政は宗教改革を徹底的に弾圧しようという考えから、「すべての子供はカトリックの学校に通うこと」と命じた。この命令により、すべての親は一四歳になるまで子供をカトリックの教区学校に通わせるという義務を負った。また、教区はプロテスタント教徒の子供もカトリックの教義で教えることが義務づけられた。しかしながら、フランス初のこの義務教育制度は形式にすぎなかった。

はるかに非宗教的な教育を施す綴方《つづりかた》の教師の家では、教室が開かれるようになった。たとえば一六九九年、綴方の教師ギヨーム・ルフェーブルという人物の死後に作成された財産目録には、「二階で教室として利用されていた大部屋には、一四の机と二〇の木製の長椅子」という記載があった。

一七世紀末、識字率は依然としてフランス南部よりもフランス北部、そして農村部よりも都市部のほうが圧倒的に高かった。読み書きのできるフランス人の割合は、男性が三〇％弱、女性が一〇％弱だった。フランスの識字率は北欧諸国よりもはるかに低かった。

特殊な教育に関するいくつかの例

フランソワ・マンサール（一五九八年〜一六六六年）は、少年時代に王室の大工だった父親アブサロンから仕事を学んだ。一二歳のときに父親が亡くなると、マンサールは義兄の彫刻家ジェルマン・ゴルティエと、石工職人で土木技術者の叔父マルセル・ル・ロワのもとで大工として修業した。その後、一六一八年にレンヌ（フランス西部の都市）で知り合ったサロモン・ド・ブロス（フランス王アンリ四世の時代に最も人気のあった建築家）の作業場で建築を学んだ。

モリエール（一六二二年〜一六七三年）は、クレルモン大司教が寄贈したパリにあるイエズス会の有名校（現在のルイ＝ル＝グラン校）で人文科学と哲学を学んだ。彼の演劇仲間のラ・グランジュによると、この学校でモリエールは「故コンティ公のすべての授業で優秀な成績を収めた」という。ジャン＝レオノール・グリマレはモリエールの伝記『モリエールの生涯』（出版は一七〇五年）の中で、モリエールはこの学校で、哲学者、医師、旅行家であるフランソワ・ベルニエや詩人シャペルと親交を結び、エピクロス派の哲学と唯物論を復権させたピエール・ガッサンディを家庭教師として学んだと記している。グリマレによると、ガッサンディは「モリエールには哲学を習得するのに必要な従順さと素養があると見抜き」、ベルニエ、シャペル、シラノ・ド・ベルジュラックとともにモリエールの勉強を見たという。

アンドレ・シャルル・ブール（一六四二年〜一七三二年）は、デザイン、彫刻、修理、彫金、金メッキ、絵画を家具職人の父親から学んだ。ブールは絵画に興味があったようだが、父親の強い意向によって家具職人になった。ブールは一三歳のときに出会ったジャン・ロレンツォ・ベルニーニから製図を学び、一六六六年（二四歳のとき）、アンドレ・シャルル・ブールはパリ家具職人の巨匠と称された（父親が成し遂げられなかった称号を若くして得た）。

アメリカ：福音伝道と植民地化

アメリカ大陸に到達したスペイン人は、アステカ族には「カルメカック」という戦士養成学校と、「クイカカリ」という聖職者養成学校がかなり以前から存在していたことを発見した。メキシコの初代副王のために先住民の写字生が作成した『メンドーサの絵文書』には、これら二つの学校の詳細が記されている。

スペイン王室が最初に取り組んだのは、奴隷にした先住民に対する布教だ。宣教師フレイ・ペドロ・デ・ガンテアはいくつかの学校を設立し、挿絵入りの文書を作成して先住民にカトリックの教義を教えた。すべての托鉢修道会（フランチェスコ会、ドミニコ会、アウグスチノ会など）は、アメリカ大陸にやってきて先住民の共同体に教会を建て、そこでしばしば強制的に教理問答を教えた（しかし、読み書きは教えなかった）。

一五三六年、フランチェスコ会は先住民のカトリック聖職者を養成するための学校（サンタクルス・デ・トラテロルコ学校）を設立したが、司祭を育成することはできなかった。しかし、生徒は、ナワトル語、スペイン語、ラテン語を学ぶことができた。

フランチェスコ会はメキシコ・シティにも男子の職業訓練校を設立した。また、彼らはメキシコ中央部の先住民に現地語を教えて写字生を養成した。一方、先住民の女性に読み書きを教えたという記録は残っていない。

一五五一年、メキシコの初代副王アントニオ・デ・メンドーサの要請により、「王立および教皇庁立メキシコ大学」が設立された。このアメリカ大陸初の大学は、一攫千金を狙ってやってくるスペイン人の子供が通うためのものだった。この大学では司祭や弁護士が養成され、後に医学部も設置された。この大学の卒業生は、ヨーロッパの大学と同じ「王立および教皇庁大学」の学位を取得できた。

その少し後、メキシコにやってきたイエズス会はコレヒオス〔学校〕を設立し、一五七一年にこの学校の学位授与の資格を求めた。しかし、スペイン帝国の監督機関であるインディアス枢機会議はこれを認めなかった。イエズス会がインディアス枢機会議から学位授与の資格を得たのは、アルゼンチンのコルドバに最初の大学を設立した一六一三年だった。その後、イエズス会は、アメリカ大陸や他の地域、そしてかなり後にヨーロッパにも大学を設立した。

一六四六年、司教ファン・デ・パラフォクス・イ・メンドーサは、蔵書していた五〇〇〇冊（これらのうち九冊は一五〇〇年以前に印刷された書物）をサン・ペドロとサン・ファン（今日のメキシコのプエブラ州にある都市）の学校に寄贈した。この司教の寄贈によるパラフォクシアナ図書館は、アメリカ大陸最古の公共図書館だった（宗教者でなくても文字の読める者なら利用可能だった）。植民地時代にこの図書館は大学になり、およそ三万の学士号と、およそ一〇〇〇の修士号と博士号をスペインの新たなエリート（当然ながら白人）に授与した。

北アメリカでは、初期の入植者の大半は教育を受けたイングランドのプロテスタント教徒だった。彼らは、イングランド国教会がカトリック教会から充分な距離を取っていないことが不満だった（「ピューリタン」という言葉は、もともとイングランド国教会員が改革派を侮辱するために使った呼称であり、ピューリタンはイングランド国教会の典礼を嫌う人々を意味した。入植者たちは自分たちのことを「聖者」と呼んでいた）。

子供の教育については家庭に委ねられていたが、植民地にやってくる入植者（教育を受けた人物が多かった）が増加するにつれて、教師の数は増えた。多くの子供は就学前に親から読み方を学んだ。書物の数はきわめて少なく高価だった。ほとんどの教科書はイングランドから輸入されたものだった（ルター派やカルヴァン派の教科書はドイツから輸入された）。

一六世紀末、新たな街には必ず一つの小学校が新設されることにはなっていたが、就学率はたったの一〇％であり、この割合は当時のイングランドと同等だった。当然ながら、アフリカ大陸から大量移送され始めた奴隷に教育を施すことは論外だった。

一六三四年、イングランドから来たマサチューセッツ湾の入植者団体は、八歳から一四歳の男子全員を対象にする教育制度を整備することを決定した。

一六三六年、マサチューセッツ湾の入植者団体の総会決議により、北アメリカ初の高等教育機関がボストン近郊に設立された。この学校の当初の目的は牧師を養成することだった。その三年後、この学校（当時、一人の教授に九人の学生）は、ジョン・ハーバードに敬意を表して「ハーバード」と命名された（この大学は、三一歳の若さで亡くなったピューリタン教徒の牧師ジョン・

ハーバードが自身の蔵書と財産の半分を遺贈して設立された)。ハーバードの教育はオックスフォード大学をモデルにした。

一六三五年、ボストン市と篤志家が出資し、ホメロス、オウィディウス、キケロをすべての出自の男子に教えることを目的にするボストン・ラテン・スクールが設立された。

商業、農業、算術、語学、契約業務、会計などを教える学校も登場した。裕福な商人の中には家庭教師を雇って学ばせた子供を、イングランドやスコットランドに留学させる者もいた。

一六四七年、「マサチューセッツ州の入植者の子供全員は読み方を習うこと」という規則が定められた(読むことのできない子供が大勢いた証拠)。この「オールド・デルーダー・サタン法」と呼ばれた規則により、五〇世帯以上の町には子供に読み書きを教える学校が必要になった。これらの学校では、読み書き算盤と宗教を教えるだけだった。裕福な家庭の子供はこれらの基礎教育に加えて、ラテン語、ギリシア語、数学を学んだ。

一六八三年、ペンシルベニア州では、「州の子供全員は読み書きを習得して社会に役立つ職業に就くこと」という法案が議会に提出された(しかし、この法案は採択されなかった)。メリーランド州では、イエズス会が伝道館を設立し、ヨーロッパから来た若いカトリック教徒のための学校を運営した。

イングランド国教会が支配する南部では、識字率は北部よりも低かった。生徒(白人男子)は航海のために天文学、女子は裁縫や家事を学んだ。学校のない地域では、授業はしばしば農場で行われた。また、奴隷に教育を施すことは禁止されていた。

ニューイングランド地方の識字率は、一六五〇年から一六七〇年にかけて六〇%を超えたが、他の北アメリカの地域については情報がない。

イスラム世界：印刷機を拒絶する

ドイツで開発された印刷機は、オスマン帝国のユダヤ人、ギリシア人、アルメニア人の共同体に導入された。しかし、コーランという天啓書は、その登場以来、神の言葉と結びつきのあるアラビア語の文書であり、精神的、審美的に敬意を払うべき対象だとして、強力な組合をつくっていたイスラムの写字生は、印刷機の導入に反対した。さらには、一五三八年にヴェネチアでアレッサンドロ・パガニーニがアラビア語で初めて印刷したコーランには多くの誤植があったため、イスラム教徒の間での印刷機の評判は芳しくなかった。オスマン帝国皇帝のバヤズィト二世、そしてセリム一世は、帝国内におけるアラビア語とトルコ語の文書の印刷を禁じていた。

子供たちは、モスクに設置された学校のようなところ（メクテップ）で手書きのコーランを用いて読み書きを学んだ。学校は男女共学で、授業料は格安だった（生徒に食事や衣服を無償提供する学校もあった）。男子の中には皇帝が出資するマドラサ（学院）に進学する者もいた。マドラサの卒業生は政府機関や宗教組織に就職した。

一六一〇年、中東でようやく出版事業が始まった。それはシリアとレバノンのキリスト教社会においてだった。

一六四〇年代、ペルシアで初めて印刷機が設置された。ペルシア語での初めての出版は、書籍がその一五〇年以上先、学校の教科書がその二〇〇年先だった。教育は宗教的なものだけだったが、モロッコなどでは非常に偉大な学者もいた。

一七世紀末の識字率を比較すると、世界の平均値は一二%、北欧の一部の国は四〇%にも達していたが、イスラム諸国はたったの三%だった。

第四章
権力者と理想の教育
――一七〇〇年からフランス革命まで

中国が眠りに落ちていた間、中国以外の地域もまた覚醒していなかった。世界中の政治権力者は保身のために国民に知識を与えなかった。こうした状況において、ヨーロッパ諸国はおもに人的、物質的な資源の搾取により、世界の政治と経済を牛耳っていた。

これと並行して、ヨーロッパ諸国における知識伝達のあり方は根本的な見直しを迫られていた。それまでと同様、恵まれた環境にある子供だけが、よい学校、優秀な教師、有名大学、有望な職業というように人生の駒を進めていた（そうした過程で彼らは社会的なコネもつくった）。だが、新しい職業（エンジニア、建築士、銀行員など）が増えると、読み書き算盤以上のことができる人材も必要になった。

技術進歩により、新たな知識と教育法（とくに紙の冊子の利用）が登場した。

貿易の振興、宗教改革、ナショナリズム、先進的な作家の文学作品により、大衆は押し付けられた知識や思想だけでは満足できなくなり、自分たちの職業とは関係のないことであっても知りたいと願うようになった。すなわち、大衆は自由を求めるようになったのだ。こうした大衆の願いは、全員にとっての自由で平等な学校という理念につながった。一八世紀末のヨーロッパと北アメリカにおいて、彼らは「市民」と呼ばれるようになった。

中国とイスラム：停滞した世界

中国は一〇〇〇年以上にわたって世界最大の経済大国であり、おもなイノベーション（手押し車、紙、磁器、印刷機、大砲など）の発信地だった。一八世紀においても中国の人口は世界最大の三億人だった（ヨーロッパ全体の人口は一億九〇〇〇万人）。しかしながら、中国は徐々に衰退した。

一六四四年に権力を握った新たな王朝である清は、自然科学とテクノロジーに対する関心をますます失い、世界から孤立した。

内戦の勃発による帝国の崩壊という恐怖にとらわれていた中国では、相変わらず幹部の養成だけが教育の第一義だった。過去二〇〇〇年間と同様、学校ではエリート層の家庭の子供が古典を読むのに必要な何千もの漢字を覚えた。教育の中核は依然として古典の学習であり、批判的な精神を養うことは論外だった。それまでと同様、国の統一維持に執念を燃やす高級官吏は、国家試験によって選抜された。

依然として宮廷貴族の家庭の子供は国の学校において、そして地方のエリートの家庭の子供は地方の学校において、危うい帝国の統治に必要な知識を習得した。

選抜試験では、儒教の古典が出題された。その時代の知識人による新たな解釈が問われることはなく、多くの場合、二〇〇〇年前の古い文書を読解するだけだった。こうした選抜試験は受験生の名前が答案用紙に記載されないため公平さを保っているように見えたが、合格者は往々にして試験勉強のための費用を工面できる裕福な家庭の子供だった。

しかしながら例外もあった。たとえば、一七世紀末に貧困家庭で生まれた孫嘉淦《そんかかん》という人物は、少年時代、昼間は薪集めをしなければならないため、勉強は夜にしかできなかった。しかし、一七一三年（清の皇帝、康熙帝が在位していた時代）に科挙の最難関試験だった進士科に合格し、帝国の高級官吏になった。

裕福な商人の子供の中には家業のためにオランダ語や英語を学ぶ者もいたが、それでも多くの者は親の勧めに従い、家庭の財産を守ることのできる行政官になるために科挙を受験した。

大衆の子供はまったく教育を受けないか、公費によって運営される村の小学校において粗末な初等教育を数年間受けるだけだった。そうした小学校では、数人の子供に数十字の漢字の読み書きと、古典の文章を決まりきった解釈で教えるだけだった。

一〇〇〇字以上の漢字を読むことのできた中国人の割合は、五人に一人以下だったと思われる。簡単な帳簿の記帳や、複雑な商取引に必要な計算ができた中国人の割合はさらに低かっただろう。

それ以外では、行商人の旅日記、小説や小話、暦書、裕福な商人がスポンサーになった人形劇や巡回劇団などを通じて、数千年も前の物語や実用的な知識が伝えられていたが、これとは逆に、ヨーロッパで次々と起こった科学、農業、工業に関する革新的な知識は、帝国の大衆どころか行政官でさえ知らなかった。

イスラム世界の教育はまだ芳しくなかった。教育を支配し続けるイスラムの聖職者は、初期のイスラム教が科学に対して非常に寛容だったことを忘れ、神の啓示に反するとして科学を否定するようになった。

イスラム世界では、ギリシア思想は西洋の思想と同様に、イスラム教の信仰にとって危険だと見なされた。聖職者の圧力を受けるイスラムの政治指導層は、中国と同様、科学、農業、工業の新たな知見を大衆に伝えることを拒否した。

とくにオスマン帝国では、知識の自由な伝達は既存の秩序を乱す恐れがあるとして禁じられた。一般書はもちろん、コーランやその注釈書でさえ印刷できなかったが、一八世紀初頭、オスマン帝国の皇帝アフメト三世は（宗教当局の承認を得て）勅令により、イスラム教徒によるイスラム教徒のための初の印刷機をイスタンブールに設置させた。だが、各地の大学（カイロのアズハル大学、バグダードのアル・ムスタンスィリーヤ大学、クルディスタンのスレイマニ大学、インドのデオバンド大学）は、聖典の決まりきった注釈しか伝達しなかった。

オスマン帝国において、語学、歴史、社会科学、数学を教えていたのは、裕福な商人の子供が通うごく一部の私立学校だけだった。

一七二九年から一七四二年にかけて、帝国内には、歴史、地理、科学、語学に関する印刷物はわずか一七種類しかなく、そのほとんどがトルコ語だった。

一七九八年、ナポレオン・ボナパルトのエジプト遠征によってエジプトで新聞が刊行されたが、この新聞はその三年後のフランス軍の撤退とともに廃刊になった。

オランダ：教育を普及させることなく経済的な成功を収める

一八世紀初頭、世界経済の中心地は依然としてアムステルダムだった。イギリス、フランス、プロイセンなどの商人が追い上げてきたが、ネーデルラントの貿易は世界第一位の座を守っていた。ネーデルラントは覇権を維持するために三つの戦争にエネルギーと資源を費やした。すなわち、スペイン継承戦争（一七〇一年〜一七一四年）、オーストリア継承戦争（一七四〇年〜一七四八年）、そして手ごわい対戦国であるイギリスとの間に勃発した第四次英蘭戦争（一七八〇年〜一七八四年）だ。

一八世紀全般を通じて、ネーデルラントの教育は、国教になったカルヴァン派に依存していた。全員のための学校（民衆の学校）という建前だったが、この学校のカリキュラムは宗教文書の読解と祈禱だけだった。非宗教的な基礎教育を行う小学校もあったが、そうした学校の授業料はきわめて高価だった。

教師は、商人や船主が蓄積した大量の知識に疎く、教師がそれらの知識を伝えることはなかった。例外は先述の「フランス学校」だった。「インスティテュート」と呼ばれるようになったこの学校は、ラテン語学校の過度に学術的な教育に疑問を呈し、オランダのブルジョワ階級の子供が立派な商人になるための教育を施した。この学校の生徒はフランス語に加え、まずはオランダ語の読み書き、そして計算を学んだ。そして年間四〇〇ギルダーから五〇〇ギルダーの費用で豪華な寮に滞在しながらさまざまな科目を学んだ。つまり、これは金持ちの子供だけの学校だった。

一七八四年、再洗礼派というキリスト教一派の宣教師は、私財を投じて地方支部を持つ全国組織「公益協会」を設立した。この組織は図書館をつくると同時に、男女共学を前提にした、非宗教で無償の幼稚園と小学校の設立をする運動を始めた。しかし、この試みはうまくいかなかった。

一七九三年、ゼーフェナール〔オランダにある都市〕の教会は授業料を定めた。たとえば、文字の綴りと読み方は三スティヴァー、書き方は四スティヴァー、数え方は六スティヴァーだった。小教区は貧者の子供や孤児の学費しか負担しなかった。

バタヴィア共和国が誕生してから三年後の一七九八年、公教育省が設立された。公教育省には、教師の学歴の精査、学校の認可、教育カリキュラムの決定に関する権限があった。

このように、オランダは教育に力を入れるようになったのだが、すでに遅かった。世界の中心都市は北海の対岸へと移ってしまったのだ。

イギリス：学校は権力者の子供だけのもの

国家は経済力と地政学上の影響力を強めたが、知識の伝達方法は数世紀以来変わらず、家庭、店、仕事場を通じて行われていた。ただし、富裕層の男子の人生計画は、家庭教師について小学校で学び、グラマー・スクール、次にオックスフォード大学あるいはケンブリッジ大学と駒を進めてから不労所得によって暮らすことだった。

農業革命や産業革命によって生じた新たな知識は、おもに学校以外の複数の経路を通じて伝達された。すなわち、アイデアがうまく機能し、これを大勢の人たちが真似て一般化するという経路だった。こうした伝達は、同業者の会合、新聞、書籍を通じて行われた。

たとえば、サフォーク〔イギリス東部の州〕の農民の息子アーサー・ヤングだ。ワイン商の見習いとして働いた後、家族の土地で開いた農場で数多くの農業実験を行ったヤングは、農業技術に関する著書を記し、農業技術を普及させた。

また、ジェスロ・タルだ。野菜栽培の技術からヒントを得た新たな栽培システムを発明するとともに、一度に三列の種まきができる種まき機を開発したタルは、これらのノウハウを著書にまとめて普及させた。

一七一二年、蒸気機関が初めて工業に利用された。

農業の生産性向上によって仕事を失った農民は、農村部を離れて都市部で仕事を探すようになった。こうした家庭の子供は、路頭でたむろするか、農場で父親と一緒に働いていたように、父親とともに都会の仕事場や工場で労働した。彼らが学校に通うことはなかった。唯一の例外は、一一歳になるまで毎週日曜日に学ぶことのできた婦人学校や慈善学校だけだった。

一七五四年、婚姻届けに自分の名前を記すことのできたイギリス人の割合は、男性が六〇%、女性が四〇%だった。彼らのほとんどは、文字は自分の名前しか書けなかった。

太古の時代から、自身の環境で受け継がれる知識だけでは満足せずに、大成する人物が存在したが、イギリスでも同様だった。彼らは大志を抱き、既存の教育や思想、イデオロギー、職業、環境から脱した。

一七五九年に生まれたメアリ・ウルストンクラフトは、幼馴染や姉妹の助けを借りて女学校を設立した。一七八七年に発表した『女子教育についての論考』の中では、女性は「理性的な精神」を発揮すべきであり、「社会のお飾り」で終わってはいけないと説いた。一七八八年、初の小説『メアリ：フィクション』では、「結婚という束縛」を拒否する独学の才女の生きざまを描き、一七九二年に発表した『女性の権利の擁護』では、「女性は幼少期のころから美しくなければならないと教え込まれる。そのような精神によって形づくられる女性は、黄金の檻に閉じ込められ、檻を飾り立てることしかやろうとしない」と苦言を呈した。ウルストンクラフトは男女共学の学校の設立を呼び掛け、「私の願いは、女性が男性にではなく自分たち自身に対して力を持つようになることだ」と訴えた。

文字の読めない農民夫婦の間に一七九三年に生まれたジョン・クレアは、一二歳になるまで毎年三ヵ月間、家族の農場を離れ、最初は村の老婆、次に村から少し離れたところにいた教師のもとで学んだ。クレアは、ジョン・キーツやウィリアム・ワーズワースと並んでその時代の最も偉大な詩人の一人になった。

一七七五年、新たなアイデアや技術を仲間内で交換および伝達する交流団体「ルナー・ソサエティ」が設立された。これはイギリスにおける知識伝達の新たな形態だった。この団体には、当時の産業革命の立役者であるマシュー・ボールトン、ジェームズ・ワット〔蒸気機関の利用の先駆者〕、エラズマス・ダーウィン〔チャールズ・ダーウィンの祖父であり、進化論の生みの親〕などが参加した。

一七七六年、アダム・スミスは『国富論』の中で、工業の生産性向上に不可欠な要素として大衆教育の重要性を説いたが、まだまだ貴族の子供だけが定評ある「パブリック・スクール」に通い、オックスフォード大学やケンブリッジ大学へと進学していた。

次第に軍事などの専門学校が設立されるようになり、一七六九年、慈善学校や婦人学校に加えて、メソジスト〔厳格な規律を守るプロテスタントの一派〕のハンナ・ボールは、ハイ・ウィカム〔ロンドン近郊の都市〕に日曜学校を設立した。

一七八三年、ボールは地方紙『グロスター・ジャーナル』の編集長で慈善家のロバート・レイクスとともに、グロスター〔イギリス南西部の都市〕の貧困地区にも日曜学校を設立した。この学校では毎週日曜日、貧しい少年に聖書を使って読み方を教え、教理問答を理解させた。教育内容はそれだけだった。

一七八五年、日曜学校に通う子供の数は二五万人になった。この日曜学校は後にイギリスの公的教育の基盤になった。

一七九五年、スピーナムランド制度により、貧者は金銭的な援助を受けるようになった。だが、学校に関する支援はなかった。

一七九九年、サンドハーストに工兵や砲兵を養成する王立陸軍士官学校が設立された。イギリスは超大国としての地位を、学校教育を拡充させることなく築いた。イギリスは相変わらず「学校教育を拡充させても工業資本主義は発展せず、自国の社会および政治の均衡が乱れるだけ」と考えていた。

プロイセン：軍隊と同様、教育は国への奉仕

一方、プロイセンはイギリスと異なり、国民を立派な兵士にするために教育を急速に普及させた。

一八世紀初頭、プロイセン、そして神聖ローマ帝国の大部分では、学校教育は読書を重んじるルター派の方針とともに軍国主義に染まった。

ベルリンの科学アカデミーのメンバーだったヨハン・ゲオルク・ズルツァーは『子供の教育および指導に関する理性的な考察』において、学校における暴力の正当性について「幼少期の教育では、暴力や強制によって子供のわがままな態度を正してやるべきだ。子供は自分がわがままだったことなど覚えていない」と論じている。こうした教育法は、数十年前にザクセン＝

ゴータ公国で試みられた寛容な精神に基づく教育とは大違いだった。

一七一七年、吝嗇家《りんしょくか》で粗暴な人物だったプロイセン王フリードリヒ・ヴィルヘルム一世は、プロイセンの子供たち全員に読み書き算盤を無償で学ばせるという義務教育制度の確立を提唱した。ところが、この制度の本当の目的は、ヴィルヘルム一世が自分の子供たちにも課す規律と服従をプロイセンの子供たち全員に刷り込むことだった。

しかしながら、義務教育が実際に施行されるまでにはきわめて時間がかかった。一七四七年頃、ヨハン・ユリウス・ヘッカーが最初の神学校（教師養成機関）を設立した。一七六三年、先王ヴィルヘルム一世の息子フリードリヒ二世は、「七歳から一四歳までの子供は、読み書き算盤、倫理、社会的な義務、規律、国家への服従を無償で学ぶものとする」と宣言した（これは義務教育がまだ普及していなかった証拠）。中等教育は相変わらずラテン語で行われていた。

子供を学校に通わせない親は警告を受け、罰金あるいは社会的権利の制限という刑が科せられるようになり、大衆はようやく義務教育を真剣に受け止めるようになった。子供を学校に通わせない親は、再三再四の警告を無視すると親権を剝奪された。こうした措置は多大な影響をもたらした。一七一七年から一七六〇年までに、村の学校の数は五倍に増えた。

しかし、学校の教育内容はきわめてお粗末だった。教師を務めるのは、たとえば引退した下士官などであり、彼ら自身、まともに読み書き算盤ができなかった。

一七七〇年までに教師の養成のために一七〇〇の神学校が設立された。プロイセンは「世界で最も教育が行き届いた国」になり、近隣諸国も次第にこれに倣った。

軍事や技術に特化した専門学校も登場したが、これらすべては暴力と権力への絶対的服従という環境において実施された。

一七七四年、ヨハン・ベルンハルト・バゼドウ（貴族の子弟の家庭教師、ルソーの信奉者、道徳哲学の教授）が、知識伝達のこうした軍事的なやり方に反発し、「寛容な精神というザクセンの伝統に則り、恐怖を煽ったり体罰を科したりするのではなく、褒めたり競争心を刺激したりすべき」と説き、ザクセンのデッサウ（ドイツ中東部の都市）に「世界市民としてのヨーロッパ人を育成し、彼らが有益で幸福な生活が送れるようにする」という教育目標を掲げる汎愛学校を設立した。この学校は二〇年間で廃校になったが、その影響は大きく、フランス、スイス、ロシア、北アメリカにも似たような教育機関が設立されるきっかけをつくった。また、バゼドウは子供の性教育に取り組んだ先駆者の一人でもあった。

同じ一七七四年、オーストリア・ハンガリー帝国はプロイセンに倣い、六歳から一二歳までの初等教育を義務化した。当時のオーストリアの学校教育施行規則の前文には、「国の幸福は、男女を問わず子供の教育が不可欠」と記してあった。一七八四年以降、中学校と高校の授業ではラテン語が使われなくなり、皇帝を敬うために帝国の民族史に関する言説が統一された。

一七八八年、プロイセンの大学へ進学するための資格試験「アビトゥーア」が施行された。

一七九四年、プロイセン法典により、教会の権利と義務が規定され、改革派教会とカトリック教会は、単に認可されただけの宗教団体とは異なる「特権的な宗教団体」として認められ、両者の勢力バランスが定められた。

この時期、世界の他の地域と同様、優秀な人材を輩出するのは相変わらず家庭だった。たとえば一八世紀初頭、ヨハン・ゼバスティアン・バッハは、バイオリニストの父親、次に兄、そしてオルガニストとチェンバリストである父親の従兄から学んだ。名曲を熱心に写譜することによって作曲技法を独学したバッハは、生まれ故郷テューリンゲン州アイゼナハにあるドミニコ会運営のラテン語学校に通った後、オーアドルフの高校で学んだ。一五歳になると、ニーダーザクセン州リューネブルクにある聖ミカエル教会の聖歌隊養成所（生徒は歌のできる貧しい若者）に入学し、修辞学、ラテン語、ギリシア語、フランス語も習得した。

ヴォルフガング・アマデウス・モーツァルトも父親からごく幼いときからチェンバロ、次にバイオリン、オルガンを習い、作曲を学んだ。

ロシア：大衆には教育を施さない

ロシアで教育を受けるのは相変わらずごく限られたエリート層の子供たちだけだった。彼らはフランスやイギリスから呼び寄せた家庭教師から、読み書き、礼儀作法、舞踊、語学、芸術を学んだ。

一七三一年、サンクトペテルブルクに初の陸軍士官学校が設立された。生徒は一三歳から一八歳までの貴族の男子だった（この学校は、設立以降二〇〇年にわたって政権幹部になる人材を養成してきた）。その後、海軍士官学校や中央幼年学校などの公立学校も設立された。

一七六四年、ロシア女帝エカチェリーナ二世は、初の公立女学校「スモーリヌイ女学院」をサンクトペテルブルクに設立した。

一七七五年、エカチェリーナ二世はフランスの哲学者ドゥニ・ディドロに対し、「あらゆる科学を教える公立学校のカリキュラムと、小学校から大学までの学習計画」の策定を依頼した。ロシアに招聘されたディドロは「ロシアの大学計画」の中でエカチェリーナ二世に、当時、スウェーデン、オランダ、プロイセンでしか実施していなかった国民全員への教育を提唱した（プロイセンは一二年前に導入）。そして「首相から貧農までの誰もが読み書き算盤ができるのは素晴らしいことだ」と述べ、数学はできるだけ早い時期から学び始めること、死語（使用されなくなった言語）の学習の否定、自然科学の教育に力を入れることを訴えた。さらには、法学部ではローマ法ではなく近代法を中心に学ぶこと、医学部では実習を増やすこと、出産を医学的な管理のもとに行うことなどを提案した。

エカチェリーナ二世はディドロのさまざまな提案（「政権を民主化させるべき」という提案もあった）のごく一部に従い、ロシアのいくつかの大都市に貴族や商人の子供が通う小中学校を設立した。また、病院にいる捨て子に初歩的な読み方を習わせた。ほとんどの国民はまだ農奴の身分であり、彼らに読み方を教えることは論外だった。

学校の生徒の数は、エカチェリーナ二世の在位期間である一七六二年から一七九六年までの間にほぼ倍増した（男子は一万二三〇人から一万八一二八人、女子は八五八人から一一七八人、学校の数は一六五校から三〇二校、教師の数は三九四人から七一八人へと増加）。

しかしながら、当時のロシアの人口およそ三六〇〇万人と比較すると、これらの数字はとるに足らない。エカチェリーナ二世は農奴制を見直すことはせず、小中学校を少し増やすことを除き、ディドロの提案を受け入れなかった。というのも「ディドロの計画はロシア社会には不向きだ」と見なしたからだった。

フランス：宗教色は少し弱まるが、依然として聖職者が牛耳る

一八世紀初頭になっても、フランスの知識伝達は教会の管理下にあった。

王族の子供は七歳まで、母親や子守役、聴罪司祭《ちょうざいしさい》から、簡単な読み書き算盤に加え、聖者の歴史、ギリシアとローマの神話、自然科学、地理、幾何学の初歩を教わった。七歳以降は、養育係から帝王学を学んだ。

たとえば、少年期のルイ一五世の養育係だった枢機卿のフルーリーは助手たちとともに、ルイ一五世に一日七時間、宗教、ラテン語、歴史、法学、政治、地理、自然科学、製図、国語を教え、さらには、乗馬、活版印刷術、金物製造法を指導した。

王族以外の貴族の家庭の男子はそれまでと同様、家庭教師から学んだ後、ラ・フレーシュ校〔フランス北西部にある学校〕やルイ＝ル＝グラン校〔パリ〕などに通った。これらの学校での授業は相変わらずラテン語で行われ、カリキュラムは、古典文学、哲学、神学が中心だった。

また、おもな大学の周辺には一〇歳から一七歳の貴族の男子を対象にする教育機関があった。

これらの学校では、三学科（文法、修辞学、問答法）と四学科（算術、幾何学、音楽、天文学）の一部を教えた。歴史は聖者の歴史と古代史だけだった。物理は教会の教義と完全に整合する知識の要約を学んだ。教科書には神父ノエル＝アントワーヌ・プルーシェの著書『自然の光景』や、神父ジャン＝アントワーヌ・ノレの著書『実験物理学の学習』が用いられた。

一七歳になると貴族の男子は一七世紀に設立された「アカデミー」に通い、剣術、乗馬、舞踊、楽器、声楽、製図、築城術、歴史、地理、法学、地図作成法、さらには外国語や初歩の数学を学んだ。彼らの中には軍人を志す者もいた。

中流階級の男子の中には、綴方の教師や教会が運営する小学校に通う者もいた。これらの学校はフランス国内に不均衡に点在し、授業は依然としてラテン語で行われ、学費はかなり高かった。「ラテン語の壁」（歴史家ピエール・グベールの表現）を超えることのできた経済的に余裕のある家庭の生徒は、イエズス会などの学校に入学した。これらの学校の生徒全体に占める農村部のプチ・ブルジョワ階級や職人の家庭の男子の割合は、最大でも三〇％くらいだった。

綴方の教師の学校は教会の管理下に置かれた。一七〇六年、フランス国王ルイ一四世の妻マントノン夫人の支持を取り付けたパリ議会は、ラ・サール会（先述のように、設立者はジャン＝バティスト・ド・ラ・サール）に対し、綴方の教師の学校（ブルジョワ階級の家庭の子供を教えるようになっていた）と競合しないように要請した。というのは、ラ・サール会に通う生徒も裕福な家庭の子供が多かったからだ。パリ議会はラ・サール会に対し、「裕福な子供を入学させるのなら廃校にする」とさえ恫喝した。

一七〇三年、ジャン＝バティスト・ド・ラ・サールは、著書『キリスト教信者の礼節と礼儀に関する法則』において自身の学院および学校での礼儀作法を詳述した。たとえば、左手は鼻をかんだり掃除をしたりするなどの雑用をこなす手であり、左手で文字を書いてはいけないと説いた。

農民の子供は依然として幼少期から家庭、および仕事を通じて学んだ。

一八世紀初頭、ある若者（彼の父親の職業はよくわかっていないが、公証人あるいは地主だった）は、一〇歳でイエズス会の運営するルイ＝ル＝グラン校に入学し、この学校に七年間滞在した。その若者はこの学校の修辞学の教師だった神父シャルル・ポレと親しくなり、卒業後も交流を持った。そして議員を目指せという父親の助言に反し、ソルボンヌ大学法学部に入学し、在学中「テンプル会」によく顔を出した。バンドーム公フィリップの邸宅で開かれるこの会合のメンバーは、自由な精神と批判的な考えの持ち主である貴族やエピクロス派の詩人たちだった。その若者はヴォルテールと呼ばれるようになった。

オランダやイギリスの職人が開発した革新的な技術を教える専門学校がいくつか登場した。たとえば一七四一年、ルーアンではおもに布地の開発と製造を教える学校が設立された。また、陸軍の要請により、築城術と軍事技術を専門にする工科学校もいくつか設立された。その一つがラ・フェール〔フランス北東部の都市〕にある砲兵学校だ（イギリスの砲兵学校よりも五〇年先に設立された）。この学校の教師ベリドールは士官候補生に向けて『築城術と土木技術に関する科学』、『フランスの爆撃手』、『水利建造術』という三冊の著書を記した。一七四七年、この砲兵学校は国立土木学校〔現在の理工系名門校〕になった。

一八世紀半ばごろ、親たちはとくにイエズス会の学校に対し、古典や暗記を重視し過ぎだと非難するようになった。ラテン語は生徒間の会話では課せられなくなったが、授業は依然としてラテン語だった。

一七四九年にビュフォンの『博物誌』〔百科事典〕の刊行が始まると、フランスの大衆は科学に触れることができるようになった。だが、商人のブルジョワ階級を除くと、活語の外国語や科学に興味を抱く者はあまりいなかった。

『百科全書』計画により、フランスの教育の抜本的な見直しが加速した〔この計画については拙著『ディドロあるいは思考という幸福』〔邦訳は未刊行〕で詳述した〕。

一七五一年、ダランベール〔ディドロと並ぶ百科全書派の知識人〕は教育を見直す必要性を次のように明記している。「若者は人生において最も貴重な十数年間を学校で過ごす。彼らが学ぶのは、修辞学の教え、哲学の原理、死語に関するあやふやな知識だ。だが、これらの知識は社会では役に立たないので、忘れ去らなければならない。（……）一握りの人々にしか通用しない二つの死語を《文芸》という名目で習い、思考する前に話す、つまり、自身の考えをまとめる前に口を開くという話術を《修辞学》と称して学ぶのは、いかがなものか」

刃物職人の父親が属する組合で修行を積んだ後、イエズス会の学校に通ったディドロは、フランス国民全員に教育を施すことを提案した。先述のように、後にロシア女帝エカチェリーナ二世にも同様の提案を行った。ディドロにとって、教育は自然には身に付かないことを補う行為だった。ディドロは、非宗教的な教育によって国民全員に社会で役立つ知識を授けるという、国費による無償の義務教育を提案した。ディドロが提案した時期は、これがフランスで実現する一五〇年以上も前のことだった。ディドロは「子供を学校で国費によって養い、書物に親しませる。そうすれば子供は生活の糧を見出すことができる」と説いた。

ディドロは学校を、初等科、発展初等科、高等初等科の三つに分割することを提唱した。最初の五年間は自然科学を徹底的に学び、次の五年間は人文科学に費やすという。

「私なら算術、代数、幾何学から教え始めるだろう。というのは、最も高度な最新の機械技術をはじめとして、これらの知識は人生のあらゆる局面で必要になるからだ。すべては計算および計測可能だ。人間の行使する理性は、算術、代数、幾何学の法則に落とし込むことができる。数字と空間ほど客観性のあるものはない。幾何学を学ぶことは幾何学の専門家になるためではない。ごく少数の者しか幾何学の専門家になれないが、算術と幾何学は誰にでも役立つ」

ディドロは、ラテン語の比重を減らし、歴史と地理の指導内容を変革するように要求した。またきわめて革新的なこととして、すべての社会層の家庭の男女、さらには富裕層の家庭の子供に対しても「最下層の国民の仕事」への理解を求めた。

そしてリベラルアーツ（三学科と四学科）の割合を減らし、基礎および応用科学を重視することによって当時「学芸部」（中等教育）と呼ばれていた教育の内容を刷新することを提案した。当然ながらディドロは、女子は男子と同様の教育を受けるべきだと考えていた。

彼のきわめて近代的な発言を紹介する。「社会には、詩人、歴史家、哲学者、批評家が必要だが、今後、エンジニア、農民、経済学者、特殊技能者が不足するだろう」。彼の慧眼は一五〇年先を睨んでいた。

ほぼ同時期の一七五五年、（時計職人の父親のもとにジュネーブで生まれ、本に親しみ、書記や彫金師の見習いを三年間務めた後、放浪の旅に出て音楽家になった）当時四三歳だった無名のジャン＝ジャック・ルソーは『人間不平等起源論』の中で、人間は動物と異なり、自己を向上させる能力を持つ生き物なので、新たな社会の構築に貢献できる男子（女子ではない）を市民として「育成」しなければならないと説いた。ルソーは、教育は労働者や信徒ではなく市民を育成するものでなければならないという考えを打ち出した。

その七年後、ルソーは人間形成論『エミール』を出版し、この著書の中で「子供は本質的に善良だが、社会によって毒されてしまうため、教育によって子供を《自然な状態》に戻す必要がある」と説いた。「まことに奇妙なことに、社会は子供を教育しようと考えて以降、子供を導くために、競争心、嫉妬心、羨望の念、虚栄心、貪欲、卑屈な恐怖心という情念ばかりを利用しようと考えてきた。だが、そういう情念はいずれも子供の心を腐敗させる（……）。そうした短気な情念に蝕まれる子供は暴君であり、そのような人間は卑屈な奴隷であると同時に惨めな人物だ。（……）若い教師よ、（……）まずは腕白な子供を育てることができないのなら賢者を育成することなどできないだろう。これこそが書物を無理やり読ませるのではなく、窃盗を学ばせることから始めるというスパルタ式の教育だ」

（ディドロとは異なる）ルソーの理想の教育は次の通りだ。まず、男子を感覚（「知識の道具」と彼は呼ぶ）に委ね、遊びを通じて「消極的な教育」を体験させる。一二歳からは「精神を形成し、人としての義務を教える積極的な教育」を施す。一五歳までは「力の時期」であり、男子は手仕事を学ぶ。一五歳から二〇歳までは思春期だ（他者、愛、信仰に対して心を開く）。人材育成、組織化、ノウハウの守秘のために同業者組合は必要なくなり、教育は学校を通じて行う。

一方、ルソーは女子の教育は不要だと考えていた。その証拠に『エミール』に登場する少女ソフィーは、初歩的な教育しか受けていない。だが、デピネ夫人はルソーに対し、小説『エミリーの会話』の中で、男子と同様に女子の教育を充実させるべきだと反論した。

技術的な知識は、先進的な学校や専門機関によって伝達されるようになった。

一七五八年、ソレーズ（フランス南西部の自治体）のベネディクト会は、「すべての自然科学の研究と啓蒙主義を受け入れる」と宣言し、物理と博物学を教えた。

一七六一年、クロード・ブルジュラ（馬術師、獣医）は、リヨンで史上初の獣医学校を設立した。

一七六二年、ゴヨン・ド・ラ・プロンバニは、農民の男子に仕事を継がせるために農業学校の設立を提案したが、実現できなかった。同時期、農学者フランソワ＝トマ・モロー・ド・ロシェットは、パリの孤児を対象に園芸研究所を設立した。また、農民を育成しようというコンピエーニュ（フランス北東部の自治体）でのパヌリエ（フランス王の顧問を務めた農学者）の試みも数年間しか続かなかった。

一七六二年、リヨンでは絹織物の商人と製造業者が外国語講座を開いた（受講生は一六歳から一九歳までの若者）。リールでは、フラマン語、ドイツ語、イタリア語の講座が開かれた。

同年、パリ議会は三年前のポルトガルでの決議を真似て、フランス国王の意向に反し、イエズス会の権力が強すぎると訴え、「イエズス会は市民秩序を乱し、自然法に反し、宗教と道徳を破壊するなど、若者を堕落させている」と批判し、イエズス会をフランスから追放すると宣言した。一部の地方議会はこの決議を拒否したが（例：フランドル議会）、ほとんどの議会は様子見の態度を取った。イエズス会が追放された地域では、彼らの財産は没収された。また、六〇〇校あったイエズス会の学校は、リヨンのオラトリオ会（カトリック系のキリスト教団体）などの団体が徐々に引き継いだ。

その翌年、行政官であるロラン・デルセヴィルとルイ・レネ・カラドゥク・ド・ラ・シャロッテの二人は、すべての教師を国の管理下に置き、全国の学校カリキュラムを統一するという革命的な計画を打ち出した。彼らの計画によると、エリートの学校では、教育はフランス語で行い、フランスの「人文主義的な価値」を教える一方で、貧者の学校では、宗教的な知識と最低限の読み書きを教えるというもので、生徒は相変わらず男子だけだった。

貧者の教育について、ラ・シャロッテは『国民教育論』の中で「大衆には彼らの職業に必要な知識だけを与えるのが社会のためだ」と明記している。

ヴォルテールはこの指摘に賛同し、ラ・シャロッテに「農民に教育を施すことを禁止してくれてありがとう」という手紙を書き、友人のエティエンヌ・ダミラヴィルに「大衆は導かれる存在であって、彼らに教育を施す価値はない」と言い放った。
一九世紀末まで、大衆に教育を施さないというフランス（とイギリス）の方針は変わらなかった。

フランス王政は大衆に対する警戒心を強め、それまで合法的に大衆に教育を施してきた地方の小さな学校を閉鎖する措置を打ち出した。

一七六九年、ソーヌ＝エ＝ロワール〔フランス東部の県〕にある小さな町マルシニーの有力者たちは王の使者の支持を取り付け、町の子供たちのための学校設立に反対した。彼らは自治体の予算を削って学校の校長に給料を支払えないようにすると同時に、学費の値上げを要求し、学校を設立させないようにした。ところが、自分の子供をすでに学校に通わせている一部の親たちはこの措置に猛反対した。そのときに王の使者が記した文書は、当時の王政の考えを如実に表している。「学校が閉鎖されても何の不都合も生じない。学校の設立に反対する有力者たちは自分たちの子供を学校から取り戻すことができる。反対するのは、一人の外科医と二、三人の検事を除き、職人たちだけだ。彼らの子供たちは、ラテン文化のために生まれてきたのではない。大衆にそうした勉強をさせないことは国の利益にさえなる」

最後の一文には「大衆に学校は必要ない」というフランスの固定観念が垣間見える。

こうして学校に通うのは「有力者の子供だけ」という図式ができあがり、フランス革命後の一九世紀においてもブルジョワ階級が学校を独占した。

「大衆エリートの子供」（農民や職人の息子）は小作農や労働者の子供と同様、教会が運営する建物に押し込まれて無学を強いられた。

町の子供の一五％から四〇％は、オラトリオ会（司祭）、正理論派（修道会士）、バルナバ会（修道会所属聖職者）、ベネディクト会のサン＝モール修道会（修道会員）、ラ・サール会（ラ・サール会が一七世紀に創設）、ラザリスト会（世俗の宣教師司祭）などが設立した学校に通っていた。宗教書だけを用いて読み書きしか教えないというこれらの学校の教育内容は、一五世紀前から何の変化もなかった。つまり、教育の唯一の目的は宗教書を理解することだった。大衆が知識を得る道はまたしても閉ざされた。

女子の教育についても変化がなかった。読み書きや楽器の演奏を学んでいた上流階級の女子を除き、女子に対するお粗末な教育は、相変わらず宗教団体やこれに付随する病院が行っていた。

一七六九年、オルレアンの病院は収容している孤児に「精神的な作業と肉体的な労働」を交互に課した。この病院で暮らす孤児の日常を記す。「サンタニュエス寮の女子は、夏は五時に起床し、六時半まで祈りを捧げてミサを行う。その後、朝食を取り、一一時半まで働く。この間、四五分ごとに作業を中断して宗教書を読む、あるいは教理問答の講義を受ける。次に昼食だ。午後の労働は、朗読や歌の練習を交えながら一二時半から一五時まで続く。一七時半までは授業が行われる。授業の合間も作業に従事する。そして夕食を取った後に、ちょっとした娯楽がある。一九時半には就寝前の祈りを捧げる」。これらの女子の中には祈りの言葉を読むために初歩的な読み方を習う者もいた。

一七七〇年以降、多くの学校がフランス語の文法と綴り、そして数学、科学、哲学をフランス語で教え始めた。

一七七四年頃、ヨハン・ハインリヒ・ペスタロッチ〔一七四六年生まれ。母親に育てられた〕はチューリッヒのアカデミーで学んだ後、ルソーの思想に感化され、ノイホーフ〔ドイツ中部の都市〕に貧しい家庭の子供のための貧民学校を設立した。この学校については後ほど語る。

一七七七年、カーン〔フランス北西部の都市〕では、生徒〔相変わらず男子だけ〕の毎日のミサへの参加は廃止され、他の都市もこれに追随した。

家庭教師たちは少人数制の有料寄宿学校を開いた。これらの学校では、フランス語、綴り、ギリシア語、ラテン語、哲学、算術などを教えた。

中産階級の男子は有用な知識を学ぶようになった。得る知識は暮らす地域によって異なった。たとえば、ダンケルク〔フランス北部の港湾都市〕の私立学校では、航海術、水工学、金属加工、外国の計測法、そしてモブージュ〔フランス北部の都市〕の学校では、英語、オランダ語、算術の授業があった。

親の支持を失わないようにしながらも生徒を厳しく教育するのが学校経営の常套手段だった。

他の国と同様、フランスでも新たな知識は、学会を設立して伝達されるようになった。たとえば、一七七八年、比較解剖学の創始者の一人フェリックス・ヴィック・ダジールは王立医学会の設立に寄与した。オテルデュー〔救済院〕の理事で医師のフランソワ・ジョセフ・ユノーは、病院での回診や貧者に対する無料診療の際に弟子たちを連れて歩いた。パリの天文台や植物園も新たな知識伝達の場になった。これらの施設は一般に開放され、そこで開催される講演会には誰でも参加できた。

一二世紀にパリに設立された大学の周辺地区は「ラテン国」と呼ばれていたが、一七八〇年に出版された雑誌『文学、科学、芸術ジャーナル』において初めて「ラテン地区」（カルチェ・ラタン）という名称が登場した（大学のカリキュラムに変更があったからではない）。

国は学校の設立に関与するようになった（例：一七八三年に設立された鉱業学校）。こうして学校は同業者組合よりも多くの職人や技術者を育成するようになり、同業者組合はその存在意義を失った。

一七八九年、フランスの学生の数は、高校の最終学年には五〇〇〇人、神学部には四〇〇〇人、法学部には三五〇〇人、医学部には六〇〇人強在籍していたと推定されている。小学生の数に関するデータはない。

フランス西部の職人の組合員の識字率は、職人が四〇％、親方（男女）が七〇％だった。フランス北部、北西部、東部の大都市では、男性の七〇％、女性もほぼ同じ割合で自分の名前を書くことができた（ほとんどの場合、彼らはそれ以上のことはできなかった）。フランスの南西部や農村部におけるこの割合は、男性が三〇％、女性が一〇％だった。

横断的な変化：書籍と新聞

先に語ったように、書籍と新聞はすでに存在していた（メディアの歴史については、拙著『メディアの未来』〔林昌宏訳、プレジデント社、二〇二一年〕を参照してほしい）。ヨーロッパでは、教育手段として書籍と新聞が重要な役割を担うようになった。出版社は教育に関する本をつくり、図書館はこれらの本を積極的に蔵書した。専門誌、辞書、教科書、百科事典が出版された（ディドロとダランベールの労作以降、百科事典は知識の伝達の役割を担った）。これらの出版物の対象読者は、若い世代だけでなく、増え続ける発見や発明に困惑する大人たちだった。

学校がある程度機能し始め、義務教育という考えが登場したまさにその時期、出版物という新たな知識伝達手段は、学校の教師を補助し、彼らと競合するようになった。教師が生徒に出版物の利用法を教えたので、生徒は授業を受けなくても知識を得られるようになった。一八世紀の段階ではまだ確立していなかったが、これが独学の原型だった。この時代以降、独学や家庭学習で成功した人物の例は枚挙にいとまがない。

独学で偉大な科学者になったこの時代の人物を紹介する。一七八〇年、アンドレ＝マリ・アンペールは五歳のときから父親（リヨンの裕福な絹織物商でルソーを崇拝していた）の蔵書から知識を得ながら自由に独学した。父親からフランス語とラテン語の初歩を学んだアンペールは、一〇代にはビュフォンの『博物誌』と『百科全書』を耽読した。一七八八年、一三歳のときにドミニク・フランソワ・リヴァールの『数学入門』を読み、代数と円錐曲線に強い関心を抱き、オイラーとベルヌーイの業績に興味を持った。こうしてアンペールは数理物理学の先駆者、そしてさまざまな学問に精通する最後の知識人の一人になった。

イギリスの植民地：アメリカ独立運動からインドまで

イギリスの植民地アメリカには、イギリスと同様、一八世紀になっても前世紀と同じく、デーム・スクール（労働者や農民の子供の初等教育のために一般婦人が自宅で行う私的な学校。生徒一人当たりの授業料は年間数シリング）、チャリティー・スクール（ヨーロッパ系の貧しい家庭の子供に読み書きを教えるために住民の寄付によって設立、運営された小学校）、チャーチ・スクール（教会が運営する中産階級向けの宗教学校）、コモン・スクール（地域社会の費用で運営された中流、上流階級向けの学校）、グラマー・スクール（おもにラテン語を学ぶ富裕層向けの小学校）、パブリック・スクール（一七世紀のボストン・ラテン・スクールをモデルにする学校）、家庭教師、商売を教えるさまざまな専門学校などがあった。

また、ドイツの植民地だったシンシナティ、シカゴ、セントルイス、ミルウォーキー、ミズーリ、ペンシルベニア、メリーランドには、ドイツ語で教えるプロテスタント系の小学校もあった。また、ルイジアナにはフランス語で教えるカトリック系の学校もあった。

スペイン領カリフォルニアには、イエズス会やフランチェスコ会の運営するカトリック系小教区学校があった。これらの学校は、先住民にキリスト教の教義に加え、農業、住宅や教会の建設、衣服や道具のつくり方をスペイン語で教えた。

一例を挙げる。獣脂とロウソクの商人の父親のもとに一七〇六年に生まれたベンジャミン・フランクリンは、多くの学校に通ったが興味を持てず、石工、樽職人、金物職人というように職業を転々と変えた。そして一二歳のとき、ロンドンから戻ってボストンで印刷所を経営し始めた兄ジェームズの徒弟になった。一七三一年、ベンジャミン・フランクリンは友人たちとともにわずかな手持ち資金でアメリカ初の公共図書館「フィラデルフィア組合図書館」を設立し、一七五一年には、数学、語学、科学、天文学、演劇、農業、航海術、スポーツを教える私立の学校を設立した。

アメリカには他にも非宗教の学校や、（ヨーロッパの学校と異なり）男女共学の学校も登場した。一七五五年、篤志家で奴隷制度廃止論者のアンソニー・ベネゼットは、アメリカ初の公立の女子学校を設立した。また、ベネゼットは聾学校《ろうがっこう》も設立した。

当然ながら、黒人奴隷が教育の機会に恵まれることは一切なかった。

アメリカでは読書熱が高かった。一七七二年、後に大陸会議の聖職者になるジェイコブ・デュシェは次のように記している。「ほとんどの人が読書家であり、さまざまな本を読む。彼らは知識の観点から著者と同じ土俵で、手に取るさまざまな書物の出来を論じ合う」

一七七四年、第一回大陸会議が開催されたとき、バージニア州選出の連合会議代議員トーマス・ジェファーソンと、フィラデルフィアの医師で化学の教授であるベンジャミン・ラッシュ（両者ともジョン・ロックの影響を受けていた）は、知識を普及させることの利点を説いた。すなわち、均質な政治体制の確立、出自や財力でなく美徳や才能に基づく社会の構築、民主主義を尊ぶ教養ある市民の育成、そして「貧困層の若者の中からの才能ある人物の選出」である。つまり、両者にとって、学校こそが将来の国家の礎だった。

一七七九年、ジェファーソンはバージニア州に三年間の義務教育（読み書き算盤）を行う公立学校の整備計画を提案した（財源は国の負担）。この計画では三年間の義務教育の後、優秀な生徒は（親に資力があれば）さらに三年間の「地区学校でのさらなる教育」を受けることができた。この学校の成績優秀者は奨学金を得てバージニア州にあるウィリアム・アンド・メアリー大学に進学できた。この大学はハーバード大学に次いで二番目に古い歴史を誇る高等教育機関だ。

ジェファーソンのこの計画は、その四〇年後に提案した別の計画と同様、支配階級や聖職者によって拒否された。彼らの言い分は、「教育は普及させるべきだ。しかし、これまで通り、教育は民間あるいは宗教団体が行うべきであり、国が関与すべきではない」だった。

一七八七年、学校の組織運営、教科書の選択、教師の給料、公立および私立の学校教育の予算などに関し、各州の自治が認められた。

教科書はイギリスから輸入しなくなった。辞書編纂者で教師のノア・ウェブスターは、標準的な綴りと発音を示すアメリカ初の教本『英語文法提要』を出版した。この本は一世紀以上にわたって使用された。

新たな教科書は、先住民や黒人を、野蛮、愚か、粗暴、迷信深い民族だという虚偽に溢れる内容を提示することによって、生徒の愛国心と信仰心を醸成した。

教育は国家の礎と見なされるようになったが、奴隷、そしてイギリス人や北東部の州が解放したごく少数の元奴隷が教育を受けることはなかった。

一七八五年、ジョン・アダムズ（一七九七年にジョージ・ワシントンに次いで第二代アメリカ大統領に就任）は、次のように宣言した。「国民全員が教育を受けなければならない。その費用は、個人の篤志家ではなく国民全員が負担する。すなわち、公費だ。学校は一平方マイルに少なくとも一校なければならない」

この頃、マサチューセッツ州では初等教育が義務化された。ペンシルベニア州でも州内には貧者に無償で教える学校を設立することが定められたが、実際は、本も教師もほとんどない状態だった。

法律上、女子は男子と同様に学校に通う権利を有したが、ほとんどの女子は母親から読み方を学んでいた。

一七九二年、サラ・ピアスはコネチカット州に後の「リッチフィールド女性アカデミー」を設立した。この学校はアメリカで最も重要な女子教育機関の一つになった。

産業家サミュエル・スレーターは、ロードアイランドのポータケットにある自身の繊維工場の労働者のために、日曜学校というシステムを（イギリスから）導入した。日曜学校には子供から大人まで誰でも参加でき、参加者は聖書を用いて読み書きを学んだ。

一七九一年に出版されたフランクリンの『自伝』には「自分が設立した図書館を含め、北アメリカの図書館のおかげで、アメリカの一般人の会話は豊かになり、普通の商人や農民が他国の紳士と同じくらい知的になった。また、人々は自分たちの権利を擁護できるようになった」と記してある。

複数の歴史家によると、一八世紀末のニューイングランドの識字率は（オランダやスウェーデンと並んで）世界最高だったという。一七六二年のボストンの識字率はほぼ一〇〇%だった。マサチューセッツ州の識字率は、同年では八五%、一七九五年では九〇%だった。一方、奴隷制度が続いていたバージニア州の識字率は五四%から六〇%だった。

同時期、一七八七年、スコットランドの宣教師で教育者のアンドリュー・ベルは、アメリカと同様にイギリスの植民地であるインドに赴任した。一七八九年、ベルは孤児や士官の非嫡出子（男子）を収容する孤児院の院長に就任した。

ベルはマラバール海岸〔インド半島南部の西海岸〕の子供たちが砂浜に文字を書いて教え合っているのを見て、相互学習という教育法を思いついた。まず、ベルが年長の理知的な子供たちに文字を教え、次に、彼らが自分たちの仲間に学んだことを教えるというやり方だ。

一七九六年、インドから戻ったベルはこの教育法の解説本を出版し、一七九八年から一七九九年にかけて、イギリスのいくつかの学校にこの教育法を導入した。

優秀な生徒を教師の助手にするというこの教育法は、一九世紀になるとヨーロッパ中で用いられた（ただし、フランドル地方とイタリアでは、かなり以前から実践されていた）。この教育法により、教師の数を減らし、同じくヨーロッパ中ですでに用いられていた学習到達度別のクラス編成システムに代わる集団教育が可能になった。さらには、この教育法はだいぶ後に登場する教師なしで生徒が二人一組になって学ぶ「ペア・ティーチング」のきっかけにもなった。

フランス：市民のための学校という理想が初めて登場する

一七八九年一月、全国三部会から提出された陳情書には、「医学、軍事、芸術に役立つ科学」を統合した教育の実施を求める意見が多数あった。また、道徳よりも、文学、現代語、各国の法律、歴史、自然法を優先すべきだという声もあった。

パ＝ド＝カレー県〔フランス北東部〕の陳情書には、「狭い教室でストーブを焚くので窒息しそうだ」という苦情があった。さらには、「第三身分のほとんどの女子は労働者階級の家庭で生まれる。彼女たちの教育はきわめて劣悪だ。たとえば、彼女たちは最低限の知識さえない人物が教師を務める学校に、フランス語でのミサと、ラテン語での晩の祈りを朗読できるようになるまで通い続けている。（……）器量の悪い娘は、持参金なしでみすぼらしい職人と結婚し、片田舎で哀れな暮らしを送る……。逆に、器量のよい娘は最初の誘惑者の餌食になる。子供に健全で理性的な教育を施し、国に仕えるにふさわしい臣民を育成するには、われわれは無知から抜け出す必要がある」と訴えた。

同様に、当時初めて刊行された検閲のない新聞には、哲学や数学を学ぶことができないと女性が不満を述べる記事が掲載された。

一七八九年八月二六日、『人間および市民の権利の宣言』の第一〇条によって信教の自由が宣言され〔奴隷制度は廃止されなかった〕、フランスは宗教と信条の自由を正式に認めたヨーロッパ初の国になった。

一七八九年一二月二二日、「国の最高責任者である王の権威と監督のもと、県の行政は、公的な教育および政治的、道徳的な教育の監督に関して責任を負う〔……〕」という勅令が発せられ、学校に関する教会の権限は国に移譲された。

一七九一年三月二二日、教師全員は次のように宣誓すると定められた。「教鞭をとる者全員は市民としての宣誓をしなければならない。そして聖職者だった者は、教会公務員宣誓もしなければならない。そのように宣誓しない者は、王国の公教育を担う機関では就労できない」

一七九一年、ル・シャプリエ法により、国民と国家の間の中間的な利益を得る中間団体は不要だとして、同業者組合が廃止された。これはアンシャン・レジーム〔フランス革命以前の社会、政治体制〕における技術のおもな伝達手段の終焉を意味した。

同時期、ミラボーは「公教育の役割は人材の育成だけにすべきだ」と主張し、国が個人と科学を牛耳る「厳格な教育」を否定した。さらには「女子の教育について少し提案したい。将来的に仕事に就く男子は公の場で育成されるべきだが、将来的に家事を担う女子は父親の家から頻繁に外出すべきではない」と付言した。

一七九一年九月、オータン〔フランス中部の都市〕の代議士だったタレーランは、立法議会への報告書の中で、「初等教育は無償でなければならない」と主張した〔しかし、義務教育は主張しなかった)。というのは、初等教育は「絶対的かつ厳格に万人共通」でなければならないと考えたからだ(これも男子だけの話)。しかし、タレーランは、「中等および高等教育は無償にする必要はない。これらの学校に通う者たちは学校からきわめて大きな利益を得るのだから、彼らがその費用の一部を負担するのはまったくもって当然だ」と述べ、「中学校は裕福な家庭の子供が通う。こうした家庭は子供の教育に長い年月を費やし、子供により高度な教育を受けさせることができる」と論じた。

オータンの司教でもあったタレーランは、「道徳と特定の宗教の教えを切り離す。公教育では、いかなる宗教団体の教えも認めない」と説いた。この報告書はフランス学士院設立のきっかけになった。

一七九一年一〇月の勅令により、小学校の教師に「アンスティテュター」という称号が導入された。

一七九二年四月二〇日、コンドルセも公教育に関する報告書を立法議会へ提出した。コンドルセの報告書も誰もが通うことのできる無償の学校を提案したが、それは義務ではなく年齢に応じて三分割された男女共学の学校という仕組みだった。

コンドルセは、初等教育の目的の一つは、「道徳教育および道徳から生じる行動規範の育成」と考えた。また、一般教育で農業を教えるべきだという考えも提唱した。ところが同日、立法議会はボヘミアおよびハンガリーの王〔後の神聖ローマ皇帝フランツ二世〕に宣戦布告したため、コンドルセの報告書は葬り去られた。

一七九二年八月一八日の勅令により、教区司祭は廃止され、「慈善の館」〔宗教団体が運営する病院など〕での教育は禁止された。

一七九二年一二月一二日の法律により、小学校が設立され、アンスティテュター〔教師〕という名称が確立した。この法律の第一条には、「教育の第一段階である小学校では、すべての国民に必要な知識を教える。小学校で教育を担当する人物をアンスティテュターと呼ぶ」と明記された。

一七九三年六月二六日、元カトリック司教でアリエージュ〔フランス南西部の県〕の国民公会議員ジョセフ・ラカナルは、エマニュエル＝ジョゼフ・シエイエスとピエール・ドヌーとともに「国立教育施設のための法案」を作成した。この法案の目的は「国民学校」の設立だった。まずは、女性の教師が男女の子供に読み書きの初歩を教える。次に、男子には男性の教師がさらなる読み書きを指導し、算術、幾何学、道徳、軍事教練、衛生学を教える。女子には女性の教師が裁縫を教える。ラカナルは「国民学校において、科学、文学、芸術の授業で優秀な成績を収めた生徒は、国の奨学金を受給しながら専門の教師陣がいる私立学校で学業を継続できる」と付記した。しかし、この法案は山岳派〔フランス革命期の左派〕の反対に遭い、ロベスピエールによって退けられた。

翌日、「児童保護法」が制定された。こうして少なくとも法律上、孤児は国によって保護されることになった。

一七九三年七月一三日、ロベスピエールは数ヵ月前に暗殺されたルイ・ミシェル・ルペルティエが起草した新たな教育計画を、国民公会の壇上で読み上げた。この計画は生徒の年齢に応じて教育を三分割するというコンドルセの案を取り入れていたが、国が管理運営するのは第一段階の小学校だけだった。この計画では「共和国は、五歳から一一歳の女子、五歳から一二歳の男子の教育に責任を持つ」。これらの子供は、分け隔てや例外なく「教育の館」という寄宿学校において集団養育され、「平等という健全な原則のもと、同じ衣服、食事、教育、世話を受ける」。ルペルティエは、「それは社会人としての暮らしに備えるための肉体労働と規律に基づく教育であり、これこそが《国家的、共和国的》であって《身体的な才能によっても道徳的な性質によっても人間を刷新する》全員に共通する唯一の教育法」だと力説した。

ルペルティエの計画では、この完全に非宗教的な教育とは別に、子供は家族の信仰に応じた宗教教育を別途受けることができた。小学校の七年間、すべての子供は、国が所有したり徴用したりした大きな建物（例：宗教施設、移民収容施設）に収容される。これらの寄宿学校は無償であり、費用は国民全員の収入に対する税金で賄われる。女子については、初等教育が男子よりも一年短く、その後、学業を継続するか手に職をつけるかを選択できるという仕組みだった。

ロベスピエールが読み上げたルペルティエの計画では、中等教育も無償化されるが、中等教育への進学は「文学、科学、芸術を学ぶ子供は、五〇人に一人の割合で選抜する」というように、大幅に制限されていた。つまり、他の子供たちは小学校を卒業直後にさまざまな職業や農業に従事することになった。ただし成績優秀な貧しい家庭の子供は、支援金を受けることができた。

国民公会での討論後には、この計画の「国が管理運営を独占するのは第一段階の小学校だけ」という部分だけが残った。

後に、ジャン・ジョレスはルペルティエの計画を「フランスの民主主義において教育が発展しつつある」と評し、寄宿学校という奇策は別としても「われわれの社会システムは共通教育へと向かっている」と論じた。だが、ルペルティエの計画が実行に移されることはなかった。

一七九三年一〇月二〇日、教育委員会が国民公会に提出した法令には、「共和国の子供を育成および教育するという名誉ある職務に就く者は、アンスティテュターという称号を持つ。彼らは公務員だ」と記してあった。

一七九三年一二月一二日、ジョルジュ・ダントンは演説の中で「子供は親のものである前に共和国のものだ」と宣言した。

ロベスピエール派による粛清が終わろうとしていた一七九三年一二月一九日の政令により、国民公会は最終的にコンドルセでもルペルティエでもなく、ピエール・ブキエ（画家で詩人。国民公会の書記長になった）の計画を採用した。ブキエの計画には教える自由も含まれていた。すなわち、宗教者は学校を設立してそこで教えることができた。すべての父親は子供を学校に少なくとも三年間通わせなければならなかった。ただし、通う学校は自由に選択できた。こうして学校は義務化されたが、学校の非宗教化はなくなった。採択されたが、この計画も実行されなかった。

一七九三年一二月二五日、ジャコバン派のレオナール・ブルドンも教育計画を発表した。ブルドンの計画は次の通りだ。小学校の生徒は自分が将来社会人になったときの職業を実践しながら学ぶ。生徒は自由と平等という体制下で団結し、生徒たち自身で運営組織と規則をつくり、生徒たちの中から選ばれた執行役が褒美と罰をあてがう。教師陣は、将来の共和国国民が卑屈にならないように威張り散らすことなく、生徒たちと友情と信頼で結ばれる。言い換えると、ブルドンは学校の自主運営を提唱したのだ。

一七九四年一月二七日、公安委員会を代表するバレルの報告書において、この計画は議論されることなく採択された。この計画の狙いは、ブルトン語、ドイツ語、イタリア語、バスク語を話す住民にフランス語を教え、彼らに共和国の法律を理解させ、革命の大義に賛同させることだった。当然ながら、この計画も実行されなかった。

一七九四年二月四日、『人間および市民の権利の宣言』から四年ほど経ち、奴隷制度が廃止された。その後、この廃止は八年間続いた。

一七九四年九月一八日、国民公会は立憲教会〔フランス革命中に確立された教会。教会公務員であると宣誓した聖職者によって組織された〕の予算を廃止することによって初の政教分離を成し遂げた。この分離は七年間続いた。

この一七九四年に、待望の安定した教育制度が確立される機運が高まった。

国民公会は二万四〇〇〇の小学校、そして公共事業中央学校〔現在のエコール・ポリテクニーク〕、エコール・ノルマル・シュペリウール〔高等師範学校〕、エコール・ミリテール〔軍事学校〕、国立工芸院、国立東洋言語文化学院、国立図書館、経度局〔フランス革命期に創設された暦作成局〕、教員養成機関の設立を決定した。

ジョセフ・ラカナルの行政報告者であり、化学者で国民公会議員のフルクロアは、新たな小学校の科学カリキュラムの策定に大きな役割を果たした。フルクロアは次のように記している。「使われなくなった言語の学習をくどくどと繰り返して生徒を疲弊させるのではなく、彼らの活発な想像力に、自然、自然の創造物、自然現象を提示すべきだ。生徒の知的能力を単語の学習だけに費やしてはいけない。生徒の精神を育むのだ」。フルクロアの計画では、教師は生徒から年間の授業料を徴収するが、市町村当局は支払い能力のない生徒が存在する場合、小学校ごとに全体の四分の一の生徒の授業料を免除できた。

一七九四年一〇月一七日、前出のジョセフ・ラカナルが提起した法律により、教師は審査を経て国から給料をもらうことになり、その職務は次のように定められた。

1）読み書きを教えること。朗読によって生徒に自分たちの権利と義務を教えること。
2）『人間および市民の権利の宣言』とフランス憲法について説明すること。
3）共和国の道徳について基本的な教育を行うこと。
4）フランス語の基本事項を教えること（話し言葉と書き言葉）。
5）初歩的な計算と測量法を教えること。
6）自由の民族の歴史であるフランス史と地理を教えること。
7）自然界のおもな現象と一般的な生産活動について教えること。『共和主義者の英雄的、市民的行為録』を学ばせること。

フルクロアは、中央学校（現在の高校）のカリキュラムや、パリ、モンペリエ、ストラスブールにおける、それまでの医学部に代わる医療学校の設立に関する一七九四年一二月四日の政令の起草にも携わった。

一七九五年二月二一日の宗教の自由に関する政令第二条により、「共和国は宗教者には給料を支払わない」と定められた。さらには、中央学校には一二歳から一八歳までの子供が通うこと、人口三〇万人につき一校の割合で中央学校を設立すること、中央学校では、数学、物理、実験科学、道徳、社会科学を教えること、図書館、校庭、自然史室、物理室、化学室を各校に併設することが定められた。

しかし、ディレクトワール（一七九五年から一七九九年までのフランスの政治体制）が始まった段階から、この理念は崩壊した。各自治体は財政難に陥り、教師の給料は下がり続け、教師の採用は困難になった。新たに採用する教師の大半は、読み書き算盤さえまともにできなかった。

一七九五年一〇月二五日、同業者組合の復活を恐れる家庭や関係者からの批判を浴びながらも、ドヌー法が施行された。その結果、小学校の数は削減され、無償の義務教育は廃止された（家族は教師に授業料を支払うが、貧困家庭に関しては、学校の定員の四分の一を上限にこの負担は免除された）。教師陣は教育審査員によって選抜され、県当局によって任命された。また、私立学校を設立できるようになった。したがって、教育は無償でも義務でも非宗教的でもなくなった。ようするに、ラカナルの偉大な計画は一年間しか続かなかったのだ。

同じドヌー法により、国立科学芸術機関が設立された。その目的は「絶え間ない研究、発見、国内外の学会の知見を通じて科学と芸術を発展させ、共和国に資する科学と文学の研究を続行すること」だった。

こうして、カトリック教育が復活する道筋が開かれた。公務員の教師に代わり、宗教関係者が再び教鞭をとるようになり、反共和国のプロパガンダが息を吹き返した。

共和主義者は抵抗を試みた。一七九七年一〇月三日、五百人会の議員シャザルは、「教育機関（私立および宗教的な）では、共和国を憎ませるような教育が行われている」と非難した。

一七九八年二月五日の法令により、県当局は最低月に一回、私立学校を訪問し、教師が憲法と政府の定めたカリキュラムをきちんと教えているかを確認すると定められた。なお、この法令を遵守しない学校に対しては、授業停止、さらには閉鎖という行政処分が科せられた。

一七九八年一一月一日、内務大臣になったフランソワ・ド・ナフシャトーは「共和国の教育を改善するため」に、教育カリキュラムを検証する八人の専門家からなる公教育委員会を発足した。しかし、何の変化も生じなかった。

フランス革命は学校においても終焉した。教会は多くの有力者とほとんどすべての家庭の支持を取り付け、勢力を取り戻した。国民全員のための学校というユートピアは実現しなかった。

第五章

教育の発達と経済

――一八〇〇年から一九〇〇年まで

さまざまな知識が数千年にわたって蓄積され、社会を揺り動かしてきた。そしてこれらの知識が伝達される際には、世界中どこでも同じ道筋を辿った。すなわち、知識伝達の経路は、家庭、教会、農場、作業場、店、友人や仲間のネットワーク、定期市、おとぎ話、物語、遊戯、手紙だ。一九世紀になり、これらに工場が加わった。

そしてもちろん、とくに都市部では学校も加わった。地主の子供は農場で働く必要がないため学校に通った。だが、伝達されるのは、既存の秩序を守るための知識であり、反抗、変化、疑問、異なる考えを呼び起こす知識が伝達されることはほとんどなかった。ましてや、すべての人々の暮らしを守ろうという知識は皆無だった。

西洋では、知識の伝達に定期刊行物と書物が加わった。字を読むことができ、これらを購入したり図書館で借りたりする者は、新たな知識を大量に得ることができるようになった。裕福な知識人は、知識交換のために社交クラブに顔を出した。

工場では、機械、物理、化学の知識を持つ労働力が必要になった。

ブルジョワ階級は自分たちの立場を強化するために、誰もが野心を抱くことのできる環境、少なくとも幻想を維持しなければならなかった。というのは、従業員が個人的な野心や世代を超えた野心を抱くことによって、彼らのやる気を引き出す必要があったからだ。無一文から始めて商売や金融で財を成した人物の成功物語が数多く語られた。小説や新聞では「明日は今日よりもすばらしい」「子供たちの世代は自分たちよりも幸せに暮らせるようになる」という物語が語られた。しかし、学校がこうした進歩のための道筋と紹介されることは稀だった。

資本主義が根づいた国では、ヴェネチアとフランドル地方で四〇〇年間にわたって行われてきたように、商人ブルジョワ階級と理性的知識人との同盟関係が強化された。両者は団結する一方、地主と教会も彼らに対抗するために結託した。ブルジョワ家庭は知識伝達の主要な場になり、知識を独占するようになった。

都市部では、読解力（新聞、書物、ポスターの内容理解）、筆記能力（行政書類の記入や他者との文通）、計算能力（商業、工芸、さらには工業などにおける業務遂行）のある人材が求められるようになった。

数千年前から行われてきた会計や建築の場合に一部の者が算術や幾何学を学ぶ必要が生じたように、蒸気機関や織機の製造者、機械工、工場長、農業や工業の技術者など、新たな職業の遂行にはさまざまな知識が要求された。しかしながら、ほとんどの場合、学校の授業は、発明、進歩、技術革新とは無縁だった。

さらには、大衆の子供が学校に通うのはまだ論外だった。なぜなら、数千年前と同様、農場、店、作業場、そして新たに工場は、子供の労働力を必要としたからだ。また、大衆の子供に教育を施すのは、大衆に危険な考えや過剰な野心を抱かせる恐れもあった。もしそうなれば、大衆は、教師や学者、知識人の一部が持ち込む邪悪な思想に染まってしまう。ブルジョワ階級はフランス革命と社会主義を体験し、フランスの荒廃を目の当たりにした。

一九世紀、とくにヨーロッパでは、何も変えたくない権力者とすべてを変革したい大衆との長年にわたる葛藤が継続した。こうした葛藤の主戦場になったのは、学校をはじめとする伝達手段だった。

イギリス：貧者に教育をほんの少し施す

一八世紀末、工業、経済、地政学の観点から世界の中心地になったイギリスは、工業と技術の分野において幹部を必要とした。だからといって大衆に知識を与えると、彼らは自分たちの権利を要求するようになり、フランス革命の二の舞を演じることになる。そこで、支配階級は自分たちの利益を損なうことなくこれをやってのけた。工業界はまだ教育を受けた労働者を必要としておらず、植民地では奴隷の労働力で充分だった。

イギリスの支配階級は、科学とその応用にさらなる興味を抱いた。こうしてルナー・ソサエティのような科学アカデミー〔知識人の交流団体〕が誕生した。一七五四年に設立された王立技芸協会は、従来の紡ぎ車よりも生産性が六倍も高まる紡績機を発明した者に多額の報奨金を出した。遠洋航海には欠かせないクロノメーターの改良競争にも報奨金が出された。

ニューカッスル〔イングランド北東部にある都市〕では、物理学者がカフェで講義を行った。地元の新聞は、こうした講義を「鉱業に従事する紳士にきわめて有用な内容」と紹介した。驚異的なエネルギーを生み出す蒸気機関により、鉱山や鉄道などにおいて便利な機械が登場する条件が整った。

同時に、貧困者対策が実施された。その一環として「労働者階級に宗教的、道徳的な教育を施す」ために一八世紀から始まった日曜学校の数が増えた。一九世紀初頭、施行されたばかりのスピーナムランド制度により、各小教区のパン（あるいは小麦）の価格の動向と家族の人数に応じて、貧困層は給付金を受け取ることができるようになった。

一八〇一年、イギリス政府は建前上、八歳未満の子供の労働を禁止したが、一八〇二年には工場法により、八歳から就労可能とし、子供の労働時間（夜勤を含む）と労働条件が規定された。だが実際は、人手不足に悩む鉱山や工場では、貧困と空腹に苦しむ六歳児が大勢就労し続けていた。

同年、医師トーマス・ベドーズは性に関する講義を行った。これはおそらく史上初の性に関する講義の一つだろう。ベドーズによると、思春期の女子は身体的に多感であるため長時間集中して勉強することができないという。

一八一一年（エディンバラの地理学者ジェームズ・ピランズが二〇〇〇年ぶりの教育における技術革新

一つ、黒板を開発したとされる時期〕、英国国教会は全国貧民教育振興会を設立した。その目的は、「国教を国民教育の基盤にすることで、教会の典礼と教義に基づいて、貧困層に基本的かつ主要な教育を提供する」ことだった。この振興会によって設立された国民学校は、一部の都市の貧しい家庭の子供に厳しい宗教教育を不定期に施した。後に貧困者を対象にするこうした教育は、子供に職業訓練を施すために、非宗教的なものも含めて増えていった。

労働者に協同組合を設立したロバート・オウエンは一八一六年、ラナーク〔スコットランドの町〕に生後一八ヵ月以上の幼児を預かる初の託児所を設立した。

一八一八年、ポーツマス〔イングランド南部の港湾都市〕の靴屋ジョン・パウンズは、四〇人の貧しい家庭の子供のために無償の学校を開き、読み書きのほかに、料理、木工作業、靴の修理を教えた。国はこうした取り組みに関与しなかったため、学校制度は再び民間が担うようになった。

一八一九年、綿花産業では九歳未満の児童労働は法律で禁止されたが、これはザル法だった。しかし半年後、サミュエル・ウィルダースピンはスピタルフィールズ〔ロンドン〕に初の幼稚園を設立した。

一八二一年、ロンドンの印刷会社の協同組合が自分たちメンバーの子供たちのために学校を設立した。この協同組合は、「自分たちの職業には高度な教養が求められるため、子供たちには最高の教育を施す」と述べ、次のように宣言した。「われわれは、共同体に加入する、あるいは共同体で生まれる子供たち全員に、身体的にも知的にも最高峰の教育を保証する。われわれの施す教育は、どんなに努力と金銭を費やしても他では得ることのできないものだ」。この協同組合は、少し後に週刊『エコノミスト』を創刊した。

雇用主も技術と新たな仕事を労働者に教えるために学校を設立した。一八二四年、マンチェスターではロバート・ハイド・グレッグ（綿紡績工場の経営者、後に国会議員になる）、ウィリアム・ヘンリー（化学者）、リチャード・ロバーツ（工作機械の発案者）が、職人や労働者を養成する機械工学研究所を設立した。その目的は、「どんな職業に就いていても仕事の実践に役立つ科学に親しみ、より高度な技術を習得して自分たちの営む工芸に改良や発明をもたらす」ことだった。この研究所はやがて大学になったが、教育モデルと通う学生の顔ぶれは、オックスフォード大学やケンブリッジ大学とは大きく異なっていた。一〇〇年後、この元職工講習所は、リバプール大学教授エドガー・アリソン・ピアーズが赤レンガ造りの校舎にちなんで赤レンガ大学群と呼んだ最初の大学になった。

一八三〇年、三〇〇の地方協同組合が学校を組織し、新聞を発行し、社会人講座を開催した。一八三一年、毎週日曜日に開かれる日曜学校には、一二〇万人の貧しい家庭の子供が通っていた。国民学校には三〇万人から四〇万人の子供が通っていた。しかしながら、日曜学校に通う子供も含め、貧しい家庭の子供は八歳になると相変わらず就労し始めた。

一八三三年、新たな法律により、工場での児童労働は制限された。九歳未満の子供の就労は違法になった。ところが、雇用主が、雇用する子供が最低限の知識を習得したことを示す「教育規範」という証明書をつくれば、その子供は一〇歳からでも合法的に就労できた。雇用主は、この証明書を何の制約もなく自由に作成できた。

同年、国は国民学校への補助金の支給を開始した。

一八三四年、エドウィン・チャドウィックの尽力により、それまでの救貧法が改正された。というのは、それまでの法律では、救貧院に収容されていた人々しか支援を受けられず、労働をともなう救貧院での暮らしはきわめて過酷だったため、貧者は救貧院に入ることを躊躇していたからだ。

一八三八年、ランカシャー・パブリック・スクール協会は、非宗教系の学校運営も国費で賄うことを提唱した。しかし、教会の教育カリキュラム決定権は保護された。

貴族やその当時富豪になった家庭の子供は、相変わらずグラマー・スクールやパブリック・スクールに通った。ちなみに、寄宿制学校であるパブリック・スクールの場合、授業料はきわめて高額であり、教育レベルは高かった。授業内容は古典科目だけでなく商業的なものも加えられ、すべて英語で行われるようになった。たとえば、オックスフォード大卒の教育家で歴史家のトーマス・アーノルドはラグビー・スクール（一五六七年にラグビー〔イングランド中部の町〕に設立されたパブリック・スクール）に、歴史、数学、現代語の学習を導入した。

一八三七年、イギリス女王ヴィクトリアは、地球の全陸地の五分の一、全人口の四分の一を傘下に収めた帝国の女王になった。イギリスの労働者階級の貧困はかつてないほど深刻だった。生活基盤を破壊された植民地で暮らす大衆の困窮はさらにひどかった。

一八四〇年、実業家デビッド・ナスミスがその五年前につくった宣教師集団「ロンドン・シティ・ミッション」は、ぼろぼろの服を着て街を徘徊し、しばしば非行に走る子供たちを「ラゲッド」と呼んだ。

一八四一年、アバディーン〔スコットランドの都市〕の州長官は、初のラゲッド・スクールを設立した。この学校は、貧しい家庭の子供たちに衣食住を提供し、読み書き算盤、聖書、靴のつくり方、印刷術を教えた。教師はボランティアであり、厩舎や鉄道で働く労働者だった。この試みは成功し、イギリス各地でラゲッド・スクールが設立された。

その翌年、第七代シャフツベリ伯爵アントニー・アシュリー＝クーパーは（チャールズ・ディケンズなどの協力を得て）、各地のラゲッド・スクールをまとめ上げてラゲッド・スクール連合を結成した。一八四三年には女子のラゲッド・スクールが設立された。イギリスでは二〇年間で二〇〇校以上のラゲッド・スクールが設立された。ロンドン市内のラゲッド・スクールには、合計で三〇万人以上の子供が通っていた。

高度な農業教育を行う教育機関も設立され始めた。その先駆けは、一八四五年に裕福な地主たちが中心になって設立したサイレンセスター・カレッジ（後の王立大学）だった。

一八六〇年から一八七〇年にかけて、イングランドとウェールズでは小学校に就学すべき年齢の四三〇万人のうち、二〇〇万人は通学していなかった。通学していないこれらの子供のうちの一〇〇万人は、ときどきラゲッド・スクールに通っていた。学校に通学している子供のうちの一三〇万人は、国の補助金で運営される学校に通っていた。そうした学校では最低限の教育を散発的に施していた。一方、当時数万人いた支配階級の子供たちは、パブリック・スクールで学んでいた。

一八六九年、女子が大学に通うようになった。女子を最初に受け入れたのは、一八二一年にエディンバラに設立された後にワット大学となるスクール・オブ・アーツ、次にロンドン大学だった。一方、オックスフォード大学とケンブリッジ大学は女子に対して門戸を閉ざしていた。

一八七〇年、最初の女子中学校が設立されるとともに、初等教育法の制定によって公立小学校のネットワーク（地区の教育委員会）が構築された。公立小学校の建設費と運営費を確保するために新たな地方税が導入された。

小学校では、午前と午後にわたって読み書き算盤が教えられた。週一回、プロテスタントの宗教教育があったが、この授業への参加は強制ではなかった。プロテスタント以外の宗教を信仰している子供は、自身の宗教の授業に参加できた（ただし、ボランティアで教える教師がいる場合）。貧困家庭の子供の授業料は無償だったが、大多数を占める工場で働く子供は、授業料を納めなければならなかった。

一八七六年、サンドン法の施行により、親は子供が一〇歳までは学校に通わせることに義務を負うことになった。ようするに、これは（建前上の）義務教育だった。

一八八〇年、ムンデラ法が制定され、学校は生徒の出欠をとることを義務づけられた。しかしながら、一〇歳以上の多くの子供はたまにしか通学せず、就労し続けた。

一八九〇年、一〇歳までの学費は一人当たりの上限負担額を一〇シリングとし、残りは国が負担するという法律が施行された。これは初等教育の実質無償化と言えたが、まだ本当の義務教育ではなかった。

一八九三年、義務教育の修了年齢を一一歳まで引き上げることと、盲学校と聾学校の設立を促す法律が施行された。

一八九七年、財務局から小学校に補助金を毎年支給する法律が制定されたが、実態はまだ空論だった。補助金はロンドンを除き、農村部や工業地帯には届かなかった。また、学校の数は大幅に不足していた。

子供は相変わらず就労していた。不定期に学校に通うごく一部の子供は簡単な読み書きを学ぶだけであり、あとは宗教道徳や規律を教わっていた。

一八九〇年代、女子は男子と同様に学び、同じ試験を受けることができるようになった。

一八九九年、義務教育の修了年齢を一二歳に引き上げる法律が制定された。当時、人口の九〇%は読み書きができたが、小学校から（教会、慈善団体、地方自治体が運営する）グラマー・スクールに進学するのは、裕福な家庭のごく一握りの子供だった（七〇人に一人の割合）。

大学が次々と新設された（後の赤レンガ大学群）。一八二四年にはマンチェスター大学、一八八一年にはリバプール大学、一八九二年にはレディング大学、一八九七年にはシェフィールド大学、一九〇〇年にはバーミンガム大学が設立された。

一方、イートン校と同様、オックスフォード大学とケンブリッジ大学には一六世紀以降、おもに地主と工業家といったエリート層の家庭の男子だけが通っていた。

イギリスは一九世紀末に世界最大の大国になったが、すべての子供に最低限の教育を課すことはなく、きわめてエリート主義的な教育制度を温存した。しかし、この教育制度は当時の資本主義に有利に働いた。

アメリカ：国をつくるための学校

一九世紀初め、アメリカの識字率は世界最高だった。新たにアメリカにやってくる者はヨーロッパ諸国の比較的上流の社会層の出身だったので、彼らのほとんどは字を読むことができた。アメリカ北東部の一部の地域では、識字率は七〇%を超えていた。

アメリカは建国以来、非宗教国家であり、ヨーロッパの伝統とは異なり、例外なく宗教の自由を保証してきた。しかしながら、すべての学校が非宗教だったのではない。バプテスト派、メソジスト派、長老派、カトリックは、自分たちの学校のために公的資金を確保しようとして、各宗派は対立した。プロテスタント教徒はカトリック系の教育機関への資金援助に反対し、両者は学校で使用する聖書の種類を巡っていがみ合った。

やがて、ヨーロッパの南部と東部から貧しい人々が移住してくると、アメリカの識字率は低下し、教育の必要性は高まった。

建前として、アメリカ国民には教育を受ける権利があった。一九世紀全般を通じて、おもにアメリカ北東部の都市に設立された公立学校に通ったのは、富裕層ではなく中産階級の家庭の子供だった。

貧困層の家庭の子供は、家庭や職場、そしてチャリティー・スクールやチャーチ・スクールで学んだ。これらの学校は、ニューイングランドのように州の援助を受けることもあれば、中西部のように個人の篤志家の支援を受けることもあった。また、南部では奴隷に教育を施すことは違法だった。

富裕層の家庭の子供は、商業や工業のニーズに対応する教育を受けるようになる一方で、貧困層の家庭の子供は、宗教教育を受けるだけだった。

一八一〇年、スイスの教育実践家ペスタロッチ（ルソーの『エミール』に触発されてスイスのイヴェルドンに学校を設立し、後述するように、フランスとドイツの教育に影響をおよぼした）の影響を受けたフィラデルフィアの商人ウィリアム・マクルールは、フィラデルフィア、デラウェア、ケンタッキーに独自の教育を施す学校を設立した。

これらの学校では、自然を探索し、具体的な事例を用いることによって生徒の好奇心を呼び覚まし、読み書き算盤だけでなく、水泳、舞踊、剣術、スケート、植物採取、演劇、歌などを、賞罰なしに教えた。

一八二一年、ボストンにヨーロッパの高校に相当するアメリカ初のハイ・スクールが設立された。繊維工業や造船業などが盛んだったボストンでは、商業教育が急速に発展した。

一八二三年、アレクサンダー・ルシウス・トワイライトは、アフリカ系アメリカ人として初めて学位を取得した（バーモント州にあるミドルベリー大学卒）。

一八二〇年代、バージニア大学（バージニア州では奴隷制度が続いていた）やニューヨークに新設された大学のジェファーソン主義者たちは、中等教育においてギリシア語とラテン語の代わりに活語の外国語を教えることを提案した。

一八二八年、これとは逆にイェール大学の報告書は、当時世界一と見なされていたドイツの大学に対抗するために伝統の維持を訴えた。この報告書は、まだ伝統主義者の多かった東海岸に著しい影響をおよぼした。ところが、ドイツの教育が秀でていたのは伝統の維持ではなく、医学、物理、化学などの分野において実験的な研究を行うという斬新さが理由であり、そうした進歩的な取り組みがアメリカの若手研究者をベルリンに引き寄せているということが理解されることはなかった。

一八三〇年、五歳から一四歳の子供のおよそ五五%は公立学校に通っていた。

一八三三年、ニューハンプシャー州のピーターバラに初の公立図書館が設立された。

一八三七年、アメリカ東部では初等教育が宗教の影響から解放され始めた。マサチューセッツ州では、州の教育委員会の事務局長ホーレス・マンという人物がプロイセンの「公共学校」というモデルに感化され、州の資金で運営される学校での宗教書の利用を禁じ、年齢、社会的な地位、学力、性別に関係なく、すべての子供を受け入れ、公費で賄われるコモン・スクールを設立した。学費と教師の住宅費は生徒の親が負担した。

こうした教育制度はアメリカ全土で急拡大した。一八四九年、コネチカット州は同様の制度を導入した。ロードアイランド州においても、後に初代アメリカ教育局長官（大臣）になるヘンリー・バーナードの尽力により、こうした教育制度が整備された。

一八三七年、教師メアリー・リヨンは、初の女子大であるマウント・ホリヨーク女子神学校（現在のマウント・ホリヨーク大学）を設立した。

一八三八年、教師の職を自ら辞した若き日のヘンリー・ソローは、兄の助けを借りて自宅に私設の学校を開いた。ソロー兄弟は、当時実験校に勤務していた若いアメリカ人教師エリザベス・ピーボディ（彼女については後ほど語る）が推奨する新たな教育方針を、自分たちの教育カリキュラムに取り入れた。たとえば、目を覚ますために外出する、体罰を用いない、子供に規律をつくらせる、森の中を散歩するなどだ。この学校は成功したが、三年後に閉鎖された。

ヨーロッパでの一八四八年革命の後、大勢のカトリック教徒のドイツ人がアメリカに移住した。彼らは移り住んだ都市（シンシナティ、セントルイス、シカゴ、ミルウォーキー）や農村部において自分たちの言語で教育を行う独自の学校を設立した。これらの学校にはプロイセンの学校や大学の特徴が色濃く反映された。ウィスコンシン州のウォータータウンでは、ドイツ移民がやはりプロイセンの幼稚園をモデルにする初の幼稚園を設立した。

一八五二年、マサチューセッツ州はアメリカで初めて小学校を義務教育化した（貧困層も含む）。これは、プロイセン、スウェーデン、オーストリアの六六年後、そしてフランスとイギリスよりもずっと先のことだった。子供を学校に通わせない親には罰金が科せられた。「親に子供を適切に教育する能力がない」という判断がくだると、州政府には子供を親元から引き離して寄宿学校に入れる権限さえあった。その翌年、ニューヨーク州も小学校を義務教育化した。

一八五五年、マサチューセッツ州は、少なくとも表向きには公教育における人種隔離政策を廃止した最初の州にもなった。

一八六〇年、エリザベス・ピーボディは、後ほど語るフレーベルの例に倣ってアメリカ初の幼稚園を設立し、後年、『幼稚園だより』という定期刊行物を出版した。

一八六二年、メアリー・ジェーン・パターソンは、アフリカ系アメリカ人初の女性学士号取得者（オハイオ州のオーバリン大学）になった。だが、その後もアフリカ系アメリカ人女性の学士号取得者の数はきわめて少なかった。

同年、教育に関する連邦法であるモリル法が制定された。この法律により、各州は公有地を付与され、その売却金を基金として、農業、工学、軍事科学を専門にする大学を設立することができた。

一八六三年生まれのヘンリー・フォードは、一五歳まで地元ミシガン州の学校に通った。文字の綴りや読み方をきちんと学ばず、いつも作業場で機械いじりをしていたフォードは、自作の蒸気機関の操作に熱中した。

南北戦争が終わった一八六五年、解放黒人局（解放された奴隷を保護するために設立され、七年間にわたって存続した）は、南部全域に一〇〇〇校の学校を設立した。子供から大人まで九万人以上の解放奴隷がこれらの学校に入学した。建前上、これらの学校のカリキュラムは北部のものと同じだったが、実際は初歩的な読み書きを教えるだけであり、その後の教育はなかった。

高等教育（ハーバード大学、コロンビア大学、イェール大学、プリンストン大学）の学生は、おもに北東部出身のプロテスタント教徒の白人男子だった。この時期、篤志家の寄付によって他にも大学（すべて私立）が設立された。これらの大学にはしばしば篤志家の名前が付けられた。たとえば、ノース・カロライナ州のデューク大学（一八三八年）、カリフォルニア大学バークレー校（一八六八年）、テネシー州のヴァンダービルト大学（一八七三年）、メリーランド州のジョン・ホプキンズ大学（一八七六年）、カリフォルニア州のスタンフォード大学（一八八五年）、そしてジョン・D・ロックフェラーが資金提供したシカゴ大学だ（一八九〇年。この大学には彼の名前は冠されていない）。

アメリカの大学関係者や科学者の多くはドイツ系であり、彼らはプロイセンやオーストリアの大学に留学し、その後、アメリカに戻って働いた。ハワード・アトウッド・ケリーの『アメリカ医学伝記事典』（一九二八年）によると、一八五〇年から一八九〇年の間に生まれたアメリカ人医師の四〇％は、プロイセンかオーストリアへの留学組だったという。たとえば、ウィリアム・スチュワート・ハルステッドだ。彼はウィーンとベルリンで学んだ後、アメリカに戻り、研修医のカリキュラムをつくった。

一八六七年、共和党は南部の州で税金によって運営される公立の学校制度をつくった。これらの学校の生徒は、ニューオリンズなどの一部の学校を除き、白人の子供だった。

一八七〇年までにアメリカのすべての州に小学校が設立された。建前として、黒人を含むすべての社会層の子供は、無償で正規の教育を受けることができた。この頃には五歳から一四歳の子供の七八％は学校に籍を置いていたが、もちろん、これは表向きの数値にすぎない。

教師に占める女性の割合は急速に増加した。教員養成学校の学生に占める女性の割合は、一八七五年には八二％だったが、一九〇〇年には九三％になった。教員養成学校の授業は、文学、植物学、天文学など、大学よりも幅広い分野を扱った。たとえば、サンノゼにあるカリフォルニア州の教員養成学校には、自然史博物館、化学実験室、大型の望遠鏡といった設備があり、ここの学生は自然史と科学を学んだ。国民全員に教育を施すことが経済成長につながると理解されるようになった。

一八七九年、中等教育の四分の三はまだ私立学校が担っていた。ほとんどの場合、これらの私立学校は、連邦政府の補助金や監査を受けていなかった。

一八八二年生まれのフランクリン・ルーズベルトは、貴族的な教育を受けた。乗馬を習い、ポロ、ボート、テニス、射撃など、さまざまなスポーツに親しんだ。一四歳のとき、ルーズベルトはマサチューセッツ州の名門私学グロトンスクールに入学し、ハーバード大学へと進学した。

一八九六年、連邦最高裁判所は、さまざまな「人種集団」が平等に教育を受けられることを条件に、南部の州が人種隔離政策を継続することを認めたが、実際は平等ではなかった（分離すれども平等）。

アメリカ宣教師協会は、テネシー州のフィスク大学やノース・カロライナ州のショー大学など、黒人専用の大学の設立と発展を支援した。北部の一部の大学も黒人学生を受け入れた。

一九〇〇年、おもに北部にある教会は、北部の工場で就労するために南部からやってきた大勢の黒人のために、二四七校の学校を運営した。これらの学校では、一六〇〇人の教師が四万六〇〇〇人の生徒を教えた。

大学の新設が続くと、女子学生の数も増えた。

そのころ、イタリア、アイルランド、ポーランド、ロシアなどの移民がアメリカに大量に押し寄せ、プロテスタント教徒の支配者層が築いた微妙なバランスは揺らいだ。これらの移民の中で英語を話せる者はほとんどいなかった。また、ユダヤ人を除くと、どの言語であっても読み書きのできる者もほとんどいなかった。彼らのために、公立の小中高校を早急に整備する必要があった。読み書きのできない彼らが大学に進学するのは論外だった。一九世紀末、中学生の七〇%以上は公立校に通っていた。

プロイセン：暴力による服従の学校

一八世紀以降、プロイセンの学校は軍隊式の服従精神の養成と基礎知識伝達の場になった。他のヨーロッパ諸国はこのプロイセンの教育制度を恐れると同時に賞賛した。

一八〇三年、イマヌエル・カントはルソーの『エミール』よりもジョン・ロックの『教育に関する考察』に影響を受け、『教育学』を記した。「教育は子供時代に必要な世話、子供を一人前の人間にする規律、そして文化とともに教養を授けることによって、子供を《無秩序な自由》から《理性的な自由》へと導く社会的躾《しつけ》の手段だ。（……）子供は、自分が目指す職業に就くための準備に没頭しなければならない」と説いた。カントにとって、教育の役割は子供の想像力に制限を設けることだという。カントは「精神の教養」（読み書きや言語によって習得する）と「実践的な教育」（技能、謙虚さ、道徳を通じて情念を払いのけ、自身の境遇を受け入れること）を区別した。

一八〇七年、ヨハン・ゴットリープ・フィヒテも著書『ドイツ国民に告ぐ』の中で、教育は義務であり、幼い頃から規律に親しむ従順な国民を育成すべきと説いた。

同年、プロイセンの王族は文部省を政府高官ヴィルヘルム・フォン・フンボルトに委ねた。フンボルトは宗教学校を国の管理下に置き、教育を「国の仕事」にすべきと考え、すべての国民に初等教育を施す「公共学校」を設立した。

ところが、教師はまだ信仰心を示さなければならなかった。学校を監督するのは国の絶対的な権利だと複数の法律によって定められていたが、ギムナジウム（中等教育機関）までは週二時間の宗教教育があった。

そこでフンボルトはベルリンに大学を設立し、教師の国家資格をつくり、教育の非宗教化への道を切り開いた。フンボルトの尽力により、プロイセンの大学は研究所を設立した。これらの研究所では、科学者は哲学から距離を置き、実証的な手法を発展させた。彼らこそ初の近代的な学術研究者であり、一九世紀の生理学、病理学、医薬品化学、臨床医学の発展に大いに貢献した。

一八一二年、ギムナジウムの最終試験（一七八八年に導入された「アビトゥーア」）がプロイセンのすべての中等学校に導入された。

一八二二年、アビトゥーアの資格証書は、大学入学や上級公務員になるための前提条件になり、ヨーロッパやアメリカにおけるドイツの大学の評判を高めた。

一八三〇年、貧困層の子供の初等教育（公共学校）の授業料が免除された（貧困層以外は親の負担）。

一八四〇年、父親、祖父、曾祖父と同様、大衆が自由になって王族に反逆することを恐れたプロイセン王フリードリヒ・ヴィルヘルム四世は、大学は反宗教的であり、教会と国の利益を考慮していないと考え、ギムナジウムでの一般教養の授業を止めさせた。ヴィルヘルム四世は、一般教養の教育は「無信仰、不満、権力に対する反抗心」を生み出すため、中等教育で教えるべきは語学と宗教だけと説いた。

同年、フリードリヒ・フレーベル（スイスのペスタロッチの学校の教師になる前は教育玩具産業で働いていた）は、プロイセンの暴力をともなう教育を否定した。フレーベルは初の幼稚園である「一般ドイツ幼稚園」という構想を打ち立て、人格と協調性を育む教育手段として遊びの概念を理論化した。

フレーベルはカイルハウ（ドイツ中部の町）に「一般ドイツ教育舎」という私立学校を設立した。家庭的な雰囲気のこの学校は、生徒を年齢で区別せず、全身を使った教育（頭、手、心）を施し、科学を重視した。次に、テューリンゲン州のバート・ブランケンブルクに「青少年活動センター」を設立した。

後ほど紹介するように、フレーベルの新たな教育はアメリカを含め、世界各地に多大な影響をおよぼした。

一八四八年、ベルリンで革命が起きたとき、ギムナジウムの教師は、ラテン語の授業の廃止と宗教の排除を訴えるとともに、科学と活語の教育重視を提唱した。

プロイセン王フリードリヒ・ヴィルヘルム四世が鉄拳を振るって革命を抑え込むと、初等、中等、大学の教育基盤は、再びキリスト教になった。プロイセン社会の屋台骨は相変わらず軍によって維持される秩序だった。教会は知らず知らずのうちに軍隊の傘下に入った。

一八六三年、(まだ宰相ではなかった)ビスマルクは、面会に来たフランスの公教育省監察総監ウジェーヌ・ロンデュに対し、次のように言い放った。「今日のプロイセンがあるのは、兵役と教育の義務化のおかげだ。われわれは、兵役義務を廃止しようと思わなかったのと同様、義務教育も廃止しないだろう」

初等と中等の教育では、ひどい体罰が依然として公認されていた。

一八六五年、『マックスとモーリッツ』という漫画が出版され、プロイセン全土で人気を博した。この漫画は、二人の子供がひどい悪ふざけを繰り返し、最後は二人とも挽き臼で細かくすりつぶされて死んでしまうという筋書きだ。著者はこの漫画の最後を次のように締めくくっている。「やれやれ。とんでもない奴らがついに片付いた」

一八七一年、フランスがプロイセンとの戦争〔普仏戦争〕に敗れたとき、フランスの歴史家アルベール・ソレルは月刊誌『両世界評論』の中で、セダンの戦い〔普仏戦争の戦闘の一つ〕では「一〇〇人の兵士のうち読み書きのできない者は、プロイセン軍ではたったの三人だったが、フランス軍では二七人だった」と記している。

同年一八七一年、ドイツ統一が実現した。ドイツでは、初等教育のために多くの公立学校が設立された。中等教育はまだ選択制であり、四つの進路があった。一つめはギムナジウム〔九年間。ラテン語と古代ギリシア語またはヘブライ語、さらに一つの活語〕、二つめは実科ギムナジウム〔九年間。ラテン語、複数の活語、科学と数学〕、三つめは上級実科学校〔九年間。複数の活語、科学と数学〕、四つめは実科学校〔六年間。アビトゥーアの受験資格がないため大学には入学できず、産業界で徒弟になる〕だ。アビトゥーアはドイツ帝国全土に拡大した。

一八九三年、カールスルーエ〔ドイツ南部の都市〕に初の女子グラマー学校が設立され、女子はアビトゥーアと高等教育を受けることができるようになった。

一八九六年、「親権を持つ父親は子供に懲罰を科すことができる」という法律が定められた。

フランス：学校から教会の影響力を排除するための長い闘い

一七九九年に権力を握ったナポレオン・ボナパルトは、「教育は、科学、人文科学、キリスト教の教義に基づくべきだ」と説いた。

一八〇一年、後に皇帝になるボナパルトはコンコルダート〔宗教協約〕に調印した後、ローマ教皇に司祭の共同任命権を付与し、宗教学校を再開させた。公立小学校では、宗教教育が再び始まった。

富裕層の子供を「堕落した大衆の子供」から保護するために、両者は別々の学校に通うべきだという意見があったが、そもそも中等教育を受ける子供はごく少数であり、高等教育に至ってはさらに少なかった。

小中高校では、まだ「パートナーシップ式教育」（「コーチ」と呼ばれる優秀な生徒がクラスメイトの学習を手伝う教育方式）が行われていたが、「一斉教授法」と呼ばれる教育法（ジャン＝バティスト・ド・ラ・サールがフランスなどで始めた。一人の教師が学習到達度別にクラス分けされた同年齢の生徒数十人を同時に教える方式）が徐々に浸透していった。

教科書が使われるようになったが、ノートはまだだった。

同年（一八〇一年）、作家、ジャーナリスト、哲学者、随筆家のファニー・ラウルは『女性に対するある女性の意見』の中で、女性は中等教育を受けるべきだと訴えた。「世間は女性の体力が劣っていることを引き合いに出して女性の隷属を正当化している。身体的に強制でなければ、知恵、権力、自由、平等に浴することができないのなら、これらの利得を享受している男性の多くが、これを失うことになるだろう。法をつくる男性の多くは女性の隷属状態と同じになるだろう」

一八〇二年、医学校と法学校は、アンシャン・レジーム時代と同様に「ファキュルテ〔学部〕」、フランス革命時の中央学校は「リセ〔高校〕」、かつてのリセは「コレージュ〔中学〕」になった。パリでは、三つの中央学校に代わって四つのリセが設立された（リセ・ボナパルト、リセ・インペリアル、リセ・シャルマーニュ、リセ・ナポレオン）。

これらのリセは、市立あるいは私立の男子校で大学区長の監督下にあり、学費は親が負担した。教師は独身者に限られ、校内で生活しなければならなかった。給料が安かったので、ほとんどの教師は商人や職人でもあった。

リセの校長には聖職者を避けるために、既婚者あるいは結婚していたことのある者しか就任できなかった。ちなみに、校長の妻は、寄宿生の暮らす建物内に入ることができなかった。ところが、この法律は適用されず、リセの校長としてすぐに七人の聖職者が任命された。

一八〇六年、ナポレオンは内務大臣ジャン＝バティスト・ノンペール・ド・シャンパニーに「教育はキリスト教の教義に基づくべきだ」という文書を送った。「キリスト教を公言する国や政府のもとでは、キリスト教の生徒を育成しなければ教育とは言えない。日曜日のミサを行う司祭をリセにあてがうだけでは目的は達成されない。宗教は生徒の心と理性に深く刻まれなければならない」と説いた。

ナポレオンはラ・サール会を学校制度に統合するなど、すべての教育機関を「帝国大学」という組織にまとめ上げた。そして「帝国全体の教職員と公教育を監督する機関」を設立し、皇帝直属の人物をその責任者として任命した。私立の教育機関は存続可能だったが、運営は大学の学士取得者でなければならなかった。その結果、反体制的な宗教の教えが出現するのを避けられた。

一八〇八年、ナポレオンは、公教育省局長アントワーヌ・フルクロワに次のような文書を送った。「聖職者を大学に取り込むことによって市民秩序を身に付けさせ、国に対して従順にさせる（……）外国人の指導者がいなくなれば、彼らは危険な存在ではなくなる」。ナポレオンの言う外国人の指導者とはローマ教皇のことだった。

一八〇九年、教育政策は逆戻りした。ナポレオンは公立高校の校長に独身者を就任させると宣言した。こうして校長に聖職者を就任させることができるようになった。

一八一二年、女子高がなかったため、マリー＝テレーズ・フェリシテ・ビナールがパリのオワゾー修道院に私立の女子寄宿学校を設立した。

「百日天下」の間、内務大臣ラザール・カルノーは、各県庁所在地に「子供の自主性に任せる教育法による無償の初等教育を施す中央学校」の設立を提案した。忘れ去られたフランス革命時の計画が蘇ったのだ。この計画では、区や自治体が教師を養成することになっていた。だが、ワーテルローの戦いの後、カルノーは亡命し、この計画は頓挫した。

一八一六年、粛清が行われ、大学評議会およびその会長に代わり、内務大臣の監督下にある五人からなる委員会が教育行政を担うことになった。一七の人文系の学部と三つの理工系の学部は廃止になった。ナポレオンを信奉する教師は解雇された。教育カリキュラムは変更された。各小郡には学校を監督する委員会が設置され、各自治体は「住民の子供が初等教育を受け、貧困家庭の子供が初等教育を無償で受けられる」ことを保証しなければならなかった。だが実際は、都市部においても農村部においても、日曜日の数時間を除き、貧困家庭の子供が学校に通うことはほとんどなかった。

一八二〇年、王立公教育審議会が発足し、公教育省の設立へとつながった。

知識の伝達において定期刊行物が重要な役割を担うようになった（例：エドゥアール・シャルトンの出版物、『ル・マガザン・ピトレスク』や『グローブ』や『世界一周』などの雑誌、『不思議な図書館』などの小冊子は、「自然、科学、芸術、工業に関する価値ある知識を若者たちに広める」ことを目的にしていた）。

一八三三年、七月革命後のフランスでは、大人の二人に一人はまだ字が読めなかった（この割合は、プロイセンでは三％未満、スウェーデンでは一〇％、オランダでは一五％、アメリカでは四〇％だった）。

フランソワ・ピエール・ギヨーム・ギゾー（プロテスタント教徒の家庭で育ち、母親から厳しい教育を受け、パリで勉強して公教育省の大臣になった）は、商店主、農民、使用人、職人など、裕福でない家庭の子供がある程度の中等教育を受けられるようにするため、各県に「高等小学校」を設置した。そうはいっても、彼らはブルジョワ階級の子供が通う高校には進学できなかった。

学校制度は、義務教育でも非宗教でも無償でもなく、おもな対象者は相変わらず男子だけであり、教会の絶対的な支配下にあった。ギゾーは次のように記している。「知識を得るだけで道徳と宗教を学ばないと、若者は傲慢な人間になる。結果として、社会は危険になる。人格者である教師と司祭が協調することで、両者はさまざまな手段を駆使して子供に正しい影響をおよぼすことができる」

一八三四年、ギゾーは学習到達度別の教育を課すとともに、初等教育を監督する県の監査団体を設立した。同年の政府の通達には、「プロテスタント教徒の生徒は自ら選択した宗教教育を受ける権利を持つ」と記してあった。「すべての王立中学校では、法律で認められた宗教を信仰する生徒が存在し、その宗教の教会がその町にあるのなら、牧師が学校に出向いて宗教教育を施すこと」という指導があった。だが、カトリック教会は抗議し、プロテスタント教徒のギゾーはこの指導を断念した。

一八三六年、公教育省の大臣ギゾーは、各自治体に少なくとも一校の女子小学校の設立を義務づけた。この間、多くの農民は労働者になり、子供とともに、鉱山、紡績工場、ガラス工場、製鉄所で働いた。労働者の子供が学校に通うのはまだ論外だった。

一八三九年、ソルボンヌ大学に大きな階段教室が建てられたころ、ストラスブール大学法学部教授で弁護士のプロスペル・エシュバッハは、著書『父権について』の中で「父親はある程度、子供に苦痛を与え、子供の自由を制限できる」と述べ、家庭内暴力を正当化した。

同年、アンシャン・レジームの伝統に従い、「幼児が年齢に応じた身体的な世話や最初の教育を受けることのできる慈善施設」として、慈善託児院が相変わらず存続していた。

戦地で外科医として活躍した後、一八一四年に医師になったルイ=ルネ・ヴィレルメは、一八四〇年に道徳科学アカデミーの依頼により、子供の就労と教育に関する調査を請け負った。ヴィレルメはこの調査結果を、『綿、絹、毛織物の工場で働く労働者の身体的、道徳的な状態に関する報告』という著書にまとめた。この報告書には、貧困、児童の労働条件、大衆の教育不足に対する容赦ない非難が記されていた。「六歳から就労した子供はまったく教育を受けていない。一般的に、一〇歳か一一歳になる前に就労した子供は読み書きができない。たしかに、夜間学校や日曜学校が開設されているところもある。だが、一日一二時間から一四時間もの長時間労働や前日の夜勤で疲れ果てているため、子供はまともに授業を受けられる状態にはない。親は宗教教育については、一般的に大きな価値を置いていると思われていたが、工場で就労する子供は、とくに幼いときから働き始めた場合では、道徳面において大きな問題を抱えている」

ヴィレルメの処方箋は次の通りだ。「スイスやアルザスの一部の工場で実践されているように、子供が作業場で過ごす時間のごく一部を勉強のために使ってはどうだろうか。そうすれば工場の利益を損なうことなく、子供に幸福な将来を築くチャンスを与えることができる。また、工場が過酷な労働搾取を容認、さらには積極的に行っているという非難も回避できる。国が長時間労働をやめさせて脆弱な子供を保護すれば、子供は立派な大人に育つ。大人になった彼らは、自分たちを救ってくれた国のために奉仕するだろう」

しかしながら、ヴィレルメは（今日の感覚では信じられないだろうが）「工場での児童労働は絶対に必要だ。第一に、児童労働は安価だからだ。さらには、大人では彼らの受け持つ作業をこなせないからだ。たとえば、子供の糸を結び直すための指の繊細さと、紡績機の下に滑り込む身体的な柔軟さだ」と指摘した。

資本家はこの「穏健な報告書」を痛烈に批判した。ブルジョワ階級は「八歳未満の子供を学校に通わせなければならないのなら、子供は単なる扶養家族にしかならない。そうなれば親は子供をつくろうとしない。これは国の経済および軍隊にとって有害だ」と訴えた。

その一年後の一八四一年、この報告書を受け、八歳未満の児童労働を禁じ（イギリスの四〇年後）、八歳から一二歳までは、たとえ就労していても学校に通うことを義務づける法律が制定された。そしてこの法律には、「一二歳以上の子供の通学を免除する際には、初等教育をすでに受けたという居住地の市長による証明書が必要になる」と記してあった。この法律はあまり適用されなかったが、それでも八歳未満の子供の四分の三が通学するようになった。

一八四五年、ジャガイモ飢饉の後、農業評議会は農業指導員と農技術者の育成のために農学校の設立を提唱した。

一八四八年、新兵の六四％は文字を読むことができた。八歳未満の男子の就学率は八〇％だった。

同年、ドロワという人物が農業の職業訓練計画に関する議会の討論において、農場で働く子供を対象にする夜間授業の開講を提唱した。しかし、議会からは「子供は父親とともに畑で馬を操りながら農業を学ぶのだ」という反応しかなかった。

同年、初の社会人向けの生涯教育の概要が作成された。数学者ウジェーヌ・リヨンネは後に公教育大臣になるヴィクトル・デュリュイの支援を取り付け、「社会人のニーズに合った教育サービスを提供する」ために学芸協会を設立した。この協会の教師陣はボランティアだったこともあり、料金は格安だった。講習は夜間や土曜日に行われ、およそ六〇〇〇人の受講者がいた。おもな講習は労働者に読み書きを教えることだった。

同年、前出のラザール・カルノーの次男イポリット・カルノーが提案した公立学校の無償化計画は、右派の議員によって否決された。こうしてファルー法の準備が進んだ。

一八四八年にフランス第二共和政の大統領に就任したナポレオン三世は、優秀なジャーナリストでメーヌ＝エ＝ロワール県〔フランス西部〕の代議士だったアルフレッド・ド・ファルーを教育省の大臣に任命した。

一八五〇年、ファルーは国の資金で運営される公教育とカトリック学校の施す「自由な教育」を区別するという法律を制定した。この法律により、教会は教育に関するあらゆる権限を得た。以下、ファルー法による変化を記す。

私立学校に対する国の関与は最小限になり、聖職者は公教育のあらゆる委員会に顔を出し、小学校から大学までの公教育の組織、カリキュラム、教師の人事に口出しできるようになった。

市長や主任司祭の簡単な報告書があれば、司教は教師を異動させたり解雇したりできるようになった。

司教は各県に設立されたアカデミー評議会の要職を務めるようになった。

公立、私立を問わず、すべての小学校では、道徳と宗教の教育が主要な教科になった。

宗教団体による教育機関の設立が容易になった。

地方自治体は公立の小学校の教師に修道会員を採用できるようになった。

それまで活動を禁止されていたイエズス会士は教職に復帰できるようになり、イエズス会の学校は再開した。

教員免許状さえあれば、修道女でも小学校で教鞭をとることができるようになった。

人口八〇〇人以上の自治体は女子学校の設立を義務づけられた（しかし、これは建前だった）。

ちなみに、一八一六年以降、教会の管理下にあった高等教育は「大学」と呼ばれなくなったが、教育内容に大きな変化はなかった。

この法律が可決された日、ヴィクトル・ユーゴー（父親は軍人だった関係でマドリッドの宗教学校で教育を受けた後、パリの寄宿学校に入った。その後、学業を断念して演劇や文学の道に進み、代議士になっていた）は、議会で激しく抗議した。ユーゴーによると、公教育を提供し、規制するのは国の役割だという（躾は家庭、教育は国）。ユーゴーはすべての人に義務教育を無償で提供すべきだと訴えた。「野原のあるところ、魂があるところに、本は必ずある。学校のない地方自治体はあってはならない。中学校のない街はあってはならない。大学のない県庁所在地はあってはならない」

一八五一年、職業訓練開始時の最低年齢（一二歳）、子供の一日の労働時間の上限（一二歳から一四歳は一〇時間、一四歳から一六歳は一二時間）、読み書きのできない子供に対する一日二時間の教育などを定める法律が制定された。そうはいっても、この法律はまったく適用されなかった。その証拠に、一八五三年の警察の報告書によると、トロワ〔フランス北部の都市〕のメリヤス工場の女子の縫製工と刺繡工は、きわめて低賃金で一日一六時間も働いていた。

第二帝政が始まったとき、共和主義者は、第二共和政の敗因を大衆教育の欠如だと見なした。そこで、共和主義者は義務教育の実施と脱宗教化こそが共和制の勝利と永続につながると確信し、三〇年間にわたって闘った。経営者側も異なる理由で共和主義者と同じ考えだった。技能労働者が必要になったのである。

一八六一年、ミュールーズ〔フランス東部の都市〕の工業会は、国民全員に義務教育を施してほしいという請願書を元老院に提出した。地主と聖職者の結託に対抗する資本家と労働者の同盟関係は以前よりも強固になった。

女性の高等教育が始まった。同年の一八六一年、三七歳のジュリー＝ヴィクトワール・ドービエは、フランス人女性として初めてバカロレアを取得した。ところが、当時の文部大臣ギュスタヴ・ルーランは、彼女の卒業証書への署名を拒否した。その後、彼女は教師になり、「ローマ社会における女性の地位」という論文を書き上げる直前に亡くなった。

一八六三年、ゴブラン織り工員の息子ヴィクトル・デュリュイは、歴史と地理の学位を取得し、ランス〔フランス北東部の都市〕の中学校、アンリ四世校、サン＝ルイ校の教師を務めた後、公教育大臣になった。デュリュイは人口八〇〇人以上のすべての自治体に対し、女子学校の設立と高校の女子部併設を促した。

先述のファルー法が課す聖職者への服従に対し、大勢の教師が反旗を翻し始めた。一八六四年、危険を察知したフランスの教会はローマ教皇に泣きついた。ローマ教皇は「教会の長女」（シャルル八世の時代以降のフランスの愛称）が自分たちから離れていくのを食い止めるために救済に乗り出した。ピウス九世は『近代主義者の謬説表《びゅうせつ》』（伝統的な教会の意向に反し、フランスの教師たちが密かに教えていた誤った教義を八〇ヵ条にまとめたもの）を発表した。たとえば、「いかなる場合であっても、教会は哲学に口出ししてはならない」「神が人類や世の中に影響をおよぼすことはない」「教会の権利の内容と範囲を決めるのは国民だ」などだ。

一八六四年、歴史家エルネスト・ルナンは月刊誌『両世界評論』に寄せた論考の中で、ドイツの大学とフランスの高等教育の違いを論じた。前者は「柔軟かつ多彩で豊かな知的活動」を育む一方で、後者は「近代科学というよりも、四世紀、五世紀の修辞学教師の代物」だと酷評した。

実際に、ソルボンヌ大学は依然として絶対的な保守主義が渦巻く場だった。フランスの大学は、法学、文学、医学、歴史の分野を除き、中世の伝統にしがみつき続けた。

そこで公教育大臣ヴィクトル・デュリュイは官僚に対し、フランス、プロイセン、ベルギー、オランダ、ドイツの高等教育機関の比較調査を命じた。その結果、運営費と椅子などの設備の不足、建物の老朽化、教職員の孤立、図書館の貧弱な蔵書、研究者の貧困などの問題が浮かび上がった。しかしながら、何の対策も打ち出されなかった。

一八六六年、教師から政治家になったジャン・マセは、無償、義務、非宗教の初等教育の確立を唱えるとともに、学校制度の周辺や外部での教育活動と市民活動を組織するために教育連盟を設立した。これが課外活動の始まりだ。

同時期、ジュネーブではカール・マルクスが教育について記した珍しい文書（国際労働者協会の総会出席者に配布された「指示書」）において、子供の就労時期はできる限り遅らせ、教育には、知的教育、体育、諸学総合の教育が含まれるべきだと説いた。マルクスによると、こうした教育によってこそ、子供はその時代の工業技術や、それらの技術の基盤になる科学を理解できるようになるという。

一八六七年、公教育大臣ヴィクトル・デュリュイは次々と改革を打ち出した。たとえば、(西洋諸国が憧れるプロイセンの教育モデルを真似た)親の寄付と自治体の補助金によって運営される学校制度の構築、教師の給料引き上げ、教育カリキュラムの改定、私立学校に対する国の監督強化などだ(しかしながら、ファルー法が廃止されることはなかった)。

デュリュイの改革は他にもあった。女子学校の設立義務を負う自治体の規模は、人口八〇〇人以上から五〇〇人以上へと引き下げられた。歴史と地理は必須科目になった。農村部の自治体は学習指導要領を次のように定めた。「書き取り、朗読、演習問題などを用いて農業の指導をし、成人の場合では、筆記、計算、文字の綴り方などの通常の授業の後に、解説と助言の記された農業関連の資料を読み聞かせる。また、子供に園芸を実践させるために校庭に畑を併設する」

一八六八年、公教育大臣デュリュイは大学の改革を推進するために、王フランソワ一世がコレージュ・ド・フランスを設立したように、特別高等教育機関である高等研究実習院を設立した。高等研究実習院は、学界の名士や研究所で働く科学者を講師に迎えるセミナーを催すなどして、理論的な教育と並行してそうした教育を強化および拡張するための演習を行った。

第二帝政末期である同じ一八六八年、政治や宗教の問題を扱わないという条件で集会の自由を認める法律が制定された。こうした集会では、教育問題がよく議題にのぼった。集会の自由により、大衆が社会問題について学んだり、互いに議論したりする機会が増えた。集会は真の大衆教育の場になり、共産党員、共和主義者、社会主義者の政治思想の拡散にきわめて重要な役割を果たした。

同じころ、最初のフランス人女性として、マドレーヌ・ブレは医学部を、エマ・シュニュは理学部を卒業した。二人とも大学の同級生や教授にぞんざいに扱われた。女性と同様、ユダヤ人の若者の受け入れに関しても、高等教育機関はきわめて消極的だった。

一八七〇年、ルーベ〔フランス北部の自治体〕の製糸工場の経営者シャルル・ユンカーは、自分の工場の労働者のために夜間学校を設立した。夜間学校では、読み方、地理、算術、幾何学、自然史を教えた。生徒は五五〇冊以上の蔵書〔自然科学、道徳、美術、工芸、小説、論文集など〕を持つ図書館を自由に利用できた。教師陣は織物工場や製糸工場の重役が務めた。

一八七〇年、フランスの教育界ではファルー法がまだ効力を持っていた。とくにパリでは、小学校の八四％は宗教系であり、生徒の五七％は宗教系の学校に通っていた。「セーヌ県の教師は宗教教育を施すこと」という規則すら定められており、パリ一七区の公文書には「教師は祈りを毎日捧げなければならない」と記してあった。

第二帝政の学校制度は衰退した。多くの教師は一〇年間の契約期間が満了すると、給料が安いことを理由に退職した。パリではアンシャン・レジーム時代と同様、三分の一の子供が依然として完全に通学していなかった。この割合は地方ではさらに高かった。

同年、セダンの戦い〔普仏戦争の戦闘の一つ〕に敗れると、当時のパリ市長ジュール・フェリーは「社会革命が起こらないようにするには、社会格差を解消させて社会層間の不和を減らす共和主義に基づく学校が必要」と訴えた。フェリーは、男子だけでなく女子についても言及した。「教育の平等に関して、格差是正は道半ばだ。まだ半分もなすべきことが残っている。私の訴える格差是正は、社会層間だけでなく男女間についてもだ」

一八七一年、パリ・コミューンが蜂起すると、コミューン活動家は「教育は誕生時から始まる」と訴えて保育所の設立を要求した。また、初等教育は科学的な知見に基づくべきだと主張して、小学校カリキュラムの抜本的な改革を訴えた。コミューン活動家は男女共学の実現のために活動した。「新たな教育」という団体（教師と親の集まり）は非宗教的で無償の義務教育を求めた。

一八七一年四月、パリ・コミューンの政令により、教会と国家は分離され、学校は男女のために非宗教、無償、義務にすると定められた。パリ八区のコミューン委員エドゥアール・ヴァイヤンは公教育の代表になり、聖職者を教職から締め出すように呼び掛けた。パリ八区では、親は子供の授業に参加できるようになった。パリ三区では学用品、そしてパリ二〇区では食事と衣服が生徒に無償で提供された。パリ一三区では公立図書館が設立され、朗読会と講演会が催された。

パリ・コミューンの台頭とともに、フランス語に「ライシテ（laïcité：宗教からの独立、非宗教性）」という言葉が登場した。これを初めて指摘したのは辞書編集者エミール・リトレだ（新聞『祖国』の記事において）。この言葉は、ギリシア語の「laos（「大衆」）」に由来する教会で使うラテン語の「laïcus（「共通」、「大衆」）」の借用と言われている。それまで「laïc」という言葉は聖職者ではない「洗礼を受けた人」を意味していた。つまり、「laïc（非聖職者、俗人）」は「聖職者」の反意語だ。

一八七一年五月二八日、パリ・コミューンの崩壊（先ほど紹介した何人かは処刑された）により、これらの計画は頓挫した。しかし、コミューン活動家たちが考えて試みた非宗教の原則は、一八七一年六月五日にパリ市長を辞任したジュール・フェリーが受け継いだ。

一八七五年、共和制が脆弱だったころ、レオン・ガンベッタはベルヴィル（現在はパリに併合された自治体）での演説の際に、一八世紀の哲学者、フランス革命、脱宗教を関連づけて次のように述べた。「国家を自分たちのようにする、つまり、フランスを典型的な脱宗教の国にするのだ。（……）われわれは祖先の活動を引き継いでいる。すなわち、自分の理性の認めたものだけを真と認めるフランス人によるフランス革命を引き継いでいるのだ」

しかしながら、共和制は脱宗教という理想に関して前途多難だった。脅威を感じた教会は、先手を打って教会独自の大学を設立しようとした。

ジョベール伯爵が提出した高等教育の自由に関する法律により、高等教育の国家による独占に終止符が打たれた。だが、当時、教会が大学を支配していたのでファルー法を持ち出して異議を述べる必要はなかった。ジョベール法により、いわゆる「自由大学」を設立できるようになった（「二五歳以上のフランス人で現行法の第八条（例：犯罪歴など）に抵触しない者、そして高等教育の実施計画において合法的に結成された団体は、高等教育の授業と機関を自由に開設することができる」）。だが実際には、それらは宗教系の大学だった。

国立大学の教授と自由大学の教授からなる審査委員会は、それらの私立の高等教育機関が寄付や遺贈を受け、公益機関としての「大学」を名乗ることを認可した。こうして設立されたのが、リール・カトリック大学（一八七五年）、社会科学自由大学、アンジェ高等商業科学大学だった。

脱宗教への闘いは熾烈になった。一八七七年、ガンベッタは下院での演説でカトリック教会を「打倒すべき敵」と名指しした。「したがって、皆さんはフランスならびにこの国の農民にとり、アンシャン・レジームと同様、害悪になるものがあると感じている。（……）それは聖職者中心主義だ」

一八七八年、教育哲学者フェルディナン・ビュイソン（その二〇年後に設立された「人権連盟」の創始者の一人）は、三〇〇〇人以上の著者による論文集『教育学と初等教育に関する事典』を出版し、教会の丸暗記型の教育法に異議を唱え、ルソーやペスタロッチの理論に基づく直感的な非宗教型の教育法を提唱した。

一八七九年、医師でヨンヌ県（フランス中部）の代議士ポール・ベールは、「われわれに科学的で実証可能な真実、そして市民としての道徳と祖国の宗教を教えるのは非宗教的な学校だ」と述べ、教育は教会でなく学校が行うべきだと主張した。

ジュール・フェリー、マルセラン・ベルテロ（高等教育総監）、ジャン・マセ（教育連盟の創設者）が中心となって制定された法律により、アンスティテュター（一七九一年一〇月以降、小学校教師はこの名称で呼ばれていた）を養成するために男子と女子の「教員養成学校」を、各県に少なくとも一校ずつ設立することが定められた。

また、フランスの大学は、古代語、歴史、地理、考古学、法学、医学の分野で優れた専門家を輩出していたが、実証科学の分野の人材に関してはほとんど皆無だった。

子供の学校環境が真剣に検討されるようになった。工場での作業効率が改善されたように、教室を機能的にする試みが始まった（例：生徒の体格に合わせて五種類の「テーブル付き椅子」を用意する。教室の照明はノートと本を照らすために左側に置く〔生徒は右利きであることを想定していた〕）。しかしながら、予算不足のため、すべては掛け声だけに終わった。だが近い将来、学校には大勢の生徒が通うようになるのだから、そのための準備が必要だという意識は醸成された。

一八七九年、地理学者エリゼ・ルクリュの従妹で教師のポーリーヌ・ケルゴマールは、（路上に放置された労働者の子供を保護していた）慈善託児院の監査役になり、慈善託児院を保育園に改変した。そして幼児にとって遊びはきわめて重要だと説き、保育園には幼児の体格に合った家具を設置するように命じた。ケルゴマールはイタリアのマリア・モンテッソーリの開発した教育法を三〇年も先取りしていた。

一八八〇年、教会は後退を余儀なくされた。ファルー法の制定以降、教会は公教育高等審議会と学術審議会を支配してきたが、新たな法律が施行され、これらの審議会から教会の代表者は排除された。そうはいっても、聖職者の小学校教師は、初等教育の教員免許があれば引き続き教鞭をとることができた。イエズス会の教育機関は再び排除され、他の修道会については許認可制になった。

一方、職人や商人を目指す若者に必要な技術と知識を教える「職業訓練学校」を設立する法律が制定された。この学校には初等教育修了後でなければ入学できず（一二歳未満は入学不可）、最低三年間通う必要があった。

一八八〇年、セーヌ県の代議士で後に国務院のメンバーになるカミーユ・セーは、公立の女子中等教育機関を設立した（男子とは別だった）。期間は五年間で、授業料を負担しなければならなかったが、奨学金を得ることもできた。卒業時のバカロレア受験資格はなく、修了証書を取得できるだけだった。

この頃のフランスの非識字率は一五％にまで低下した（一八二七年は五八％、一八四五年は三八％、一八六八年は二〇％）。非識字者の割合は女子のほうが高かった。

一八八一年、パリ商工会議所の会長ギュスタヴ・ロイの尽力により、パリ高等商業学校が設立され、五七人の学生を受け入れた。

一八八二年初頭、シャルル・ド・フレシネ内閣で公教育および芸術大臣だったジュール・フェリーは、公教育においてまだ必修教科だった宗教教育を廃止しようとした。ランスでの演説では「プロイセンの教師は祖国に勝利をもたらした。共和国の教師は復讐する」と気勢を上げ、教育こそが国防につながると力説した。

さらには、フェリーは六歳から一三歳までの男女の子供に無償の義務教育を施すという法案を提出した。この法案の骨子は次の通りだ。一一歳からは、親は学業証明書の取得によって通学を証明する必要がある。これと並行して、国は義務教育を受ける権利を国民に保証しなければならない。すべての小学校では、道徳と宗教の授業は道徳と公民に代わる。農業の基礎知識に関する授業が必修科目になる。

しかしながら、この法案は性差別主義に基づくとともに、踏み込みの足りない内容だった。というのは、男子の職業訓練は「労働者や兵士になるためのもの」だったのに対し、女子の教育は「優秀な家政婦になり、軽薄で危険な嗜好を身に付けないようにするもの」だったからだ。また、この法案では、宗教教育と聖職者の教師は公教育から締め出されるが、私立学校の場合ではそうではなかった。そして教師の給料の一部は自治体が負担することになっていた。

この法案の審議中、元老院議員ジュール・シモン（一八七六年に首相に就任）は、教育カリキュラムに「神と祖国に対する義務」という文言を加えるべきだと主張し、「フランス、そして共和国の名においても、この法律には神の名を入れるべきだ」と熱弁した。驚いた議長のヴィクトル・シュルシェールは、自分は無神論者だと公言して元老院の議論を急遽打ち切った。一八八二年三月二三日、この法律は可決され、三月二八日に発布された。

この法律により、フランスは非宗教的なだけでなく無償の義務教育を実現した。ちなみに、フランス以外の国の無償の義務教育は、フランスよりも以前では、プロイセン（一七六三年）、オーストリア（一七七四年）、スウェーデン（一八四二年）、マサチューセッツ州（一八五二年）、日本（一八七二年）、イギリス（一八八〇年）、そしてフランスの以降では、オランダ（一九〇〇年）、ロシア（一九一八年）で施行された。

この法律が可決されてから三日後、教会はこの法律を神に対する冒瀆だと糾弾した。すなわち、「神なき学校」が社会の道徳的な退廃を招くのは自明だと訴えたのである。

教会の圧力を受け、五六人の代議士は「この法律はフランスにとって害悪だ」と主張し、この法律に反対する声明書に署名した。彼らは非宗教化した学校で用いられている四冊の公民の教科書の使用禁止を求めた（ポール・ベール著『学校における公民教育』、ターンの代議士ガブリエル・コンペーレ著『公民道徳の教育入門』、ジロンド県の代議士ジュール・スティーグ著『公民道徳の教育：人間と国民』、アンリ・グレヴィル著『女子の公民道徳教育』）

彼らは、これらの教科書はカトリック教会を否定的なイメージで紹介していると非難し、これらの教科書を用いることは学校の中立の原則に反すると主張した。大臣が教会の訴えを退けると、聖職者たちはこれらの教科書を探し出して没収し、「害悪である学校」に子供を通わせ続ける親は、教会から破門すると脅した。たとえば、トロワ（フランス北部の自治体）の司教コルテは説教台から次のように言い放った。「彼らは地獄のような世界を確実に実現するために、個人、家族、フランスを非キリスト教化しようとしている。彼らの標的は子供とその教育を担う人々だ」

ローマ教皇レオ一三世はジュール・フェリーとの話し合いの末、コンコルダート（宗教協約）の維持と引き換えに、この法律を容認した。一方、ジュール・フェリーは矛を収めるために一八八三年一一月一七日付の通達において、たとえ科学的に明白な真理であっても「宗教の教えを傷つける恐れがあるのなら」、教える際には細心の注意を払うようにと教師に指示した。こうした議論は今日でも続いている。

各自治体は国の後押しにより、陽の差し込む風通しのよい校舎を新設した。授業時間は八時から一六時（午前と午後に三時間ずつ）であり、木曜日、休暇期間、日曜と祝日は休みだった。教師は村や町の名士になった。

中等教育は相変わらず有料であり、ブルジョワ家庭の子供だけが中等教育の学校に通っていた。規律は軍隊式であり、一日の拘束時間はきわめて長く、休憩時間やスポーツの時間はなかった。

一七世紀にラ・サール会が開発した「一斉教授法」は、王政復古の時代には「パートナーシップ式教育」と争ったが、「一斉教授法」が主流になった。学習到達度別のクラスが設置された。

一八八三年、ワルシャワでその一六年前に生まれたマリ・キュリーはワルシャワの中学を卒業した。そして女学生を受け入れていたポーランドの非合法の高等教育機関「さまよえる大学」で学んだ後、パリ大学に移り、物理、化学、数学の勉強を継続した（パリ大学では冷遇された）。

一八八四年、一二万人の男女の教師が七万四〇〇〇の小学校で教鞭をとっていた。これらの小学校のうちの数千校では、教師は全クラスに一人しかいなかった。共和主義者が勝利した村では、まだ公務員ではなかった教師は市長の秘書になった。

この年、元老院議長に就任したジュール・フェリーは下院において、地方にも学校を設立したとして政府の業績をアピールした。これに対し、後に共和派の野党〔急進社会党〕に所属する、セーヌ県の代議士だったジョルジュ・クレマンソーは、次のような先見の明のある演説を行っが紹介する。この演説は、二〇世紀を通じてフランスの教育政策の針路を示唆していた。多少長くなるが紹介する。

「村で最も美しい建物は学校であるべきだ。学校に通う子供には、まるで宮殿を訪れるような気持ちになってほしい。子供が村の教会ではなく学校で、学術によって高尚な理念を抱くようになり、コンドルセが説いたような自然科学を尊ぶ人物になることを願っている」「今日の初等教育の目的は、農民を野蛮な状態から救い出すことであり、中等教育の目的は、リベラルなブルジョワ階級を育成し、彼らに美の規律を教えることであり、高等教育の目的は、彼らにさらなる教育を施し、社会の要になる芸術家や文化人を育成することだとされてきた。だが、こうした古臭い考えは一掃されるべきだ。普通選挙権のある国の公教育が過去のものと同じであってはいけない」

だが、クレマンソーが宗教教育の廃止を訴えることはなかった。

「国は教育の独占に胡坐をかくのではなく、教育を施す主体者として進化するのに必要な推力を競争相手〔教会〕から得るのだ」

そして次のように結論づけた。「国民は一つの専門分野に留まるべきではない。国民が専門分野を変えられるようにしなければならない。今後も教師を育成し、図書館、研究所、美術館など、数多くの建物をつくる必要がある」。これこそ（フランスだけでなく）二〇世紀の教育計画だった。

一八八六年、議会は人口五〇〇人未満の小集落や自治体に対し、男女共学の学校（一クラス）の設立を認可した。同年、フェリー法の趣旨に沿うゴブレ法の施行により、公立学校は教職員を漸次非宗教化しなければならなくなった。また、異なる宗教の子供は、教室に入る前に身に付けている宗教的な象徴を外すように促されることになった。

一八八九年、「脱宗教法」の成立から七年後、公立小学校の教師は国家公務員になり、給料を国から全額支給されるようになった。自治体の責務は、学校の敷地と校舎ならびに運営だけになった。

一八九二年、ローマ教皇はフランスのカトリック教徒に対し、共和制を支持するように勧めた。

ほとんどの労働者と農民は、相変わらず学校の外で教育を受けた（例：青年センター、青少年クラブ、演劇や音楽のサークル、市民大学〔成人教育機関〕、研究サークル、博物館、夜間学校、教育連盟、生涯教育協会、積極的教育法訓練センター）。労働組合員は（雇用市場の調整のために自治体が設立した）労働取引所連盟に、相互扶助サービス、図書館、夜間学校（経済学、哲学、歴史、フランス革命などの授業があった）などのサービス機能を持たせた。

一八九四年、ブルジョワ階級の若いカトリック教徒、マルク・サンニエは、労働者の勉強サークル「シヨン」を設立した。このサークルは、講演会、討論会、読書会、社会問題の研究を行った。

一八九五年に労働取引所連盟の書記長に選出された無政府主義者のフェルナン・ペルーティエは、「労働者に欠けているのは自身の不幸を科学的に研究することだ」と訴えた。

一八九八年になると市民大学が設立されるようになった。たとえば、ル・マン〔フランス西部の都市〕で詩人ヴィクトール・ボノメットが設立した「大衆の訓練および教育のための民主サークル」、ブルジュ〔フランス中部の都市〕市民大学、モントルイユ〔パリ郊外の都市〕の労働者たちと彫刻家ジョルジュ・ドゥエルムがつくった雑誌『思想協力』などだ。一九世紀末には「思想協力」の呼びかけにより、一二四の市民大学をメンバーとする市民大学協会が設立された。

この時期、フランスにおいても、スポーツ・クラブ、音楽、演劇、デッサンなどの専門学校が国内各地に設立された。

一八九八年、児童虐待防止法が制定された。この法律では、被虐待児の保護と虐待する親に対する処罰が規定された。学校では暴力に代わって少しずつ「教育的な制裁」〔例：ロバの帽子の罰〔長い耳のついた紙の帽子を被らせる罰〕、壁に向かって立たせる罰、教室から追い出す罰〕が行われるようになった。そうはいっても、当時の教育は進歩を褒めるよりも間違いを罰することに基づいていた。〔とくに宗教系の教育機関で〕性的なものを含むあらゆる虐待が明らかになったのは、かなり後になってからのことだった。

一八九九年、エドモンド・デモリンは、ヴェルヌイユ＝シュル＝アヴル〔フランス北部の都市〕に学費の非常に高い私立学校エコール・デ・ロッシュを設立した。その後、この学校はアクティブ・ラーニング〔自然との共生、グループ・ワーク、身体作業、体育、自然科学、活語、地域生活など〕の実践校として有名になった。生徒は上流階級の家庭の男子であり、彼らは寄宿舎や図書館の運営、小遣いの分配、年長の生徒は「まとめ役」などの役割を与えられた。

一九〇〇年、ほとんどの男女は婚姻証書に署名できたが、中学校に入学する子供の割合はわずか四%であり、二〇歳で大学に通う若者の割合は〇・七%だった。ちなみに、大学生に占める女子の割合は三・三%だった。優秀な教師陣による有益な知識の伝達を享受できたのは特権階級の男子だけだった。

アルジェリアなどのフランスの植民地：教育は施さず、隷従させる

一八三〇年、フランスがアルジェリアに出兵した。一部のフランス人はアルジェリア人が学ぶことのできる場所はコーランの学校くらいだと考え、彼らに文化を教えてやろうと考えていた。ところが、その少し後に出版された『フランス自然史学会および地質学会公報』に掲載された「アルジェリアの現実」という記事には、「アルジェ（アルジェリアの首都）のイスラム教徒はみな、バルバリ（エジプト西部から大西洋岸に至るアフリカ北部地域の古名）で最も教養がある。われわれが入植する以前の段階で、アルジェには一〇〇の公立および私立の学校があった」と記されていた（実際にはもっと少なかった）。

オスマン帝国の高級官吏は、アルジェリアのほとんどの町や村にコーランの読み書きを教える学校を設立していた。これらの学校には一県あたり二～三〇〇〇人の若者が通っていた。そして一県あたり六～八〇〇〇人の生徒がマドラサ（学問所）に進学し、法学（フィクフ）と神学を

学んでいた。卒業生はウラマー〔イスラム法を学んだ知識人〕という称号を得た。

一八三二年、フランス占領軍はアルジェの入植者のために三つの「ヨーロッパ学校」を設立した。

一八三六年、バッス・カスバ〔アルジェの旧市街〕に六〇人ほどのイスラム教徒の生徒のために、さらに一校が設立された。

一八三七年、コンスタンティーヌ〔アルジェリア北東部の都市〕がフランス軍に占領されると、フランス軍と入植者はコーランの学校を破壊し、宗教の写本を焼き払った。こうしてフランス軍が占領する前に行われていた教育は無に帰した。第二帝政〔一八五二年〜一八七〇年〕時には、ヨーロッパ人のための学校と、一握りの裕福なイスラム教徒の地主や商人の子供のための学問所がいくつか設立された。一八六三年、これらの学問所には一〇四人のイスラム教徒の子供が通っていた。

一八七〇年、クレミュー政令により、フランス国民になったユダヤ人の子供を含むすべてのヨーロッパ系の子供のための初等教育（A区分）と、フランス語と基礎的な技術知識だけをイスラム教徒の子供に教えるための初等教育（B区分）が区分された。

一八八八年、公式の報告書によると、アルジェリアにはイスラム教徒のための学校が三校と「あばら家学校」が三二校しかなかった。これらの「あばら家学校」のおよそ半分はカビリア〔地中海沿岸の山岳地帯〕にあり、暖房設備のない伝統的な日干しレンガの建物の中にあった。これらの学校では、現地人の教師が非宗教的な教育を施していた。アルジェリアの社会学者で歴史家のアブデルカデル・ディジェグルは、この教育を「アラビア語とイスラム教に対する真の抑圧装置」と評した。

一八九一年、ジュール・フェリーは元老院での演説で「アルジェリア人には最低限の教育しか与えない」と言明した。「アルジェリア人にフランスの優れた初等教育を提供するつもりはない。彼らには歴史や地理はあまり教えず、とにかくフランス語だけを学んでもらう」

一八九六年に公教育大臣だったアルフレッド・ランボーは、アルジェリアの文化を破壊したうえでアルジェリア人に近代的な知識を提供すると述べた。「アルジェリア征服は武力によって始まり、一八七一年のカビリアの武装解除で終了した。征服の第二段階は、現地人にフランスの統治と正義を受け入れさせることだった。今後の第三段階は学校を通じて行う。学校の役割は、現地のさまざまな固有語に対してフランス語が優位になるように教育を施すことだ。さらには、フランスならびにフランスが世界で担う役割に関するわれわれの考えをイスラム教徒の頭に叩き込み、現地人の無知と狂信的な偏見をヨーロッパの科学に置き換えることだ」

一九世紀末、学校に通うべき年齢のイスラム教徒の就学率はたったの二%だった（一方、ヨーロッパ人とユダヤ人の就学率は八四%だった）。一八九九年に高校や大学に通っていたイスラム教徒の数は九〇人だった。イスラム教徒のバカロレア合格者の数は、一八八〇年から一八九〇年までは四人、一八九〇年から一九〇四年までは一三人だった。

一八八七年、コートジボワール南部の村エリマに初のフランス学校が設立された。教師はアルジェリア出身者で、生徒は三三人のアフリカの子供だった。設立から三年後、この学校はアシニ〔コートジボワール南部のギニア湾沿いの町〕に移った。一八九〇年以降、ジャックヴィル、グラン・バッサム、モオスー、タブーなどのギニア湾岸沿いの町にも学校が設立された。一八九五年、これらの学校では非常勤の教師がおよそ二〇〇人の生徒を教えていた。一九世紀末、コートジボワールの人口はおよそ二〇〇万人だったが、学校に通っていた子供の数はたったの八九六人だった。

セネガルで最初の学校が設立されたのは一八一七年だった。一九〇〇年ごろ、沿岸部を中心におよそ七〇の学校が設立された。これらの学校には二五〇〇人の子供が通っていた。運営は宣教師や教師自身が行っていた。これらの教師のうち、正式の雇用契約を結んでいたのはせいぜい十数人だった。フランス領西アフリカで初の教員組合が結成されたのは一九〇三年のことだった。

ロシア：教育の普及を意図的に遅滞させる

一八〇二年、ロシアは啓蒙主義の思想が徐々に広まり始めたことに危機感を覚え、大勢の大学教授を解任し、図書館からは「信頼性に乏しい有害図書」が撤去された。

ロシア皇帝アレクサンドル一世は公教育省を設立し、ロシア帝国大学憲章を制定した。この憲章により、六つの教育領域と五種類の教育機関（小学校、教区学校、地域学校、ギムナジウム、大学）が定められた。この憲章によると、教育の役割は、皇帝の神聖さ、ならびにロシアの暮らしと精神の特殊性（例：ロシア正教、独裁制、民族のルーツ）に対する理解を深めることだという。

一八二八年、コーカサス地方では、アルメニア語、グルジア語、アゼルバイジャン語の教育が始まった。

一八五七年、女子の国立の中等教育が始まった（男子は大学への進学の準備のためだったが、女子は花嫁修業のためだった）。

一八五九年、人口七〇〇〇万人のうち文字を読むことのできる農奴は五〇〇万人だった。一部の大領主は自分たちの農地で働く農奴のために学校を設立した。

一八五九年、レフ・トルストイは、ルソー、モンテーニュ、ペスタロッチ、フレーベルらの影響を受け、ヤースナヤ・ポリャーナ〔モスクワの南方〕にある自分の屋敷に学校を設立した。この学校では、厳格な時間割、文章の丸暗記、宿題、体罰などはなく、読書、数学、宗教、地理、環境、歌、デッサン、物理、歴史などが教えられた。生徒は教室に自由に出入りできた。

トルストイは日記に「善悪を知るには、学ぶ側が自身の不満をきちんと表明できなければならない。少なくとも、満足できない教育を避ける必要がある。肝に銘じるべきは、良い教育の唯一の規範は自由であることだ」と記している。トルストイは結婚するまでの二年間、この学校で教えた。

一八六四年、ロシア皇帝アレクサンドル二世は、国民全員に初等教育を施すと宣言した。女子への教育も一部の科目について認めたが、国費による運営は拒否した。ポーランドとフィンランドでは、ポーランド語、フィンランド語、ラトビア語、リトアニア語、エストニア語の教育を行うなど、特別な教育制度が設けられた。

一八六五年、中等教育に関しては、ロシア全土に散らばる九六の学校において二万六七八九人の生徒が学ぶだけだった。

一八七一年、教育と学校生活の管理のために教育カリキュラムと教科書の選択を制限する法律が制定された。その結果、教育に占める宗教の役割はさらに大きくなり、学生集会は禁止され、学費は倍増し、国の補助金は削減された。

ギムナジウムに入学できるユダヤ人の数はさらに厳しく制限された。生徒全体に占めるユダヤ人の割合は、ユダヤ人共同体のある地域の学校では一〇%、そうでない地域の学校では五%、そしてサンクトペテルブルクとモスクワの学校では三%にすぎなかった。

一八七八年、サンクトペテルブルクに設立されたベストゥージェフ女子大には、八〇〇人の女子が通い、サンクトペテルブルクの優秀な教師がしばしば無償で教えた。

一八八四年、文部省はまたしても学生運動の勃発に懸念を抱き、「大学教育は国家の利益に資すべきであり、愛国的でなければならない」と大学教員に注意を促した。ベストゥージェフ女子大学では、歴史、文献学、法学の授業があった。

一八八六年、ベストゥージェフ女子大学を除き、女子を対象にしたすべての講義は閉鎖された。

同時期、ウクライナとロシアの教育者であり作家のコンスタンチン・ウシンスキー（ロシアにおける教育学の創始者といわれる）は、「大衆の創造力」と大衆の平等な教育を受ける権利を認めるように訴えた。また、歴史、そして外国語を学ぶ前に母国語を習得する重要性を説いた。

一九世紀末、ロシアの非識字率はまだ八〇%だった。

ヨーロッパの他の地域：教育が普及する

先述のように教育先進国スウェーデンでは、各小教区で教育の責任を担うのは司祭や牧師だった。教師は聖職者だった。

スウェーデンで公立小学校が初めて設立されたのは一八四〇年だった。一八四二年、小学校は男女とも義務教育になった。法律によって「都市部と農村部の小教区には、正式な教員資格を持つ教師のいる学校が少なくとも一校は必要」と定められた。教育カリキュラムは相変わらず教会が決めた。教育に関し、保守派は教理問答と朗読だけで充分と考えた一方、リベラル派は「よき国民を育成する」ために広範囲な分野を扱うべきだと主張した。

スウェーデンでは時間が経過するにつれて、教師陣から聖職者が減った。子供は家庭で親から学ぶこともできたが、学区の委員会が「親の教育では不充分」と判断した場合、学校で学ばなければならなかった。

一八六一年、女子に開かれた初の公立高等教育機関である王立神学校が設立された。一八七〇年代、スウェーデンのほとんどの都市には、女子の中等教育機関が設立された。

オランダでは、一八〇六年の学校改革により、各都市は「社会的、キリスト教的な美徳」の育成を目指す公立学校の設立を義務づけられた。プロテスタントやカトリックの小教区学校の設立は禁じられた。オランダに義務教育が導入されたのは、フランスよりも少し遅い一九〇〇年だった。

その他の国で初等教育が義務化されたのは、スペインでは一八五七年（モヤノ法）、イタリアでは一八六〇年だった。だが、その実、両国とも義務化は建前であり、初等教育は教会が完全に支配していた。

オスマン帝国とイスラム世界：低迷し続ける

一九世紀初頭のオスマン帝国では、学校はまだ宗教の支配下にあった。一八二七年、最初の非宗教の教育機関である軍事学校が設立された。

一八三四年、士官学校が設立された。当初、この学校ではフランス人講師がフランス語で授業を行った。その後、使用する教科書は少しずつトルコ語に翻訳された。

一八三九年と一八五六年の勅令により、オスマン帝国政府はすべての臣民に対し、人種や宗教とは関係なく法のもとの平等を保証した。その結果、とくに教育制度の西洋化および近代化が急速に進んだ。修道会系や非宗教系のフランスの学校が数多く設立された。これらの学校には、さまざまな民族や宗教の男女の生徒が通った。

一八五六年、イスタンブールにノートルダム・ド・シオン学校（寄宿制の女子高）が設立された。生徒はイスタンブールの富裕層の家庭の女子だった。

一八六三年、オスマン帝国の人々はすべて、教育を受ける権利を持つことになった。だが、教育は義務でも無償でもなかった。

オスマン帝国時代のアルメニアに非宗教の教育委員会が設置された。オスマン帝国の中で最も教育を受けた民族集団はアルメニア人だった。

エジプトでは、オスマン帝国の初代ワーリー（知事）が一〇〇〇年前から存在するイスラム教の古い教育制度を改革した。マンスーリヤではコーランの節を暗記することによって読み書きの基礎が教えられ、マドラサでは公務員が養成された。カイロ大学神学部はイスラム圏において大きな権威を保ち続けた。

一八八〇年以降、初期イスラム教への回帰を呼びかけるサラフィー主義者が台頭し、彼らは外部の影響、とくに西洋の影響の象徴である科学を排除すべきだと力説した。

軍隊と行政の刊行物の印刷のためにカイロでエジプト初の印刷所が設立されたのは一八二二年だった。このブーラーク印刷所は長年にわたって独占状態を維持し、アル＝ナフダ（文化ルネサンス運動）の中核を担った。この印刷所は新聞や法律文書を出版すると同時に、数十年間にわたってアラブ諸国に書物を提供した（例：アラビア語、トルコ語、ペルシア語の古典書物。さらには、ヨーロッパの技術、科学、言語に関する著作をアラビア語に翻訳した書物）。一九世紀末、アラビア語の出版物の中心地になったカイロでは、およそ一万冊の書物が印刷された。

インド：帝国統治に全力を尽くすが、インド人には何もしない

一九世紀全般を通じて、寺院、モスク、家庭で行われる伝統的な教育制度は継続した。そうした伝統的な教育制度で学んでいた者の就学年齢の男子全体に対する割合は、マドラス〔現在のチェンナイ〕地方では六人に一人、ボンベイ〔現在のムンバイ〕地方では八人に一人、ベンガル地方では九人に一人だった。彼らはヒンドゥー教やコーランの聖典を用いて読み方を学んでいた。

西洋風の寄宿学校がイギリス軍人の子供のためにいくつか設立された。そうした寄宿学校はインドのエリート層の子供のためにも設立された。一八二一年、イギリス宣教師協会は、インド南部の都市ティルネルベリに初の女子寄宿学校を設立した。

一八二三年、イギリスの高官ホルト・マッケンジーは、「政府は、インド人を隷属状態に置くために彼らを弱く無知なまま放置するという政策をとってはいけない。政府の目的は、インド人の人格を築き、精神を鍛え、清らかな心を持てるようにすることだ」と記した。もちろん、これは純然たるプロパガンダだ。一方、より現実的な見方としてトーマス・マンロー卿は著書『一八二二年から一八二六年までの現地人の教育』において、財源不足、教師の質の低さ、教科書の不足を批判している。

一八三五年の英語教育法により、英語を教育言語にすると定められた。一八三七年、当時の総督トーマス・マコーリーは、イギリスの国益のためにインドの繊維産業の破壊を指示した。さらには、ペルシア語に代わって英語を行政言語に定め、インドのさまざまな言語を通訳するインド人通訳者を養成した。

改革主義者たちはインドの中産階級に西洋の教育を施すためにいくつか学校を設立したが、キリスト教への改宗は強制しなかった。

一八四〇年、スコットランド教会協会は、ヒンドゥー教徒の少女二〇〇人のために六つの学校を設立した。これらの学校では、ウルドゥー語、ペルシア語、綴方、計算、裁縫などが教えられた。

一八四八年、プネー〔インド中西部の都市〕に女子学校が設立された。

その翌年、イギリス人ジョン・エリオット・ドリンクウォーター・ベスーンは、カルカッタ〔現在のコルカタ〕に「先住民女子学校」を設立した。一八六二年、二一人の女子生徒から始まった「先住民女子学校」はベスーン大学と改名された。ベスーン大学はアジア地域に現存する最古の女子大と言われている。

一八七三年、未亡人の権利保護の活動で知られていたインドの教育学者イスワル・チャンドラ・ヴィディヤサガルは、カルマタール〔インド東部の町〕の自宅に女学校と未亡人のための夜間学校を設立した。

一八七七年、サイイド・アフマド・ハーンはウッタル・プラデーシュ州のアリーガル〔インド北部の都市〕に、イギリス帝国初の、イスラム教徒のための高等教育機関ムハンマダン・アングロ・オリエンタル・カレッジを設立した。この学校の目的は、イスラム教徒の中からイギリスの大学に通うエリートを養成することだった。後にアリーガル・ムスリム大学と改名したこの大学は、一九四七年にパキスタンが独立するまでイスラム教徒の政治活動の中心地であった。一八九〇年、インドの大学生の数はおよそ六万人だった〔おもに文学部と法学部の学生〕。卒業生の三分の一は公務員、残りの三分の一は法律関係の仕事に就いた。

法律関係の仕事に就いた一人がマハトマ・ガンディーだ。ポールバンダル〔インド西部グジャラート州の都市〕の小学校では平凡な生徒だったガンディーは、ラージコート〔同じくグジャラート州の都市〕の高校で猛勉強した。一八八七年、グジャラート大学には進学できなかったが、その翌年にユニヴァーシティ・カレッジ・ロンドンに入学して弁護士になった。

一八九九年、総督に着任したジョージ・カーゾンは、インド人男子の就学率が二〇％未満であり、しかも教育の質が悪いことに驚いた〔女子の就学率はさらに低かった〕。そこで、大衆教育の推進を宣言し、近代的な教科書の利用と新たな入試制度の施行を訴えた。しかし、インド人の就学率には何の変化も生じなかった。

イギリスのアジアやアフリカにおける植民地の教育事情はさらにひどかった。たとえば、イギリスの植民地になる以前の一九世紀初頭のナイジェリアには、二つの教育制度があった。一つめはイスラム教徒の暮らすナイジェリア北部の教育制度だ。この地域では、各地のイスラム共同体が任命する「マーレム〔達人〕」が、五歳を過ぎた子供にコーランとアラビア語を学ばせ、大都市においてはイスラム学校が数学や科学を教えた。

二つめはアニミズムやキリスト教を信仰する地域の教育制度だ。この地域では、伝統的な社会で必要とされる実践的な技術を教える先住民の教育制度があった。男子は、農業、木彫り、太鼓、そして女子は、農業や家事を学んだ。

一九世紀末、一五〇の小学校が設立された（その内訳は、宣教師たちによって九一校、国によって五九校）。中学校は一一校あったが（一校を除き、すべて宣教師たちによる運営）、ほとんどの生徒はイギリス人入植者の子供だった。

メキシコ：アメリカ大陸初の非宗教型の教育制度

植民地時代の教育はカトリック教会の支配下にあったが、一八二一年のメキシコ独立時、自由主義者は教会による教育の独占支配を覆し、非宗教型の教育制度を確立しようとした（だが、この試みはうまくいかなかった）。

一八六二年、メキシコ大統領ベニート・フアレスは、政教分離の原則、そして「初等教育は、非宗教、無償、義務」という原則を確約した。また、中等教育制度と国立準備学校を設立し、宗教色の強い教皇庁立大学（設立は一五五一年）を廃止した。

一八七六年、メキシコ大統領に就任したポルフィリオ・ディアスは、非宗教の公教育を推進し、学校の数を増やした。メキシコ連邦政府は教育に対する影響力を強め、非宗教の国立大学を設立した。

一九世紀末、メキシコで読み書きのできる国民の割合は、男性は三分の一弱、女性はそれ以下だった。読み書きのできる国民のほとんどは、スペインからの入植者の子孫だった。中等教育や大学に進学するのは、ほんの一握りの人々だった。当然ながら、さまざまな先住民に対する教育は一切行われなかった。

ブラジル：出遅れる

ポルトガル政府は一八〇八年から一八一〇年にかけて、国立海軍学校、国立士官学校、ブラジル国立図書館、バイーア外科学校、リオ外科学校を設立した。

一八二二年の独立後、ブラジル政府は憲法によって国民全員に無償の初等教育を保証し、都市部と一部の村に公立学校を設立した。

一八二七年、サンパウロにブラジル初の法科大学が設立された。それまでブラジルの弁護士の大半は、ポルトガルのコインブラ大学などのヨーロッパの大学に留学していた。

一八三四年の付加法により、初等教育の管理責任は地方政府に移譲された。これによって、無償の教育を国民全員に保証するという中央政府の義務は消滅した。

一八八九年、国民の識字率は二〇％だった（識字者のほぼ全員がヨーロッパから来た白人）。

アルゼンチン：アメリカ大陸のイタリア

一八二〇年、スペイン語の学校に通う子供の割合は、ブエノスアイレスではわずか六％、一部の州ではゼロだった。州都には中等学校や師範学校が設立されたが、これらの学校に通うのは、一握りの裕福な牧場主の家庭の子供だけだった。

一八二一年、ブエノスアイレス大学が設立された。

一八五三年、憲法により、中等教育制度が制定され、全国に十数校の小学校が設立された。

一八六八年、国民の識字率はわずか一三％だった。読み書きができたのは、ヨーロッパ系移民（おもにイタリア）の子孫だけだった。

一八六八年から一八七四年にかけて、アルゼンチン政府は、およそ一〇〇〇の小学校を設立し、中等教育を再編した。さらには、農業学校、身障者学校、陸軍士官学校、海軍士官学校を設立した。アメリカからやってきた教育者たちは教員養成学校や幼稚園を設立した。

一九世紀末、初等教育の就学率は三八％だった。

中国：二〇〇〇年にわたる教育制度は瀕死の状態

一九世紀初頭の中国の国民に占める「大学入学資格者」の割合は六〇〇人に一人、「学士」は三万人に一人、「博士」は一〇万人に一人だった。こうした割合は二〇〇〇年以上前から変わらなかった。

成績優秀者は選抜試験を経て、一六四四年より清が統治する帝国の幹部になった。

教育委員会は、公表した規則が遵守されているかを確認するため、あらゆる段階で教育機関を監査した。

中国はイギリスとのアヘン戦争に敗れた後、南京条約（一八四二年）と天津条約（一八五八年）によって「降伏の時代」を迎えた。

当時のおもな改革者の一人である張之洞《ちょうしどう》は、「中国人は謙虚になって外国から学ぶべきだ」と訴えた。

一八六〇年、外国語の学習を促す勅令が出された。

一八六二年に設立された同文館は、数学、化学、天文学、ヨーロッパの言語などの教育のために外国人教師を雇った。

一八六七年、近代科学を学ぶための科学研究所が北京に設立された。

一八七七年、北京に設立された公立学校である同文館（この学校は唐の時代の学校の流れを汲む。外国語を数十人の高官に教えていた）は、英語、フランス語、ドイツ語、ロシア語、日本語、化学、医学、機械工学、天文学、数学、地理、国際法などを教えた。この学校は一九〇〇年に閉鎖された。

一八八一年以降、士官学校などの専門学校が増えた。

一八九五年、中国が日清戦争で日本に敗れたとき（朝鮮の宗主権の喪失と台湾の日本への割譲）、アメリカの大学をモデルにした中国初の近代的な大学である天津大学が設立された。

一八九八年、北京大学が設立された。

一八九八年、二七歳の光緒帝《こうしょてい》はすべての私立学校を公立学校にした。

歴史家エヴリン・ロウスキによると、一九世紀末に数十文字の漢字を読み書きできる中国人の割合は、男性が三〇%から四五%、女性が二%から一〇%だったという。

日本：徹底した西洋化

大政奉還の一八六七年まで、日本の教育法は数世紀にわたって、僧侶が寺院で、読み方、算盤、漢字とひらがなを教えるという中国モデルだった。こうした学校で学ぶ日本人の割合は、男子が四〇%から五〇%、女子が一五%だった。大きな藩や都市には中学校もあった。武士の子供は儒教の古典や武術を学んだ。

黒船来航〔一八五三年〕という屈辱的な敗北後、新しい政府である明治政府は、工業と防衛を西洋諸国並みに強化するために熟練労働者とエリート技術者を必要とした。教育を西洋化しても、日本人の精神は相変わらずきわめて国粋主義的だった。明治政府は外国の教育制度を調査するためにおもな西洋諸国に使節団を派遣した。

その後、事態は急速に進展した。一八七一年、明治政府は文部省を設立した。一八七二年、フランスとアメリカをモデルにする近代的な学校制度を定めた「学制」を発布した。

アメリカ人教育者ダビッド・モルレーは、アメリカ人のマリオン・スコット（バイオリニスト、音楽学者、作家、編集者、詩人）とともに、各県に師範学校を設立する手助けをした。

寺の学校（寺小屋）は国営化されて小学校になった。地方の藩が運営していた学校は中学校になった。江戸幕府の学校は東京帝国大学になり、他にもいくつか大学が設立された。

明治維新から数年後、初等教育が義務化された。高校に通う目的は、西洋化された指導者を養成する帝国大学に入学するための準備だった。

一八七六年、日本の使節団はヨーロッパ諸国を視察した後、当時でも世界最高と見なされていたプロイセン・ドイツ型の初の幼稚園を設立した。

一八八二年、ドイツ科学普及協会が設立された。

一八八六年、東京大学はプロイセンを真似た制服を採用した。

一八九〇年、「和魂洋才」を掲げる教育勅語は、識字力、天皇への忠義、親孝行の重要性を説いた。また、生徒に対して「公益を優先し、明治憲法と法律を遵守し、国家に危機が迫ったのなら、国民は身を挺して祖国に尽くし、わが皇室の繁栄を守り抜くこと」と訴えた。教育勅語は天皇の御真影とともに全国の学校に設置された。

一八九〇年代になると、儒教と神道の伝統的な戒律が再び重視され、学校では上下関係と国家への献身が強調された。

小学校の就学率は、一八七〇年代のおよそ五〇％から一九〇〇年には九〇％以上になった。

東京生まれのハーバード大学教授で駐日アメリカ大使のエドウィン・O・ライシャワーは、『ライシャワーの日本史』〔講談社学術文庫〕の中で次のように回想している。「日本の学校は、思考することではなく思考すべきことは何かを教えていた。教育の目的は、政府の価値観に忠実で従順な臣民を養成することだった。日本語の書き方を習得するための機械的な努力により、日本人の自発的な精神は損なわれていた。日本は全体主義的な心理操作を用いるとともに、学校を権力の道具として利用した世界初の国だった」

しかしながら、これまで紹介したように、そうした教育のあり方は日本が最初ではなかった。そして最後でもなかった。

一九世紀末、世界中で都市化と工業化が進み、識字率の向上と最低限の教育の必要性が至るところで叫ばれた。経済成長と教育の関連性が明らかになり始めた。

多くの国では、農民や職人は急減する一方、従業員、エンジニア、医師、技術者、教師、化学者、物理学者、数学者、研究者、銀行員、セールスマンの需要は急増した。

ところが、小学校、家庭、職場での教育だけでは、これらの急増する職能を身に付けることができなくなった。ある程度高度な学校教育を受けた人々が大勢必要になったのだ。

こうして国民の望みとはあまり関係なく、学位取得者を自動車の組み立て工場のように量産しなければならなくなった。

第六章
すべての人が教育を受ける時代
――一九〇〇年から二〇二二年まで

二〇世紀が始まると、多くの国で大量かつ多様な教育が必要になった。職場が農場、商店、作業場などから流れ作業の工場に変わったように、学校も進化を余儀なくされた。

しかしながら、学校の教室では、教師が教科書とノートを前にした生徒に対し、褒めたり罰したりしながら復唱と暗記を課して教えるという、数世紀前とほとんど変わらないやり方だった。こうしたやり方では、学位取得者を前世紀よりも短期間で大量につくり出すことはできなかった。

もちろん、数世紀にわたる経験を活かして作成された教科書の大量配布、一九〇二年から利用され始めたノート、威圧的でない学習指導要領、生徒の学習到達度を考慮した教育（一人の教師が数十人の同年齢の生徒を一度に教える）など、教育は大きく進歩した。それでも、外国語を習得したり、数学をある程度マスターしたりするのに要する時間は、二〇世紀以前とほぼ変わらなかった。

一方、数世紀前から、農業、繊維、機械、化学、輸送、建設などの分野の生産性は、教育とは比較にならないほど急速に向上した。

過去と同様、家庭は、幼少期の保護、そして言語、文化、価値観、家族史の継承を担い、(家庭の理解や経済的な余裕がある場合では)学校での子供の学習支援に大きな役割を果たしていた。もっとも、家庭の支援は、子供に対する愛情だけではなく、残忍な思いや倒錯した感情から生じることもあった。

過去と同様、人生はおもに出自で決まっていたので、学校に通ったところで人生を変えることはできなかった。

過去と同様、多くの子供は小学校さえ満足に通えなかったので、労働だけが教育の場だった。大人が次々と現れる新たな知識を得るのも労働を通じてだった。

過去と同様、宗教は相変わらず教育に深く関与していた。とくにイスラム教は教育に関する支配権を維持した。

知識伝達において、学校が家庭や職場に勝ろうとしていたとき、書物、定期刊行物、写真に続き、蓄音機、電話、映画、ラジオ、テレビなどの新たな手段が登場した。

この技術的、文化的な激変に対する各国の対応は、その国の文化や財力に応じて異なった。富国は、経済成長と地政学的な戦略の梃子《てこ》とするために学校とメディアを統合し、優秀な教員、研究者、クリエーター、学生を集めた。一方、貧国は自国のエリート層を失い、新たな絶望と貧困にはまり込んだ。

アメリカ：富裕層以外は大量生産方式

二〇世紀初頭、世界の超大国になろうとしていたアメリカは、人口が急増していたのにもかかわらず、教育費の対GDP比はおよそ一%だった。三四の州には、義務教育に関する法律があった。そのうち三〇の州では、一四歳までの義務教育が制定されていた。

統計ではアメリカの就学年齢の子供の七二%が学校に通っていたことになっているが、とくに南部の州の子供の就学は不定期だった。ましてや奴隷制度から解放されたばかりのアフリカ系アメリカ人の場合ではなおさらだった。彼らが通うことのできる学校はほとんどなく、教師の数も少なく質も悪かった。

アメリカの教育はさまざまな宗派のキリスト教の影響下にあった。すべての公立学校と私立学校では、キリスト教の教義が教えられていた。ちなみに、私立学校に通う生徒の割合は七%にすぎなかった。

英語以外の言語（とくにドイツ語）での授業を禁止する州が増えた。高校の修了者は全アメリカ人の九%にすぎなかった（一〇〇年前と比較すると大幅に低い割合になった）。

アフリカ系アメリカ人の半数以上はまだ読み書きができなかった。彼らに加え、アイルランド、イタリア、ポーランド、ロシア、その他のヨーロッパ諸国から新たにやってくる移民も（少なくとも英語に関しては）非識字者だった。

価値観や技能の伝達に関して、家庭、職場、教会は、相変わらず重要な役割を果たしていた。

二〇世紀初頭におけるアメリカの学校のおもな目的は、全員に最良の教育を施すことではなく、支配階級（とくにプロテスタント教徒の裕福な家庭の男子）の特権を維持し、農場、工場、事務所などで働く労働者を大量に養成することだった。各州はそうした目的を果たすために、年齢別のクラス分けというプロイセン方式を採用した。

学校では、下の年齢の生徒の集団が入ってくると、最年長の生徒の集団が押しだされた。こうしたベルトコンベアー方式は、すでに行われていた食肉処理場と同じであり、自動車の組み立て工場でも始まろうとしていた。

アメリカの教育現場の仕事量は増加した。たとえば、アメリカの小学校教師の労働時間は一九〇〇年頃まで世界最長だった（世界平均よりも週当たりおよそ八時間も長かった）。アメリカの中学校教師は二〇〇人の生徒を相手に連日教壇に立たなければならなかった。

大学に通うにはまだ高い授業料を負担しなければならなかったため、大学に通うのは富裕層の家族の男子だけだった。

教育法は二〇〇年前からほとんど変わっていなかったため（ヨーロッパ大陸の国々と異なり、イギリスと同様にスポーツを重視した）、一部の教育者は、規律と暗記を重視する教育を改革しようとした。

一八九九年、当時のリベラリズムに触発された心理学者ジョン・デューイは『学校と社会』を出版し、シカゴ大学内に実験学校を設立した。デューイの考える学校のおもな役割は、子供が「人格」を養うこと（完全な自己実現に導く習慣と美徳を身に付けること）だった。そして「子供が自身の問題に自分で積極的に答えを見つけ出そうとする環境を整えない限り、子どもは本当の精神的自由を獲得できない」と力説した。つまり、デューイはフランスのセレスタン・フレネやイタリアのマリア・モンテッソーリよりも先に、それまでの厳しい教育法から子供を解放すべきだと訴えていたのだ。

一九〇七年、マリア・モンテッソーリがローマに初の保育施設「子どもの家」を設立した。アメリカでもその数年後にモンテッソーリの教育法を取り入れた「スカボロー学校」が設立された。

一九〇九年、アメリカでは後のビッグ・ピクチャー・ラーニング、インヴィジョン・ラーニング、エクスペディショナリー・ラーニングなどの革新的な学校のモデルになる教育機関が設立された。しかし、これらの学校は長年にわたって例外的な存在だった。

アメリカの指導者層は、ヨーロッパ大陸から大量に押し寄せてくる移民を教育する必要があるという強迫観念を抱き続けた。たとえば、スタンフォード大学教育学部長エルウッド・パターソン・カバリーは彼らを、「自立心と自発性に欠け、アングロサクソンの法律、秩序、政府などの概念を持たない非識字者」と評した。こうした人は規律と勤勉さを教える学校に通うだけで充分とされた。

一九一五年、ヨーロッパで戦争が激化し、アメリカは参戦の準備をした。アメリカ軍は新兵の教育水準の低さに懸念を抱き、新兵の教育プログラムを開始した。斬新な教育者バジル・イエックスリーはアメリカ、次にフランスの最前線で、「兵士の家」という名の下に新兵のために特別授業を行った。

一九一六年、ジョン・デューイは『民主主義と教育』の中で、「賢い国民を養成すること。つまり、暴力に訴えることなく共同生活を営むには民主主義が必要だと確信する国民を育てるのがよい教育だ」と説き、「生徒一人一人の個性を大切にしよう」と呼びかけた。


一九一九年、第一次世界大戦が終結して世界に平和が戻ると、アメリカとヨーロッパの間で交換留学が始まった。

一九二〇年、アメリカ初のラジオ局（ピッツバーグのKDKAとマディソンのWHA）は、農業技術指導に関する教育番組を放送するという名目で周波数を確保し、開局にこぎつけた。

アメリカで小学校の義務教育化が最も遅かったのはミシシッピ州だった。

学卒を大量生産するアメリカの教育制度は、あらゆる段階で機能し始めた。中学生の数は一八九〇年の二〇万人から、一九一〇年に一〇〇万人、一九二〇年に二〇〇万人へと増加した。彼らの中でも多くの移民の子供（男女）が大学に進学する年齢に達した。ところが、ハーバード大学などの東海岸の大学の経営陣は、学生の大半がプロテスタント教徒の古い貴族の家庭の男子でなければ大学を存続できないと考え（彼らから多額の寄付が得られるから）、とくにユダヤ系移民男子の入学者の数に制限を設けた。

一九二〇年、トラクターの宣伝広告に「このトラクターがあればお子さんを学校まで送って行けますよ」という文句があった。

一九三〇年、世界恐慌が始まったころ、すべての州では、少なくとも小学校は義務教育化されていたが、全国の子供全員が就学していたのではなかった。ジョン・デューイの影響もあり、学校では生徒の非順応的な態度が許容されるようになり、さらには創造力の証と見なされるようになった。

一九三五年、アメリカ人の高校の修了者の割合は四〇%になった。

同年、アメリカの農村部で暮らす子供のために設立された「公有地供与学校」は、農業や家計のやりくりをテーマにするラジオ講座を開始した。

同年、ハーバード大学が志願者の成績に基づいて少数のユダヤ人を入学させ始めると、イェール大学医学部長ミルトン・ヴィンターニッツは、「わが校は、ユダヤ人は四人まで。黒人は一切入学させせない」と言い放った。アメリカのほとんどの名門校、とくにハイレベルで優秀な医学部（コーネル大学、コロンビア大学、ペンシルバニア大学、イェール大学）では、こうした規則が長年にわたって続いた。

戦争が再び始まると、アメリカの学校制度の貧弱さは軍隊に現れた。一九四一年、徴募官は五〇〇万人の若者を不採用にせざるをえなかった。そのおもな理由は彼らが非識字者であることだった。教師が不足していたため、学校に通っていない子供が大勢いたのだ。

一九四二年、アメリカの教育（少なくとも高等教育）に大きな変化があった。アメリカ政府が国防関連の研究に力を入れたため、大学は潤沢な予算を確保できるようになった。

さらには、連邦政府は兵士に対し、前線から帰還した後には教育の機会を提供すると約束した。兵士は一般教育開発試験（GED）という簡単な試験に合格すれば、高校を修了していなくても大学に入学できた。また、低金利の教育ローン「GI法」を利用できた。

一九四六年、連邦政府は公立の短期大学を中心に大学を増設した。高校と大学の中間に位置する公立の短期大学は、高等教育（公立、私立ともに有料だった）を大学よりも短期間かつ安い費用で提供した。

第二次世界大戦終結時、国の教育費は対GDP比の三％を超えていたが、教育費の大半は大学向けであり、初等および中等教育への割り当てはきわめて少なかった。

一九五四年五月一七日、連邦最高裁判所では、公立学校における人種分離政策は違憲という判決が満場一致で下された〔ブラウン判決〕。だが、アメリカ南部で暮らす黒人の悲惨な教育状況に変化はなかった。

一九五七年、ソビエトが世界初の人工衛星〔スプートニク〕の打ち上げに成功したとき、アメリカは、今度は初等教育の予算を増額した。

学校における宗教の影響力は低減した。それでも一九六〇年、公立学校の半数以下では、宗教教育が相変わらず行われていた。しかし、一九六三年、連邦最高裁判所は卒業式のときを除き、公立学校での聖書の朗読や祈禱を禁止した。

一九六五年、連邦政府は高等教育に再び重点を置く政策を打ち出した（例：奨学金と低利子の教育ローンの拡充、大学図書館と各種研究機関の設立資金の提供、年に三〇校の大学の新設など）。

一九七五年、形式的にではあるが、障害者に対応した教育を保証する法律が制定された。

このようにアメリカは教育機会の均等という看板を掲げたが、小学校から高校までの教育制度はきわめて不平等だった。また、有名大学に入学できる確率は、高額な授業料を賄うことができるだけでなく、家族にその大学の卒業生がいると格段に高まった。大学が一年に一人の学生の教育に費やす額は、平均的な公立大学が一万二〇〇〇ドルであるのに対し、有名私立大学ではその八倍だった。

その後の二〇年間、アメリカの教育制度は停滞した。一九八六年に国勢調査局が発表した報告書によると、アメリカで暮らす成人の一三％は英語の非識字者だった。非識字率は、英語を母国語にする成人の場合では九％、英語を母国語にしない場合では四八％だった（彼らは、母国語では必ずしも非識字者とは限らない）。

初等および中等教育機関では、生徒の過密状態が続いた。アメリカ中の公立学校は荒廃した（例：恐喝、麻薬、新入生歓迎会での死亡事故、銃撃事件など）。ニューヨークでは一九八九年だけで一七校が閉鎖を余儀なくされた。

一九九一年、ミネソタ州はこうした逸脱を避けるために「チャーター・スクール」という仕組みを考案した。税金で運営される「チャーター・スクール」の特徴は、生徒の選抜や授業料の徴収はできず、教育カリキュラムは標準的なものを利用しなければならないが、運営管理は州ではなく保護者や非営利組織だった。つまり、州は自分たちではできないことを民間組織に委ねたのだ。

その翌年、「チャーター・スクール」と同様の目的を掲げ、公立学校の運営を行う民間企業「エディソンラーニング」が設立された。この会社は株主に利益を分配しながらも、自治体よりも優れた学校運営、生徒の成績向上、中退者を減らすための相談窓口の設立を約束した。

しかしながら、アメリカの教育制度は悪化の一途を辿った。家庭崩壊、メディアや娯楽の急増、教育者の権威喪失などにより、識字率は一九八二年から二〇〇二年にかけて一〇%も下落した。二〇〇三年、卒業要件が緩いのにもかかわらず、高校生の三〇%が卒業証書を手にできなかった。

二〇〇二年、そのような事態に対し、超党派の働きかけによって「どの子供も置き去りにしない法〔NCLB法〕」が制定された。

連邦政府からの援助が増えた代わりに、各州は小中高校の学力調査の実施を義務づけられた。こうして数学と言語能力に関する州統一テストの結果、生徒が一定の基準に達していない学校は制裁措置の対象になった。また、一二年後の二〇一四年の州統一テストの際には、すべての中高生が「習熟レベル」の判定を得るという目標が定められた（後日、この目標は非現実的だったことが判明した）。

階級社会の固定化は、とくに高等教育において顕著だった。二〇一一年、アメリカの大学上位三〇校を対象にした調査により、「同等のプロフィールの場合、入学できる確率は、親が卒業生の子供のほうが、親が卒業生でない子供よりも四五%も高い」ことが明らかになった。

言い換えると、自己の学校の成績と活動履歴（学力テストの得点、スポーツ活動などの成績、性別など）において四〇％の確率で入学できる志願者でも、親が卒業生なら、確率は八五％にまで上昇するということだ。

二〇一七年、大学生の半数以上は、相変わらず国内上位一〇％の富裕層の子供だった。上位一％の富裕層の家庭の大学生の数は、下位六〇％の家庭の大学生の数とほぼ同じだった。

二〇一八年においても同等のプロフィールの場合、親が卒業生の子供の入学できる確率は、親が卒業生でない子供よりも四五％も高かった。ハーバード大学の新入生の二九％は、両親のどちらかがハーバード大学の卒業生だった。同年、アジア学生連盟は、成績だけで選抜したのなら、ハーバード大学の卒業生を親に持つ学生の割合は一五％程度だったことを証明した。

悪化するアメリカの教育制度は汚職にまで及んでいる。二〇一九年、五〇人の富裕層（ハリウッド女優や企業の経営者）は、テキサス大学オースティン校やジョージタウン大学などの名門校に子供を入学させるために、大学のスポーツのコーチに賄賂を渡し、有望な選手だと偽ってスポーツ推薦で不正に合格させたとして告訴された。

二〇二二年、アメリカの教育制度は、全員に基本的な知識と価値観を伝えると同時に、エリート層を再生産する手段として機能している。エリートへの道は二〇世紀初頭よりも少し開放的になった。

小中高校の生徒の数は五六六〇万人だった（内訳は、公立学校が五〇八〇万人、富裕層の家庭の子供が通う私学が五八〇万人）。

「チャーター・スクール」は全州に七〇〇〇校以上あった。エディソンラーニングは三二の州で四七四校と提携して事業を展開している。

三%の生徒はホームスクールで学んでいる。彼らの成績は、ほとんどの公立学校の生徒よりもはるかに優秀だ。

今日においても一〇〇以上のラジオ局が農業教育の番組を放送し、高い聴取率を獲得している。

アメリカでは一九六〇万人の学生が五五〇〇の高等教育機関で学んでいる。これらの機関のうち、三〇〇校は博士号を取得できる研究大学だ。研究大学は素晴らしい成果を上げている。ノーベル賞受賞者の数に関する上位一〇校のうち、八校はアメリカの大学だった。上海ランキング〔世界大学学術ランキング〕の上位一〇校はアングロサクソン系の大学だった。内訳は、アメリカの大学が八校、イギリスの大学が二校だった。(1)ハーバード大学(2)スタンフォード大学(3)マサチューセッツ工科大学(4)ケンブリッジ大学(5)カリフォルニア大学バークレー校(6)プリンストン大学(7)オックスフォード大学(8)コロンビア大学(9)カリフォルニア工科大学(10)シカゴ大学という順だ。

プリンストン大学の卒業生には大勢のノーベル賞受賞者がいる。イェール大学の学長リチャード・レビン〔二〇一三年に退任〕によると、アメリカの高等教育の質が世界的に優れているのは、アメリカの学生があまり早期に専門分野に入らないからだという。

アメリカ人の九四%は高卒以上の学歴を持っている。彼らのうち、三九%が学士号、九%が修士号を取得している。アメリカの教育費の対GDP比は六%を超えた。

こうしてアメリカの大学制度は、自国の経済成長、圧倒的な軍事力、地政学的な影響力の梃子になり、世界中から優秀な教授、研究者、学生を引き寄せている。外国人である彼らは出身国に戻ると、アメリカの代弁者になっている。

しかしながら、アメリカの子供の五人に一人以上は、連邦政府の定める貧困ラインを下回る収入の家庭で暮らしており、子供の七％は極度の貧困状態に置かれている。一般的に、彼らは、アフリカ系、ラテン系、先住民系の家庭の子供であり、人種差別や治安の悪さの犠牲者だ。彼らの暮らす地域では、暴力事件が頻繁に起こるだけでなく公害問題にも悩まされていることが多い。そのため、彼らの通う学校では教師が不足している。こうして彼らの学校は「巨大な倉庫」であるかのように運営されている。

これらの学校には、平均して一校当たり二〇〇〇人の生徒がいる。校内では薬物がはびこっている。生徒が市販の武器を用いて校内で大量殺人事件を起こすという惨事も増えている。さらには、コロナ禍のため、九歳児の識字率と計算能力は、三〇年前の水準にまで後退した。

建前としては、高校の成績がよければ誰でも望みの大学に入学できるが、現実には高額な学費（すべての大学が有償）という問題がある。大学の年間の学費は平均して三万三二〇〇ドルであり、一万五〇〇〇ドルから七万ドルまでと大きな差がある。

四五〇〇万人のアメリカ人が自分自身および子供の高等教育の費用を賄うために積み上げた借金の総額は、一兆七〇〇〇億ドルにも達している。もっとも、この借金はバイデン大統領が二〇二二年八月に発表した学生ローンの減免措置によってほんの少し減った。

そして「アイビー・プラス」と呼ばれる名門大学の学生には、今日においても世帯収入の下位五〇%の家庭の子供よりも上位一%の家庭の子供のほうが多い。

ただし、反例はある。カリフォルニア工科大学は卒業生の子供を優遇しない方針を掲げている。入学者を厳しく選考するこの大学では、学生全体に占める卒業生の子供の割合は一・五%にすぎない。たとえば、二〇二二年の秋入学には、およそ一万七〇〇〇人の応募者があり、本人の学業評価だけに基づき、応募者の二%の入学を許可したという。

最後に、教育制度の不平等に加え、家庭崩壊という社会問題がある。二〇二二年、アメリカの子供の日常を観察すると、彼らは家族や教師とともに過ごすよりも、インターネット、コンピュータゲーム、SNSにより長い時間を費やしている。彼らの注意持続時間と学習意欲は著しく低下した。この問題については後述する。

イギリス：国民全員が教育を受けるが、教育格差は解消せず

一九世紀末までイギリスの支配階級は、大衆に教育を施すことは自分たちの経済的な利益にはならないと考えていたが、二〇世紀初頭になり、さらなる経済成長には中産階級の教育水準を引き上げる必要があることに気づいた。

当時、イギリスの未発達な教育制度において、学校全体の半分以上はまだイングランド国教会の学校だった。すべての中等教育はまだ有償であり、生徒の数はきわめて限られていた。社

会的エリート層の子供は私立大学に通っていた。ケンブリッジ大学とオックスフォード大学に通うのも彼らだけであり、官僚、銀行、工業、マスメディアのトップのほとんどは、これらの大学の卒業生だったが、アメリカと同様、イギリスでも大衆教育への移行が必要になった。

一九〇二年のバルフォア教育法により、すべての地域と州の自治体は、小学校、中学校、専門学校を設立すること、公立と私立の学校では教師を採用すること、男女の生徒のために学校で必要な書物や備品を取り揃えることなどが定められた。義務教育の年齢は一二歳になった。義務教育の半分近くの時間はスポーツだった。教育省はまだなく、教育委員会という全体を漠然とまとめる組織があっただけだった。

イギリスの若者を取り巻く現実は依然として悲惨だった。一九〇七年、ボーア戦争の英雄であり、プロテスタント教徒の退役軍人ロバート・ベーデン＝パウエルは、学校教育を受けない若者が、薬物、たばこ、非行に走る姿に心を痛め、さまざまな出自の二〇人の少年とともに「機転を利かせて生き抜く」ことを教えるボーイスカウトの実験をブラウンシー島〔イギリス南部〕において行った。この実験はすぐに評判になった。

第一次世界大戦中に兵士の教育水準の低さが明らかになったが、軍隊は学校を徴発して病院として利用した。若い教師は徴兵された。大勢の子供が学校に通えなくなった。教育水準はさらに低下した。

一九一八年に制定されたフィッシャー教育法により、一四歳までは全日制、一八歳までは定時制の中等教育が男女に義務づけられた。しかし、この法律は適用されなかった。

富裕層の子供は小学生のときから、イギリスの公教育制度と完全に分離した学校に通っていたが、学校全体の半分は相変わらずイングランド国教会の学校だった。

一九二三年、スコットランドの教育家アレクサンダー・サザーランド・ニイルは、生徒たちだけで運営するという斬新な学校「サマーヒル・スクール」を設立した。授業は選択制であり、夜は、ダンス、演劇、パーティーが催された。この学校は前衛的な教育学者の間で大きな反響を呼び、二〇世紀の教育に多大な影響をおよぼした。

一九三九年九月、教師が再び徴兵され、およそ一五〇万人の女性と子供が都市部から農村部へと疎開した。一九四〇年には疎開者の数はさらに増えた。戦時中の子供の教育事情は、完全な教育を受けた子供が二五％、不完全な教育しか受けなかった子供が二五％、家庭で教育を受けた子供が二五％、まったく教育を受けなかった子供が二五％だった。終戦時、大勢の一〇歳児は読み書きができなかった。

一九四四年末、労働党が政権に返り咲き、バトラー法（教育法）によって一九〇二年のバルフォア教育法が廃止された。その結果、イングランド国教会の学校（まだ学校全体の四〇％を占めていた）は国の管理下に置かれ、教育委員会に代わって教育省が設立された。

一九四七年、義務教育の年齢は一四歳から一五歳に引き上げられ、中等教育は無償化された。

一九四八年、イギリス国籍法により、イギリス人は、イギリス、その植民地、そしてイギリス連邦の国民というように再定義された。こうしてインド、パキスタン、ジャマイカなどから大量の人々がイギリスに押し寄せた。法律上では、全員が同じ教育制度を利用することができた。

一九六三年、労働党政府は地方や地域の教育機関に対し、中等教育の入学テストを廃止し、一一歳から一八歳までの中等教育を一本化して行う教育機関を試験的に設立するように勧告した。その二年後、このモデルは一般化した。

宗教教育に対する補助金は打ち切られたが、非宗教の学校が生徒に週一時間のプロテスタントの宗教教育を行うという規則は継続した。そのため、学校での宗教行事はやめてほしいという保護者からの要望は以前よりも強くなり、左派が勢力を持つ自治体の学校では、宗教の授業はなくなり、さまざまな宗教を平等に扱うようになった。たとえば、宗教ごとに異なる祝賀行事を平等に扱う、教室内でのイスラム教のスカーフ、ユダヤ教のキッパー、シク教のターバンの着用を認めるなどだ。学校の食堂の献立では、すべての宗教の食に関する戒律が尊重されるようになった。

一九六九年、著書『メリトクラシーの台頭』においてメリトクラシー〔能力主義〕という用語を生み出した社会学者のマイケル・ヤングは、労働党政権に「オープン大学」の設立を提案した。この大学には学位がなくても入学でき、学習には実際の講義に加え、音声録音、テレビ番組、ビデオ録画なども利用するという計画だった。ヤングの計画は採択され、オープン大学はその二年後に開校した。この大学では、学士号、修士号、博士号を取得できた。当時、イギリス全体の大学生の数が一三万人だったのに対し、この大学には二万五〇〇〇人の学生が即座に集まった。オープン大学は大成功を収めた。ほとんどの学生は仕事の合間に第一学位〔学士号〕や上級学位〔修士号〕の取得を目指す勤め人だった。

一九八〇年、政権を奪還した保守党は、左派が勢力を握る地方議会の反対にもかかわらず、宗教系の私立学校に補助金を再び支給した。

一九八五年、マイケル・スワンは報告書『万人のための教育』の中で、イギリスの新たなアイデンティティは、多民族、多文化、多宗教であり、このアイデンティティにおいて中心的な役割を担うのは教育制度だと論じた。

スワンの報告書を受け、一九八八年に教育改革法が施行された。この法律により、「学校における生徒の精神的、道徳的、文化的、心理的、身体的な発達」を促すための国定教育カリキュラムが制定された。こうして、すべての宗教にまつわる宗教教育、数学、英語、科学が必須科目になり、多文化主義が制度化された。

それ以外の制度は変わらず、富裕層は相変わらず名門大学を独占し続けた。オープン大学は引き続き人気を博した。一九九一年、毎年五万人以上がさらなる学位取得を目指して就職先から派遣されてこの大学で学んだ。

高等教育が民主化する機運はあったが、一九八〇年代から一九九〇年代にかけて、オックスフォード大学とケンブリッジ大学の学生のほぼ半数は、依然として私立の教育機関で教育を受けたイギリス人口の上位七%に相当する若者だった。

二〇〇三年、アメリカの公立学校を運営する民間企業エディソンラーニングはイギリスに進出し、公立学校の運営を受託し、中途退学防止および落ちこぼれ救済センターを設立した。しかし、この会社はイギリスでの事業からすぐに撤退した。

二〇二二年、イギリスの教育費の対GDP比は四・五%だった。識字率は九九・九%、大人全体に占める高等教育の学位取得者の割合は四四%だった。

イギリスにある二万校の学校のおよそ三分の一は依然として宗教系だった。これらの学校の六八%はイングランド国教会系、三〇%はカトリック系、二%は、イスラム系、ユダヤ系、シク系、ヒンドゥー系だった。非宗教の学校の三分の一（つまり、学校全体のおよそ五分の一）では、宗教の授業や集団礼拝の儀式が行われなくなった。今日でも授業の半分近くはスポーツだ。

進路指導はイギリス各地の機関が行っている。スコットランドでは、「スコットランド技術開発（SDS）」が生徒にアドバイスをしている。SDSが運営する「My World of Work」という非常に機能的なインターネット・サイトでは、生徒は親とともに自分のプロファイルを作成する。彼らは初等教育から中等教育までの間、自身の進路に関する個別化された助言を継続的に受け取ることができる。

今日、私立学校には就学人口の六%が通っている（イギリス人と外国人の富裕層の子供）。これらの学校には、一五世紀に設立された（私立であるにもかかわらず）「パブリック・スクール」と呼ばれる学校も含まれている（実際には、超上流階級の家庭の一三歳以上の男子だけが通う寄宿学校。学費はきわめて高い。イギリスの二大大学への進学率はいまだに高い）。

一方、赤レンガ大学群や研究所などの高等教育機関には、中等教育の最終学期末に行われる全国統一テスト（中等教育修了一般資格）を受けてから進学する。

イギリスでは、三年から四年の高等教育を経て学士号（文系と理系）、次に修士号、さらには博士号を取得できる。高等教育で最も人気のある学問は経営学と行政学だ。

大学の授業料はすべて有料であり、年間およそ九二五〇ポンド（一万一〇〇〇ユーロ）（二〇二二年現在）だ。授業料は一〇年間で三倍になった。

今日においてもイギリスの高等教育は国際的に高い評価を得ている。タイムズ紙が作成した大学の世界ランキング（「上海ランキング」とは異なる）によると、一位はオックスフォード大学、五位はケンブリッジ大学、一二位はインペリアル・カレッジ・ロンドン、一八位はユニヴァーシティ・カレッジ・ロンドン、二七位はロンドン・スクール・オブ・エコノミクス、三〇位はエディンバラ大学、三五位はキングス・カレッジ・ロンドンだった。一〇〇位以内には、イギリスの大学があと四校入っていた。

イギリスの教育制度はわずかながら民主化された。一九四〇年以降、イギリスの首相経験者一五人のうち一一人がオックスフォード大学の卒業生だったが、ちょっとした進歩として二〇二一年のオックスフォード大学の新入生の六八％は「パブリック・スクール」ではなく一般の教育機関の卒業生だった。ちなみに、オックスフォード大学では女学生の割合が増加している。

また、二〇二二年に学生数が二五万人を超え、イギリス最大の大学になったオープン大学の学生は、通信教育や通常の教室での授業に加え、電話や電子メールで懇切丁寧に指導してくれる個別指導員のサービスを利用できる。

これらのデータからは、イギリスの学生は優秀に思えるが、イギリス人の学力は低下傾向にある。OECD諸国中、イギリスは、識字力と計算力に関して一六歳から二四歳までの年齢層が五五歳から六五歳までの年齢層に劣る唯一の国だ。さらには、教育格差についてもOECD諸国中、最低クラスだ（初等教育は二三位、中等教育は一六位）。また、OECDの報告書によると、「イギリスの大学は基礎学力の養成のために何もしていない」という。最後に、「金融研究機関」によると、アメリカの学生と同様、イギリスの学生も多額の学生ローンを抱えているという。

世界の他の地域と同様、イギリスにもデジタル化の荒波が押し寄せている。二〇二二年、イギリスの若者は週二〇時間以上もオンライン状態だ。インターネットに一日に五時間以上、さらに九時間以上費やす者さえいる。オンライン状態が増加するにつれ、定期的に読書する子供の割合は減少している。

二〇一七年の調査によると、本、雑誌、漫画を定期的に読む子供の割合は、五歳から七歳では四二％だが、一二歳から一五歳では三〇％にすぎなかったという。他の国と同様、イギリスでもこの割合はさらに低下している。

フランス：脱宗教に向けた果てしない闘い

二〇世紀初頭、とくにフランス人口の三分の二が暮らす農村部（彼らの四二％は農業から直接収入を得ていた）では、知識は教会の厳しい管理下にあり、知識伝達のおもな場は家庭と仕事場だった。農民の子供の中で、義務教育である一三歳を超えて学校に通う者はほとんどいなかった。農民や労働者の中で、子供たちの世代の暮らしが自分たちよりもよくなると考える者は、ほとんどいなかった。

三〇〇〇校もの宗教系の学校があり、大企業による学校（カトリック教会の影響を受けていることが多かった）、ごく少数のプロテスタント系の学校（例：パリのアルザス学校）がまだ存在した（ユダヤ系の学校もさらに少数ながら存在した）。

一〇〇年前と同様、フェリー法にもかかわらず、司祭は大多数の家庭の支持を得ていたため、教師は共和国の価値観に基づく教育を施すことができなかった。また、学業が社会的な地位の向上につながることを保護者に理解してもらうこともできなかった。

農民の家庭の子供であっても科学や法学などの分野で大成する者が現れたが、基本的には農民と中産階級の子供で中等教育に進む者はごく少数であり、高等教育についてはさらに稀だった。若者の高等教育に進学する割合は男子が一％、女子ではそれ以下だった。

ブルジョワ階級は、小中高校を通じて「再生産」された。高校に通うのは基本的にブルジョワ階級の家庭の男子だけだった。高校を卒業すると、彼らは、経済、政治、出版、医学、新聞などを支配した。

フランスの教育費は外国と同様、対GDP比の一％未満だったと思われるが、女子の教育がようやく本格的に始まり、フランスでも他の地域と同様、教科書と学用品の産業が発達した。

一九〇二年、革命が起こり、国民議会議員選挙で「左派」（このときに初めて「左派」という言葉が使われた）が過酷な選挙戦の末に勝利した後（この勝利は短命に終わった）、エミール・コンブ内閣は脱宗教政策を推進した。

一九〇三年四月、すべての男性修道会は、学校への関与を一切認めないという通達を受け取り、運営中の教育機関を直ちに閉鎖するようにと命じられた。同年六月、女性修道会も同様の通達を受け取った。こうして一九〇四年以降、フランスでは宗教者は教壇に立つことができなくなった。修道会の学校は閉鎖され、二万人以上の宗教者がフランスを離れた。

そうした措置にもかかわらず、宗教系であっても私立学校は存続した。というのは、結社について規定する一九〇一年の法律により、私立学校は表向きに非宗教化すれば活動を再開できるようになったからだ。たとえば、ラ・サール兄弟会や聖心会など、フランスでの教育活動を続行するために非宗教化を選択し、従前の施設で教え続ける宗教団体もあった。

公立中学校へは、中産階級に属する新たな社会層の子供が通うようになった。だが、家計を支えるために就労しなければならない農民や労働者の子供が公立中学校に通うのは、まだきわめて稀だった。しかし、農民や労働者の子供の中にも教師になる者が現れ、彼らが親になったときは、自分たちの子供にさらなる教育を施した。

中学校では、授業時間が初めて一時間と定められた。中等教育前期には、第六学年でラテン語が必修科目になり、第四学年でギリシア語が選択科目になるA区分と、ラテン語のないB区分が設定された。中等教育後期には、ラテン語とギリシア語、ラテン語と国語、ラテン語と科学、科学と国語の四つの選択肢が用意された。文学カリキュラムには、古典だけでなく当時の作家の作品も含まれた。

一九〇五年、（社会党員が離脱した）エミール・コンブ政権は脱宗教政策を推進し、アリスティード・ブリアンらの支持を取り付け、「教会と国の忠実かつ完全な分離」を謳う法律を成立させ、「共和国はいかなる宗教団体も認めず、雇わず、支援しない」と宣言した。また、「公立学校では、職員、保護者、生徒による宗教の勧誘行為を一切禁じる」「行政機関の職員や公的サービスの管理者は、宗教的なシンボルや勧誘行為によって自身の宗教的な立場を表明してはいけない」と定められた。よくある誤解として、この法律に用いられた用語は「ライシテ（非宗教性、政教分離、宗教からの独立）」ではなく「中立性」だった。

教師（女性が増えた）の政治思想などに関する自由は保護された。教師の任務は、基礎的な知識、国家観、非宗教的な道徳を生徒に教え、蒙昧主義と戦い、不正義を糾弾し、教会の影響力に対抗することだった。

一九〇八年、公教育大臣ガストン・ドゥメルグは、義務教育に反して子供を学校に登校させない家庭の父親に罰金を科した。こうして脱宗教の教師の授業であっても、授業を欠席させることは法律違反になった。

ドゥメルグのこの措置に対する報復として、フランスの大司教と司教は『祖国の家庭の父親たちに告ぐ』において、「子供を国に預ける親は、彼らの信念や内面的な感情が攻撃的な教育によって否定されたり傷つけられたりしないように要求する権利を持つ。（……）ドゥメルグの法律は、家族から子供を没収することに等しい」と政府を非難した。

その翌年の「司牧書簡」では、一四種類の教科書〔道徳、フランス史、朗読など〕を糾弾し、各家庭に対して「それらの教科書が用いられている学校に子供を通わせてはいけない」と説教し、この要請に従わないのなら赦免《しゃめん》を拒否すると脅した。

同じ一九〇九年、イギリスから二年遅れて「知性偏重の学校教育」に対抗するボーイスカウト運動がナント〔フランス西部の都市〕でも始まった。

一九一一年、宗教者は教員資格試験を受けることができなくなった。

一九一三年、シャルル・ペギーは随筆『金銭』の中で、オルレアンの男子師範学校附属小学校の生徒だった日々を回想し、教師たちのことを「黒服姿の軽騎兵」と呼んだ。「若い先生たちは黒服姿の軽騎兵のように颯爽としていた。すらりとして厳格で、身だしなみがよく、生真面目かつ早熟で、突然手にした全能感で少し震えていた」と記している。

第一次世界大戦の前夜、三万五〇〇〇人の男性小学校教師〔小学校教師全体の四分の三〕が徴兵された。男女共学ではまだなかった教室では、代行の女性教師が、愛国心、領土権の主張、敵国に対する怒りを訴えた。

世界の他の地域と同様、第一次世界大戦はフランスの教育制度の弱点を痛感させられる機会だった。塹壕の中では、フランス南部出身の兵士は、フランス北部出身の兵士やパリの将校の話すフランス語を理解できなかった。軍需工場の労働者は、新たな兵器をつくるための指示書を読むことができなかった。

一九一五年春になると、小学校の教師は戦争反対を訴え、当局が拡散するように命じるプロパガンダに異議を唱えるようになった。

一九一五年七月、小学校教師のマユー夫婦〔マリーとフランソワ〕が「小学校教師の労働組合マニフェスト」を秘密裡に出版した。「われわれ教師がこれまで受け入れず、今後も受け入れるつもりがないことは何か。それは共和国政府がわれわれ教師を、プロパガンダの手先、《反ドイツ》の急先鋒、憎しみを説く凝り固まった宣教師に変えようとすることだ。われわれは教え子を洗脳することを断固として拒否する」

社会階層をほとんど区別することのない戦闘行為により、共通の基礎教育の必要性が明らかになった。一九一七年、学者や官僚のクラブのような存在だったミシュレ委員会は「危機に瀕する国を守るには、国民の子供のために高校を無償化する必要がある」と呼びかけた。

高等教育の学位を持つ七人の将校が結成した「新しい教育の友」という組織は、統一学校運動を先導した。

戦争では九万人の小学校教師〔おもに男性〕が戦死した。教師不足と、祖国フランスのために戦った修道者に感謝の念を示すため、修道会のメンバーによる教育への関与が一時的に容認された。また、女性が小学校教師全体の過半数を占めるようになった。しかし、教師不足の原因は、戦争よりもスペイン風邪のほうが大きかった。

一九二〇年、ル・バール＝シュル＝ルー〔フランス南部の地域〕の小学校教師になった若きセレスタン・フレネは、さまざまな教育法を開発した。これらの教育法は世界中に大きな反響をもたらした。フレネは、学校から教師の権威〔暴力と見なした〕と遊び〔子供は大人と見なすべきだという理由から）を締め出し、子供の自由な表現に基づく一連の教育法を導入した（例：自由な作文と絵画、他校との通信、印刷機を利用した学校新聞の発行、教育映画の製作、アンケートや学校協同組合の活動など）。

教育に対する需要はますます高まり、一九二四年、政令により、（規則上では）女子も男子と同じ初等および中等教育を受けられるようになったが、学校はまだ男女共学ではなかった。同年、長年にわたってリヨン市長を務め、当時首相だったエドゥアール・エリオは、「本当の民主主義を実現するには、中等教育への進学が親の資産ではなく子供の能力によって決まらなければならない」と説いた。エリオが存命なら一〇〇年後の現在においても同じように訴えたかもしれない。

第一次世界大戦中に軍需産業で働く労働者の訓練不足で大きな打撃を受けたフランスでは、一九二五年、職業訓練税を財源として、見習いの労働者に職業訓練を施すようになった。これにより、見習いは職業訓練を受けた後に、職業能力証書を取得できるようになった。このようにして職業訓練は学校と職場に徐々に浸透した。

一九二六年、パリの日刊紙『コモエディア』は「（ローマで初の「子どもの家」が設立されてからおよそ一五年後に）イタリアで校長を務めるマリア・モンテッソーリが木製の切り抜き文字を考案した」という記事を掲載した。「これは文字の綴りに興味を持ってもらうためだ。マリア・モンテッソーリの教育法の目的は、好奇心を育むために家具やキッチンだけでなく科学的な物も配備し、子供がまるで家にいるように学校で居心地よく過ごしてもらうことだ」。フランスでもモンテッソーリの学校がいくつか設立された。また、セレスタン・フレネの教育法に触発された学校も登場した。

一九三〇年、中等教育機関には一九万七〇〇〇人の生徒がいた〔該当する年齢人口の六％〕。まだ義務教育ではなかった第六学年〔中等教育の初年度〕は無償化されたが、生徒数が増えすぎることを恐れた教師陣は、小学校の終わりに入試を課した。その翌年、無償化は第五学年、そして第四学年にまで拡大した。大学に進学する割合は該当する年齢人口の二％未満だった。

一九三六年、人民戦線の教育大臣ジャン・ゼーは一連の改革を打ち出した。義務教育の年齢を一四歳まで引き上げ、小学校高学年と中等教育機関との間に架け橋をかけ、進路指導を行うオリエンテーションクラスを第六学年に設けるという一七五校での試験的な運用、三つの県での「毎日スポーツに親しむ」という試み、市民スポーツの修了証書の発行、移動図書館の運営、旅行助成金の支給、奨学金の支給額と件数の倍増などだ。そしてゼーは、自由政治科学学院の卒業生が上級公務員を独占している状態を改善するために国立行政学院〔ＥＮＡ〕の設立を提唱した。教育費は対ＧＤＰ比で一％から二％になった。

一九四〇年、ヴィシー政権〔第二次世界大戦中に樹立したナチス・ドイツの傀儡政権〕は、フランス敗北の責任は小学校教師の反軍国主義的な態度にあると咎めた。砲兵将校のアルマン・ド・ピュイゼギュは次のように記している。「フランスの若者は教育により骨の髄まで腐ってしまった。われわれはいざ戦いのとき、祖先から受け継いだ勇気、自己犠牲、献身といった美徳が著しく毀損していたことに愕然とした。教育省は早急に大鉈を振るうべきだ」

一九四〇年八月一五日、フィリップ・ペタンは月刊誌『両世界評論』に次のように記した。「フランスの学校は、人間、家族、社会、祖国を尊重したうえで教育を施すべきであり、中立性を主張するのはやめるべきだ。（……）教育の目的は、すべてのフランス人を勤勉な人物に育てることだ」

一九四〇年一〇月、ユダヤ人、共産主義者、既婚女性は、公職（とくに教職）から排除された。一八一〇年に設立された教員養成学校は閉鎖された。ヴィシー政権は一九〇五年に定められた修道会による教育活動の禁止を解除し、カトリック系の学校に補助金を支給した。私立学校では、宗教者が宗教的な服装で教壇に立つことが容認された。

一九四一年、多くの公立学校が戦争によって破壊され、大勢の教師が捕虜になった。そこで、少なくとも終戦までの期間、国は私立の（カトリック系）小学校の運営費の七五％を賄った。

一九四〇年一一月、共産主義の教師集団は、「思想弾圧から学校を守り、懲戒免職された教師を職場に復帰させ、いかなる状況においても学校の非宗教性と教師の権利を尊重させる」ために、生徒の保護者が結成した民生委員会と団結するように同じ職場の教師たちに呼び掛けた。多くの教師はユダヤ人をかくまった。対独協力拒否者は、レジスタンスの広報活動、破壊工作、ナチスのプロパガンダ妨害に参加した。

一方、一九四二年から一九四四年まで教育大臣を務めたアベル・ボナールが任命した各大学の学長たちをはじめとする多くの者たちは、占領軍に積極的に協力した。たとえば、パリ大学の学長ジルベール・ジデルは、「ボリシェヴィキの危機」を糾弾する文書を発表した。ノルマンディー上陸作戦から三週間後の一九四四年七月二日、リヨン大学の学長アンドレ・ガンはアベル・ボナールに手紙を書き、「この苦しい時期に貴殿より与えられた任務を遂行することに誇りを感じている。この未曾有の嵐を何とか乗り切らなければならない」と伝えている。

一九四四年五月三〇日、ヴィシー政権は国立通信教育センター（CNEC）を設立した。その二〇年後、CNECは国立遠隔教育センター（CNED）になった。

一方、一九四四年三月一五日、まだ地下組織だった全国レジスタンス評議会（CNR）は、「出自ではなく、人々の日々の努力によって絶えず更新される真のエリート主義の推進」を目的にする政策を採用した。

一九四四年一一月、臨時政府の国民教育大臣ルネ・カピタンは教育改革のために省庁間の委員会を設立し、委員長にポール・ランジュバン（建設業の父親のもとに生まれ、コレージュ・ド・フランスの教授〔物理学〕に就任。共産党員と親しかった）を任命した。一九四六年にランジュバンが亡くなると、後任にはアンリ・ワロン（彼もコレージュ・ド・フランスの教授であり、共産党員と親しかった）が就任した。

一九四七年に発表されたランジュバン＝ワロン計画では、義務教育の一八歳にまでの段階的な引き上げ、共通教育と選択制の専門教育とともに一一歳から一五歳までの進路指導期間の確保、伝統と科学と同様に技術と職業に関する素養の育成、大卒者を採用することによる教師の専門化などが提唱された。

この計画はあまりにも大胆で費用がかかるため、職業訓練と技術バカロレアの実施を除き、実行に移されなかった。

終戦直後の学校の状況は悲惨だった。一部の教室では、生徒は椅子が不足したため弾薬箱に座っていた。四歳から六歳までの子供で幼稚園に通う子供の割合は三分の一未満だった。奨学金制度がなかったため、多くの中高生が学業を途中で断念した。

私立学校〔中高生の三分の一以上、小学生の五分の一近くが通学〕は、活動の縮小を余儀なくされた〔理由：宗教者の減少、急激なインフレによる寄付の不足、一九四一年にヴィシー政権の決めた補助金の廃止〕。一方、公教育は人口増による生徒数の増加に対応できなくなった。

戦後からしばらく経つと、セレスタン・フレネやマリア・モンテッソーリの学校も設立された。ちなみに、ルーベ〔フランス北部の都市〕では、一九四六年に設立されたフランス最古のモンテッソーリの学校が今日も運営されている。

一九五一年、人口増の大波が幼稚園に到達し始めたころ、ランジュバン＝ワロン計画によって始まった職業訓練を施す教師養成のためにサン＝クルー高等師範学校が設立された。

一九五二年、ニコラ・ブルバキというペンネームのもとに集まった数学者集団が出版した著書は、数学教育にきわめて概念的な表現をもたらすことによって〔必ずしもプラスではなかったが〕重要な役割を果たした。

一九五九年、義務教育は一六歳にまで正式に引き上げられたが、バカロレア受験まで学業を続けた若者は該当する年齢の若者の一〇％にすぎなかった。

ド・ゴール政権の首相の名前にちなんで命名されたドゥブレ法により、私立学校〔ほとんどがカトリック系）が救済された。これらの私立学校は、フランス解放にともなうヴィシー政権による厚遇の廃止以降、経営難に陥っていたのだ。このドゥブレ法によって、私立学校は国の援助を受ける代わりに、政府のカリキュラムを適用し、宗教に関係なくすべての子供を受け入れ、公立学校と同じ監査を受けることになった。

子供の将来の進路は、相変わらず出自によって決まっていた。

一九六〇年代、フランスの小中高校は、徐々に男女共学になった。

一九六三年、教育大臣だったクリスチャン・フーシェは、中等教育の前期〔中学校〕を再編した。高校に進学してバカロレアに至るコースを歩む五年間の一般教養課程と、職業訓練や実習を行う二年間の職業および技術教育課程に分離された。中学生の半数以上は、職業および技術教育課程を選択した。

その五年後、ヨーロッパの他の諸国と同様、フランスでは前世代の課す社会的な束縛から逃れようとする若者が急増した。社会制度全般が疑問視される中、教育制度も厳しい批判にさらされた。

一九六八年三月、ピエール・マンデス＝フランスの支持者がアミアン〔フランス北部の都市〕で企画した討論会（新たな学校とは）では、「今日の教育制度は過度に中央集権的かつ硬直的であり、一九世紀から受け継いだ時代遅れの産物だ。事なかれ的な権威主義では、大衆の中等および高等教育は改善できない」という厳しい批判があった。そして個人と集団にこれまでよりも多くの選択肢を提供することが提案された。また、評価制度の改革、年単位でなく学期単位での教育内容の設定、高校教育の活性化、教育機関を単なる教室の羅列ではなく社会文化的な場に変革すること、実験校の設立、大学での教員養成などの提案もあった。

同時期、パリ大学ナンテール校の人文学部社会学科の男子が女子寮を占拠し、教育と研究からの政治的、経済的な影響の排除や大学の自治を要求した。こうして「五月革命」が始まった。

一九六八年一一月、政治的な失敗の後にド・ゴール政権が権力を再び手中に収めると、新たな教育大臣エドガール・フォールは、大学の様相を様変わりさせた。大学は専門分野ごとに六二六の教育および研究単位に分割された。「教育学」という、新たな分野の学士号や修士号の設立の準備が進められた。ただ、従来の大学の規則や役職名（例：学部や学長）の廃止は、掛け声だけだとすぐに判明した。

小学校では一九六九年の政令により、フランス語と算数、自然環境の発見と好奇心の覚醒、身体の発達というように、教育を三つの分野に分けるという「三分割教育」が導入された。

一九七〇年代以降、中等教育を受ける子供の割合は該当する年齢の子供の二〇％だった（おもに富裕層の家庭の子供）。世界の他の地域と同様、本人が帰属する社会層によって、相変わらず教育の内容や進路は容赦なく決まっていた。一般的に教育は、本人のやる気、自発性、協調作業や奨励ではなく、依然として記憶力、抽象的な思考力、個人の成績、懲罰に基づいた状態だった。

一九七一年、一六歳から二〇歳までの職業訓練が教育制度に組み込まれた。この制度の対象者は労働者階級の家庭の子供だけだった。

一九七五年（バカロレア合格者の四〇％が大学に進学していた）、アビー法により、教育の民主化を図るために進路決定の時期が二年間先送りされた。この改革を〝悪しき平等〟だと捉えた富裕層は、子供を私立学校に通わせた（もはや宗教上の選択ではなく、私立学校は質の高い教育機関と見なされるようになった）。

都市部とは反対に、（植民地だった国々からやってくる移民を含む）貧困層が集中して暮らす都市部郊外の公教育の水準は低下した。一九八一年、そうした教育格差を解消するために五四四の「教育優先地区（ZEP）」が指定された。これらの地区には特別な予算が付与され、優秀なボランティア教師が投入された。

この時期、高等教育機関では女子学生の数が男子学生を上回った。

一九八四年、宗教色の濃い（いわゆる自由な）私立学校を国有化する最後の試みは失敗に帰した。そして幼稚園と小学校は、三つの期間に分割された。五歳までの初期学習期、五歳から八歳までの基礎学習期、中級科二年までの応用学習期だ。

フランスの家庭は二〇世紀初頭のときと同様、教会の影響を受けなくなったとはいえ、私立学校の国有化を試みて失敗したばかりの公立学校をあまり信用していなかった。

一九八五年、該当する年齢の若者のバカロレア合格率が四〇％近くになり、政府は一九九五年にはこの割合を八〇％にするという目標を掲げた。この目標値はほぼ達成された（そのからくりは後ほど述べる）。同年、普通バカロレアと技術バカロレアに加えて、職業バカロレアが設けられた。

とくに高等教育機関で教員の数が不足した。一九九〇年、学部の学生数が二〇年前の二倍になったのにもかかわらず、大学教員の数は四〇%しか増えなかった。

一九九一年、一六歳の若者全体に占める中学ないし高校に通う者の割合は九二・四%であり、この割合はアメリカとほぼ同じだった。一方、ドイツと異なり、技術および職業教育を選択する一六歳の若者の割合はわずかだった。

一九九四年、小学校に活語の外国語の授業が導入された。

社会学者ピエール・ブルデューは、これらの教育改革は難易度の低いお楽しみを餌にして子供を勉強させようとする「魚釣り教育」だと切り捨てた。「子供が本当に興味を抱くのは、自分自身で頑張ったことだけだ。よい教師とは文化を紹介する人物だ」と力説した。

教育制度がうまくいっていない兆候が顕著になった。フランス語の習熟度は低下し、非行は増加した。中学生が一回の書き取り試験で間違える数は、一九二〇年の五個から一九九五年には一七個に増えた。

一九九五年、若年層の教育程度の実態は次の通りだ。一%は非識字者。三%は簡単な単語しかわからない。四%は一行の単純な文章しか読むことができない。一二%は短い単純な文章しか理解できない。二〇%は文章を正確に読解することができない。

しかしながら、二〇〇〇年代初頭、バカロレアの合格率は八〇%近くに達した。なぜなら、二〇年前と比較して、バカロレアの合格基準が低下したからだ。

教育制度の改革は加速した。

大統領ジャック・シラクと教育大臣フランソワ・フィヨンは、知識と技能に関する七つの共通基盤を定義した（母国語であるフランス語、活語の外国語、数学の基礎と科学技術、情報コミュニケーションに関する日常的な技術、人文学的な素養、社会的および市民的な能力、自律性と自発性）。

大衆教育は拡大し続けた。その結果、二〇〇〇年から二〇一二年にかけて修士号の取得者の数は七五％増加した。

二〇一三年、大統領フランソワ・オランドと教育大臣ヴァンサン・ペイヨンは、今度は五つの共通基盤を定義した（思考とコミュニケーションのための言語、学習の方法と手段、人格教育と市民教育、自然と技術のシステム、世界と人間の活動の表象）。また、各教育機関に保護者およびその代理人のための場所を設けることが定められた。

二〇一六年、大統領フランソワ・オランドと教育大臣ナジャット・ヴァロー＝ベルカセムは、教育課程を新たに四つに区分した。初期学習期（幼稚園の大、中、小クラス）、基礎学習期（準備学年、初級第一年、初級第二年）、学習強化期（中級第一年、中級第二年、第六学年）、学習深化期（第五学年、第四学年、第三学年）だ。

二〇一七年、大統領エマニュエル・マクロンと教育大臣ジャン＝ミシェル・ブランケールは、「教育優先地区（ＺＥＰ）」の準備学年と初級第一年のクラス、そして幼稚園の大クラスの人数を半減させる決定を下した。その結果、クラスの数が増えたため、初等教育機関には三八〇〇の新規雇用が生まれた。準備学年、初級第一年、第六学年、第二学年の期末に、全国評価試験を実施することが決まった。バカロレア試験の四〇％は、高校の内申点による評価になった。

二〇二二年、フランスでは一三〇〇万人の生徒のうち、一七％が公教育施設以外の場所で学んでいた（内訳は、九七％が認可を得た私立学校、三％弱が認可を得ていない民間の教育施設、〇・三六％が家庭）。

中等教育修了証書の取得率は八六％だった。第二学年の生徒の九〇％はバカロレア試験にまで至っている（一九六二年では一五％）。普通バカロレアの合格率は九一％、技術バカロレアの合格率は八八％だった。

国立遠隔教育センター（ＣＮＥＤ）では、およそ二〇万人の学生が学んでいる。

高等教育を受ける若者の数（該当する年齢の六一・五％）は、一九六〇年と比較すると七倍になった。

上海ランキング（後ほど述べるように、二一世紀初頭から世界の大学ランキングを行っている）でのフランスの大学ランキングは次の通りだ。パリ＝サクレー大学（一六位）、ＰＳＬ研究大学（四〇位）、ソルボンヌ大学（四三位）、パリ大学（七八位）、エクス＝マルセイユ大学（一〇〇位台）。フランスの大学は統合戦略によって進化した。高等師範学校、エコール・ポリテクニーク、パリ政治学院は、四〇〇位以上だった。

フランスでは世界の他の地域と同様、多くの教師たちが、これまで学校にあまり関与しなかった保護者と協働し、さまざまな試みを行ってきた。ドランシー〔パリ北東部にある自治体〕にある高校の最終学年の教師ジェレミー・フォンタニューは、ＳＮＳや面談を利用して生徒の勉強に保護者を関与させ、大きな成果を上げている。デジタル機器を利用する新たな教育形態については後ほど語るが、そうした成功例を一つ紹介する。

二〇一一年に設立された「エコール42」では、学校を中退した若者に学問の楽しさを再発見してもらうために、彼らにコンピュータの魅力を教え、これを他者に教えることに挑戦させている。生徒は二年間で政府公認の修了証書を取得できる。今日、世界三〇ヵ国にあるこの学校では、二万五〇〇〇人以上の生徒が学んでいる。

それでも、心配な兆候には事欠かない。

フランスの小学生一人当たりの教育費は、OECD諸国の平均よりも八％少ない。

二〇二二年、フランスの二歳児の就学率は（後の留年率に大きく影響するにもかかわらず）一〇％だったが、フィンランドは五三％、OECD諸国の平均値は三九％だった。

二〇一九年のPISAの調査（二〇〇〇年以降、三年ごとにOECD諸国の教育制度の成果測定のために行われる国際的な学習到達度調査）によると、フランスの規律環境指標は、ブラジルとアルゼンチンを除き、測定された国の中で最低だった。

毎年、およそ一五万人の若者が何の資格も取得しないで一六歳前後で退学している。

二〇二〇年の「市民権と防衛の日」の四三万七〇〇〇人の参加者のうち、一一・九％が「読むのが苦手」、九・五％が読むのにかなり苦労している、四・六％が「非識字」とみなされた。

数学の平均点は、二〇〇八年から二〇一四年にかけては安定していたが、二〇一九年に急落した。その結果、二〇二〇年、小学校中学年の生徒の算数レベルはOECD諸国で最低だった。

中学校に入学する生徒の二〇％は、読み書きと数学に困難を抱えている。バカロレアで数学を選択する生徒は、男子では五四%だが、女子では三〇%にすぎない。また、工学系の専門職に就く女子はきわめて少ない。

フランスの教師一人当たりの生徒数の比率は低下した。それでも一クラス当たりの生徒数はOECD諸国の中では多い。歴史の教師の新規雇用数は、四六の高校に一万八六九七人の高校生がいた一八四二年では四人から六人だったが、三七五〇の高校と二二八万八八〇〇人の高校生のいる二〇二一年では七二人だった。言い換えると、高校の数は八二倍、高校生の数は一二二倍になったのにもかかわらず、新規雇用数は一六倍しか増えていない。

また、近年のさまざまな努力にもかかわらず、教師、保護者、生徒の関係は往々にしてぎくしゃくしている。というのは、生徒の進路をあまりにも早期に決定する教育制度や、進歩よりも間違いを強調する教育法に対する不満があるからだ。

教育格差は依然として深刻であり、悪化さえしている。越境通学が横行している。子供の二人に一人が自治体の指定する以外の学区の中学校に通っている。

セーヌ=サン=ドニ県〔パリ北東部〕では、教師不足のために子供の全就学期間中のおよそ一年分の学習が失われている。

ブルターニュ地方では、生徒の四〇%が私立学校に通っている。

高校生の三分の一は職業訓練課程に在籍するが、この進路を自ら進んで選択した者はほとんどいない。

教育制度が過度に中央集権的であるため、教師は自身の配属先の学校をその教育計画に基づいて選択できない。教師の給料は、物価が同等の諸外国の教師と比べて著しく安い。教師の労働環境は悪化している。

移民の両親を持つ若者は差別されていると感じている。優秀な生徒は移民の多い地区の学校に通うことを避けている。

いくつかの調査によると、OECD諸国の中でもフランスは親の社会的地位の格差が子供の教育格差に最も影響をおよぼす国だという。

家族の支援がないために児童福祉施設で過ごした若者の場合、一八歳になると自立を余儀なくされるが、手持ちの現金、住む場所、職業支援はなく、文字通り社会に放り出される。フランスの若者が自立する平均年齢は二三歳だが、二五歳にならないと積極的連帯所得手当（RSA〔生活保護制度〕）を利用できない。一八歳で自立しなければならないこれらの若者は、そうした事情から普通バカロレアに合格して高等教育を受ける割合が、同年齢の若者の四分の一だ。また、修了証書を得ずに退学する一五万人の若者の六〇％以上も彼らだ。

高等教育の状況も芳しくない。高等教育に割り当てられる教育費の対GDP比は、二〇一六年では一・四％とOECD諸国の平均値に近いが、優れた高等教育を行っている国（アメリカの二・五％、カナダの二・三％、イギリスの一・七％）と比較するとかなり劣る。しかも、学生一人当たりの支出は、二〇一四年時よりも六％以上減少した。半数以上の学生はアルバイトをせざるをえず、アルバイトをしている学生の半数以上が勉学に支障をきたしている。

二〇二一年、グランゼコールの学生のうち、親が企業の管理職ないし医師や弁護士などの自営業の者の割合は五〇%だった（就労者全体にこれらの職業の者が占める割合は一七%にすぎない）。二五歳から二九歳の若者全体のうち高等教育の学位を持つ者の割合は、管理職や自営業の親を持つ子供の場合では六六%である一方、管理職以外の労働者や被雇用者の親を持つ子供の場合では三三%だった。

国民全体に占める高等教育の学位を持つ者の割合は四七・五%にすぎない（OECD諸国中、二二位）。移民が高等教育の学位を持つ割合は、フランスで生まれた人の場合では二七%であるのに対し、中国からの移民の場合では四三%、ルーマニアからの移民の場合では三七%、ベトナムからの移民の場合では三五%、ポーランドからの移民の場合では三二%、チュニジアからの移民の場合では二一%、モロッコとアルジェリアからの移民の場合では一九%だ。

二〇一七年のフランスへの留学生の数は二五万八〇〇〇人だった。フランスの留学生受け入れ数はOECD諸国中、二〇一二年の第三位から第五位になった。留学生の数に関しては、アメリカ（およそ一〇〇万人）とイギリス（四三万人）がずば抜けて多く、オーストラリアとドイツがフランスを追い抜いた。

初等教育の物質的な条件は悪化している。多くの大学では、設備が相変わらず不充分な状態だ。フランスの教育にはこうした物質面での不備に加え、アイデンティティに基づく分離主義という新たな問題が生じている。脱宗教を巡る戦いの様相が変化したのだ。何世紀にもわたる闘いだったカトリック教会の影響排除は終焉し、アイデンティティや社会性を巡るさまざまな形態の分離主義や新たな脅威に対する闘いが始まった。非宗教、社会統合、公平を目指す学校にとって、この闘いはカトリック教会とのものよりも壮絶だ。その一例は学校教師サミュエル・パティがイスラム過激派の男に殺害された事件だ。

そしてインターネットという津波が他の国と同様、フランスにも押し寄せている。公共ラジオ局『フランス・キュルチュール』をはじめとするラジオ（ポッドキャストを含む）は、教育に重要な役割を果たすようになったが、現在のところ教育という観点から見ると、ラジオ以外の従来のメディアの役割は減っている。

二〇一二年から二〇二二年にかけて、一歳から六歳までの子供がインターネットに費やす時間はほぼ三倍になった（週二時間一〇分から六時間八分。これは学習のためではない）。七歳から一二歳の子供は、毎週九時間以上インターネット・サーフィンをし、テレビにも同じだけの時間を費やしている。一三歳から一九歳の子供は、毎週およそ一八時間インターネット・サーフィンをし、毎週九時間はコンピュータゲームに興じている。

ドイツ：復興期に起きた悲劇

一九一九年、新生ヴァイマル〔ワイマール〕共和国の初代教育大臣コンラート・ヘーニッシュ（「社会民主主義活動に従事した」という理由から若い頃精神病院に送られたため、高等教育を受けることができなかった）は、敗戦まで存続したプロイセン型教育制度を「病的な隷属化、不信と嘘という悪魔」と評した。

ヘーニッシュはこの教育制度を解体した。学校と大学の教育制度を地方分権化し、学校と大学の門戸を女子に対して完全に開き、小学校には誰もが無償で四年間通うことができるようにすると宣言し、四年間の無償期間後も学業の継続を促した。ヘーニッシュの計画では、厳しい試験を経た後にわずかな授業料を負担すれば、さらに一年間から二年間、四種類の中等教育機関のいずれかに入学できた。生徒が宗教を学ぶように強制させられることはなく、教師が宗教を教えるように強制されることもなかった。中等教育修了時のアビトゥーア〔卒業試験〕は維持された。

同時期、シュトゥットガルトではルドルフ・シュタイナーが「自由学校」を設立した。この学校はおもに労働者の家庭の子供を受け入れた。その後、この「自由学校」はドイツ内外に次々と設立された。この学校は幼稚園を重視した（模倣、地域体験、自由な遊び、芸術的な創造性、自然の観察）。成績や落第はない。認知、技術、芸術、実用の面に関する活動を等しく大切にした。教科書はなく、校長は存在しなかった。今日、世界には一〇〇〇校以上のシュタイナー＝ヴァルドルフ学校がある。そのうちドイツには二〇〇校、フランスには二〇校以上ある。

この時期、アドルフ・ヒトラー（オーストリアの故郷の村の小学校、そしてその近くの修道院学校に通った後、リンツの中学校に進学するも留年。その後、ウィーン美術学校の受験に二度失敗）が台頭し始めた。一九三三年三月、全権力を手中に収めると、ヒトラーは学校と大学からユダヤ系の教師と学生および生徒を追放した。ナチス党政権の国民啓蒙および宣伝大臣のヨーゼフ・ゲッベルス（ライト〔ドイツの中西部にある自治区〕のカトリック系ギムナジウムでは優秀な生徒だった。その後、ミュンヘン大学とハイデルベルク大学で学んだ）は、ヴァイマル共和国の改革を一掃し、教育制度を再び中央集権化し、四つの基本方針を定めた。すなわち、「民族の血と祖国」、「ユダヤ人、フリーメイソン、共産主義」、「ドイツ民族の歴史」、「暦、しきたり、葬儀」だ。

ゲッベルスは、古語と活語の外国語の授業を減らし、国文学の教育で扱う題材を特定の作家と時代のものに限定した。

ナチス親衛隊が小学生に向けて毎週発行する『親衛隊ガイドブック』には、『我が闘争』からの抜粋や優生学に関する解説が掲載された。戦時中、教育は中断された。多くの学校は破壊され、大勢の子供が前線に送られた。

一九四五年、ソビエトは自国領土内においてプロイセンとナチスの中央集権型の学校制度を維持し、この制度を利用してマルクス・レーニン主義のイデオロギーを拡散した。教育の対象は、職業訓練、数学、自然科学になり、若者は化学や電子工学関連の職業を目指すよう指導された。一九五九年、従来の教育と企業での労働を組み合わせた「理工科学校」（全一〇学年）が設立され、第八学年からは「社会主義に基づく生産方式入門」という職業訓練が始まり、工場での週一回の労働が課せられた。

一方、西ドイツでは中央集権型の教育制度が解体され、各地方当局に委ねられた教育政策を調整するための連邦教育省大臣会議が設立された。

一九四九年、新たな西ドイツの基本法により、「すべての公立学校では宗教教育を定期的に行うが、生徒に対して宗教授業への出席や宗教行事への参加は強制しない」と定められた。

西ドイツのほとんどの学校では、授業は午前中だけであり、午後はイギリスと同様、スポーツに充てられた。国全体で職業訓練と実習が重視された。

二〇一四年、すべての教育カリキュラムに「就職ガイダンス」が義務化された。企業での研修目的は、「職業に関する見識を深め、職業選択の道標にする」ことだった。

今日、ドイツはルクセンブルクとともに、OECD諸国内で教師の給料が最も高い。職業実践専門課程を履修する生徒の割合は、OECD諸国内で上位に位置する一方、普通課程を履修する生徒の割合は、チェコを除いてOECD諸国内で最低だ。しかしながら、OECDの最新の調査によると、一般的な教育水準（国語、数学、科学）に関して、ドイツはフランスを上回っている。

工学、製造、建設の分野での学位取得者の割合は、OECD諸国内で最も高い。しかし、不平等はまだ解消されていない。三〇歳から三五歳までの大卒者の割合に関して、両親が移民で本人がドイツ生まれの場合では一八・七％だった一方、両親ともドイツ生まれの場合では二九％だった。

つい最近の変化として、教育は難民の社会統合政策の要であり、人口減少克服に向けた重要な取り組みとみなされている。

また、ドイツにおいてもデジタル化という津波が、甚大な影響をもたらしている。

スイス：世界最高峰の大学もある多言語型の教育制度

一八七四年に制定されたスイス連邦憲法により、教育制度は州当局の管轄に置かれ、初等教育は、無償、義務、非宗教になった。スイスでは、私立学校とホームスクーリングが認められている。スイスは各州の教育政策に直接介入することなく評価をして小学校に補助金を支給している。

小学校では、国語、読み書き、計算（初歩的な幾何学も含む）、歴史、地理、自然科学、カリグラフィ、歌、デッサン、家事、体操、宗教に加え、会計学、衛生学、測量学、公民、樹木栽培、農業経済、農学、製図、そして場合によっては第二外国語を教えている。小学校は早期に男女共学になったが、中等教育は二〇世紀前半まで男女分離だった。

四つの公用語のあるスイスでは、言語は重要な問題だ。一九九〇年代、スイスのフランス語圏とドイツ語圏では、第二外国語の学習が第四学年、そしてティチーノ州（イタリア語圏）ではフランス語の学習が第三学年に前倒しされた。

自然科学、社会科学、人文科学は、フランス語圏よりもドイツ語圏とイタリア語圏で重視されている。

学校の一クラスの生徒数はおよそ二〇人だ。今日、二三の州独自の教育制度がある（州の数は二六）。ティチーノ州を除くすべての州が加盟する学校協定（一九七〇年に制定）により、スイス国内の教育制度の調整が図られた（例：就学年齢、義務教育の期間、新学期の開始時期）。二〇一一年、一五の州が学校教育の統一を模索する州間協定に加盟した。

中等教育では、中学高校のおよそ七〇%がバイリンガル教育をしている。スイス全体ではほとんどの場合、学校で教える外国語は、英語（六五%）、ドイツ語（二八%）、フランス語（一七%）だ。生徒は最低二つの非言語科目（一般的に歴史と数学）を母語で学び、大学入試資格試験を習得した言語で記述しなければならない。

世界競争力指数によると、スイスは高等教育の質で世界一だという。商業系では、IFM大学、ザンクトガレン大学、HECローザンヌ、工業系ではスイス連邦工科大学ローザンヌ校（EPFL）が有名だ。ホテル・サービス系ではローザンヌ・ホテルスクール（EHL）がQS世界大学ランキングの観光、およびホテル学科部門で世界第一位にランキングしている。

一八五四年に技術者と科学者の育成を目的として設立されたスイス連邦工科大学チューリッヒ校は、おもに科学、技術、工学、数学に重点を置いている。この大学の卒業生には、アルベルト・アインシュタイン、モーリス・ケクラン（エッフェル塔の設計者）、ジョルジュ・クララス（植物学者。一八六五年に北パタゴニアを発見した探検家）などがいる。この大学の研究所からは、二二人のノーベル賞受賞学者、二人のフィールズ賞受賞者、三人のプリツカー賞受賞者、一人のチューリング賞受賞者が輩出されている。二〇二二年のQS世界大学ランキングでは、この大学は世界第八位であり、ヨーロッパ勢では、オックスフォード大学、ケンブリッジ大学、インペリアル・カレッジ・ロンドンに次いで第四位だった。

ローザンヌ工科大学は、エコール・サントラル・パリに触発され、フランスやドイツの有名校に留学する代わりにスイスで「優秀な技術者を養成する」高等教育機関として一八五三年に設立された。この大学の目的は、化学、物理、数学、製図、建築、土木工学などを教えて優秀な技術者を育成することだった。一九四六年、この大学はEPULと改名され、物理学部門が新設された。そして巨大な研究所と世界規模の研究計画を持つ現在のスイス連邦工科大学ローザンヌ校（EPFL）になった。二〇一五年から二〇一六年のQS世界大学ランキングでは世界第一四位にランキングされた。

デジデリウス・エラスムスやカール・グスタフ・ユングも学んだバーゼル大学も有名だ（設立は一四六〇年）。

スペイン：何とか追いついたが

一九三六年以降、フランコ政権の最初の二〇年間、前共和国の非宗教に基づく近代化計画は全面否定された。たとえば、教育の再キリスト教化、教師のイデオロギー化と非専門化、学校ネットワークの縮小、教育の民営化、宗教系学校の拡充を目指す資金援助などの政策が断行された。

一九六〇年代初頭、スペインの成人人口のうち、識字者の割合は八五%、小学校を卒業した者の割合は六%、高等教育を受けた者の割合は三%未満と、スペイン国民の教育水準はきわめて低かった。

だが、一九七六年の民主主義の到来とともに、状況は一変した。二〇二二年、非識字率はほぼ〇％になった。中等教育修了者の割合は七〇％以上になった。平均教育期間は、一九六〇年の四・七年から二〇一九年には一〇・四年になった（退学率は一六％）。

スペインのこうした変化は快進撃と紹介されるが、これは誤解を招きやすい。ＯＥＣＤによると、スペインの大学生はオランダや日本の高校生と同レベルだという。高校卒業者の読解力を五段階で評価すると、低レベルに属するレベル三未満の割合は、四〇％、計算力では四六％だった。また、高等教育の学位を持つ卒業生の三七％は、自身の学歴に見合うよりもレベルの低い職業に就いている（ヨーロッパの学歴ミスマッチの平均値は二三・五％）。

このように、人口減少にもかかわらず、スペインの教育制度では教育の質が担保されず、悲惨な状態が続いている。とはいえ、世界の他の地域と同様、法学と医学に関しては例外で、そこでは上流階級の家庭の子供だけが学んでおり、上流階級は以前にもまして子供を外国に留学させている。

イタリア：大きな後れを取る

一九〇七年、イタリアで女性で医学部を卒業した最初の人物マリア・モンテッソーリは、子供の自由と各自のペースの尊重、自己管理、経験重視という自身の教育理論を実証するために、ローマの労働者階級が暮らすサン・ロレンツォ地区に初の「子どもの家」を設立した。この試みはすぐに国際的な成功を収めた。

一九二二年以降、教育制度は教育省とファシストの地方監査官によって統制された。学校教育は一四歳まで義務化された。小学校では創造的なカリキュラムが許されたが、高校ではファシスト版の歴史教育が行われた。また、カトリックは教育の「基盤かつ完成形」と見なされた。

一九二九年、マリア・モンテッソーリは国際モンテッソーリ協会を設立した（「知識の伝達ではなく、子供の特性や年齢に応じてその子の自然な発育に寄り添うことが教育」という理念）。一九三四年、モンテッソーリはイタリアを離れ、しばらくの間、インドで過ごした。インドには今日でも数多くのモンテッソーリの学校がある。

二〇一六年、イタリアの退学率は一三・八％だった（フランスは八・八％、ヨーロッパ諸国の平均値は一〇・八％）。

二〇〇八年から二〇一五年、イタリア人のおよそ三五％は学歴と無関係の仕事に就いていた（この数値はヨーロッパ諸国の中でもかなり高い）。

二〇一七年、二五歳から三四歳の人口に占める高等教育の学位取得者の割合は二五％だった（ＯＥＣＤに加盟する三五ヵ国の平均値は四三・一％）。さらには、多くの新興国と同様、高等教育の学位を取得した四〇歳未満の多くの若者（二六万人）が外国に流出している。

イタリアの教育事情は芳しくないが、教育カリキュラムには独創性がある。イタリアは学校教育に地球温暖化問題を導入した世界初の国だ。イタリアではこの問題について年間三三時間の授業がある。また、地理、物理、数学についても、持続的発展の観点から授業を行っている。

フィンランド：協働に基づく世界一の教育制度

フィンランドが初等教育を義務化したのは、スウェーデン、デンマーク、ノルウェーよりもずっと後の一九二一年だが、二〇二一年には六歳から一六歳までの教育が無償化および義務化された。

フィンランドでは、所得が国の中央値の五〇％未満の家庭で暮らす子供の割合は五・三％にすぎない。社会的平等の観点では、フィンランドはスウェーデンに次いで世界第二位だ。

フィンランドでは両親ができるだけ長く子育てできるように、さまざまな努力がなされてきた。両親は長い育児休暇を取ることができ、また、生後六ヵ月から幼稚園に預けたり、保育士が自宅で少人数の幼児を預かったりすることも可能だ。

小学生になると、生徒は学校地図で定められた学校に通う。一クラスは最大二〇名であり、教室は広くて快適だ。科学の授業は一クラス一六人以下であり、実験室で行われる。小学校の最初の数年間の主眼は技術と創造力をのばすことだ。生徒は九歳までに読解力を養い、授業の基本は参加と対話で行われる。教育の目的は、生徒を罰するのではなく生徒の価値を高めることにある。保護者と生徒は早い段階から数多くの選択肢から進路を構築できる。

第一学年から第九学年までは、美術、音楽、料理、裁縫、大工、金属加工などの授業が、週に四時限から一一時限行われる。

一六歳までは一時限の授業の長さは四五分間であり、授業の間には一五分間の休み時間がある。

生徒は教師をファースト・ネームで呼ぶ。一三歳までは成績をつけない。一三歳からは四から一〇までの成績がつけられる。留年はほとんどない。勉強についていけない生徒は支援を受けることができる（すべての学校には、専門の教師や教育補佐による少人数あるいは個別の支援体制がある）。学校食堂は、小中高の全生徒が無償で利用できる。

一九七〇年代以降、教師に対する監査は費用対効果に乏しいという理由から実施されていない。

過酷な競争がなくても優秀な生徒を育成できる。もっとも三年に一度、六〇〇〇人の生徒を対象に数学の全国学力テストが実施されているが、政府主催のこの試験の結果は校長にしか通知されない。

中等教育では九三％の生徒が修了証書を取得している。彼らのうちの六六％は高等教育機関へと進学する（ヨーロッパ諸国で最も高い進学率。フランスは六一・五％）。ほとんどの私立学校は漸次閉鎖された。

幼稚園の先生、小中高校の教師、大学の教員になるには、高等教育の学位および専門の修士号を取得し、競争率のきわめて高い採用試験に合格しなければならない。教師は毎週二時間の研修を受け、一日四時間教えるだけでよい。教師は自分で選んだ教育法に従って教えることができる。フィンランドでは、教師という職業は医師や弁護士と並び、社会的尊敬の対象だ。

中学校の進路指導は、専門の教育アドバイザーを交えて七六時間行う。労働市場の専門家によるレクチャーや労働現場の見学といった合同学習に加え、生徒は個別のアドバイスも受けられる。

世界経済フォーラムが毎年発表する『世界競争力報告』では、フィンランドの教育制度は世界第一位にランキングされている。OECDのランキングでは、フィンランドは読解ではカナダと並んで世界第二位、数学では世界第三位だ。ヨーロッパ諸国内の子供の幸福度ランキングでは、オランダ、デンマーク、ノルウェー、スイスに次ぐ第五位だ。フィンランドの教育費は対GDP比の五%以上だ。この比率はフィンランドの人口動態に起因する生徒数の減少を考慮すると高水準だ。

スウェーデン：二〇年間で学校制度が破綻寸前になったわけ

一七世紀以降、教育の先端を歩み、社会的平等と児童福祉の分野を牽引してきたスウェーデンは、この二〇年間ですべてを台無しにしようとしている。一九八〇年代末、スウェーデンの学校はほぼ国営で、小中学生の九九%は公立学校に通っていた。二〇年前までは、スウェーデンの教育は優れた成果を収めてきた。

ところが一九八九年、教育制度が過度に中央集権化しているという批判を受け、社会民主労働者党は、初等および中等教育の管理責任を国から地方自治体に戻した。

一九九一年、右派連合が政権を奪還すると、ミルトン・フリードマンが理論化した「教育バウチャー」を導入した。これは子供のいる家庭にバウチャーを配布することにより、学校は集めたバウチャーの数〔生徒の数〕に応じて自治体から補助金を受給できるという仕組みだった。当初、このバウチャーによる補助金は教育費の一〇％で、対象は私立学校だけだった。そのため、制度が始まると私立学校の数は急増した。

一九九四年に社会民主労働者党が政権を奪還すると、教育バウチャーは平等性の観点から、公立学校も受給できるようになった。それでも私立学校の増殖は鈍化しなかった。まもなく複数の営利企業が小中学校を買収し、民間企業による学校のグループ経営が始まった。

二〇二二年、小中学生の二〇％が四〇〇〇校の私立学校に通っている。これらの学校の三分の二は上場企業が経営している。これらの学校の中には、さらなる利益を上げるために生徒一人当たりの教師の数を削減し、教師の給料を減額するところもある。逆に、優秀な生徒を育成し、入学希望者が殺到する学校もある。いずれにせよ、企業が経営する学校では、教師は顧客である生徒に寛容に接するように指導されている。

スウェーデンの全体的な教育水準は低下している。二〇一三年のＰＩＳＡの調査では、スウェーデン人の子供の学力は、読解力、数学、科学ともにＯＥＣＤ加盟国中で最低のランクだった。

教育バウチャーの導入以降、優秀な学校と劣悪な学校との格差はさらに広がっている。

公立学校の教員採用はますます困難になり、中学校では、高校に進学せずに退学する生徒が毎年一万六〇〇〇人いる。

今日、世界最高だったかつてのスウェーデンの教育制度は崩壊寸前の状態にある。

カナダ：完全地方分権型の世界最高の教育制度の一つ

カナダの教育費の対GDP比は五・三％であり、この比率は世界最高水準だ。カナダ連邦政府に教育省はなく、一〇の州にはそれぞれ独自の教育カリキュラムと評価制度がある。これらの州の中には、独自の教育省を持つところもある。ケベック州では、一九六四年に州の教育省が設立されるまで、中等教育はカトリック教会の管理下にあったが、今日では、教育は完全に非宗教化している。

教育の目的はエリートの育成というよりも、国民全員に基礎学力を提供することにある。教師の役割は知識を伝達することではなく、訓練、調査、地域社会のプロジェクト、ケース・スタディなどによる学習を促すことだ。

各学校には教師の教育法にアドバイスする教育指導員がいる。教師は複数の学校を巡回し、生徒一人一人に個別の学習計画をつくる。勉強についていけない生徒には「ティーチング・アシスタント」が支援する（ときには連日にわたり問題を抱える生徒を個別指導する）。

数学と語学の教師には専門の指導員がいる。教師は毎年五日間の研修を受ける。さらには毎年、教師の四分の一は最長三日間、本人の選ぶテーマに関する研修を受けることができる。

最近では、先住民の位置づけを少しずつ見直し、州ごとに国の歴史を子供に教えている。

カナダの大学は多文化かつ多目的型だ（歴史学を学びながら物理学を専攻することも可能）。カナダでは毎年、およそ三〇万人の留学生が学んでいる。大学の授業料はアメリカよりもわずかに安価だ。

しかし、カナダは世界の他の地域以上にデジタル化の荒波に襲われている。

カナダ人の若者のおよそ五人に一人は、教室にいるよりも長い時間をデジタル機器の画面の前で過ごしている。とくにケベック州の子供は週平均二三時間、パソコン、テレビ、スマートフォン、ゲーム機器の画面に釘付けになっている。二〇一七年から二〇二二年にかけて、こうした釘付け状態が週三五時間以上の子供の割合は、九％から一九％へと二倍以上に増加した。また、週四五時間（つまり、一日六時間以上）の子供の割合は、三・三％から一一％になった。

大人も釘付け状態だ。一日当たりのそうした時間は、パソコンがおよそ四・二時間、テレビが三・一時間、携帯電話が二・四時間、タブレットが一・五時間だ。

これらの娯楽が知識の伝達におよぼす影響については、次章でじっくりと論じる。

エストニア：出自が学校成績におよぼす影響が最も小さい国

一九九〇年にソ連から脱退して以降、エストニアは教育費に対GDP比で六・八％を費やしている。この比率はOECD諸国内で最も高い。

国民は全員無償で教育を受けることができる。国は教育に関してほとんど権力を持たない。

教育省の役割は、教育制度の長期的な発展を指導することだけだ。教育省の所在地は、他のすべての省庁がある首都タリンではなくエストニア最古の大学があるタルトゥだ。

子供は生後一八ヵ月から自治体に預けられ、芸術、運動能力、基礎的な言語、算数を学ぶ。三歳児の九四％と四歳児の九七％は、幼児教育機関に通っている。これらの割合はＯＥＣＤ諸国の平均値である三歳児の七〇％と四歳児の八四％を大きく上回っている。

幼児教育期のほとんどの生徒（九六％）は公立の施設に通っている。この割合もＯＥＣＤ諸国の平均値（六一％）を大きく上回っている。

義務教育は七歳から一七歳までだ。七歳になると、伝統的な知識に加えて、音楽、公民、職業訓練、スポーツなどの教育を受ける。

居住地の自治体は、生徒の自宅から最も近い学校への入学を保証する一方で、保護者は複数の学校の中から通学させる学校を選択できる。生徒は芸術や言語を含む幅広い選択肢の中から、興味のある授業を好きに増やして取ることができる。信仰とは関係のない宗教教育の選択をすることも可能だ。

留年率はＯＥＣＤ諸国内では最低クラスだ。少なくとも一回留年したことのある一五歳の生徒の割合はわずか三・五％だ（ＯＥＣＤ諸国の平均値は一二・四％）。

課外活動センターは「環境への関心、自由、人間の尊厳、平等という概念を育む」ために教育支援や公民教育の授業を提供している。

特筆すべきは、エストニアは保護者の社会的な地位が子供の学校の成績におよぼす影響が最も小さい国であることだ。

教師たちは地域の要望に応じた教育カリキュラムをつくることができ、各学校の特殊性を考慮した指標を用いて独自の評価法を用いることもできる。

中学校の教師は深く掘り下げたい特定の専門分野について、高校の教師とともに授業を共同で行うことができる。

ただしエストニアでは、教師（半数以上は五〇歳以上）の質は高いが、給料が安いため人気のある職業ではない。

EU：加盟国の調和を促す試み

一九八四年、イタリア人のソフィア・コラーディは、留学先の大学で取得した単位が自国の大学で認められるというアイデアを唱えた最初の人物だ。というのは、コラーディは自国イタリアの大学に断りなく外国の大学に留学したため、一九六九年（三五歳のとき）に学位取得のためにイタリアの大学で学業を再開しなければならなかったからだ。

コラーディのアイデアは、AEGEEなどの学生団体をはじめ、フランソワ・ミッテラン、ヘルムート・コール、ジャック・ドロールなどによって支持された。こうして一九八七年、エラスムス計画（European Region Action Scheme for the Mobility of University Students）が始まった。

この計画の趣旨は、ヨーロッパの大学やグランゼコール間の学生と教師の交流を深めることだ。この計画により、学生は最短三ヵ月、最長一年間、ヨーロッパの他の教育機関で取得した単位を、自分の所属する大学の単位に振り替えることができるようになった。

開始当初、この計画には一一ヵ国が参加した（ドイツ、ベルギー、デンマーク、スペイン、フランス、ギリシア、アイルランド、イタリア、オランダ、ポルトガル、イギリス）。二〇二二年までに、計画が始まってから一二〇〇万人がこの計画を利用した。二〇一四年から二〇二〇年にかけて六〇万人の学生を送り出したフランスは、この計画の主要国になっている。

二〇〇二年、フランスの発意により、LMD（学士、修士、博士）制度がヨーロッパ全域で導入された。この制度により、EUの大学の学位レベルが、学士、修士、博士というように統一され、異なる段階間の架け橋ができ、大学間の互換性が確保された。こうしてEU圏内の学生の移動が容易になった。すべてのEU加盟国がLMD制度に移行中だが、現在のところ完全に移行したのは、フランスとイタリアだけだ。

シンガポール：最も競争の激しい世界トップクラスの教育制度

シンガポールは世界有数の港湾都市国家だが、一九六五年の独立宣言以前では、マレーシアとインドネシアに挟まれた狭小な国にすぎなかった。教育施設は一九世紀にイギリス人がつくったいくつかの学校と、一九一一年に設立されたいくつかの中国の学校があるだけだった。

独立以降、シンガポール政府は、建設業や工業の膨大な労働需要に対応するために自国の多文化性に配慮しながらおもに職業訓練を充実させた。

一九七〇年代末、首相リー・クアンユー（現在のシンガポール国立大学であるラッフルズ大学で学んだ後、ロンドン・スクール・オブ・エコノミクス、ケンブリッジ大学のフィッツウィリアム・カレッジに留学）は、シンガポールを技術大国にするという野望を掲げた。

シンガポールが最も熱心に行ったのは科学教育だ。政府は教育政策に莫大な予算を組んだ。世界中の偉大な教育学者（アメリカの心理学者ジェローム・ブルーナー、ジャン・ピアジェ、数学者のジョージ・ポリア、マリア・モンテッソーリなど）の研究を参考にしながら自国で開発した数学重視の教育法により、優秀な人材の輩出を目指した。

この教育法には六つの段階がある。操作、観察、数理モデル化、トレーニング、反復、問題解決のためのゲーム理論の利用だ。この教育法により、生徒間の協力とコミュニケーションは円滑になり、興味と創造力が育まれる。今日、この教育法は世界六〇ヵ国で採用されている。とくにイギリスでは公立学校の半数、フランスではおよそ一〇〇〇のクラスが利用している。もっとも、利用に際しては多少の修正が施されている。なぜなら、たとえばシンガポールの生徒は足し算と引き算を同時に学ぶが、フランスでは別々に教えているからだ。

選抜試験は二歳から毎年行われ、一二歳のときに進路決定がある。生徒の上位三分の二は進学校に通い、中等教育課程を三年間で修了する。残りの二〇％は四年間を費やす。そして下位一〇％は技術コースに進まなければならない。

授業は朝七時から夕方五時まで行われ、その後、学習塾に通う。こうした教育を支えるのが家族だ。家族は子供（とくに男子）の過酷な受験戦争のためにしばしば大きな犠牲を払う。

毎年、シンガポールの教育制度は、さまざまな革新的な取り組みによって改変されてきた。一九九七年、シンガポール政府は「思考する学校、学ぶ国家（TSLN）」というスローガンを掲げ、リスクを取ること、起業家精神、イノベーションの重要性を強調しつつ、生徒の批判的な思考を養うと宣言した。

二〇〇五年、シンガポールの首相は生徒のストレスを軽減するために「教える量を減らして学びを増やす（TLLM）」計画を打ち出した。この計画の目的は、宿題を減らし、学ぶ科目を減らすことによって「量から質への転換」を促すことだった。

しかしながら、シンガポールの過酷な競争をともなうきわめて費用のかかる教育制度に大きな変化はなかった。

二〇二一年、生徒の九八％は少なくとも一度は学習塾に通ったことがあるとされており、学習塾の市場規模は年間一一億ドルだ。

PISAのランキングでは、読解、科学、数学の分野において、シンガポールの教育制度は二〇一六年以降、世界第一位とみなされている。

しかしながら、少数派であるイスラム系マレー人の中には、子供を公認マドラサ（六校ある）で学ばせたいと希望する者もいる。

韓国：輝かしい結果と多くの惨事をともなう過酷な競争

世界で最も急速に少子化が進行する韓国では、義務教育は六歳から九年間だが、韓国人の若者の中等教育の修了率は九七％だ（世界最高）。ＰＩＳＡのランキングでは、読解、科学、数学の分野において、韓国人の若者はトップに位置している。二四歳から三五歳の大人の七〇％は高等教育を受けている。

中等教育の修了証書を取得するには既定の出席日数を満たすだけでよいが、修了証書を取得しただけでは名門大学には入学できない。

高校三年生になると、大学共通の入学試験である大学修学能力試験（修能：スヌン）を受けなければならない。この試験により、各生徒の全国順位が決まり、大学側はその順位に応じて入学者を選択する。スヌンは生徒にとって死活問題だ。

名門大学への入学を目指すという社会的なプレッシャーは尋常でない。放課後、ほとんどの小中学生は学習塾に通う。往々にして帰宅は夜一一時ごろになり、それから宿題をこなす。高校生のおよそ四〇％は、睡眠時間が六時間半未満だ。

次のような俗諺がある。「睡眠時間が三時間ならＳＫＹ（ソウル大学、延世大学、高麗大学）に合格できる。四時間ならどこかの大学に入れる。高校三年生になっても五時間以上なら大学に入るのはあきらめろ」

若者（一〇歳から一九歳）の死因の第一位は自殺だ。二〇一九年の国立青少年政策研究所の調査によると、韓国人の若者の三分の一以上は、受験のプレッシャーから自殺を考えたことがあるという。

最後に、韓国人世帯の家計費に占める教育費の割合はおよそ二〇%だ。

日本：まもなく子供のいなくなる国の過酷な競争

昭和天皇になる裕仁も伝統に従い、二〇世紀初頭の幼少期から両親のもとを離れ、海軍中将伯爵のもとに預けられた。裕仁は皇族専用の学校に通い、軍事、道徳、哲学、宗教、そして皇室の歴史、科学、フランス語を学んだ。

学校と大学には、一九世紀末に明治天皇が始めた全体主義が色濃く残っていた。

一九四一年、子供は「国民学校」(小学校)に通った後、「青年学校」で学んだ(男子は職業訓練と軍事訓練、女子は家庭科)。

学校は軍国主義の教科書を用い、農業、戦地の兵士への手紙の送付、風船爆弾の製造、格闘技などを教えた。

一九世紀にアメリカを手本にして設立された大学は、軍事的な要請に応えた。

一九四五年、軍事政権が崩壊すると、アメリカ教育使節団は日本の教育を民主化させた。三年間の幼稚園(任意)、六年間の小学校(義務教育)、三年間の中学校(義務教育)、そして道徳の授業を行うと定められ、文化と芸術も重視された。

一九六〇年代以降、経済発展が国民の課題になると、教育熱が高まった。一九六三年、経済審議会の答申は子供の早期教育を推奨した。高校の就学率は、一九六〇年の五七・五%から一九七〇年には八二・一%、一九八〇年には九四・二%になった。

二〇一四年、日本政府は「スーパーグローバル大学」というプロジェクトを開始した。このプロジェクトの目的は、主要三七校に重点投資することにより、大学教育のグローバル化を進め、日本の大学の国際競争力を引き上げ、英語による授業を充実させて留学生を呼び込むことにあった。また、中央教育審議会は「高校と大学は、若者の《生きる力》と学力を育むために、教育内容、学習および指導の方法、評価方法、教育環境を見直すべきだ」と指摘した。だが、こうした改革は掛け声倒れに終わっている。

日本では、小学校と中学校の九年間の義務教育の後、高校の入学試験が行われる。試験内容は高校ごとに異なる。高校三年生になると、生徒は全国共通の国家試験を受けた後、各自が志望する高等教育機関ごとに異なる入学試験を受ける。高校と大学の受験戦争はきわめて過酷だ。高等教育機関には、専門学校（二年間）、国立大学、公立大学、私立大学がある。

二〇二二年、日本は、読解は二位、数学、科学の分野においてOECD諸国内で第一位だった。

日本の家族は数少ない子供の教育のために多大な犠牲を払っている。外国人の生徒や教師はほとんどいない。日本は充実した教育制度によって優秀な技能を持つ労働力を備えた工業社会を生み出したが、国民の間には強烈なプレッシャーが生じている。猛勉強する若者の間では「学歴病」が蔓延し、高血圧や肥満に陥る者もいる。

この二〇年間、学生数は減少し続けている。次章で紹介するように、今後、学生数の減少はさらに加速する。

中国：すべては帝国と皇帝のために

一九〇四年、王朝の権力の弱体化とともに、下級貴族や古典文学の地位も低下した。科挙は廃止となり、北京大学は日本の新たな大学モデルを手本にして、五年、四年、五年の三つの課程で構成される制度を構築した。

一九〇五年、新たな学校を管理し、西洋式の学校を設立する国内各地の半官半民の協会を監督するために、教育会議が設立された。

一方、一九〇一年から一九〇六年にかけて、若き毛沢東は、儒教の古典の暗記という伝統的な教育を受けた。学習の唯一の動機は体罰を避けるためだった。こうした初等教育の後、毛沢東は家族の農場で働いた。一九一〇年、一八歳のとき、父親の反対を押し切ってしばらくの間、商業学校、そして文学と歴史の学校に通った。一九一三年、故郷の公共図書館に通いながら独学し、高等教員養成学校に入学し、一九一八年に卒業した。

その少し後、後に毛沢東の後継者になる鄧小平も似たような初等教育を受けた後、一九二〇年にフランスに留学した。この留学は、李《り》石曾《せきそう》（篤志家でフランス文化の愛好家）が始めた就労―就学制度であり、鄧小平は八〇人のクラスメイトとともにフランスへと旅立った。フランスでは生活費が苦しくなり、学業を中断してルノーの工場やル・クルーゾ（フランス東部の町）の製鉄工場で組立工として働いた。このとき、鄧小平はマルクス主義に感化された。一九二六年にはモスクワに渡り、翌年に中国に帰国した。

一九一二年、清の崩壊と中華民国の出現にともない、アメリカの教育制度で教育における母国語の重要性を主張したジョン・デューイとタゴール、実践による教育を説いたバートランド・ラッセルから大きな影響を受けた教育制度が誕生した。アメリカ型の大学も増殖した。

孫文が死去した一九二五年の段階では、西洋型の教育は、初等教育であっても都市部で暮らす（就労する必要のない）ごく少数の子供しか享受できなかった。

一九三七年、中国を侵略した日本は「危険な知識人」を排除した。学生や教師は虐殺されるか、非占領地域にあった地方の学校や大学の場合では追放された。中国の三大大学（北京大学、清華大学、南開大学）は雲南省の昆明市に移転した。戦時中、学生は、学生寮の建設と修繕、食事の支度、畑仕事を行った。

中華人民共和国が成立した一九四九年、中国の七歳児の就学率は五人に一人だった。学校制度はソ連型に改編され、ソビエト製の教科書が導入された。毛沢東は初等教育と中等教育をそれぞれ六年間とし、初等教育を義務化した。

高等教育機関の受験制度は、それまでの科挙と似ていた。しかし、受験科目は、中国語、数学、物理、生物、歴史、地理、外国語、政治、化学というように、まったく異なっていた。受験で有利なのは富裕層や共産党員といった特権を持つ家庭の子供であることに変わりはなかった。

中国の人口は、一九四九年の五億四一〇〇万人から一九五八年には六億五〇〇〇万人になった。同時期、民主化されないままに、小学生の数は二四〇〇万人から八六〇〇万人、中高生の数は二七万人から九〇万人、大学生の数は一一万七〇〇〇人から六六万人になった。

一九六六年、大学生の四〇％以上は、ブルジョワ階級あるいは地主の家庭（世帯全体のわずか五％）の子供だった。そして彼らに加え、共産党幹部の家庭の子供がいた。

同年の一九六六年五月一六日、毛沢東は文化大革命をスタートさせた。「紅五類」（貧農、労働者、革命烈士、革命幹部、革命軍人）の子供である生徒や学生などからなる紅衛兵が権力を握った。大学教授は権威を失った。大学は「五・七幹部学校」になった。その実態は、教師、学者、教育者の再教育施設だった。今日、ドイツやロシアの歴史の暗黒時代と同様、中国当局はこの時代の史実を否定して書き直そうとしている。

都市部で暮らしていた若者は、再教育のために農村部に送られた。一九六九年、若き習近平は「人民の敵」というレッテルを貼られ、再教育施設に送られた。辛くも逃げ出して北京に戻った習近平は、発見されて労働キャンプに収容された後、一五歳から二二歳までの七年間を農村部で過ごした。

同時期、保育所や小学校での教育はそれまでと同様、画一的でなく子供の個性を大切にしていた。

文化大革命から一〇年後の一九七六年、毛沢東が死去すると、鄧小平は大学を再開し、「五・七幹部学校」を閉鎖した。若き習近平は農村部から解放され、北京の清華大学で化学を学んだ。すべての教育機関では、革命委員会に代わって共産党当局の管理下に置かれた有能な理事会が発足した。

大学には革命で追放された教授陣が呼び戻された。入学試験制度は刷新された。新たな学校が、労働者、農民、軍人のために設立された。

大学に入学するには、普通高等学校招生全国統一考試（通称、高考：ガオカオ〔全国統一大学入学試験〕）で優秀な成績を収める必要があった。ガオカオの受験対策は、農村部よりも都市部の学校のほうが進んでいた。

鄧小平は科学技術の教育に力を入れ、肉体労働と政治活動を週一日に制限した。家庭は再び知識伝達の場になった。

親は子供（一般的に一人っ子）がガオカオの準備に向けて学習塾に通うために多大な出費を強いられた。志望大学に入学できるのは受験生の六％にすぎず、当然ながら、「太子党」（中国共産党の高級幹部の子供や孫）は、あらゆる特権〔例：裏口入学〕を維持した。

一九八五年、七歳児の小学校の就学率は九六％だった（一九四九年以前では二〇％）。

同年、鄧小平はユネスコの支援を受け、農村部の教育を強化する計画を立てた。この計画では、経済、地域の慣習、地理、職人技、医療、農業経営技術に焦点を当てた。

子供は相変わらず農作業に駆り出されていたので、農村部の学校の授業時間は子供の労働時間に対応していた。義務教育は六歳から一五歳までだった。学校は原則的に無償だった（ただし、交通費、書籍代、食費は除く）が、義務教育を無事に修了する生徒の割合は三〇％にすぎなかった。

一九九五年、公教育制度が不充分だという理由から、できるだけ多くの私立学校を設立するようにという通達が出された。ある法律には「国は、企業、公的および社会的な機関や組織、そして国民に対し、学校などの教育機関を設立、運営するように要請する」とさえ明記された。政府は各家庭に対して居住地区の小中学校へ通うように指導したが、富裕層や権力者の家庭は、進学校へ入学するための戦略を立て、子供（往々にして一人っ子）がガオカオで高得点を取って名門大学に入学するために莫大な金額を費やしていた（少数民族の受験生は点数加算によって優遇される）。

二〇〇〇年、六一二校の高等教育機関が合併し、二五〇校の大型の高等教育機関が誕生した。二〇〇三年、中国は自国の大学の優位を世界に知らしめることに成功した。大学の自由度は考慮に入れず、教育と教員の質、『ネイチャー』や『サイエンス』などの学術誌に掲載された論文の数、教育機関の規模だけを基準に世界の大学をランキングすると、上位二〇〇校に一〇校の中国の大学がランクインしたのだ。雑誌『エコノミスト』はこのランキングを「二〇〇五年以降の世界の研究大学の年間ランキングとして最も広く使用されている」と評した。

二〇〇六年以降、中国の教育に学術ナショナリズムが台頭した。政治指導層はとくに若い世代の国民に対し、封建主義、資本主義、帝国主義と闘う中国共産党の歴史と、この闘争によって生じた犠牲を執拗に語り聞かせた。また、中国文明はエジプトやメソポタミアの文明と同様に古いと教えた。

二〇一八年、習近平は中国人の若者に「中国の社会主義」を教える重要性を説いた。

二〇一九年、二〇〇九年の三倍に相当する七〇万人の中国人が外国に留学する一方（留学先の半数以上はアメリカ）、およそ五八万人の中国人留学生が帰国した（帰国者の数は二〇一〇年では一三万五〇〇〇人だった）。

二〇二〇年、世界の他の地域と同様、新型コロナウィルス感染症の拡大により、多くの教育機関が一時閉鎖された。これについては後ほど語る。

二〇二一年、中華人民共和国教育部（中国の教育省）は、学習塾を経営する企業を「公共サービスである教育を著しく歪めている」と叱責した。学習塾経営企業の新規開業は禁止された。すでに活動している学習塾は非営利団体への変更を要請された。学習塾が公立学校で教える科目を週末や学校の休み期間に教えることも禁止された。

二〇二二年、中等教育における外国語の授業が縮小された。これまで中国の大勢の大学入学資格者がアメリカの大学に入学する際に利用してきた国際試験「アドバンスト・プレイスメント」が廃止されるため、中国人学生の外国への留学が奨励されなくなることが予想される。習近平は、「今後も中国の大学を世界のトップクラスにする努力を惜しまない。だが、これからは外国の基準に従うのではなく中国の特色を活かす」と力説した。

一部の地方大学（中国人民大学、南京大学、蘭州大学）では、上海ランキングの評価を拒否するところもある。これは文化大革命時のような思想改造への回帰の前触れかもしれない。その証拠に、中国には「教育カリキュラムから英語教育を廃止すべき」という意見さえある。

そうはいっても、二〇二二年の上海ランキングの上位一〇〇位には、中国の大学が九校ランクインしている（ちなみに、アメリカの大学は三九校、イギリスの大学は八校、オーストラリアの大学は七校、カナダの大学は五校）。

中国で最も人気があるのは、医学、国際経済、コンピュータ・サイエンス、ビジネスだ。中国はアメリカやヨーロッパよりも多くの技術者を輩出しており、教育に関するテクノロジーの開発において優位な立場にある。そして中国は教育が自国の地政学上の影響力を拡大するための手段になると気づき、これを実践に移し始めた。留学生を受け入れ、留学中の中国人学生の帰国を促し、中国人の語学教師を新興国に送り込んで中国語を普及させているのだ。

しかしながら、二〇二二年の時点において、中国はとくに農村部における初等および中等教育のレベルが世界で最も低い国の一つだ。農村部の子供は、しばしば費用が高いのに劣悪な私立の幼稚園に通っている。多くの子供は中学校に入学する段階であっても、何とか読み書きのできる学力しかない。高校への進学率はおよそ五〇％だ。高校の卒業率は三〇％にすぎない。人口減少が教育におよぼす影響はまだわかっていないが、この問題については後ほど語る。

同様に、デジタル化が中国の教育におよぼし始めた甚大な影響についても、後ほどじっくりと語る。

イスラエル：複合的な制度

二〇世紀初頭、オスマン帝国は、占領下のパレスチナに公立学校を設立した。これらの学校では、教育はトルコ語で行われた。一九一四年、これらの九八校の学校は、八二四八人の生徒（学齢期のアラブ人の子供の一一・五％）のために二三四人の教師を雇った。

他にもさまざまな学校があった。たとえば、アラビア語で教えるイスラム系のコミュニティが直接運営する学校、キリスト教系のコミュニティやユダヤ系のコミュニティが運営する学校などだ。パレスチナに拠点を置くキリスト教の宗教団体は、フランス語とロシア語で教育を行っていた。啓蒙主義と科学進歩の価値観に共鳴したカリル・サカキニが一九〇九年にエルサレムに設立した「法学校」は、信仰する宗教に関係なく誰でも通うことができた。さらには、ヨーロッパから続々とやってくるユダヤ人移民が通う学校もあった。

キブツ（イスラエルの農業共同体）（一九〇八年に設立された「小集団」が始まり）では、子供は誕生時から集団で生活することを学んだ。

四歳から七歳までは、庭の手入れと羊の世話。七歳から一四歳までは、いわゆる「基礎的な知識」の習得に加え、道徳的、思想的な教育、そして一日一時間の労働（例：清掃の手伝い、配膳、農作業など）。一二歳から一八歳までは、一日六時間学業に打ち込み、二時間から三時間の農場での就労だ。

一九一七年から一九四八年にかけて、アラブ人コミュニティでは無償の教育が発展し、アラブ系の教師陣が養成された。教育言語はアラビア語になった。アラビア語で教師を養成するエルサレムのアラブ人学校は、民族主義的な活動の拠点になった。アラブ人の就学率は、一九一四年（イギリスによる統治の直前）の一一・五％から一九四八年には三一・二％になった。アラブ人の公立学校の教師の数は、一九一四年から一九一五年までは一〇三六人だったが、一九四五年から一九四八年までは四六〇〇人以上になった。

一九四八年以降、ユダヤ人学校では幼稚園から大学まで、教育言語はすべてヘブライ語だ。イスラエルの初等および中等教育制度は、ユダヤ人コミュニティ向け、アラビア語話者のコミュニティ向け、ドゥルーズ派コミュニティ向けの三つに分離した。

ユダヤ人コミュニティ向けの教育制度自体も、非宗教型の公立学校、宗教型の公立学校、超正統派の学校、私立学校に分離した。

アラビア語話者の子供は各家庭の希望に応じて、アラビア人学校あるいはユダヤ人学校に通う。イスラエルのアラブ人学校では、小学校二年生までは古典的なアラビア語だけを学び、ヘブライ語は小学校三年生から中等教育の終わりまで習う。一般的に、アラブ人学校のヘブライ語の教師はアラブ人だ。

バグルート（フランスのバカロレアに相当：高等教育進学資格）の取得後には兵役義務がある（女性は二年間、男性は三年間）が、アラブ系のイスラエル人と超正統派のユダヤ人コミュニティのメンバーは兵役が免除されている。

二〇二二年、イスラエルの教育費の対ＧＤＰ比は六％だった。しかしながら、生徒一人当たりの支出はOECD諸国内では下位に位置する。二〇一九年にOECDが発表した教育に関する最新の報告書（PISA）によると、イスラエルは調査対象になった七九ヵ国中、三六位だった。

アラブ系とユダヤ系のイスラエル人との間の教育格差は依然として大きい。バグルートの合格率は、アラブ人学校では四八%、ユダヤ人学校では六七%だった。PISAの調査の三科目（読解、数学、科学）において、アラビア語話者の生徒の半数以上は「困難を抱えている」に分類された。一方、ユダヤ人の生徒のこの割合はわずか一二%（OECD諸国の平均値）だった。イスラエルにおいても世界の他の地域と同様、社会的な背景による教育格差も著しく大きい。

高等教育への進学率は、二三歳から三四歳までのアラブ系国民では二六%であり、この割合はユダヤ系国民の半分以下だった。

イスラエルの教育制度は数年間の事なかれ主義の後、二〇二三年にバグルート改革が断行された。バグルートの必修科目が一四科目から四科目（数学、英語、ヘブライ語、一つの選択科目）に削減される予定だ。文学、歴史、聖書、公民は、内申点が評価される。最終学年になると、社会人になるための準備として実践的な教育カリキュラムが実施される。

二〇一九年の上海ランキングの上位二〇〇校には、四校のイスラエルの大学がランクインした（イスラエル工科大学、エルサレム・ヘブライ大学、ワイツマン科学研究所、テルアビブ大学）。二〇二〇年、これら四校は起業家育成部門においても世界上位五〇校にランクインした。イスラエルの毎年の研究費の対GDP比は四%だ（OECD諸国内では上位）。

一九四八年以降、イスラエルからは一二人のノーベル賞受賞者が誕生した〔三人の平和賞、一人の文学賞、二人の経済学賞、六人の化学賞〕国民一人当たりのノーベル賞受賞者の数は世界一だ。

ロシア帝国、ソビエト連邦、ロシア：災難に次ぐ災難

一九〇〇年、ロシア帝国には、一〇ほどの幼稚園しかなく、小中高校はごくわずかだった。

一九〇五年、女子も大学に通うことができるようになった。

一九一七年、ロシアの識字率は四人に一人に過ぎず、就学率は五人に一人だった。

裕福な家庭の出身だったウラジーミル・レーニンは、古典的な教育を受け、フランス語、ドイツ語、ロシア語、ラテン語、古代ギリシア語の学習では優秀な成績を収め、カザン大学で法学を学んだ。

父親に捨てられ、縫子の母親に育てられたヨシフ・スターリンは、トビリシ〔ジョージアの首都〕の神学校に二〇歳まで在籍した。神学校では、禁じられた書物〔ヴィクトル・ユーゴーの『海の労働者』など〕を読んだために何度も罰せられた。一八九九年、聖書読解の試験を受けるのを拒否したため神学校を退学になり、勉強をやめた。

オデッサ〔ウクライナ南部の港湾都市〕のサン＝ポール学校〔ドイツ系プロテスタント教徒による運営〕の優秀な生徒だったレフ・トロツキーは、数学者になることを考えていたが、政治の世界に入るために学業を断念した。

一九一九年以降、レーニンは七歳から一七歳までのすべての子供（男女）の教育を無償化および義務化した。レーニンの考える幼稚園は、共産主義と愛国心を教え込む場だった。また、「女性を解放することにより、生産活動と社会生活における女性の地位を高めながら男女格差を解消させること」が急務だと考えた。五〇歳未満の非識字者は、専門の識字学校に通わされた。

一九二三年、教育には、初等教育（四年間）、中等教育（七年間）、「テクニカム」（九年間）の三つの段階があった。歴史、数学、文学の授業が、革命、マルクス主義、科学的な労働組織、家族の研究の学習になった。

一九二八年、この教育カリキュラムは失敗に終わり、基礎科目を学ぶ教育カリキュラムに戻った。

一九三六年、子供の思考の自由と学校の自治を主張した元教師アントン・セミョーノヴィチ・マカレンコは、ソ連の首都で開かれた保護者会やラジオなどで自身の教育法を説いた。マカレンコの考えでは、知識伝達のためのさまざまな機関（家庭、学校、クラブ、政治組織、企業、地域共同体）の活動は、学校を中心にして調整すべきだという。マカレンコは共産党に入党することなくその三年後に亡くなった。

一九三七年、小学校の就学率は七五％になったが、教育環境は劣悪だった。たとえば、六〇人の生徒に対して一本の鉛筆、一クラスの生徒の数は四〇人以上、薄給の教師は共産党の組合員でなければならなかった。クラーク〔共産主義に反して私的な蓄財をする農民〕が送られた強制収容所には、彼らの子供のための学校があった。

一九四一年、教育カリキュラムはさらに愛国主義的になり、学校の規律は強まった（行動規範と懲罰制度の導入）。

一九四三年、規律という理由から男女共学が廃止されたが、失敗に帰してすぐに元に戻った。およそ八万二〇〇〇の学校がドイツ軍によって破壊され、多くの子供は通学できなくなった。ほとんどの教師は戦死した。

第二次世界大戦後、教師、小中高校、大学と、すべてが不足した。教育制度は、八年間の初等教育、三年間の中等教育、そして大学だった。授業には、家庭科、労働科学、資本主義、社会主義、弁証法的唯物論といった科目があった。小学校の留年率は一〇％だった（この割合は一九六〇年代には二％、一九七〇年代には一％にまで改善した）。

音楽、スポーツ、科学の分野で秀でた才能の持ち主は、専門のトップスクールに送られた。

ソ連の教育制度では、純粋科学および応用科学（とくに軍事的な応用が期待された）、工学、医学、農学に重点が置かれ、反体制的な政治議論は禁じられていた。アメリカは「犯罪、麻薬、人種差別に悩まされる資本主義の最も退廃的な最終段階」と評されていた。

一九八〇年代末、ソビエト連邦が崩壊し始めると、教育制度は壊滅状態に陥った。暖房設備のない学校に通う生徒の割合は二〇％、水道設備のない学校に通う生徒の割合は三〇％だった。教師の給料は遅配になり、国の五〇〇の研究所と大学は破綻状態だった。

一九九〇年、二万人以上の大学関係者が自国の研究所や大学から離れ、彼らのうち、三〇〇〇人以上が外国に移住した。モスクワ大学では学生の三分の一が退学し、博士号を目指す者はいなくなった。

その後もロシアは教育の遅れを挽回できていない。OECDの調査によると、ロシアは二〇一五年の調査で数学は世界二三位、科学は世界三一位だった。

二〇一八年、ロシアの教育費の対GDP比はOECD諸国の平均値である三・一%を下回っていた。

二〇二一年、三歳から五歳の子供の就学率は八三%だった（OECD諸国の平均値は八八%）。二五歳から六四歳の大人の高等教育学位取得者の割合は、OECD諸国の平均値（五六・七%）よりも依然として高く、工学、製造、建設の分野の学位を持つ学生の割合もOECD諸国の平均値より高い。

しかし、ロシアの大学の質は相変わらず冴えない。自然科学と数学の分野で世界トップクラスと自称する名門校モスクワ大学でさえ、『タイムズ』の世界大学ランキングでは世界第二九三位だった。

危機的な状況にある他の国と同様、ロシアの若者は高等教育の前後で外国に移住している。ロシアにおいてもデジタル化の荒波と人口減少が相まって小中高校と大学の教育需要が緩むと同時に、自国の教育制度に対する信頼は失墜している。

ここまでは、人口が高齢化した国々の教育制度を紹介した。次に、人口がまだ増加している国々の教育制度を紹介する。これらの国々は貧しく、教育制度は物質および法律の面からみて、まだ充分に制度化されていない。

二〇二二年における非識字者の数は七億七五〇〇万人であり、その三分の二は女性だった。また、非就学児童の数は一億五二〇〇万人だった（世界中の子供の一〇人に一人の割合）。

インド：ひどい惨事

インドでは一九四七年の独立時、六歳から一四歳までの教育が無償化、義務化された。教育省は各州にあり、各州は独自の教科書と評価法を用いる固有の学校制度を運営している。インド全土において、各学校は建前として三つの言語（英語、ヒンディー語、現地語）で教育を行っている。

農村部のほとんどの公立学校には飲料水と電気がなく、生徒は劣悪な環境で学んでいる。被差別カースト、先住民、イスラム教徒は、事実上、中等教育を受けることができない。

イギリス植民地時代と同様、インドのどの都市においても「ケンドリヤ・ヴィドゥヤラーヤ（中央学校）」に通うのは、おもに中央政府の役人の子供だった。

国の教育カリキュラムに従う学校もあれば、外国の教育カリキュラムを導入している学校もある。

富裕層の家庭の子供は私立学校に通い、しばしばイギリスやアメリカに留学している。

一九九四年、初等教育の普遍化を目指す「地区教育再生プログラム（DERP）」が実施された。三五〇万人の子供のために一六万校の学校が新設された。これらの新設校のうちの八万四〇〇〇校は、シュタイナー学校などの非従来型の学校だった。

富裕層の家庭の子供向けの私立学校が増えた。たとえば、バンガロール近郊の広大な敷地に建てられたプラクリヤ・グリーン・ウィズダム・スクールでは、四歳から一六歳までの五二〇人の生徒が七〇人の教師とともに大自然の中で学んでいる。

公教育制度の評判は悪い。公立学校に通う場合、制服は支給され、学校の食堂は無償で利用できるが、保護者の六八％は費用のかかる私立学校に子供を入学させたいと考えている。公立学校の教師（きわめて怠慢。三分の一は欠勤）でさえ、自分の子供を私立学校に通わせている。

二〇〇九年、国は私立学校の躍進に対抗するため、教師の最低給与や運動場の広さに関する法規に違反したとして、無認可で運営していた私立学校に閉鎖命令を下した。

二〇〇八年、一五歳以上の男性の非識字率は依然として二五％だった（ただし、共産主義者が大半を占めるケララ州は一〇％）。女性の非識字率は三三％だった。

二〇〇九年、インド憲法の改正により、六歳から一四歳までの子供の教育が無償化および義務化された。ところが、実際に子供が学校に通うのは一〇歳までだった（一九九九年では一〇歳だった）。さらには二〇一三年、現役世代の三分の一は学校に一度も通ったことがなかった。

二〇一六年、ケララ州は子供全員に初等教育を施すインド初の州になった。ケララ州のほとんどの子供は公立学校に通っていた。ケララ州では、貧困家庭の子供の教育費は一四歳まで無償だった。

二〇一七年、インド二八州の全生徒のうち、公立学校に在籍する割合は六五・二%だった。私立学校に在籍する割合は、都市部では五〇%、農村部では二〇%だった。私立学校の人気が高い理由は、教師の欠勤率が低いこと（公立学校の三六%に対して一〇%）、一クラス当たりの生徒の数が少ないこと（公立学校の四二人に対して二一人から二六人）、英語教育が充実していることが挙げられる。政府が実施した全国試験の結果も、公立学校よりも私立学校のほうが、はるかに優れていた。

結論を述べると、今日のインドの教育事情は劣悪だ。毎年、インドは（ヨーロッパとアメリカの合計数よりも多い）三五万人の有能なエンジニアを輩出しているが、農村部で暮らす一〇歳児のうち、読み書きのできない者の割合は五〇%、割り算ができない者の割合は六〇%以上、一四歳までに退学する者の割合は五〇%だ。被差別カースト、先住民、イスラム教徒は、いまだに中等教育を受けることができない。イスラム教徒に占める中等教育修了者の割合は二〇%未満であり、大学の学位取得者の割合は一一%未満だ（インドの平均値は一九%）。三歳から三五歳のイスラム系インド人女性のうち、学校に一度も通ったことのない者の割合は二一%だ。イスラム系のインド人のうち高等教育の学位を持つ者の割合は一一%にすぎない。

パキスタン：惨憺たる非宗教教育

一九五六年に制定された憲法により、国は五歳から一五歳までの子供全員に対する教育を無償化および義務化したが、パキスタンの非就学人口はナイジェリアに次いで世界第二位だ。パキスタン人の三分の一は、義務教育である小学校の最初の五年間さえ修了していない。また、修了者であっても識字者は半数しかいない。ほとんどの学校では、女子は男子と同じ教育を受けていない。識字率は、イスラマバードでは八二％、トルガール地区では二三％というように大きなばらつきがある。部族地域の女性の識字率は九・五％である一方、アザド・カシミールの識字率は七四％だ。

大勢の人々が学校のない地域で暮らしているため、彼らの子供は正規の教育を受けることができない。中等教育への進学率はわずか四四％、大学への進学率は六％未満だ。

二〇二二年、パキスタンの教育費（対GDP比の二・二％）は、国際機関が推奨する額の半分にすぎない。

毎年およそ四四万五〇〇〇人の大学の学位取得者を輩出し、そのうちおよそ三万人がコンピューターサイエンスの学位取得者だが、この学位は国際基準を満たしていない。

一方、一万二〇〇〇から四万のマドラサ（学問所）では、コーランの解釈、イスラム法、アラビア語、さらには、論理、哲学、数学などが教えられている。マドラサでの教育は一般的にきわめて簡素であり、職業訓練の役には立たない。

しかしながら、大多数のパキスタンの家庭にとって、マドラサは生徒に食事と住居を提供してくれることもあり、子供にある程度の教育を受けさせることが可能な唯一の選択肢になっている。

ブラジル：迷走する政治に打ちのめされた貧弱な教育制度

一八八九年に樹立した「旧共和制」では、一九三〇年の革命まで、ブラジルの教育制度には四年間の初等教育と劣悪な中等教育しかなかった。

ジェトゥリオ・ヴァルガスが政権を掌握すると、三〇人ほどの知識人は『新たな教育の確立を目指す先駆者が掲げるマニフェスト』の中で、非宗教、義務、無償、男女共学の公立学校の設立を訴えた。国は四年間の初等教育を無償化し、国家教育審議会は州と自治体に教育の自治権を認め、教会は、教育の自由、すなわち学校で宗教教育を行う自由を確保し、私立学校に対する非課税という特別な扱いを享受した。

一七九二年にリオデジャネイロに初の大学が設立され、一九二七年にはミナスジェライス連邦大学、一九三四年にはサンパウロ大学（一二人のブラジル大統領を輩出）が設立された。

一九六一年、義務教育の期間は四年間から八年間に延長された。

一九七一年、教育制度全体を専門化する改革が行われた。（公立、私立を問わず）すべての学校は登記上、専門学校になった。

二〇〇〇年、七歳から一六歳までの子供と若者の小学校の就学率は九七％だった。

だが、二〇〇二年、実際の平均就学期間は六・二年にすぎなかった。

二〇〇六年、ブラジル大統領ルイス・イナシオ・ルーラ・ダ・シルヴァは、「プロユニ」という高等教育向けの奨学金を設立した。このブラジルおよびラテンアメリカの教育史上最大の奨学金制度により、大勢の若者が大学に通うことができるようになった。こうして一九八五の高等教育機関に二六万五〇〇〇人分の奨学金が支給された。ブラジル政府は一一校の連邦大学も新設した。

大学における人種差別は減少した。二〇〇三年から二〇一三年にかけて、大学の学生全体に占める黒人学生の割合は二％未満から九％へと上昇した（ちなみに、ブラジル人口に占める黒人の割合は一一％）。

二〇一四年、女性の大統領ジルマ・ルセフは新たな教育計画を打ち出した。この計画の目的は非識字の撲滅と、幼稚園から高校までの教育を一〇年かけて定着させることだった。

二〇一八年、ブラジルの識字率は男性が九三％、女性が九三・四％だった。

しかし、今日では教育制度は後退した。二〇一九年、ジャイール・ボルソナーロ政権の教育大臣アブラハム・ワイントラウブは、大学の哲学と社会学の学部を廃止すると発表した。なぜなら、ワイントラウブによると、「人文科学の教員は左翼活動家であり、彼らは学生を扇動している」からだった。

ワイントラウブの後任であり、福音主義者（ブラジルに多い）のミルトン・リベイロは、学校の教科書を保守的なキリスト教の観点から改編した。そして二〇二〇年、「マルクス主義の浸透」を防ぐために教育省の予算を一七%、そして三つの主要大学（バイーア連邦大学、フルミネンセ連邦大学、ブラジリア大学）の予算を三〇%削減した。

二〇二二年、世界銀行の予測によると、ブラジル政府の杜撰な新型コロナウィルス感染症対策により、コロナ禍世代のブラジル人の子供の七〇%は、文字を学ぶ機会を失うかもしれないという。ちなみに、ブラジルの非識字率は依然としておよそ一〇%だ。

メキシコ：成功できたはずが崩壊

一九一〇年、メキシコの識字者は男性が三人に一人、女性が四人に一人だった。その後、三五年間にわたって権力を掌握した大統領ポルフィリオ・ディアスは革命で敗れ、与党になった制度的革命党（PRI）〔一九二九年から二〇〇〇年まで与党だった〕は、インディオ、混血、白人からなる国民に対し、「労働者階級が運営する国家を生み出すのに不可欠な条件である、効率的に働く労働者」を養成するために、教会が学校におよぼす影響を排除しようとした。

一九三四年、大統領ラサロ・カルデナスは教育制度全体の「社会主義化」を推進した。一九四〇年から一九六〇年にかけて何度か教育大臣を務めた詩人ハイメ・トレス・ボデーは、教育制度の近代化を試みたが、大きな成果を残せなかった。

一九六〇年、小学校の就学率と国民の識字率はわずか五〇%だった。この遅れを挽回するために、ラジオやテレビ（とくに教育的な要素のある「テレビ小説」）を通じて大人を教育する試みがなされ、ある程度の効果をもたらした。

一九八〇年、国民の識字率は八三％になった。メキシコの教育制度は基本的にアメリカをモデルにしたが、その管理は全国教育労働者組合に委ねられた。ラテンアメリカ最大になったこの組合は、教師の採用や待遇を広範囲にわたって管理した。教師は定年退職する際、自身のポストをオークションにかけることさえできた。

現在、カルロス・サリナス・デ・ゴルタリ、エンリケ・ペーニャ・ニエト、アンドレス・マヌエル・ロペス・オブラドールなどの大統領の尽力により、メキシコの教育制度は改善の方向に向かっているようだ。

二〇一九年の就学率は、六歳から一四歳の子供では九六％、一五歳から二四歳の若者では四四％だった。国民の識字率は九五％だった。インディオ、混血、貧困層の家庭の子供の高等教育への進学率はきわめて低い。上海ランキングでは、メキシコ国立自治大学は二〇〇位以下だった。

新型コロナウイルス感染症が流行した二〇二〇年、メキシコは教師からの要望により、二〇二〇年二月から二〇二一年九月までの期間、学校を閉鎖した世界でも数少ない国だ。この学校閉鎖はメキシコの教育に深刻な影響をおよぼした。というのは、貧困や麻薬取引が原因で五〇〇万人の生徒と学生が教育機関から離れてしまったからだ。

二〇二二年、メキシコの就学率はＯＥＣＤ諸国内で最低だ。さらに、メキシコは低年齢での女子の結婚が世界で最も増えている国だ。低年齢で結婚する女子の八五%は結婚と同時に退学するため、生まれた子供が母親と同じく無学になる恐れがある。

結論として、メキシコの教育制度は、かつては成功しつつあったが、きわめて非効率になった。OECDの国際学習到達度調査によると、メキシコの富裕層の家庭の子供の学力は、有名な私立学校や外国の学校に通う者を除き、ベトナムの貧困層の家庭の子供よりも低いという。

チリ：徹底した民営化

一九八一年、ピノチェト政権下のチリは、アメリカの経済学者ミルトン・フリードマンのアイデアを実行に移した最初の国だった。教育を含むほとんどすべての分野において、「市場は政府よりも優れたサービスを提供できる」というのがフリードマンのアイデアだ。

そこで政府はすべての保護者に教育バウチャーを配布し、子供を公立学校と営利あるいは非営利の私立学校と、どこに通わせるかを選択できるようにした。学校は集めたバウチャーの数に応じて補助金を受給できた（すでに述べたように、このモデルはその後、スウェーデンなどでも導入された）。

ピノチェトが失脚した一九九〇年の時点では、チリの二七〇万人の小学生の一八%は、教育バウチャーを利用して営利団体が運営する一五九二校の私立学校に通っていた。

二〇〇三年、初等教育（八年間）と中等教育（四年間）は、無償化、義務化された。

二〇〇八年、チリでは三五〇万人の小学生の三一%は、相変わらず教育バウチャーを利用して営利団体が運営する三一一八校の私立学校に通っていた。

二〇〇九年、女性大統領ミシェル・バチェレは、先住民の文化を尊重するとともに、貧困層の若者の大学の授業料を免除し、私立学校に対する国の監査を強化した。

二〇二二年、最貧困層の子供の三分の一は幼児教育を受けていない状況にはあるが、高等教育機関への進学率はラテンアメリカで最も高い。中流および低所得者の家庭出身の若者の高等教育機関への進学率は、四〇%から五〇%だった。

アルゼンチン：ラテンアメリカで最も進んだ国

第一次世界大戦まで学校は、ブエノスアイレス、ラ・プラタ、ロサリオ、サンタフェ、コルドバなどの大都市に集中しており、中学高校に進学するのは富裕層の家庭の子供だけだった。その後、国が農村部に設立した中学・高校には、裕福な農民の子供だけが通い、彼らは、農学、畜産、ブドウの栽培を学んだ。

一九一八年、コルドバ大学の学生たちはフリーメイソンの強力な支持を取り付け、改革運動を起こした。たとえば、労働者階級の家庭の子供の入学支援、大学のカリキュラムの近代化、学問水準の引き上げ、無能で保守的な教授の排除だ。授業料は無償になり、奨学金制度が設立された。大学の自治が保証され、非宗教化が謳われた。

一九五八年、おもにカトリック系の私立大学がとくに法学と医学の分野で学位を授与できる法律が定められた。ブエノスアイレス州に初の地方大学が設立された。

独裁政権に終止符が打たれた一九八三年以降、新自由主義的な政策により、アルゼンチンの教育制度は弱体化した。大学は自治を取り戻したが、初等および中等教育は大きな困難を抱えていた。

しかし、二〇〇六年の改革を経て今日、アルゼンチンの教育制度はラテンアメリカで最も進んでいるとされている。アルゼンチンの教育費の対ＧＤＰ比は六％超だ。

国の科学研究の三分の一を担うブエノスアイレス大学は、世界大学ランキングで六七位であり、ラテンアメリカではブラジルのサンパウロ大学と並んで最高峰だ。五人のアルゼンチン人ノーベル賞受賞者のうち、四人はブエノスアイレス大学の卒業生と教授だった。また、この大学の卒業生には一五人の歴代大統領がいる。

サハラ砂漠以南のアフリカ：悲惨な教育状況

インド亜大陸と同様、サハラ砂漠以南のアフリカは、人口動態、植民地統治、その後の各国政府の怠慢、そうした怠慢から生じた政情不安の犠牲になり、教育危機に見舞われている。数千年来、知識伝達のおもな場は、家庭、農場、店だった。

実際、アフリカの学校は、教師の質、学校や就学児童の数など、すべてに問題を抱えているうえ、至るところに汚職がはびこっている。そのうえ一九八〇年代から加速した人口増加により、この荒波は津波に変わった。

ユニセフによると、二〇二〇年、サハラ砂漠以南のアフリカの非就学児童の数は七〇〇〇万人、中等教育への進学率は四〇%、女子の就学率は男子よりも二三%少なかったという。非識字率は減少傾向にあったが、近年になって急増している。少なくとも一五〇〇万人の教師が不足している。教師の質は往々にして劣悪で、教師を監督する制度もない。一クラスの生徒の数は六〇人以上、教材や教室は大幅に不足している。

教師は毎日、学校への遠距離通勤を強いられている。彼らは適切な訓練を受けることができず、ほとんどの場合、薄給のため、多くの教師は副業を持つことを余儀なくされている。

二〇〇〇年以降、こうした状況はさらに悪化した。アフリカでは教師全体のうち最低限の資格を持つ者の割合は、小学校教師の場合では二〇〇〇年の八五%から二〇二〇年には六五%、中学・高校教師の場合では二〇〇五年の八〇%から二〇一五年には五〇%になった。

ユネスコとユニセフの調査によると、非就学率は、ソマリアが七七%(二〇〇六年)、エリトリアが六三%(二〇一一年)だった。

二〇一二年、ユネスコ統計研究所のデータのある国の三分の一では、自国の要件を満たす訓練を受けた小学校教師の割合は七五%未満だった。この割合は、アンゴラ、ベナン、赤道ギニア、ギニア・ビサウ、セネガル、南スーダンでは、五〇%未満だった。

二〇二二年、サハラ砂漠以南のアフリカの学習者のうち、自宅にパソコンを保有している者の割合はわずか一一%、そしてインターネット接続のある者の割合は一八%だった（世界の平均値は、前者が五〇%、後者が五七%）。東アフリカと南アフリカの二一の政府のうち五つの政府だけが教育費に予算の二〇%、そして対GDP比の三・五%を割いている。さらに、これらのほとんどの国では、就学できる社会環境が整備されていない。

サハラ砂漠以南のアフリカの学校では、数千万人の退学者が毎年発生している。これだけでも「危機的な状況」と言える。

これから紹介するサハラ砂漠以南の国々の現状は、こうした惨事を如実に物語っている。

ナイジェリア：世界最悪の教育制度

ナイジェリアが独立した一九六〇年、一万五〇〇〇の小学校のクラスが新設され、生徒の数は二九〇万人だったという記録が残っている。既存のクラスの数を考慮すると、一クラスに平均して一八五人の生徒がいた計算になる。国民の非識字率はおよそ八〇%だった。

二〇二二年、法律上、教育は無償かつ義務だったが、非就学児童の数は世界第一位だった。とくに、ナイジェリア北部の状況は深刻だ。人口の八〇%が極貧に喘ぎ、合計特殊出生率が世界で最も高く、ほとんどの親は子供を学校に通わせる経済的な余裕を持たない。また、女子の半数以上は学校に通っていない。

さらには二〇〇九年以降、テロ組織ボコ・ハラムにより、二三〇〇人の教師が殺害され、一四〇〇校以上の学校が破壊された。そして二〇二〇年一二月、七〇〇人近くの子供と若者が誘拐された。ナイジェリアの北部と北西部の六つの州が講じたテロ対策は、公立学校を閉鎖して数十万人の子供をイスラム教の学校に戻すことだけだった。

入手可能な最新データ（二〇一八年）によると、ナイジェリアの教育費が政府予算に占める割合は七％にすぎなかった。一方、ユネスコが推奨する割合は最低でも一五％だった。

しかしながら、ラゴスとアブジャには良質な学校と、上位中流階級の家庭の若者が通う優良な大学がある。もっとも、超富裕層は子供をイギリスやアメリカに留学させている。

コンゴ民主共和国：フランス語圏の悲劇

独立時の一九六〇年、アフリカ諸国におけるコンゴ（世界最大のフランス語圏）の就学率ランキングは、初等教育が第六位、中等教育が第一二位だった。非識字率は六〇％から六五％だったと思われる。

教育カリキュラムは、植民地時代の労働力提供が目的だっただけに、手仕事と農業が中心であり、きわめて厳格な規律に基づいていた。政府の発行する教育パンフレットには、現実的、実用的、直感的な教育の必要性が強調されていた。

今日、六歳から一一歳までの非就学児童の数は三五〇万人だ（この年齢層の二六・七％）。子供の一〇人に三人は小学校を卒業していない。四〇％の子供は中等教育を受けていない。五歳から一七歳の女子の半数は、まったく学校に通っていない。

さらに、ほとんどの学校には教材や設備が不足している。トイレなど子供にとって最低限必要な衛生環境が整備されていない学校もある。アフリカ全土に言えることとして、椅子と机がないために子供が地面にしゃがみこんで勉強している姿を目にすることは珍しくない。

教師の給料はきわめて安く、訓練も不充分だ。公務員や教員の給料の支払いが滞ることもある（一九九二年から一九九三年まで教師の給料が不払いだったため、学校が一年間閉鎖された）。親が教育費の七〇％以上を負担するなど、初等教育の民営化が静かに進行している。

他の新興国と同様、超富裕層の家庭は子供を外国に留学させている（子供は留学先から戻ってこない）。

身体的、法的な安全なくして教育は成り立たないことを、コンゴは如実に物語っている。

エチオピア：内戦によって脅かされるアフリカの成功例

エチオピアの教育は、一時的に大きな成功を収めたようだ。政治的な安定による急速な経済成長とともに、小学校の就学率は、一九八九年の三〇％から二〇一五年には八六％へと急増した。小学校の数は一九九六年の一万一〇〇〇校から二〇一四年には三万二〇〇〇校とおよそ三倍に増えた。小学校五年生を修了する子供の割合は八三・五％だった。

さらに二〇一五年、小学校の非就学率は一四％にまで低下した（一四歳未満の児童労働を禁止する法律があったのにもかかわらず、この割合は二〇〇〇年では六〇%だった)。中等教育の就学率は一九九九年の一六%から二〇一五年には二六%に上昇した。

二〇二〇年の大学志願率は、男子が一五・七%、女子が一五・六%だった。大学の授業料は無料だった(登録料は必要)。多くの大人はよい仕事に就いていても夜間学校に通っていた。一九八六年の時点では、三つの公立大学、一六の短大、六つの研究機関しかなかったが(およそ一万八〇〇〇人の学生が在籍)、二〇二二年には三三の公立大学と数多くの私立大学があった。

しかしながら、二〇二一年に内戦が再燃してからは、エチオピア全土はきわめて不安定な状態に陥った。

大学生の八〇%以上は、電気、ノートパソコンあるいはデスクトップ、スマートフォン、インターネット接続などのない農村部で暮らしている。新型コロナウィルス感染症の流行時、学校は閉鎖され、オンライン、テレビ、ラジオなどの遠隔授業もなかった。

二〇二二年六月、二九〇〇万人以上の子供が就学できていない(その原因は、二五〇〇万人が内戦、四〇〇万人が干ばつ)。エチオピア全土では、およそ九〇〇〇校が全面的あるいは部分的な被害を被り、使用不能の状態にある。

サウジアラビア:つい最近になっての進歩

サウジアラビア政府によると、国の教育費の対GDP比は七・八%だという。この比率は世界平均の二倍近くに相当する。教育はすべて無償だ。識字率は、男性が九〇・四％、女性が八一・三％だ。小学校では宗教教育が週九時間ある一方で、数学、科学、社会、アラビア語、英語、体育の授業は、合計で週二三時間ある。

一九五七年、ジッダに初の女子校が設立された。

一九六一年、女子が大学の授業を受けることが認められ、一九七五年には、キングサウード大学（一九五七年設立）が女子学生を正式に受け入れた。

二〇〇八年には、法学部から女性の学士号取得者が誕生した。

初の女子大であるプリンセス・ヌーラ・ビント・アブドゥル・ラーマン大学も設立され、二〇一五年以降、女子の大学の在籍率は男子を上回った。

二〇二二年、サウジアラビアの全学生に女子が占める割合は五二％になった。サウジアラビア人留学生の数は、奨学金制度の充実によって急増した。一万一〇〇〇人の奨学生の三分の一は女子だった。

二〇二二年、最低限の読解力を持つ若者の割合は、女子が七七％、男子が五一％だった。

サウジアラビアが自国の野望を実現するには、政治的、経済的、社会的な改革を断行しなければならない。とくに現在の教育制度を効率化することは不可欠だ。だが、その機運はまだ感じられない。

モロッコ：挽回困難な遅れと格差

独立した一九五六年当時の就学率は、ヨーロッパ人入植者の子供がほぼ一〇〇％、ユダヤ人の子供が八〇％、イスラム教徒の子供が一三％だった。

一九六三年、六歳から一三歳までの教育が義務化された。

一九七九年、教育のアラブ化を提唱するアッザッディーン・ララーキーが教育大臣に就任した。ララーキーは哲学と社会学の講義を禁止し、イスラム学を必修にし、アラビア語を教育言語にした。

一九八九年、モロッコの学校では、フランス語はアラビア語以外の言語と同様に外国語扱いになった。学校の質は急速に悪化した。

一九九四年、モロッコ王ハサン二世は、教育に関するシンポジウムの開会の辞で「残念なことに、モロッコ国民は貧困に陥るだけでなく無知にもなる危険性がある」と述べた。

二〇〇九年、モロッコはこの遅れを挽回するために、EU、欧州投資銀行、フランス開発庁、アフリカ開発銀行、世界銀行の協力を得て、教育に関する緊急計画を打ち出した。

二〇一七年、小学校では週二時間のフランス語の授業が復活した。一方、富裕層や中流階級の家庭の子供の中には、フランス語や英語で授業を行う私立学校に通う者が増えた。彼らの一部は、モロッコでは医学、工学、会計などに進み、その他はフランス、アメリカ、イギリス、ドイツ、カナダのエリート・コースを歩んだ。

二〇二二年、モロッコの公教育制度は、依然としてきわめて深刻な問題を抱えている。ユネスコによると、モロッコは「学校教育において最も遅れている二五ヵ国」に含まれているという。モロッコでは一クラスの生徒の平均人数は四〇人で（OECD諸国は二二人）、教師の数が不足しているため、一部の科目が削減されたり消滅したりしている。公立学校の水準は往々にして劣悪だ。

しかもモロッコの教育制度はきわめて不平等だ。農村部でも都市部でも貧困層の子供は質の悪い教育しか受けることができない。中流階級の家庭の保護者は子供をよい学校で学ばせたいと願うため、私立学校の数が増えている。中等教育の生徒のうち私立学校に通う者の割合はおよそ四〇％だ。

二〇二二年現在、モロッコにはきわめて優秀な高校も存在する。これらの高校の卒業生の一部は、フランスの名門大学に進学している。また、モロッコの名門大学では、優秀なエンジニア、コンピュータ科学者、化学者、医師、弁護士を養成している。最近では、いくつかの大学が新設された（例：マラケシュ近郊のムハンマド六世工科大学、ラバト国際大学など）。

アルジェリア：負の遺産を引きずる学校制度

アルジェリアは独立当時、フランス人が残した教育制度では、小学校の就学率は三六・七％であり、生徒全体に占める女子の割合は三分の一以下だった。ヨーロッパ人は全員が就学していたが、アルジェリア人の就学率は三分の一以下だった。

一九六二年の独立とともに、およそ一万八〇〇〇人のフランス人教師がアルジェリアを離れた。アルジェリア当局は一九六二年から一九六三年の授業を滞りなく進めるために、元軍人、フランス語を話すアルジェリア人、六年間から七年間の学業経験しかない「教官」を採用せざるをえなかった。

一九七〇年代、六歳から一五歳の子供全員に義務教育が課せられた。学校は大学まで無償化された。小学校に入学してから九年間は古典アラビア語が必修だった。小学校三年生からはフランス語の授業が始まった。フランス語は数学や科学の上級クラスでも用いられる言語でもあったが後にアルジェリア憲法により、タマジクト語が公用語になった。二〇〇五年以降、高校ではタマジクト語が必修になった。

二〇二二年、大学では優秀な官僚が養成されているが、アルジェリア当局の発表では、若年層（一六歳から二四歳）の失業率は二六・九%だった。失業者を学歴別で分類すると、四五・八%が学位を一切持たない者、二七%が職業訓練校の卒業者、二七・八%が高等教育の学位取得者だった。

学歴に関係なく、また失業者であろうとなかろうと、アルジェリアの多くの若者は、なんとしても外国に移住したいと考えている。

チュニジア：退化した教育モデル

独立した一九五六年当時、大人の非識字率は七六％だった。また、就学率は三〇％程度だった。

一九五八年に制定された初の教育法では、職業と技術の教育、そしてアラビア語、文学、イスラム思想、歴史、地理などの教師養成が重視された。

一九六九年、高等教育に関する新たな法律により、国の認めるすべての教育および科学研究機関は、一九六〇年に設立されたチュニス大学の管理下に置かれた。この法律により、科学を除く教育はアラブ化した。

一九九〇年、義務教育の期間は九年間になった。大学生の数は、一九九五年から二〇〇五年にかけて三倍になった。

その後、チュニジアの教育制度は著しく悪化したが、二〇二二年のチュニジアの教育費の対GDP比は依然として高く（七・三％）、小学校の退学率は六％にすぎない（二〇〇〇年から半減）。だが、チュニジアは経済ニーズに見合わない教育と教師不足に悩まされており、農村部の学校は放置された状態にある。

宗教省の管轄にある宗教系学問所「クッターブ」では、三歳から五歳までの二万五〇〇〇人以上の子供（そのうち女子は一万一〇〇〇人）がコーランの手ほどきを受けるとともに読み書き算盤を学んでいる。

さまざまな国際機関

二〇世紀には、さまざまな国際機関が設立された。これらの国際機関は、教育において重要な役割を果たすようになった。

一九二一年、スイスの教育者アドルフ・フェリエール〔ロッシュ学校を設立した後、一八九九年に国際新学校事務局を設立〕の指導のもと、いくつかの国の教育者が「子供の自発性と創造力を開発する」ためにカレー〔フランス北部の都市〕に国際新教育連盟を設立した。この連盟には、マリア・モンテッソーリ、セレスタンとエリーズ・フレネらが参加し、強制されない学習、手仕事、体操、遠足、そして子供の自発性と興味を尊重する教育を推進した。彼らの教育理念は、生徒を導き、生徒が自分自身で発見しなければならない概念の獲得を手助けすることだった。

一九二五年、ジュネーブに国際教育局（IBE）〔ユネスコ国際教育局〕が設立された。この組織は、一九一二年に設立されたジャン＝ジャック・ルソー教育研究所に併設されていた〔ジャン＝ジャック・ルソー教育研究所は、教育の文書化と研究に関して中心的な役割を担っていた。エドゥアール・クラパレード、ピエール・ボヴェ、そして児童心理学の開祖ジャン・ピアジェなどが関与した〕。

IBEはすぐに国際連盟の支持を取り付けた。四〇年間にわたってIBEの事務局長を務めたジャン・ピアジェは、一九三四年から国際公教育会議〔今日の国際教育会議〕を主宰した。

大西洋憲章の調印後の一九四二年一一月一六日、ロンドンにおいて連合国教育大臣会議が開催された。

一九四三年一一月一日、中国、アメリカ、イギリス、ソビエト連邦は、教育に関する国際組織設立の必要性を表明した。

一九四四年一〇月四日、ダンバートン・オークス会議では、教育と文化に関する組織の設立について話し合う会合を開くことが決まった。一九四五年一一月一日から一六日までロンドンで開かれたこの会合には、四四ヵ国の代表が参加してユネスコ憲章に調印した。ユネスコの本部はパリに設置された。

この翌年、困難な状況にある子供の支援を目的にするユニセフが設立された。

設立当初から文化よりも教育に重点を置いた組織だったユネスコは、一九五〇年に韓国で学校の教科書の印刷、そして植民地から脱した国々での教師の養成を支援した。

ユネスコはその後も具体的な計画を次々と打ち出し、さまざまな勧告を行った（たとえば、二〇一五年の「二〇三〇年の教育」に関する『仁川宣言』では、国の教育費は対GDP比の三・五%から五%、政府予算の一五%から二〇%にすべきと訴えた）。

二〇一八年にアメリカが脱退したが、今日でもユネスコの活動は世界の教育に多大な貢献をもたらしている。

私立学校：利益追求あるいは貧者救済

世界中で、公教育の失敗によって教育の民間市場が急拡大している。多くの国で、私立学校の経営は莫大な利潤を手軽に得る手段になっている。というのは、私立学校は公教育よりも優れた結果を難なく得ることができるからだ。その証拠に、インド、ガーナ、ナイジェリア、リベリア、ケニア、中国、モロッコなど、とくに公立学校が国の「抑圧の道具」と見なされている国々では、高額な授業料をとる私立の小中高校が次々と設立されている。

利益追求型の私立学校が増える一方で、授業料がきわめて安価な私立学校も増えている。多くの場合、後者の私立学校は国の認可を受けておらず、無資格の教師が最低限の給料をもらって教壇に立っている。しかし、これらの学校の生徒は、しばしば公立学校の生徒よりも優秀な成績を残している。

二〇一八年、バッキンガム大学の教育の起業と政策を専門にするジェームズ・トゥーリーは、ガーナ（オメガ・スクール・フランチャイズ株式会社）とインド（共感学習システムズ・プライベート株式会社）で、経験の浅い教師が大人数のクラスで効率重視の授業を行う低価格の学校チェーンをつくり上げた。

宗教教育の反撃（とくにイスラム）

カトリック教会は世界中の教育現場から姿を消しつつある。反対に、プロテスタントの一派である福音主義は勢力を伸ばしている。イスラム教はさらに勢力を拡大している。

二〇世紀、教会が正式な形で教育に介入することはほとんどなかった。もっとも、フランスなどの国では、教会は自分たちの利益を守ったり、非宗教の学校を攻撃したりするために教育に口出しした。実際、ほとんどの地域では、カトリックであれプロテスタントであれ、教会は教育に携わるか、教育を管理しようとしてきた。教会が教育におよぼした倒錯は、かなり後になって白日のもとに晒された。

一九二九年、ローマ教皇ピウス一一世は、公布した『神聖なる教師』（二〇世紀における教育に関する唯一の主要な回勅《かいちょく》であり、キリスト教の教義をあからさまに強調した）の中で、キリスト教的な教育こそ唯一の真の教育だと断言し、男女平等の教育を明確に否定した。つまり、男女共学を断罪し、教育制度における国の役割は「教育費を負担することだけ」と説いた。

教会が「女子にも男子と同じ教育を受ける権利がある」と認めたのは、一九六五年に発表された『現代世界憲章』においてだった。同時に、教会による教育に関する最後の主要な出版物である『キリスト教的な教育に関する宣言』において、「すべての人には教育を受ける権利があり、学校の役割には生徒を立派な社会人にするための準備も含まれている」と認めた。

二〇二二年、ローマ教皇フランシスコは『世界的な教育協定』を提唱した。この協定によると、家族、地域社会、学校、大学、研究機関、宗教団体、政府は、人間の尊厳の尊重、子供の声に耳を傾けること、女子への教育の普及、家庭の重要性の啓発、寛容な教育、神の創造物の保護などに基づく教育プロジェクトの実現に向けて一致団結すべきだという。「教育が反復学習だけに依拠し、寛容、世代間の連帯、超越的な価値が、新たな文化を形成するという展望を描き出すことができないのなら、われわれは歴史的な瞬間に立ち会い損ねているのではないか。(……)教育は、世界と歴史を人間らしくするための最も効果的な方法の一つだ」

二〇二二年、バチカンはカトリック系の学校のアイデンティティに関して「カトリック系の学校はカトリック教徒でない者に対しても、より開かれたものになるべきだ。孤島に閉じこもってはいけない」と説いた。

二〇二二年、キリスト教系の学校での小児性愛に関するスキャンダルが次々と報道された。誰もが知っていたことだったが、カトリックの教育者が生徒に与えた苦痛と倒錯が白日のもとに晒された。カトリック教会による教育の評判は失墜した。

一方、福音派は、フランス、ブラジル、スイス、ベルギー、フランス語圏のアフリカ(マダガスカル、コンゴ民主共和国、ギニア)で勢力を急拡大している。福音派の信者はイスラム教徒ときわめて緊迫した関係にある。

北米に住むほとんどのイスラム教徒とヨーロッパに住むイスラム教徒の九五%は、少なくとも最低限の教育を受けている。

一部のヨーロッパ諸国(リトアニア、スロバキア、エストニア、チェコ、ハンガリー、イギリス、アイルランド)では、イスラム教徒は平均しておよそ一二年以上の学校教育を受けている。

一方、ジョージア（一〇・八年間）やスペイン（五・八年間）などでは、イスラム教徒の就学年数は短い傾向にある。

就学年数の国内格差が最も大きいのはドイツだ。ドイツでは、イスラム教徒の就学年数（九・五年間）は、イスラム教徒以外の者（一三・七年間）より四・二年も短い。

フランスには国の認可を受けていないおよそ八〇校のイスラム系学校があり、これらの学校には六五一二人のフランス人生徒が通っている。とくに男子の場合、就学年数が長いからといって社会に適応しやすくなるとは限らないようだ。

イスラム圏では非宗教の教育も増えている。少なくとも正規の公教育を受けたイスラム教徒の大人（二五歳以上）の割合は、過去三世代の間に四六％から七二％に上昇した。

男女間の教育格差も縮まっている。そうはいっても、イスラム教徒の女性の四三％と男性の三〇％は、正式な教育をまったく受けていない。中等教育以降の教育を受けるイスラム教徒の大人の割合は、八％（男性の一〇％、女性の六％）だ。

世界全体でみると、イスラム教徒の大人の平均就学年数は五・六年間だ。この年数は地域によって大きなばらつきがある。北米では一三・六年間、サハラ砂漠以南のアフリカ（イスラム教徒の大人の六五％は学校教育を受けていない）ではわずか二・六年間だ。中東および北アフリカのイスラム教徒の大人の五人に二人、アジア太平洋地域のイスラム教徒の大人の三人に一人も学校教育を受けていない。

さらには、多くのイスラム諸国では公教育のカリキュラムのかなりの部分をコーランの学習に費やしている。

寺院や学校での教育に関しても、生徒に対する過剰な処罰、虐待、およびカルト的な逸脱なども明らかになり始めている。

多様な信条に基づく多様なイスラムの教育機関の中には豊富な資金が提供されている学校もあり、そうした学校と非宗教の学校との軋轢により、アフリカとアジアの数千万人の子供は、現代社会において不可欠な批判的な精神を養う教育を受けることができない状態にある。ヨーロッパやアメリカもこうした軋轢と無縁ではない。

家庭での教育は成功

少なくとも、母語、価値観、基本的な文化の習得に関しては、依然として家庭が伝達のおもな場だ。家庭が学校を支援し、子供を愛し保護するのなら、家庭は子供にとって最高の場だが、すべての家庭がそうであるとは限らない。

過去と同様に世界中で、一部の家庭は子供の教育を学校ではなく自分たち自身で行っている。こうした家庭はまだ少数派だが、増加傾向にある。

二〇二二年、アメリカではホームスクーリングが生徒の三%に達するという。保護者がホームスクーリングを選択する理由を挙げると、学校は危険、学校では学ぶことのできない道徳的、宗教的な価値観を子供に教えたい、子供の健康上の事情などだ。

ヨーロッパではEU基本権憲章によって、親は子供の教育形態を自由に選択できると定められているが、ホームスクーリングは、ドイツ、スペイン、クロアチア、オランダ、ギリシアでは禁止されている。一方、イギリス、アイルランド、オーストリア、ベルギー、イタリア、フランスでは認められている。

フランスの場合、家庭で教育を受ける子供は、自治体の調査を受ける。自治体に申請後（罰金を科せられることもある）、自治体の担当者が家庭での教育が適正かどうかを毎年一回監査する。今日、フランスでは五万人の子供がホームスクーリングで学んでいる。

各種の調査によると、ホームスクーリングで学ぶ子供の成績は、学校で学ぶ子供よりも格段に優れているという。そのおもな理由は、各自の理解力に沿って学習できることや、学習時間を柔軟に設定できることだ。

ケベック州で実施された調査によると、ホームスクーリングで学ぶ子供は、社会的なスキル、社会的な成熟度、自信、コミュニケーション力、集団行動、リーダーシップ、数学と読解力などにおいて、優れている傾向が確認できるという。

二〇一四年、ホームスクーリングで学ぶアメリカ人の子供の大学進学適性試験（SAT）の成績は、学校で学ぶ子供よりもわずかに秀でていた。

イギリスの調査においても、ホームスクーリングの子供のSATの結果は、公立の進学校の生徒よりも優秀だった。

ホームスクーリングで学ぶ子供はスポーツなどの課外活動に積極的に参加し、自信を持ち、リーダーシップを発揮する。とくに女子の場合、こうした傾向は顕著だ。

付言すると、意外に思えるかもしれないが、ホームスクーリングと過激な思想への傾倒との間に優位な相関関係は見られない。

この教育法では、子供に適切な教育を施すことのできる人材が必要になる。つまり、少なくとも両親の一方、あるいは家族以外の有能な家庭教師だ。財源をどうするかという問題はあるが、こうした教育形態が少なくとも補完的に普及してほしいと願うのは妥当だろう。

実地訓練の功罪

とくに新興国では、数億人もの子供（一五歳未満）が就労している。これらの国では、子供の就労なしでは家庭が成り立たない。子供にとって、鉱山、農場、作業場、軍隊は、教育の場であり、受難の場でもある。

今日でも数多くの国では、職人や芸術家になる者は、特別な組織を通じて幼い頃から知識を受け継いでいる。

働きながら知識を継承する実地訓練と並び、企業および経営者あるいは労働者の団体が成人に提供する生涯教育が増えている。だが、学校や大学が成人の職業訓練の役割を果たしている国は稀だ。

国はしばしば雇用主と労働者の教育ニーズを特定し、その財源を負担している。たとえば、イギリスのユニオンラーンという訓練プログラムでは、労働者の教育ニーズを把握し、労働者に適した学習を提供している。

スウェーデンの国立高等職業教育機関は、企業の提供する成人職業教育の質を監督している。デンマークでは、労使ならびに政府というソーシャル・パートナーが大人の職業訓練を監督している。

企業では、同僚同士の学び合いが増えている。たとえば、グーグルでは「g2g'ers」と呼ばれる六〇〇〇人以上の従業員が、自分たちの時間の一部を割いて、同僚が新たなスキルを習得するのを無報酬で手伝っている。こうした学び合いは企業の研修全体の八〇％に達することさえある。

民間部門における生涯教育は重要な活動になったが、大学は卒業生に対してさえ、こうした活動に消極的だ。

教育現場での暴力は減っていない

学校での体罰が横行する国で暮らす学齢期の子供の数は、七億二〇〇〇万人だ。アメリカの一九の州では体罰は合法であり、家庭内の体罰を禁止する法律はない。すでに紹介したように、カトリック教会内やカトリックの学校では、言語道断の逸脱が横行していた。

スウェーデンでは、親が子供に体罰を加えることを認めていた刑法の規定は、一九五七年に廃止された。こうして体罰はたとえ軽微なものであっても禁止になった。一九六六年には叱責することさえ禁止された。一九七九年のスウェーデンの家族法には、「体罰を課すなど、子供に屈辱的な罰を与えてはならない」と定めてある。

二〇二二年、学校での体罰を禁止する国の数は一〇八ヵ国になった。これらの国のうちの六五ヵ国では、家庭内を含むあらゆる状況における体罰も禁止されている。

ドイツでの体罰禁止は二〇〇〇年だった。日本では二〇二〇年、フランスでは二〇一九年の法律により、親は、身体的、性的、心理的な暴力を振るってはならないと定められた。

二〇一八年のユニセフの調査によると、一三歳から一五歳までの生徒の半数（約一億五〇〇〇万人）は、学校などでクラスメイトから身体的な暴力やいじめを経験したことがあるという。同年の中央アフリカに関するユネスコの報告書によると、一五歳の女性の七・一％は、教師から性的虐待を受けたことがあるという。

結果として、毎年、若者の二人に一人は、家庭、学校、職場において何らかの身体的、性的、心理的な暴力の被害を被っていると推定される。そうした暴力が原因で数十万の若者が命を落としている。

しかも、インターネットの閲覧がさらに自由になったため、すべての社会層において、暴力、中毒、小児性愛のコンテンツを通じた子供や若者に対する新たな形態の虐待が生じている。インターネット監査財団によると、フランスは世界の児童ポルノ・サイトの一一％をホスティングしているという。また小学生の一四％はサイバー・ハラスメントの被害を受けたことがあるという。

生徒だけでなく教師も被害者になっている。二〇一四年に行われた調査によると、イギリスの公立学校の教師は、半数以上が生徒に、四分の一以上が保護者に襲われた経験があるという。ドイツでは教師に対する暴力は、ドイツの学校の四校に一校の割合で発生している。

二〇二〇年にフランス人教師サミュエル・パティが殺害された事件は、世界中で多くの教師が殉職したことを代表する悲劇として、われわれの記憶に焼き付いている。

世界的な変化：デジタル化という津波

新聞、本、教科書に続き、一九二〇年にはラジオが登場した。農村部ではラジオによる教育の重要性がかつてないほど高まっているが、近年のポッドキャストの発展により、ラジオ教育の効果は刷新された。

一九六九年以降、テレビはイギリスのオープン大学の成功もあり、主要な教育ツールになった。

テレビ教育はまずブラジルで拡大した。二〇〇七年以降、アマゾナス州政府は、衛星放送を利用して遠隔地で暮らす子供に向けて教育番組を放映している（アマゾナス州の州都マナウスで収録される授業は、州各地の教室で放映されている）。

世界中の多くの公共放送が教育番組を増やしている。

次に、インターネットの登場により、とくに教育と研究のあり方が激変した。大学間での授業、研究成果、データベースの相互利用が始まった。

データベースによっては外部に閉じたものもあるが、ウィキペディアのように開かれたものもある。ウィキペディアは、二〇〇一年にラリー・サンガーとジミー・ウェールズがフリーソフトウェアの開祖と呼ばれるリチャード・ストールマンのアイデアに基づき開発した。今日、ウィキペディアでは、数百万人の協力者が比較的信頼性の高いコンテンツを追加、検証、更新している。非常に多くの言語表記のあるウィキペディアは、かけがえのない学習ツールになった。

二〇〇四年、イギリスの新聞『ガーディアン』のジャーナリストであるベン・ハンマースリーは「ポッドキャスト」という言葉を考案した。その翌年、アップルはポッドキャスト機能を強化したiTunes 4.9のリリースを開始した。

二〇〇二年にデューク大学がアメリカに設立したHASTAC（人文学、芸術、自然科学、工学のための高度共同実験室）は、二〇〇六年、初のオンライン授業「大規模公開オンライン講座」を開設した（二〇二二年、この授業を作成するにあたって、革新的な学習および研究の新たな形態を目指す四〇〇以上の教育機関が参加した）。

その後、多くの民間企業がこの市場に参入した。たとえば、非営利団体「カーンアカデミー」だ。二〇〇八年にサルマン・カーンがサンフランシスコで設立したこの団体は、「誰でもどこでも質の高い教育コンテンツを無償で利用できる」を謳い文句に、当初は数学、次にコンピュータ・サイエンス、歴史、金融、物理、化学、生物、天文、美術史の授業をオンライン配信している。二〇二二年、カーンアカデミーのYouTubeチャンネルの登録者数は七一一万人に達し、再生回数は一九億四〇〇〇万回を超えた。

二〇一二年から活動を開始した「コーセラ」には一三五万人の受講生がいる。彼らの九〇％は無料のオンライン講座を受講している。三八〇〇種類ほどある講座の内容は、おもに理系科目だ。

同様にアメリカの「TED-Ed」は、一三〇ヵ国の一七〇〇万人の教育関係者に教材を提供し、毎日およそ八五万人が受講している。TEDは、科学、芸術、政治、国際問題、建築、音楽、環境に関するビデオを、学校、企業、図書館に配信している。

「Coopacademy」(スイス連邦工科大学ローザンヌ校のジャン＝マルク・タセットが設立したオンライン生涯教育プラットフォーム。二三の分野の一七〇〇の授業を一五〇社の企業に配信。六〇ヵ国に一〇〇万人の利用者がいる)は、二〇二二年にこの分野に大きな野心を持つオーストラリア系アメリカ人の企業「Go1」によって買収された。

グーグルが学校向けに開発した無料のウェブ・サービス「グーグル・クラスルーム」を使えば、教師は授業と演習の作成と配信を簡単にデジタル化できる。このサービスでは、生徒、教師、教授にさまざまなインターフェイスを提供している。二〇二二年、このサービスの利用者の数は一億五〇〇〇万人だった。

二〇二〇年以降、eラーニング・プラットフォーム(例：ムードル、ブラックボード、キャンヴァス・アカデミー）の発展により、ビデオゲームや仮想現実などの手法を用いながらきわめて効率よく学習できるようになった（スマートフォンで利用できるモバイルアプリもある）。こうした試みについては、次章でじっくりと語る。

「Revyze」（学ぶ仲間を見つける若者向けのアプリ）は、教師や生徒が三分未満の動画を世界中の数千万人の生徒に向けて配信するために「TikTok」などのSNSを利用している。

二〇一九年以降、アメリカではこうしたオンライン教育は、四〇％の成長率を記録した。二〇二一年から二〇二二年にかけて、オンライン授業の受講者は一億一〇〇〇万人に達した。

一部の専門機関（ブランドン・ホール・グループの調査など）によると、デジタル教育とリアルな教育を比較すると、前者のほうが生徒の情報収集量では四〇％から六〇％ほど多く、生徒の学習速度も速いという（時間でもリアルな教育で必要な時間の四〇％から六〇％で済む）。

二〇〇九年、アメリカの教育省も次のような見解を示した。「授業内容が同じでも、対面式の授業に加えてオンライン授業も受けた生徒のほうが、対面式の授業だけを受けた生徒、そしてオンラインの授業だけを受けた生徒よりも成績がよかった」

これとは逆の見解もある。別の調査によると、デジタル教育は人格を司る前頭前皮質に対する刺激が強すぎるため、幼少期にインターネット漬けになると、子供の注意力とＩＱは低下するという。とくに、二〇二一年のマレーシアの調査によると、四〇％以上の生徒はネット上でやる気をなくしているという。

さらには、「すべての子供がオンライン教育を利用できる状態とは程遠い」という現実がある。二〇二二年、世界では学齢期の子供の三分の二は、インターネットを利用できる環境にない。アフリカで携帯電話を所有する人口はおよそ七億人だが（アメリカとヨーロッパの合計よりも多い）、アフリカでインターネット接続を利用できるのは人口のわずか一六％だ（世界最低）。とくに、西アフリカおよび中央アフリカでは、二億人の子供のうちの九五％がインターネットに接続できない。東アフリカおよび南アフリカでは、一億九〇〇〇万人の子供のうちの八八％が同じ状態にある。

たとえば、インターネットを通じて授業を受けることのできる生徒の割合は、タンザニアでは一％にすぎない。この割合は、南アジアでは四億四九〇〇万人の子供のうちの一二％、中東と北アフリカでは八九〇〇万人の子供のうちの二五％、ラテンアメリカとカリブ海諸国では七四〇〇万人の子供のうちの五一％、東ヨーロッパと中央アジアでは三六〇〇万人の子供のうちの五八％、東アジアと太平洋地域では一億八三〇〇万人の子供のうちの六八％だ。

ほとんどの国では、生徒がコンピュータを利用するのは、学校よりも家庭においてであり、学校の勉強よりもゲームのためだ。

ビデオゲームに費やす時間は二〇一九年の週当たり一二・七時間から二〇二〇年には一四・八時間になった。そして二〇二二年には一日二時間から二・五時間になった（週当たりに換算すると一四時間から二二時間になる）。

TikTokやビデオゲームに興じる若者は、無駄な競争にエネルギーを浪費し、過激な暴力に翻弄され、常に刺激されていないと注意力を保てない。このようにして、学習に必要なすべての資質が破壊されてしまう。

コロナ禍：学校閉鎖はほぼ世界中で悲惨な結果をもたらす

二〇一九年一一月に中国で始まった新型コロナウイルス感染症の流行により、子供の学校離れという傾向は悪化した。

二〇二〇年四月、世界中の生徒の九四％（一六億人）は通学できなかった。平常通りの授業を行ったのは、ごく一部の国の学校だけだった。

一五億人以上の生徒と学生の学習が七ヵ月以上にもわたって阻害された。新型コロナ危機の最も悪い時期では、世界中で二億二〇〇〇万人の学生が大学に通うことができなかった。

フランスは、学習者の自宅待機が短期間に終わった国に属するが、コロナ禍における国の学校に対する支援はほとんどなかった。各国政府は、新型コロナ危機に対して手厚い支援策を打ち出してきたが、教育に拠出された支援金の割合は三％未満だった。

さまざまなアプリを利用してオンライン教育を受けることができる生徒の数はおよそ一〇億人に達した。従来のソフトウェア（例：Zoom、Teams、Skypeなど）に加えて、「ディスコード」（元々はビデオゲームのプレイヤー向けに開発された）という、音声通話やビデオ会議も可能なアプリも利用されている。

コロナ禍では自分たちのサービスを売り込む企業が続々と登場した。たとえば、バーチャル授業を専門にする組織「一流講師による講義」は、フランスの高校生向けの講座を数ヵ月間、無料で配信した。また、外国語を学ぶための「ギルガメシュ」や「バベル」、そして中等教育の第六学年から最終学年までの授業が専門の「スクールモヴ」などのプラットフォームは、教育コンテンツを無料配信した。

人工知能と神経科学を専門にするロンドン拠点のプラットフォーム「センチュリー」は、中国、香港、ベトナム、韓国、日本、タイ、アラブ首長国連邦で閉鎖を余儀なくされた五〇校の学校に、五六五のオンライン授業を無料配信した。

しかしながら、先進国はこれらの解決策を利用したのにもかかわらず、しばしばコロナ禍の深刻な影響を受けた。ベルウェザー・エデュケーション・パートナーズの最新の調査によると、アメリカでは二〇二〇年三月以降、およそ三〇〇万人の「落ちこぼれ」が学校およびすべての教育シーンから姿を消したと推定される。

すべての先進国と社会層では、社会生活の欠如や隔離生活が原因で、深刻な精神的、身体的な問題が生じた。フランス、ベルギー、アメリカでは、鬱病や不安障害に苦しむ一五歳から二四歳の若者の割合は二倍になった。すべての国で学校と大学が閉鎖されたため、七五％以上の心理相談サービスが部分的または完全に中断された。

そして、家族に子供の学習を指導する能力がない場合、両親が共働きの場合、家庭が勉強できる環境にない場合、家庭教師や塾を利用できない場合など、家庭で教育を行うのはきわめて困難であることが判明した。

中低所得の国や先進国の貧困層に対するコロナ禍の影響はさらに深刻であり、不可逆的でさえある。いかなる種類のオンライン学習も受けられない子供が五億人もいた。一〇歳未満の子供の五三%は読み書きを学ぶことができないか、あるいは学校教育から完全に離脱してしまった。コロナ禍以前に非就学だった三七〇〇万人の子供に加え、コロナ禍によって三二〇〇万人の子供が学校を退学した。

「学習貧困率」(通常の一〇歳児ならわかる簡単な短い文章を理解できない子供の割合)は七〇%にまで急上昇した(コロナ禍以前でも、南アジアでは六三%、ラテンアメリカでは四八%、東アジアと太平洋地域では二一%だった)。当然ながら、コロナ禍による学習貧困の影響を真っ先に受けたのは、女子と貧困層の子供だった。

コロナ禍により、強制結婚および家庭や街頭での性的暴行によって未成年女子の妊娠が増えた。二〇二二年第三四半期、依然として六億一六〇〇万人以上の生徒が学校の一部ないし完全閉鎖の影響を受けていた。

世界銀行によると、コロナ禍を経験した若い世代は、学校や大学の閉鎖によって合計でおよそ一七兆ドル(現在の世界のGDPの一四%相当)の生涯年収を失う恐れがあるという。

神経科学からわかること

一九世紀後半、戦時中の脳の怪我などを通じて、障害(言語、記憶、身体機能)と脳の部位との間には、つながりがあることがわかった。

二〇世紀初頭、ニューロンとシナプスの存在が確認され、ニューロンはヒトの認知能力を構成する細胞であることがわかった。また、たとえば匂いに対する嫌悪感や家庭内暴力といったものが、伝達されることなしに三世代後の子孫の本能的な意識に現れることがあるということも明らかになった。

一九〇五年、「知能測定尺度」や「ビネー・シモン・スケール」などの知能測定が登場した。

一九一二年、ドイツの心理学者ウィリアム・スターンは、「ビネー・シモン・スケール」の結果を年齢別に分類したことから、知能測定は「知能指数（ＩＱ）」と呼ばれるようになった。

一九三九年、アメリカの心理学者デイヴィッド・ウェクスラーは、この「ビネー・シモン・スケール」を基にして知能検査を開発した。

このころからＩＱと学校の成績との相関関係は〇・五にすぎず、学校の成績には、動機、努力、自己規律、環境が、少なくともＩＱと同じくらい重要な役割を果たしていることが解き明かされた。

同時期、脳は昼間に学んだことを、睡眠時に記憶に定着させることがわかった。一九五〇年頃には、脳が情報を処理する器官であることが確認された。相互に接続された専用のニューラル・ネットワークによって形成される「認知プロセス」が明らかになった。

一九五〇年代のジャン・ピアジェと彼の弟子たちの報告からも、知能の発育段階は子供によって異なることがわかった。また、数学的な思考（例：数学的な理論、暗算など）の際には、脳の特定の部位が活性化することも明らかになった。文字を読む際には、視覚、顔認識、音声言語処理に利用される脳の領域が利用されることも証明された。

一九八〇年、子供が生まれながらに持つさまざまな潜在能力は、環境との無数の相互作用を通じて鋭敏になることが突き止められた。これはベイズ脳と呼ばれている。

一九八四年、外部からの刺激がなくても、睡眠中に海馬などのニューロンが自発的に活性化することが解明された。これによって、昼寝は幼児の記憶力をよくすることがわかった。

ヒトは優劣にかかわらず、すべて同じ形の知能を持つことが判明した（きわめて特殊な場合を除く）。

二〇〇八年、脳画像技術や認知神経科学の発展により、さまざまな認知機能に対応する情報処理の各段階とそれらの相互作用が、少しずつ明らかになり始めた。新生児の大脳皮質は誕生時から感覚領域と認知領域に分割され、両者は精密で再現可能な線維束によって相互接続されていることが解明された。

幼児は他人との触れ合いの中で耳にした言葉を記憶することが確認された。幼児は生後数ヵ月から、自分の周りの世界はモノで構成され、これらのモノは動き、空間を占拠し、理由もなく消えることはなく、同一の場所に二つのモノが同時に存在することがないことを理解しているとわかった。幼児の脳は、周囲の人々の目的や意図、そして彼らの能力や好みを推測し、数ヵ月のうちに周囲の人々が話す言語の理解に役立つ音素だけを記憶にとどめることが明らかになった（母音は六ヵ月、子音は一一ヵ月）。幼児は六ヵ月になると、自分の周りで最も耳にする言葉（赤ちゃん、パパ、ママ）を覚える。

幼児は「意地悪」や「親切」という単語を発音できるようになる前に、これらの概念を思考言語で言い表すことができるようになる。このような能力を持つ霊長類は、われわれヒト以外に存在しない。幼児がこれほど早期に物事を理解したり言葉を話したりできるのは、脳の左半球に、音、言葉、文章などを把握する領域があるからだ。

両親から毎日読み聞かせを受けている四歳児はそうでない子供と比べると、音声言語に関する脳のネットワークが活性化している。このネットワークは後に複雑な思考を司る際にも利用されることが確かめられた。

ヒトの記憶は短期記憶、エピソード記憶（日常のエピソードは大脳辺縁系の一部である海馬に記録される）、意味記憶（記憶は大脳皮質に移されてから永続的な知識に変わる）、手続き記憶（記憶は大脳皮質のニューロン、そして反芻によって獲得される）の三つに分類できることがわかった。

論理的な規範は、思考言語において学習できることが確かめられた。

スティーブ・マッソン（ケベック大学モントリオール校の教育学部の教授、ニューロエデュケーション研究所の所長）をはじめとする科学界の権威によると、学習するたびに脳の構造は変化するので、学習に困難を感じても克服可能だという。ヒトの脳には、ニューロンとシナプスの回路を利用して音や画像を認識するのに必要な無数の単純作業を、同時に処理できる能力があると判明した。

日常生活に支障をもたらす行動の原因になる記憶を特定できるようになった。

幼稚園への入学時、安心できる環境で発育した幼児が習得していた言葉の数はおよそ一〇〇〇語だったのに対し、両親のいない、あるいは虐待のあった環境で発育した幼児はわずか二〇〇語だったことがわかった。

フランスの認知神経学者スタニスラス・ドゥアンヌによると、学習には、注意力、反復、間違いの修正、好奇心、動機（アリストテレスとキケロが語った「学習への情熱」）が必要だという。また、ヒトの脳には自身の行動がもたらす結果を予測および想像することや、自分の能力を常に評価し、得られるだろう報酬や罰を予期する方法を知っていることも明らかになった。

これらの知見の数は、増えてはいるがまだ充分ではない。いずれにせよ、きめ細やかな教育法を選択するにはまだ不充分だ。

世界における今日の教育：教育学のおもな潮流

世界のほとんどの地域では、数千年前と同じように罰をともなう反復練習や暗記によって知識を学び続けている。

学習に必要な時間は短縮していない。読み書き算盤や外国語の習得、そして詩や掛け算の暗記にかかる時間は二〇〇〇年前と変わらない。

さらには、生後六ヵ月、あるいはそれ以前の段階から子供の集団保育が行われている北欧やイスラエルのような国でさえ、家庭が担う知識伝達の役割を完全に代替する方法は見つかっていない。

そして会社は社員にとって、また社員の生涯にわたって、重要な学びの場であり続けている。

過去の偉大な教育学者たち（エラスムス、オウエン、フレーベル、モンテッソーリ、ドクロリ、マカレンコ、アンドリュー・ベル、シュタイナー、ジュリアン、ペスタロッチ、デューイ、ピアジェ、フレネなど）は、少しずつ教育に関する教義を組み立ててきた。これらの教義の中には、今でも大きな影響力を持つものがある（例：世界中に二万五〇〇〇校の学校があるモンテッソーリなど）。

今日、学校制度は垂直式と水平式に大別できる。前者はおもにアジアや南ヨーロッパで実践されている。これは教師の講義を生徒が拝聴する教師主導型であり、教師の評価が常につきまとう。後者は北欧におけるように、グループワーク、プロジェクトワーク、生徒による積極的な質問が奨励される形式だ。

ヨーロッパではこの大別はごく最近まで、プロテスタントの伝統を持つ国とカトリックの伝統を持つ国との区分と重なっていた。プロテスタントの国では、学校は民主的で思いやりのある共同体であり、生徒の心理的な幸福に関心を持つ。カトリックの国では、教育は往々にして垂直式だ。

世界ではこれら以外にも、インドの識字学院、ガーナの国立研究所、メキシコの国立成人教育研究所、ケニアの青少年能力育成計画、コロンビアの青少年活動計画、カメルーンの識字率向上と零細企業への融資を組み合わせた計画などにより、国民の識字率向上のための教育法が開発された。これらの教育法は確固たる実績を残している。

逆に、国民の識字率を向上させるために試みた新たな教育法が失敗に帰したケースもある（例：ニジェールやペルー）。もちろん、失敗の原因は教育法だけにあったのではない。貧困、優秀な教師の不足、生活環境の厳しさなども、教育条件に多大な影響をおよぼす。

今日でも数十万人の教師が知識伝達の新たな方法を模索している。たとえば、反転授業（生徒は新たな学習内容を自宅で学び、学校での時間は演習に費やす）、クロスオーバー・ラーニング（授業で学んだ知識と日常生活から得た個人的な知見を結び付ける）、議論型学習（教師が生徒の好奇心や批判的精神を刺激する質問を投げかける）、生産的失敗法（教師は少し難易度の高い問題を出題し、生徒に考えさせてから解決法を解説する）などがある。

これら以外にも、ＭＩＭＡ（教育学と神経科学研究者がつくった教育コース）やトレース・アカデミア（アフリカで学校を中退した若者のためにつくられた遊びながら学べるアプリ）など、数多くの教育法がある。

次章では、この他にも未来に向けた教育法をたくさん紹介する。

二〇二二年の概観：依然としてエリート重視、大衆向けは失敗

二〇世紀には若者全員に義務教育を施すという目標が掲げられた。表向きには、この目標はほぼ達成された。

実際、世界人権宣言の第二六条には、「すべての人は教育を受ける権利を有する」と定めら

れており、こうした教育的実践の進化を示すさまざまな瞬間が訪れた（例：一九四六年のユネスコの設立、一九七二年のフォール報告、一九九六年のドロール報告、二〇二一年のサーレワーク報告）。ほぼ世界中で、太古から伝わる知識伝達の機能は、家庭、国家、企業、教会、学校などの存在意義として残っている。つい最近では、インターネットも重要な役割を担うようになった。家庭は、母語、家族史、価値観、家庭の慣習を伝える。教会は信仰と文献、企業は生涯にわたってビジネスを実践するために必要な新たな知識を伝える。学校はおもに社会の一員になるための知識を伝える。伝達される知識や価値観は、きわめて多様であったとしても統一される傾向にあり、より多くの知識を得れば、誰でも自身の才能を開花させられるようなキャリアを見出すことができるという幻想をしばしば振りまく。

ところが近年、知識の伝達は、瞬時に結果を求める傾向によって激変した。

学校には大きな進歩があったが、それはおもに量的な進歩であり、見かけ倒しに近かった。二〇二〇年、世界人口の八〇億人のうち、短期間であっても学校教育を受けた者の割合は九五%だった。一方、一九四八年（世界人口は二四億人）の段階では、この割合は四五%にすぎなかった。

小学校の就学率は、一九七〇年の一五%から二〇二二年には六〇%になった。二〇二二年、中進国の小学校の就学率はおよそ九〇%に達した。就学率で最も遅れている地域であるサハラ砂漠以南のアフリカにおける小学校の就学率も、六〇%から七八%になった。

中等教育から高等教育へと進む者の割合は、一九七〇年の一〇%から二〇二二年には四〇%

になり、一九九〇年以降は男子と女子の生徒数はほぼ同数になり、知識を巡る男女の関係は完全に変化した。まもなく権力、経済力、健康状態を巡る男女の関係も激変するだろう。

ユネスコによると、女子の学校で過ごす時間が一年間長くなるごとに、女子が将来に獲得する収入は一〇%から二〇%増加するという。また、文字を読むことのできる母親から生まれた子供は五歳まで生存する確率は五〇%も高くなるという。

『タイムズ』の世界大学ランキングによると、一部の新興国は大成功しているという。世界の大学上位校には、イギリスとアメリカの大学に混じって、シンガポール国立大学、南洋理工大学(シンガポール)、清華大学、北京大学、香港大学、東京大学などがランクインしている。ロシア、ブラジル、モロッコ、インド、ナイジェリア、アルゼンチン、メキシコ、トルコ(中東工科大学など)、パキスタンやインドネシアなどの大学も競争力をつけてきた。これらの大学が教える知識は、ヨーロッパやアメリカの大学が教えるものと基本的に同じだ。

他にも明るい材料はある。大学の授業料は一般的に有料だが、オーストリア、スコットランド、フィンランド、スウェーデン、ノルウェー、ギリシアでは、大学の学部生の授業料は無償だ(大学院生の授業料が無償の国もある)。本人の収入に関係なく学生に生活費を支給する国もある(例:デンマーク、スウェーデン、ノルウェー、フィンランド)。デンマークでは生活費の支給に加え、寛大な条件の学資ローンも利用できる。

研究者の待遇が最もよい国は韓国であり、韓国の研究者は産業界から年間一人当たり平均一〇万ドルの資金援助を受けている。第二位はシンガポールの研究者であり、大学から年間およそ八万四五〇〇ドルの資金援助を受けている。第三位はオランダ、そしてベルギー、スウェーデン、デンマークと続く。フランスは一九位であり、二万一〇〇〇ユーロだ。ドイツは二一位であり、一万九四〇〇ユーロだ。

教育費の対GDP比は一九世紀では平均一%だったが、二〇〇〇年たった今日では四・三%にまで上昇した。OECDとユネスコがまとめた統計によると、教育費の対GDP比は、ロシアの三%からサウジアラビアの八%までと大きなばらつきがある（ノルウェーは六・六%、ニュージーランドは六・三%、イギリスは六・三%、アメリカは六・一%、カナダは五・九%、フランスは五・二%、スペインは四・三%、ドイツは四・二%、日本は四%、イタリアは三・九%、ロシアは三・四%）。ドイツ、ブラジル、デンマーク、オランダ、スウェーデン、スイスでは、政府の教育予算が二〇%以上も増額された。ところが、教育費の対GDP比がいまだに四%未満で、歳出に占める教育費の割合が一五%未満の国が三五ヵ国もある。

実情を正確に把握するには、教育課程ごとの生徒の数を考慮に入れた各国の教育費の対GDP比を比較する必要があるが、今日ではまだそうしたデータは作成されていない。

いずれにせよ、人口爆発を起こしている地域だけでなく、世界中で教育制度は破綻しつつある。

世界中の多くの地域の家庭や学校では、理性に照らしあわせることなく信仰の価値観が伝達されている。

世界中で、インターネット、家庭、教会、さらには学校を通じて、非科学的な論証、不寛容なイデオロギー、陰謀論、全体主義などが増殖し、理性に基づく意見と扇動者がまき散らす暴言が同等の価値のものとして扱われている。

非識字者の数はおよそ七億七五〇〇万人であり、その三分の二が女性だ。ユネスコ統計研究所のデータによると、二〇一八年の小学校の非就学者数は二億五八〇〇万人であり、劣悪な教育しか受けていない者の数は五億人だったという。

アフリカでは、農村部の若者の就学率は、都市部の若者よりもはるかに低い。教育環境が最も悪い国の一つであるギニア・ビサウでは、文字を読むことのできる母親の割合は三%未満だ。国民全員がまともな学校に通えるようにするための費用は、国民の平均所得の七〇%にもなるが、これは国の負担能力をはるかに超えている。

先進国が小学校に費やす費用を貧困国の平均歳入と比較すると、豊かな国ではおよそ一〇倍、そして非常に豊かな国では一五〇倍にも達する。

先進国の中等教育の就学率は一〇〇%だが、サハラ砂漠以南のアフリカでは四一%にすぎない。成人の識字率は、中進国では七五%、貧困国では五五%だ。

小学校卒業時、読解力が足りずに文章を理解できない子供の割合は、富国では九%、超富国では二%にすぎない。一方、この割合は、貧困国では九〇%だ。

フィンランドの貧困家庭の子供の数学の成績は、ブラジルの富裕層の家庭の子供よりも秀でている。

女子に対する教育は大きく進歩したが、世界での教育の失敗のおもな犠牲者は相変わらず女子だ。

二〇二〇年、六歳から一七歳までの女子の非就学者数は一億三二〇〇万人だった。世界の非識字者（大人）のうち女性が占める割合は六三％、途上国における女子の未就学率は四人に一人、非就学児童のうち女子が占める割合は五四％だった。

世界では四一〇〇万人の女子が教育から排除され、五億一五〇〇万人の女性が非識字者だった。アフリカのブルキナファソにおける女子の中等教育の就学率はわずか八％だった。

現状は、憎しみ、暴力、破壊、死への衝動を拒否するという教育の本質を伝えることに成功していないし、実際に試みることさえできていない。

各国政府の発表から推計すると、小学校の一クラス当たりの生徒の数は世界平均で二三・四人だ。北米の一四・四人、アメリカの一四・二人、南アメリカの二一・三人、中央ヨーロッパとバルト諸国の一二・七人、EUの一三・三人、中東と北アフリカの二一・三人、アラブ諸国の二〇・八人、中国の一六・四人、韓国の一六・三人、東アジアの一七・五人、南アジアの三三・二人、サハラ砂漠以南のアフリカの三七・四人だ。

だが、実際の一クラス当たりの生徒の数は、どの国ももっと多い。また、世界では教師の数が少なくとも七〇〇〇万人は不足している（そのうちの一五〇〇万人はサハラ砂漠以南のアフリカ地域）。

世界中で教師の社会的な地位の低さが問題になっている。ルクセンブルクと並んで教師の給料が最も高いドイツにおいてさえ、教師という職業は魅力的でなくなっている。世界中の学位を取得した若者は、給料の割に社会的な責任が重く、繰り返しの作業を強いられる教師という職業に就くことに躊躇している。

そうした事情から世界では、授業料が高額であろうとなかろうと、私立の教育機関が急増している。今日、過去数世紀と異なり、どの国の親も子供のためなら大きな犠牲を払う覚悟がある。民間の教育サービスは、急成長しており、最も収益性の高い経済分野の一つになった。

そして過去と同様、最高の教育を受けるのは富裕層や権力者の家庭の子供であり、誰に何を教えるのかを決めるのは富裕層と権力者だ。

今日でも過去と同様、高等教育を受けたグローバル・エリートが存在する。同じ大学に通い、同じ地区で暮らした彼らは、権力と金という野心に突き動かされている。

これらのエリートたちの中に、先人の築いた世界がもたらす教育格差を受け入れてはいけないという意思を確認できるとしても、また教育界には教育と政治の面で革新的な計画が目白押しだとしても、知識伝達の制度全体は世界的に崩壊寸前だ。この危機的な状況は、民間の教育サービスの急成長だけでは説明できない。

新たなテクノロジーと人口動態という二重の津波の犠牲になった教育界は、誰に何をどのように伝達すればよいのかわからなくなり、この津波によって増幅する著しい不公平を修正できない状態にある。

第七章
これからの教育
――ホモ・バルバリクスあるいはホモ・ハイパーサピエンスのシナリオ

教育の長い歴史は、多様で魅力と矛盾に満ちている。教育の現場では、事実や論理、価値観、芸術作品、経験を伝達するためのさまざまな方法が試行錯誤されてきた。その中で子供に対する暴力が横行した。多くの子供が劣悪な教育の犠牲になり、権力者の男子だけが特別な教育を受けた。だが、思いがけない成功例もあった。

われわれはこの教育の長い歴史から普遍性を見つけ出し、未来の知識伝達法を見出すことができるのだろうか。三〇年後、五〇年後、一〇〇年後、二〇〇年後、さらに遠い未来の教育のあり方を考えることはできるのだろうか。

教育の未来を予測するのは決して不可能ではないはずだ。たとえば、一七世紀末の時点なら、女子が教育現場から疎外されている状況がその後も長期にわたって継続することは予測できたはずだ。二一世紀初頭の現時点なら、未来の知識の伝達法（そして伝達される知識の種類）を予想することができるはずだ。

すべては、氏族から核家族という家族形態、農村部から都市部という住環境、手工業から工業生産という生産体制、信仰から科学という思考などの変化に宿っている。すべての子供に少なくとも数年間の教育を施すべきだと社会が考えるようになったことは、充分に予測できたはずだ。

今日の教育の姿は、イギリスの実用主義、オランダとスウェーデンの卓越した学校、プロイセンの大学エリート主義、アメリカとフランスの革命家が抱いたユートピア、オスマン帝国の蒙昧主義、中国の偏執的な官僚選抜制度などから描き出すことができたはずだ。

一八〇〇年の時点なら「人類は史上最悪の蛮行におよぶ」と予測できたはずだ。なぜなら、人類は産業的な蛮行の手段を手に入れたのにもかかわらず、学校などでは、嫉妬や殺戮への衝動を打ち消すとともに友愛や生命の尊重（とくに子供の命）といった精神を育むために、何もしてこなかったからだ。

この長い教育史から導き出せるさまざまな教訓を頭に入れてこそ、未来の教育のかたちと内容を予測することができる。

過去の教訓

単純化してしまう恐れはあるものの、過去の教訓を次の通り、いくつかの要点にまとめてみた。

▼すべての生物種のサバイバルに最も重要なのは、知識の伝達と環境変化への適応だった。
▼人類の活動の中で、知識伝達は最もエネルギーを消費しない活動の一つだった。
▼知識伝達のおもな機能は支配秩序を維持すること、そしてそれとは逆に、ときには支配秩序に反することもある革新的な知識を拡散すること。
▼知識伝達は影響力を行使することを意味する。
▼多くの場合、知識伝達とは、労働力を維持し、国民の規律を保ち、イデオロギーや信仰を押し付けることである。
▼身体的、性的な児童虐待は過去から存在し、知識伝達はそうした虐待の一つの口実だった。
▼すべての文明において、ごく稀な場合を除き、女児と女性はつい最近までほとんどすべての知識から完全に遠ざけられていた。
▼裕福な家庭の男子は昔も今も、自分の好きな学問を選択して成功を収める機会に最も恵まれている。
▼権力者は国民を信用しておらず、国民が政治的、経済的、社会的に必要とする知識伝達を制限する。
▼芸術的、科学的な知識に関する教育（批判的な知識を形成する教育）は、人間の解放と経済成長に不可欠な要素だ。
▼数千年間、知識は、おもに氏族、宗教、職場を通して伝えられてきた。ごく稀に学校も知識伝達を行ってきたが、それは権力者に仕え、権力者のために働く労働者たちのためのも

のだった。

▼知識伝達の基盤は今も昔も、模倣、反復、管理、懲罰だ。

▼知識習得に必要な時間は減っていない。

▼知識伝達の場は次第に八つになった。すなわち、家族、氏族、職場、教会、軍隊、学校、メディア、SNSだ。

▼伝達すべき知識の分野は次第に九つになった。すなわち、性、実用、軍事、神学、倫理、政治、芸術、法学、科学だ。

▼批判的な知識を学んだ国民ほど、子供の数が少なく、教育費を捻出しやすい。

▼知識伝達システムの性能は、社会のニーズと新たな発見に対応しながらも、システム管理者の利益のために常時内容を変更できる能力に依存する。

▼教育方針は常に支配階級の要望に即して決定されてきた。

▼将来、訓練が必要な職業の数は分業化とともに急増する。

▼人生における学習時間は増加し続ける。

▼憎悪、暴力、死に対する衝動の拒絶は、これまで伝えることに失敗してきた。

▼子供が両親とは違う道を歩もうとするとき、社会は進歩する。

▼批判的な思考を鍛える教育が普及すると、さまざまな集団との交流が加速する。

▼社会の教育水準のおもな決定要因は、子供たち一人一人のニーズへの対応力だ。

▼知識伝達の予算は、人口増とは関係なくますます増やす必要がある。

- ▼知識を伝えるという行為は、次第に教師などの専門家の仕事になった。
- ▼どこの学校も何らかのルールがない限り、富裕層の子供しか生徒にしない傾向がある。
- ▼知識伝達の際、当局は社会的規範から外れた思想を必死になって取り締まってきた。
- ▼学校の教室の雰囲気からは、その時代の労働現場をイメージできる。
- ▼教育者が知的な交流や物質的な交換、そして科学の進歩に役立つ知識を伝える手段や自由を持つ国が世界を制する。
- ▼さまざまな政治体制に関するイデオロギー、経済、政治に関する論争は、常に教育現場で繰り広げられ、各陣営は、優秀な研究者、教師、学生を囲い込もうとする。
- ▼教える、そして伝える際は、過酷な罰を減らし、学習者の満足感を高める方法を用いるべきだ。
- ▼質の高い教育システムは、二世代のうちに破壊されることも救済されることもありうる。

教育の歴史からは次のような教訓も導き出せる。

- ▼よい教育システムを構築すれば、その財源を賄うのに必要な経済成長を生み出すことができると結論づけたいところだが、そうではない。
- ▼宗教色のない理性的な教育を普及させると、国は民主的になり、経済は繁栄し、社会は公正になると結論づけたいところだが、そうではない。

▼教育によって、科学、理性、芸術の推進に力を入れると、社会からは野蛮な行為や独裁者がいなくなると結論づけたいところだが、そうではない。
▼理性的な知識を授ければ、民主主義は守られると結論づけたいところだが、そうではない。

しかしながら、批判的精神に基づくきわめて高度な教育を、全人類に非暴力的な形式で施すことがなければ、人類は自滅することになると私は確信している。

未来に対する疑問

人類が他の哺乳類と同等に長く（平均一〇〇万年）生きながらえることができると仮定すると、人類にはまだ七〇万年の時間が残されている。計算上、この間に誕生する人間の数は数百兆人になる。彼らはどんな暮らしを送るのだろうか。彼らは自分たちの知識をどうやって伝達するのだろうか。彼らが守り抜きたいと願う、価値観、倫理観、知識とは何か。

先述の教訓は、近い将来、二〇〇〇年後、そして人類が自滅することがなければ遠い未来でも有効なのだろうか。

環境、地政学、人口動態、イデオロギーの観点から見た場合、伝達の形態が変化するのは、どのような状況においてだろうか。

知識の伝達に不可欠だった家庭は、将来どうなるのだろうか。

教育はほとんどの人にとって社会層を固定するための冷酷な手段であり続けるのだろうか。

過去五〇〇〇年間と同様、知識は今後も、模倣、反復、管理、懲罰によって伝達されるのだろうか。

とくに人口が急増する国において、女性、貧困層、マイノリティの教育に、富国の上流階級の男子に対するのと同等の金銭的、人的な財源を確保することができるようになるのだろうか。

私たちは何を伝えていきたいのだろうか。

世界中の子供一人ひとりを対象にする普遍的な教育体制は誕生するのだろうか。

嘘、似非《えせ》科学、暴力の扇動は排除できるのだろうか。

利他主義、明晰さ、親切心、共感力、生命の尊重、人間としてやってはいけないことなどを伝達することはできるだろうか。

すべての人の創造性を育むことができるようになるのだろうか。

現代と異なる価値観を持つ文明は、過去の遺物だとして一掃されるのだろうか。

まだ存在しない職業に就く若者や大人に対して、どのような教育を施せばよいのだろうか。

苦痛や退屈をともなう職業に必要な知識を学び、これを実践する者は今後も存在するのだろうか。

どうやって生徒のやる気を引き出せばよいのだろうか。

語学を習得するのに必要な時間は短縮されるのだろうか。

ゲームを利用する知識の伝達法は一般化するのだろうか。

各自の個性を見極め、これを伸ばすことは可能になるのだろうか（これが理想の教育なのだろうか）。

教育という行為は、専門家が生涯にわたって従事する特殊な職業であり続けるのだろうか。

洗濯場、乗合馬車、固定電話、そしてこれらに付随する職業が消滅したように、学校も将来的に消滅する可能性があるだろうか。

人工知能、ホログラム、神経科学、遺伝学の驚異的な発展は、どのように利用されるのだろうか。

最後に、どのような人類の登場を選ぶのだろうか。


これらの疑問のいくつかに対して、数多くの研究者が答えを見出そうと試み、ユネスコなどの国際機関は、膨大な報告書の作成を委託してきた。それらの成果としては、二〇一五年に採択された二〇三〇年の教育に関する『仁川《インチョン》宣言』や、二〇二一年に作成されて二〇二二年に更新された、エチオピア大統領サーレワーク・ゼウデを議長とする委員会の教育に関する報告書が挙げられる。

私はこれらの報告書、専門家たちとの私的な会話、そして本書のこれまでの章を執筆するのに必要だった研究を土台として、この章では未来の重要な課題を詳述する。

これは途方もない取り組みであると同時に胸躍る試みだ。

九〇億人に知識を伝え、教える

知識や価値観が、社会的、技術的、イデオロギー的、地政学的、人口学的、生態学的に、どのような背景で伝達されるのかを予測することは、必要であると同時に危険をともなう。私はこれまでさまざまなテーマに関してこうした予測にあえて挑戦してきたが、これらはあくまで予測にとどまる。

さしあたり、地政学的な観点から述べると、アングロサクソンの支配力が衰退し、経済、政治、イデオロギーの面で世界を牛耳ろうとする中国の試みも失敗すると、企業が権力を握るようになる（とくに、伝達力と伝達内容の選択において）。企業は監視用デジタル技術を梃子にして勢力を拡大する（そうした技術を規制する国際的な規則は存在しない）。だが、企業の力では気候変動やロシアなどの一部の国粋主義者の野望（核兵器の行使にさえ至る恐れがある）によって悪化する大混乱を制御するのは困難だろう。

このきわめて危険な激動期が一〇〇年から二〇〇年間続き、人類が最悪の災難と輝かしい進歩との間を行き来した後（この間、人類の暮らしが気候変動によって破壊される恐れがある）、良識ある非暴力の人類が登場する。彼らは将来世代の利益に関心を抱き、首尾一貫して調和のとれた世界的な組織を設立する。そして人類のサバイバルに必要な知識と価値観を伝達しようとするはずだ。

もちろん、こうした一連の出来事はきわめて不確実だ。これらのさまざまな段階は、現代においても交錯している。最悪の事態はもっと早く訪れるかもしれない。もっとも、災難が起こる前に、理性が勝利することもありうる。

唯一ほぼ正確に予測できるのは今後三〇年間の人口動態だ。人口動態は今後三〇年間だけでなくその後も地政学の動向、知識伝達の形態と内容、そしてとくに教育に甚大な影響をおよぼすだろう。

二〇五〇年、世界人口が九〇億人を超えるのはほぼ間違いない（そのうち二〇億人以上がアフリカ）。インドの人口は一六億人になり、今日と同様に世界第一位だろう。中国の人口は少なくとも一億人減るはずだ。コンゴ民主共和国の人口はおよそ三億人になる。ナイジェリアの人口は四億人になり、アメリカの人口を上回る。アメリカは（フランスとイギリスとともに）人口が減少しない数少ない先進国だ（ただし、移民政策の抜本的な変更がない場合）。

確実性が多少低い別の予測によると、世界人口は二一世紀末ごろに一〇〇億人に達し、その後は減少に転じるという。このとき、ナイジェリアの人口は中国の人口を上回る（中国の人口は半減する。中国では他のアジアや南アメリカの国々と同様、国民は豊かになる前に高齢化する）。二一〇〇年ごろ、中国以外にもイタリア（二二〇〇万人減）、そしてドイツとスペイン（一〇〇〇万人減）でも人口が減少する。一方、サハラ砂漠以南のアフリカの人口は四〇億人に近づく。驚異的な多様性を有するアフリカは、人口が増加し続ける唯一の大陸になる。

次のようなシナリオも考えられる。二〇五〇年以降、世界人口は急減し、二一〇〇年には四〇億人になるという予測だ。これは人口学者の現在の予測の半分以下の数字だ。

三つめの学校が崩壊するというシナリオ（後ほど語る）では、とくに女子に影響がおよぶ。多くの女子が低年齢で結婚するため、今日よりも多くの子供が生まれるという予測だ。

二二世紀の人口動態は予測不可能だが、いずれにせよ、人口動態は教育にどのような影響をおよぼすのだろうか。

高齢化した富国の場合、すでに進行している人口減少がすぐにでも知識の伝達経路に甚大な影響をおよぼす（ただし、移民政策に変更がない場合）。

人口が最も急減している日本では、今後一五年間で大学生の数は三分の二になり、この減少ペースはその数十年先まで加速する。日本よりも少し遅れて、ドイツ、イタリア、スペイン、韓国においても、学生の数は減少する。これらの国が移民に門戸を大きく開くとしても、この傾向に歯止めはかからないだろう。これらの国では、保育園から始まり、小学校、中学・高校、大学の数が減っていく。したがって、教師の数も減る。

少子化により、保護者は子供の教育に熱心になる。しかし、富国ではまもなく定年退職する人々の仕事を担う労働者の数が不足する。そのため年金の財源を賄うことができない。富国の中には、鎖国して自給自足という自殺的な道筋を歩む国もあれば、外国人留学生（一般的に移民）の争奪戦に参入する国もあるだろう。政治、経済、社会、文化、金融、地政学を変数にするこれらの国が解くべき方程式は、解なしとは言わないまでも、きわめて難問だろう。

人口が高齢化する貧困国（例：中国）の場合、人口が減少して教育費が減っても、教育制度の大きな後れを取り戻すのに必要な財源は確保できないだろう。これについては後ほど語る。

少なくとも二〇五〇年までは人口の増加が続く世界の半分の地域（とくにアフリカ、アジア、中東の国々）の場合、人口爆発と貧困に加え、生態系、社会、政治、金融、公衆衛生、食糧、行政、技術面などに関する課題が山積するだろう。これらの国が解くべき教育の方程式もまた解なしだ。というのは、二〇五〇年に「学齢期」（六歳から二三歳。世界人口の四分の一に相当する二三億人）になる者のほぼ全員が、これらの国に住むことになる。内訳は、アジアに一二億人、アフリカに六億六〇〇〇万人、ヨーロッパに一億三〇〇〇万人、ラテンアメリカとカリブ海に一億九三〇〇万人、北アメリカに九五〇〇万人、オセアニアに一一〇〇万人だ。つまり、これは二〇二二年以降、初等教育を必要とする人口が倍増し、高等教育へ進学する人口は四倍になることを意味する。この増加の四分の三は、一二の新興国で起こる。すなわち、九ヵ国のアフリカ諸国（ナイジェリア、アンゴラ、コンゴ、エジプト、エチオピア、ケニア、ニジェール、ウガンダ、タンザニア）と三ヵ国のアジア諸国（パキスタン、インド、バングラディシュ）だ。

これらの貧国では、そうした教育ニーズに対応するために二〇三〇年までに七〇〇〇万人以上の教師が必要になる（初等教育が二五〇〇万人、中等教育が四五〇〇万人。二〇三〇年以降も多くの教師が必要になる）。さらに、教師は、将来の知識、価値観、教育法に精通していなければならない。だが今日、これらの多くの国では、そうした教師の数はきわめて少ない。したがって、教育者の養成が急務になるが、その費用もこれらの国の財力を大幅に上回っている（政治的に許されない場合もある）。

さらには、教師に加えて、課外活動、スポーツ、社会的および文化的な活動、給食、保健、事務、図書館などで働く人員（彼らも価値観や知識を伝える使命を担う）が、教師の数とほぼ同じくらい必要になるだろう。小中高校と大学、そして食堂、図書館、グラウンドなどの設備を整える必要もある。

また、世界全体を見渡すと、新興国を中心に少なくとも一五億人の六歳未満の子供が存在するため、託児所、保育園、幼稚園の数を増やさなければならない。これらの子供のおよそ四分の一は、（誕生時から、あるいは将来的に）一人親家庭、子供に基本的な知識を授ける術のない家庭、あるいは母親が専業主婦ではないゆえ、育児に多くの時間を割けない家庭で生まれる。そのため、子供の発育にとってきわめて重要な幼児期における、教育者、医療従事者、課外活動のスタッフ、そしてこれらの設備とインフラの必要性が高まる。

次に、（条件や内容は問わず）大卒の若者に対する需要が増加する。そうした人材に対する需要は、二〇三〇年には三億人、二〇五〇年には八億人になる。しかし、高等教育に関しては、大きな格差が生じるだろう。二〇三〇年には、高等教育ないしそれに相当する職業訓練を受けられる若者の割合は、富国では一〇〇％であるのに対し、貧困国では七人に一人くらいだろう。また、一般的に貧困国には、近代的な設備、優秀な教授陣、予算の豊富な研究所を持つ大学の数は少ない。これらの不備にもかかわらず、インドや中国などの新興国では、高度な高等教育を受けた人材が急増するだろう。二〇三〇年には、世界のエンジニア全員に占める中国人とインド人の割合は五〇％になるに違いない（二〇二二年は四〇％未満だった）。一方、アメリカ人のこの割合は、二〇二二年の一二％から八％へと下落するだろう。

そして就業者から定年退職者を含めたすべての成人、つまり、二〇五〇年にはおよそ六〇億人に達する人々（彼らもおもに新興国に存在する）の学習ニーズを考慮しなければならない。まず、識字力の低い人、職業や日常生活で必要な基礎知識が不足している人、学校で学んだことを忘れてしまった人に、教育サービスを提供しなければならない。

次に、これらの六〇億人に新たなスキルを継続的に伝授する必要がある。というのは、現役世代（およそ四〇億人で推移する見込み）は生涯学習を必要とし、引退世代（二〇五〇年にはこの世代が世界人口に占める割合はほぼ倍増する見込み）は、日常生活を営んだり若者との交流を保ったりするだけでも、新たなスキルを要求されるからだ。

こうしたニーズに加え、人間としての本質的な欲求がある。すなわち、実際に役立つかどうかは別として、人間として成長するうえでは欠かせない、知識に対する好奇心だ。

このように概観すると、教師、研究者、課外活動のスタッフ、教育行政、身体および心理のカウンセラー、教育設備、学校や大学の建物、研究所、グラウンド、図書館、博物館、デジタル機器、教育施設の警備、警察や司法などに対し、莫大な投資が必要になる。

伝える内容や手段を抜本的に変革しないのなら、全員に基礎知識を授ける最低限の教育を施すには、二〇五〇年までに教育費を世界規模で平均して三倍に引き上げなければならないだろう。これを実現するには、年率四％以上の経済成長を達成するか、教育費の対ＧＤＰ比を二倍に増やすかだが、双方ともかなり厳しいはずだ。

さらには、世界中の子供に今日の最良の教育制度（フィンランド、シンガポール、カナダ、韓国）

が提供するのと同じ教育サービスを提供するのなら、経済成長率は年率で一〇％を超えるか、ほとんどの国で教育費の対GDP比を四倍に増やすことになる。明らかに双方とも非現実的だ。もちろん、教育モデルを抜本的に変革しなくても、また巨額の投資をしなくても、ラテンアメリカ、東アジア、中東、アフリカの多くの国では、識字率の向上、基礎教育の拡充、女性の地位向上、そして社員教育の普及は大きな進歩を遂げるだろう。世界各地にある優秀な大学からは、男女を問わず、トップクラスのエンジニアや研究者が輩出されるだろう。

しかし、教育モデルの抜本的な変革がなければ（とくに、少ない財源で同じサービスを提供する新たな知識伝達法が開発されない限り）、人口増加という津波により、すでに壊滅的な状態にある新興国の教育水準は急落する。

このとき、「無知による蛮行」という一つめの最悪のシナリオが引き起こされる。

第一のシナリオ：「無知による蛮行」

新興国では、今後、人口が三〇年間で急増し、財源不足に陥るだろう。これらの新興国では、知識の伝達制度は崩壊しないまでも弱体化し、悲惨な状態に陥るに違いない。公立学校は荒廃し、研究所は機能しなくなる。すべての社会層は、公的な教育機関で学ぶ機会を奪われる（ただし、一部の裕福な家庭は除く）。上位中産階級は、民間企業が提供する教育サービスを受けるが、それ以外のほとんどの国民は、順法精神の乏しい宗教団体や武装集団によって狂信者や子供兵士にされてしまう。

一方、生徒の数が減少する国（欧米諸国、日本、中国）では、教育制度はさまざまな攻撃から保護されているように見える。これらの国の国民は誰も自国の教育制度が崩壊の危機に瀕しているとは思わない。ところが、これらの国々、とくにヨーロッパ諸国やアメリカなどでは、あらゆる教育システムは、信用の失墜や崩壊の危機に晒される。

第一に、学校外の知識の伝達力が弱体化する。多くの家庭では、子供に費やす時間と予算が減り、子供に何かを伝えようとする行為が激減する。会社は多くの人々にとって学習の場でなくなる。なぜなら、転職の機会やテレワークが増え、各自が自身の雇用主になるという雇用形態が一般化するからだ。

第二に、学校制度に対する民主的な力が徐々に弱まる。実際に、富国の一部では民主主義が衰弱し、権力者が自分たちのプロパガンダ、嘘、世界観を刷り込むための教育を国民に押し付けるに違いない。これらの国の中には、私生活、政治的な意見、宗教、性別が、時の権力者の要望にそぐわない作家の作品を扱うことを拒否する国も登場する。教師が自己検閲するように仕向けるには、彼らを脅すだけで充分だろう。

さらに、テクノロジーの進歩により、学校の信用は失われる。世界各地では少なくとも二〇〇年間にわたり、教育に関して権威主義を弱めて遊び心をかき立てるための取り組みがある程度の成功を収めてきた。だが今日、そうした地域以外の多くの国の教育法は相変わらず、罰と失敗に対する恐怖、規律、権威への服従、反復練習、暗記に基づいており、若者が学校よりも長い時間を過ごすサイバー空間では、罰よりも満足、努力よりも遊び、好奇心よりもナルシズム、制約よりも自由、粘り強い努力よりも即時の快感が重視される。そのうえ学校組織の階層的で中央集権的な体質が、教育機関の進化やイノベーションの導入を妨げている。

第三に、生徒が学校外で直接入手する知識が目まぐるしく変化することが挙げられる。そのため、教師の正当性は大きく損なわれる。教師の教える内容を常時監視し、ちょっとした間違いであっても厳しく批判することが容易になり、親、雇用主、警官、政治家と同様、教師に対する敬意は失われる。

さらには、教育と研究に割く予算が増額されない場合、すでにほぼ世界中できわめて低い教師の給料はさらに減額される。優秀な教師は職場を去るため、教師という職業の信頼性は失墜する。教師という職業は、毎年同じ芝居を異なる観客の前で演じる役者と同じだとして魅力を失う。

富裕層の家庭には充実したデジタル・インフラが整備されるが、乏しい予算しかない学校は必ずしもそうならない。多くの小中高校と大学は見捨てられ、閉鎖されることになる。

こうしたシナリオは、アメリカ、イギリス、フランスを含め、すべての国で起こりうる。

数千年前、そして二〇二〇年と二〇二一年のコロナ禍のときのように、大衆の子供が学校に通うことのできない状態に逆戻りし、人類は絶望の底に突き落とされる。

この「無知による蛮行」というシナリオでは、貧困国の多くの子供は二〇五〇年には学校に通えなくなるか、過密状態の学校でしか学べなくなる。そうした学校では、過剰労働を強いられる教師が時代遅れの知識を非効率な方法で教えるため、教師はさらに不人気な職業になる。

人類の少なくとも三分の一は読み書き算盤ができなくなる。進学校と有名大学に通うのは、富国の富裕層と貧困国の超富裕層の子供だけになる。

富国の貧困層の子供はまだ学校に通うことができるが、学校で学ぶのは最低限の知識だけだ。彼らにやりがいのある学問に取り組んだり意義の高い仕事に就いたりする機会は訪れない。

貧困国の中流階級と中進国の貧困層は、子供を授業料の高い私立学校に通わせるために多大な犠牲を払う。残りの者たちの子供は、懲罰が横行する託児所に押し込められた後、単純作業を強いられる辛い仕事に就く。

多くの国では中世のヨーロッパのように、国家、教会、企業が、世間から見捨てられた若者が振るう暴力から市民を守るために、外界から閉ざされた刑務所のような教育機関を各地に設立するだろう。今日のアメリカのように、大勢の若者が軽犯罪でも長期間にわたって勾留されることになるだろう。

今日でも地球上のごくわずかな地域で人々の暮らしの基盤になっている民主主義が、しかるべき教育の必要条件であることに変わりはないが、先述の切迫した地政学的な対立が加速するため、そうした地域でも民主主義の存続は危機に瀕する。

「無知による蛮行」が顕在化するのは、常軌を逸した武器が世界各地に集結し、アイデンティティを巡る争いが激化し、気候変動による影響が大きくなる時期だろう。

その結果、ポピュリストが勝利し、大規模な移民が発生する（第一陣は、新興国の学位取得者が先進国へと移住する)。また、さまざまな不満、怒り、憎しみ、暴力が激化する。とくに子供は、理性的な教育を受けることができなくなり、イデオロギー、宗教、極端な思想、武装集団の餌食になる。女子やマイノリティを教育や社会から排除しようとするポピュリストも登場するに違いない。

この「無知による蛮行」というシナリオは幻想ではない。歴史を振り返ると、エズラ、アリストテレス、キケロ、ボエティウスの時代のように、多くの文明は最盛期に達したときに知識の伝達様式が衰退して崩壊したことがわかる。私が呼ぶところの「無知による蛮行」の勝利こそ文明の崩壊だ。

第二のシナリオ:「人工物による蛮行」

「無知による蛮行」以外にも最悪のシナリオは存在する。このシナリオは一見すると魅力的に感じられる。というのは、無秩序や無知の横行ではなく、学校などの伝達手段を遠隔学習ツールによって行うからだ。このツールにより、世界中の子供と大人は、社会、経済、文化、生態学、政治、宗教、イデオロギーの面で必要なあらゆる知識にアクセスできるようになる。

第一のシナリオと同様、このシナリオでは学校のない世界になるが、その理由は資金不足やコロナ禍ではなく、社会が学校のない世界を選択するようになるからだ。

学校の終焉を望む

こうした野望は昔からあった。これまでの章で紹介したように、自分の子供を学校に通わせることを拒否する人々は過去にも大勢いた。なぜなら、彼らは学校の教育法や学習内容を不適切と見なし、自分たち自身で、あるいは家庭教師によって、子供を自宅で教育することを望んだからだ。

今日、こうしたホームスクーリングは少数ながらも拡大傾向にある。また、教育制度がうまく機能していない地域や、保護者が集団行動を拒否する場合などにおいても、ホームスクーリングは選ばれ続けるだろう。

保護者はテレワークや遠隔教育の新たな形態を利用することによって、子供を学校に通わせずに自宅で学習させるようになるだろう（少なくとも一定時間は自分たち自身で教える。あるいは家庭教師を利用する）。課外活動（とくにスポーツ）に関しては、巨大なネットワークを利用することも予想される。

将来のマンション建築では、テレワークや遠隔学習のための部屋が設けられることも考えられる。

教育制度が発達している国では、ホームスクーリングで学ぶ子供に対して、公的機関による監査がある（例：基礎知識をきちんと学習しているか。人格、批判的精神、道徳観は、健全に発達しているか。自宅で孤立していても社会の価値観を学んでいるかなど）。

先述のように、基礎知識の学習に関しては、ホームスクーリングで学ぶ子供の成績のほうが通常の学校に通う子供よりも秀でている傾向が確認できる。また、イメージと異なり、前者の子供は課外活動などを通じて集団行動にも柔軟に適応できるようだ。

これとは逆に、一部の国では数千年前からと同様、ホームスクーリングが子供を、農場、作業場、軍隊に送るための口実になる可能性がある。また、ホームスクーリングは女子の早婚の隠れ蓑にもなる。

昔から学校の終焉を理論的に論じてきた識者も存在する。たとえば、先述のヘンリー・デイヴィッド・ソロー、バジル・イェックスリー、そして二〇世紀後半に活躍したイヴァン・イリイチだ。クロアチア人とオーストリア人の血を引くオーストリアの司祭イヴァン・イリイチは、あまりにも多くの公的教育機関が無駄に存在していると厳しく糾弾し、大きな社会的反響を得た。イリイチの主張は次の通りだ。「学校では、単に知識を与えることと教育すること、試験でよい点を取ることと叡智を得ること、卒業証書を授与することと能力を伝授することが混同されている」

イリイチは（インターネットが普及するずっと以前に）学校に代わる水平構造で協力的な知識伝達法を提案した。具体的には、誰もが自由に無料で利用できる四つのデータベース（毎年更新されるもの）を利用する知識伝達法だった。列記すると、一つめは家庭などで教えたい人なら誰でも利用できる教育マニュアル、二つめはプロの教育者のプロフィールと連絡先が記されたリスト、三つめは知識を伝えたいと願うスキルと時間を持つアマチュアのリスト、四つめは学習グループへの参加を希望する学習者のリストだった。

世界中の知識人に多大な影響を与えたイリイチの理論は、消費社会に対する批判だった。ところが、彼の理論は教育の市場化への道筋を切り開いた。民間企業は、学校という集団向けサービスをデジタル化された私的なモノとサービスに置き換えようと、すでに準備を進めている。つまり、公共サービスの市場化であり、教育における人間関係を人工物によって代替することなのだ。

こうして「人工物による蛮行」というシナリオでは「無知による蛮行」と同様、原因は異なるが、小中高校と大学は消滅する。

デジタル人工物による伝達

学校が失墜すると、家庭教師のウェブサイト、学習や進路指導に特化したメディア、教育用モバイルアプリ、ポッドキャスト、学生向け就職応援サイトなど、教育系のオンライン・プラットフォームが急増するだろう。

第一に、遠隔学習に必要なインフラ整備が始まる（すでに始まっている。とくに学校のない地域）。最近ではコロナ禍の影響からほとんどの学校が閉鎖されたため、こうしたインフラ整備のペースは加速した。地球全体を網羅する通信衛星を利用する大規模な通信ネットワークにより、僻地であっても教育コンテンツの受信が可能になるだろう。

そうした通信ネットワークの一つであるイーロン・マスクが設立したスペースXは、今後四万基の通信衛星を配備する計画だ。これらの通信衛星により、誰でもどこでも教育プログラムを含むデータを、ほぼ無制限に受信できるようになるだろう。

多くの国では教育向けの通信衛星事業が始まっている。たとえば二〇二〇年、アラブ首長国連邦の公教育省と国営移動通信事業者ヤーサットは、コロナ禍に国民全員が遠隔学習のポータルサイトに無料アクセスできるようにするため、五基の通信衛星を打ち上げた。

遠隔学習のツールとして、オンラインやオフラインの教育用の動画やゲームが開発される（すでに開発されている）。こうして教室外であっても身体的な制約や罰なしに、ビデオゲームなどでお馴染みの手法（例：ポイント、景品、さらには金銭的な報酬）によって生徒をやる気にさせながら、ほぼあらゆる教育コンテンツを伝達できるようになる。

Facebook、YouTube、最近ではTikTokなどでは、教育系のコンテンツが多数あり、大勢の若者が閲覧している。たとえばＴＥＤが作成した一四〇〇本の教育プログラムの再生回数は、四二億回を記録している。すでに紹介したCoopacademy、そしてノルウェーで開発された教育用ゲームKahoot!などの教育コンテンツもある。フランスの新たな試みとしてすでに紹介したRevyzeでは、若者は教師と生徒がつくった短い投稿動画を通じてともに復習する仲間を見つけることができる。

コンサルティング会社グローバル・マーケット・インサイトによると、幼児教育から生涯教育までを扱うこれらのデジタル教育サービスは年率四〇％の勢いで成長し続け、世界全体の売上高は、二〇二一年の三一五〇億ドルから二〇二八年には一兆ドルに達する見込みだという。

こうしたシナリオでは、学習は、ゲームや消費行動、労働と同様、孤独な活動になる。学習単位は集団ではなく個人だけになり、クラスはなくなる。各自が自分のペースで学ぶようになる。教育という公的部門は、私立学校の新設だけでなく教育サービスを代替する製品の開発によっても民営化される。

次に、生徒の犯した間違いを精密かつ個別に分析して各自のニーズに即した練習問題を提供するアルゴリズムが登場する。アメリカではすでにKニュートンという企業が利用者のレベルに応じた練習問題や授業を提供するソフトウェアを開発した。このソフトウェアの利用者は、注意力と学習到達度を常時監視されている。二〇一七年にはスタンフォード大学の研究チームが学生の成績を予測するアルゴリズムを開発した。

このようにして学習は、よくできたビデオゲームのように、より個別化された報酬と罰をともなう形式へと移行していく。

近い将来、(脳に直接埋め込むかどうかは別として)センサーを利用して脳の活動を把握することにより、各自の集中力や努力は遠隔監視されるようになるだろう。中国やアメリカではそうした実験がすでに行われている。

才能の早期発見、最適な教育カリキュラムの作成、企業の優秀な人材の採用などのサービスをこれらのアプリを利用して商業化すれば、莫大な利益を上げることができるだろう。

近い将来、ゲーム産業や広告業界で用いられているテクノロジーを利用することによって、学習者一人一人にホログラムで現れる仮想教師が教えるようになるかもしれない。また、メタバースで仮想教室に参加してクラスメイトや教師とやり取りすることも可能になるだろう。そうすると、たとえば小学生のころからホログラムで現れる最高の教師から、幾何学、天文学、芸術、歴史を学ぶことができるようになる。

これらの取り組みはまだ萌芽状態だが、発展の兆候はすでに感じられる。たとえば、マイクロソフトが開発した、ホログラムを見ることのできるヘッドセットであるホロレンズだ。イングランド王立外科医師会の講習会では、人体を解剖することなく解剖学を教えるために、人体を立体視できるホロレンズが用いられている。また、ホロレンズを利用すれば、ピアノを弾く際に自分の隣に座る仮想教師が間違いを正してくれる。

教育用数学ゲームであるKiadaは、立体視できるモノを仮想空間に映し出し、幾何学の学習に役立てている。これらの技術は、外国旅行、古代都市への訪問、移民の暮らしの体験など、地理や歴史の授業でも利用され始めた。

学習者は特定の教育課程に縛られるのではなく、自分で選択した学習内容を自身のペースで学ぶことができるようになる。というのは、彼らの記憶に鮮明に残るのは、教室で教えられたことよりも、自身がネット上で見つけたことのほうだからだ。また、TikTokやRevyzeのような若者同士のSNSは、ベテラン教師の授業よりも彼らに大きな印象をもたらすようだ。前にも紹介したように、こうしたオンライン教育はすでに始まっている。

近い将来、テクノロジーの発展により、学校が太古から教えてきた数多くの基本知識さえ伝授する必要がなくなるかもしれない。少なくとも読み書き算盤という技能を学ぶ必要性は薄れるだろう。というのは、複雑な方程式でも瞬時に解く計算ソフトはすでに存在するからだ。読むことができなくても書かれた文章を朗読してくれるアプリもある。書くことができなくても音声を書き取ってくれるアプリもある。

スマートフォンが提示された文章を読み上げたり、口述した文章を文書化したりするようになる（これらの技術はすでに存在する）。また、各種言語で話されたさまざまな文章を、音声または文書で、各種言語に翻訳できるようになるため（これらの技術もすでに存在する）、外国語を学ぶ意味は失われるかもしれない。したがって、読み書き算盤および翻訳の技能（学校教育の基礎）は必要なくなるだろう。

さらには、今日では検索エンジンを利用すれば瞬時に得られる知識に関しても、キーボードを使わずに声に出して質問するだけでよくなる。つまり、言葉を発するだけで、あらゆる知識を得ることができるようになる。こうした学習は、最初は英語、次にさまざまな言語でできるようになる。また、翻訳機はちょっとした方言までも翻訳できるようになる。

プログラムやアルゴリズムに対する要望に関して、利用者は日常言語で説明すれば充分になるので、コンピュータ・コードを学ぶ必要はなくなる。

同様に、どのようなものを鑑賞したいのかを語るだけで機械が絵画を描いてくれる。そして注文を付けると適宜修正してくれる。

あらゆる場所に訪れ、さまざまな感覚を味わい、好みの仮想パートナーとともに学ぶことができるようになる。

過去と同様に未来も、伝達の場は職場と似たものになるだろう。職場は、店、工房、オフィスと推移してきたが、オフィスはテレワークの普及によって消滅しつつある。職場のさまざまな形態を模倣してきた学校もまた、遠隔教育の普及によって消滅するかもしれない。

伝達手段の支配者となる企業は、これまで夢見てきたように、その内容を支配しようとするだろう。まずは過去と同様、自社が必要とする労働力を確保するために必要なことだけを従業員に教える。次に、消費者に対して自社の生産するモノとサービスを欲しがるように仕向ける教育を施す。教育を利用して優秀な人材を早期に見出し、自社への就職を条件に奨学金を支給する。スポーツのクラブチームではすでに行われているように、企業も優秀な人材を世界中の高校や大学から引き抜く。

現在、これらのテクノロジーの開発競争で先頭を走るのはアメリカと中国だ。

世界に対する政治力を持つアメリカは、世界中の人々の心理を支配しようとして、今日ではおもにエンターテインメント産業に傾注しているが、まもなくより真剣な手段として、新興の教育産業に本格的に取り組むだろう。

一方、巨大な国内市場と人口を持つ中国は、自国の若者を常時監視するだろう（現在のところ、国家に反逆する者はほとんどいない）。街頭や職場だけでなく学校も超監視型社会になる。学校が消滅し、全員がネット接続されたカメラ付きペンによって監視されながら自宅学習するような未来になれば、このペンの技術は重宝され、さまざまに使われるだろう。

社会がこうした進化を受け入れる場合、人間の精神に壊滅的な悪影響がおよぶ。読む、書く、数学、物理、歴史、地理、文学、音楽、デッサンを学ぶ際に活性化する脳の部位が刺激されなくなり（これはキケロが写本の登場を恐れ、グーテンベルクの時代の人々が印刷機の発明を恐れた理由でもある）、自身で思考するための基盤になる基礎知識がないため、問題を設定したり疑問を探求したりする能力が失われるからだ。

将来の若者は機械を通してしか会話できなくなり、他者の表情や身振りに込められたニュアンスをくみ取ることができなくなる。こうして知識の発展に必要な基本的なスキルが失われる。そのおもな犠牲になるのが研究だ。

学習者の指導には、今日利用されているシンプルなソフトウェア（フランスの場合では、Parcoursup）よりもはるかに進化した手法が用いられるようになる。たとえば、デジタル機器が収集する個人データを利用し、各人のスキル、嗜好、さまざまな刺激に対する反応、さらには、政治、宗教、ビジネスの権力者の要望に応じて、ＡＩが生涯にわたって進路指導を行うことが考えられる。

今日、新興国の従来の教育制度は壊滅状態であり、今後さらに悪化するだろう。すると新興国は「無知による蛮行」から逃れようとして、先進国よりも先にこれらのデジタル機器を利用するに違いない。とくにサハラ砂漠以南のアフリカだ。この地域では固定電話や現金自動預け払い機などの段階を経ずにスマートフォンやインターネットバンキングが一般化したように、知識伝達のこの新たな形態も、アメリカ、中国、アフリカのテクノロジーを利用して急速に普及するに違いない。

この「人工物による蚕行」というシナリオでは、人類は無限大の図書館に迷い込んだ非識字者という存在に成り下がる。

そしてこれまでエネルギーの消費量が最も少ない活動だった教育も、ノマド・オブジェ〔携帯型デジタル機器〕とこれらに必要なデジタル・ネットワークの増殖により、気候変動を加速させる脅威になる。個人の年間あるいは生涯に利用できるエネルギー量に制限が設けられると、各人は一定量の電力しか利用できなくなる。自分に割り当てられたエネルギー量を、光熱費、移動、食糧、医療、学習のどれにどのくらい割り当てるのかを熟考しなければならないという時代が訪れるかもしれない。

人工神経細胞による伝達

将来的に、大規模公開オンライン講座システム（ＭＯＯＣ）やホログラム、メタバースを超えて、教育用ノマド・グッズは、学習者の脳に直接埋め込まれた人工物によって脳を補完、さらには置き換えられる可能性がある。

まず、睡眠中だ。事実、就寝前に語学を学習すると効果的であることは昔からよく知られている。二〇一七年のフランスのある研究によると、人間は眠りの浅いときに聞いた音を記憶できるという。二〇一八年に発表された別の研究によると、ヒトの脳は睡眠時に音を記憶できるが、音の複雑な配列までは覚えることができないという。オルダス・ハクスリーのディストピア小説『すばらしい新世界』のように、将来的に全体主義の権力者は、大衆の睡眠中に彼らの頭に叩き込んでおきたいことを伝達できるようになるかもしれない。

次に、睡眠中以外でも電気的な刺激によって脳を監視したり、脳に情報を伝達したりできるようになる。二〇一六年、アメリカの国防高等研究計画局（DARPA）は脳の記憶中枢を刺激するために、電気の流れるチップをヒトの脳に接続するという実験を行った。一二人を被験者とするこの実験からは、買い物リストを暗記するなどの簡単なテストにおいて、電気ショックを受けた被験者のほうがそうでない被験者よりも成績がよかったことが判明した。

未来はこうした方向へ突き進むだろう。すでに（頭蓋内接続のない）特殊なソフトウェアを搭載したシンプルなヘッドフォンを装着すれば、学習者の注意力、集中力、好奇心、共感力を測定できる。それらの結果を利用すれば、各自が効果的な教育方法を見出すことが可能になる。このようにして侵襲的な超監視型教育が始まる。

次に、脳に身体機能や学習能力を修復および向上させられる人工物が埋め込まれる。二〇一六年、水泳時の事故で六年の間、四肢麻痺だった二四歳のアメリカ人は、脳の運動野にソフトウェアに接続されたコンピュータ・チップを埋め込むことにより、腕を動かすことができるようになった。また、別の四肢麻痺の人物は、脳に埋め込んだチップのおかげで触覚を取り戻した。

当初は医療用だった人工装具が教育に転用される可能性もある。たとえば、「ブレインゲート」と呼ばれるシステムだ。筋萎縮性側索硬化症の患者や、脊髄を損傷した人が手足を思い通りに動かすために開発中だったこのシステムは、外部からの情報も受信できる。このシステムが学習やスポーツに応用可能であることは容易に想像できる。

子供に知識を伝達するという目的のため、子供の居場所を把握することを口実に子供の脳にチップを埋め込むことを望む者も現れるだろう。将来的にはこうした手法を利用して、各自に見合った新たなスキルを脳に伝達し、その様子を監視する方法が開発されるかもしれない。あるいは、特定の人物や集団に対する憎悪や愛を脳に伝達し、殺人マシーンをつくり出すことも考えられる。

二〇一七年にイーロン・マスクが発表したニューラリンク計画は、まさにそうした試みだ。この計画では三〇〇〇個以上の電極で構成される「ニューラル・レース」を脳に埋め込む。ニューロンに直接接続されるこの「ニューラル・レース」が読み取る情報は、耳の後ろに置かれたケースからブルートゥースを利用してスマホのアプリに転送される。

マスクによると、将来的にはこのシステムによって脳の活動をリアルタイムで把握し、これを筋肉系への命令に変換できるようになるという。言い換えると、思考を伝達するだけで現実に働きかけることができるというわけだ。究極的には、このシステムによって各自の思考や記憶を外部の情報システムに接続すれば、自身の思考や記憶を脳の外部で保存できる一方で、学ぶ努力なしで脳の外部から知識を取得できるようになるという。

当然ながら、神経科学は黎明期であり、近い将来にこうした人工装具が実現すると考える専門家はいない。

マーク・ザッカーバーグはマスクに対抗して、脳の活動を音声に変換するという計画に出資している。当初の目的は、神経変性疾患による失語症患者に言葉を取り戻すことだったが、将来的には他者や機械と自身の思考だけでコミュニケーションを可能にすることで、ザッカーバーグによると、思考の伝達によってまだ利用されていない脳の能力を開発できるという。マスクの計画と同様、この計画もまだ夢物語の域を出ない。

もちろん、マスクとザッカーバーグは自分たちの計画を商業化し、金儲けを企んでいる。潜在的な顧客は、こうした人工装具を子供に取り付けたいと願う親だけでなく、説得したり恐怖心をあおったりすることなく国民の心理を掌握したいと願う権力者たちだ。

また、ヒトの脳は人工的につくることができると主張する研究者もいる。まだ道のりは長いが、コンピュータはヒトの脳に近づいている。仮想ニューロン・ネットワークは、きわめて複雑な数学的演算を行うことができる。将来的に、これらの機械はヒトの脳の働きと似た作業をこなせるようになるだろう。そしていつの日か、ヒトの脳の学習法、記憶法、異なる知識の連関法、知識の伝達法に関するモデルが構築されるに違いない。

これらの発見や発明は、これまでに扱った進歩と同様、今日そして将来の政治的および商業的な全体主義体制にとって、かけがえのないツールになる。未来においても、伝達が権力であることには変わりがない。伝達ツールは絶対的な権力だろう。

遺伝的操作による伝達

人工装具を脳に埋め込むのではなく、ヒト胚に直接働きかけることも考えられる。誕生後の子供を教育して理想の人物に育てるのではなく、時代のニーズに見合った知的能力を持つ子供だけを誕生させるという発想だ。一九九七年の映画『ガタカ』のように、社会にとって欠点のない完璧な子供を体外受精によって誕生させるという試みだ。

こうした取り組みはすでに始まっている。

一九九〇年、体外受精させたヒト胚の染色体や遺伝子の検査が可能になった。それ以降、人工妊娠中絶が合法な地域では、この検査の結果が考慮されるようになった。

一九八〇年、カリフォルニア州の都市エスコンディードに、ノーベル賞受賞者が提供する精子だけを扱う精子バンク「レポジトリー・フォー・ジャーミナル・チョイス」が設立された。ちなみに、この精子バンクへの提供者として明らかになっているのは、ノーベル物理学賞受賞者のウィリアム・ショックレーだけだ。

アメリカには将来生まれる子供の性別や瞳と髪の毛の色を選ぶことのできる施設が存在する。

二〇一八年、中国の生物物理学者である賀建奎《フージェンクイ》は、遺伝子を改変したルルとナナという双子の女児が誕生したと発表した。賀によるとCCR5という遺伝子を不活性化したという（マウスを使った実験では、この改変によってマウスの記憶力などの認知力は高まり、ヒト免疫不全ウィルスに感染しにくくなったという）。ところが翌年、『ネイチャー・メディシン』に掲載されたカリフォルニア大学バークレー校の二人の研究者の論文によると、この改変は寿命を縮める恐れがあるという。そのため、遺伝子操作が学習能力に影響をおよぼすとしても、現状ではどのような操作が有益なのかは皆目わからない。今日、ＩＱに関わる遺伝子および遺伝子群は見つかっていない。やる気や創造性に関しても同様だ。

それでもこうした遺伝子操作が実現する、あるいは実現すると信じるのなら、社会的に必要な子供だけを出産させるべきだという世論が形成され、親にそうした選択を課す世の中になるかもしれない。

権力者は、数学、ダンス、音楽、その他なんに対しても才能を発揮する子供を持つ権利を手に入れる。彼らは、親切心溢れる子供、野心的な子供、寛容な子供、完璧主義な子供を持つことを選択する。これは今日、彼らが自分たちの子供を最高の教育機関に通わせることのできる権利を持つのと似たようなものだろう。

一方、大衆は従順な子供だけを出産することが許される。特別な好奇心を持たない大衆の子供は、時代の要請に応じたことしか学ぶことができない。ようするに、苦役を強いられる職業に就くための教育だ。

遺伝的に選択された知的、身体的、芸術的に秀でた能力こそが社会的成功の証になり、すべては社会階級に基づいて決められていく。

権力者は、貧困層の親が遺伝子操作による子供の知的能力の規制に反発することを恐れ、彼らの子供を人工子宮によって出産させる（人工子宮の利用は夢物語ではない）。というのは、人工子宮で養育する時間を恣意的に変化させることによって、脳の大きさや機能、身体的な特徴、資質などを調整できるからだ。

これらの野望は、人類最古の神話や人間を人工物に変えるという古典的なSF物語（例：完全な男女平等を実現するために人類を無性化する）を取り入れた科学技術者の幻想だろう。しかし今日、大勢の科学者がこうした野望に取り組んでいる。もし彼らの幻想が実現するのなら「無知による蛮行」から逃れるという口実のもと、人間はモノになってしまう。

このようにして知識の伝達が教育になり、教育が人工物になり、さらには人間自身が人工物になるという長い物語が完結する。

歴史を振り返ると、そうした未来に至る可能性は充分に考えられる。これが私の説く「人工物による蛮行」だ。

「無知による蛮行」であれ「人工物による蛮行」であれ、ホモ・バルバリクス〔蛮人〕が誕生する。起こりうる可能性が最も高い最悪のシナリオは、これら二つの蛮行の混合型だろう。すなわち、財力と権力のエリート層は最高の人工物を手に入れて優雅な子供時代を過ごし、中産階級はエリート層の利用する代替品を手に入れ、残りの大衆は「無知による蛮行」に苛まれるというシナリオだ。

第三のシナリオ：「ホモ・ハイパーサピエンスと超集合知」

人類がこれら二つの蛮行あるいはこれらの混合型から逃れ、自由を謳歌し、創造力を発揮して繁栄するには、無数の脅威を克服しなければならない（現状ではまったく手に負えない。とくに環境問題）。

そのうちとくに重要な課題を列記する。

世界中の子供に、価値観、知識、文化、創造力、やってはいけないことを（家庭、職場、今日とはまったく異なる教育システムを通じて）伝達すること。教師、研究者、彼らの関係者、学習者の安全、労働条件、健康を保証すること。エリート層が持つ知識に関する特権を解消すること。知識の伝達において、身体的、心理的、視覚的な暴力と強制を禁止すること。学習者を罰するよりも彼らの満足感を高めること。機械的な反復練習よりも自律的な創造性を重視すること。教える行為は最高の学習だと理解すること。森羅万象の根幹を教えること。自己自身と生きとし生けるものに対する敬意、誠意、やる気、好奇心、批判的精神、自由と努力に対する熱意、価値規準、利他主義、チームワークの精神、創造力を育むこと。

これらの課題に真剣に取り組めば、誰もが「本来の自分」になり、周囲の人々が「本来の自分」になるのを手助けすることができる。すなわち、他者に対する思いやりのある賢明で創造力豊かな人類が誕生するのだ。私は、次世代の利益に関心を持つこうした人類を、ホモ・ハイパーサピエンスと呼ぶ。

このユートピアを実現するのに必要な材料を吟味するには、まず知識伝達の理想像を描き出す必要がある。

生涯学習

社会の第一義は、すべての子供と若者に対し、自由な自己実現と社会に役立つための術を伝授するための教育に（家庭や学校を通じて）責任を持つことだ。

これまでの章で紹介したように、過去数世紀以来、教育期間は長くなってきた。数万年間、ほとんどの子供は体力がつくと同時に働き始め、就労現場から学習した。子供が大切に扱われるようになったのは、人類史から見ればごく最近のことだ。近年になって、一部の文明で、子供は保護すべき存在だと見なされるようになり、最初に児童労働が禁止された。さらに後になって、人類の一部は、最初は八歳、今日では一六歳までの教育を義務化した。今日では、よい教育なくして優れた研究はありえないことが理解されるようになった。

将来的に、すべての人類は少なくとも一八歳、さらには二三歳まで、生計を立てることを義務づけられることなく学習する権利を持たなければならない。彼らにはそのための資力を付与すべきだ。一六歳までの教育は、家庭と学校が提供すべきであり、一六歳以降は、企業が教育の場を担うことも考えるべきだ。

家族のいない子供の場合、社会は彼らに一八歳までは安心して生活および学習するための場、そして二三歳までは生活費を提供しなければならない。こうした保証があってこそ、彼らは同年代の若者と同じように高等教育を受ける機会を持つことができる。

このような仕組みを整えたうえで、学習者の育成すべき資質、学習者に伝えるべき知識、学習者の目指すべき職業、学習者に生涯を通じて提供すべき職業訓練、抜本的に改変された学校と他の伝達形態との間に見出すべきバランス、採用すべき最高の教育方法、推進すべき研究などを明確にしなければならない。

排除すべき欠陥、呼び起こすべき資質

当然ながら、人間は生まれながらにして恐ろしい人物、聖人、愚か者や賢者であるわけではない。

子供は敵意を持つ人々に囲まれたり、不安な状況に置かれたりすると、嘘をつき、悪さを覚え、憎み、騙し、法を破ることに喜びを覚え、さらには、過激さ、死への眩惑、狂信、サディズム、倒錯、自殺に魅了される。一方、思いやりのある人々に囲まれて育つ子供は、死に対する衝動を制御し、数多くの資質を身に付けることができる。

来るべき混沌とした世界では、過去では賞賛された資質であっても必要性が薄れるか、あるいはそうした資質を別の形で表現しなければならないだろう。たとえば、競争心、年長者への

服従、規律遵守の精神などの資質は、必要性が薄れるに違いない。

次に挙げる資質を子供のうちに育成し、大人になっても維持すべきだ。すなわち、自尊心、文化的規範の尊重、やる気、勇気、独創性、努力、創造力、好奇心、批判的精神、事なかれ主義の拒否、観察力、感情面の知性、説得力、レジリエンス、他者の意見に耳を傾けて自身の意見を変える態度、思いやり、共感力、他者の生命と共通利益の尊重、チームワークの精神、同世代や将来世代に対する利他主義だ。

今後教えるべき新たな四学科

要求される資質が従順と服従だった時代では、宗教者、皇帝、雇用主が拡散を望む知識が伝達された。次に、読み書き算盤などの基礎知識、そして国民のアイデンティティに関する知識が伝達された。

仮に、読み書き算盤などの基礎知識の伝達が不要になっても、少なくとも一つの言語を操りながらこれらの基礎学習によって脳を活性化させる必要がある。というのは脳神経学的に、これらの基礎学習は脳のより複雑な機能を働かせるために必要不可欠な作業だからだ。

将来的に翻訳と同時通訳ソフトウェアが開発されるため、死語あるいは活語の外国語を学習する必要がなくなるとしても、外国人と腹を割って話し合う、外国人の過去および現在の思想を理解する、外国文学を原語で読む、外国の演劇や映画を人工物や仲介者なしで鑑賞するには、外国語を学ばなければならないだろう。

さらには、芸術、文学、法律、倫理など、暮らしに必要な知識をすべて伝える必要もある。また、きわめて抽象的な知性と関連する知識（数学、物理、天文学、化学）や、自然と生命に関連する知識（解剖学、生物多様性、生態学、生物模倣技術、気候学）を習得し、幼少期から科学哲学や認識論などの哲学に親しむことも重要だ。そして絶えず新たな発見がある宇宙に驚嘆すべきだ。それは純粋な研究、すなわち発見するという喜びを学ぶためだ。

ようするに、私が呼ぶところの「新たな四学科」を教える必要がある。すなわち、科学（天文学、数学、物理、力学、幾何学、生物学、遺伝学、宇宙科学、神経科学）、倫理学（宗教、哲学、公的・私的自由、自他の尊重、寛容の精神、利他主義、共感力）、芸術（歴史、文学、音楽、グラフィックアート）、生態学（気候学、農学、景観デザイン、生物多様性、生物模倣技術、食糧、水資源、地理学）だ。

今後、膨大なデータベースによって記憶するという作業が不要になり、あらゆる知識は仮想図書館で取得できるようになるため、知識を習得する努力は不要に思えるかもしれない。しかし仮にそうであっても、それらのデータの出所を探し出したり、データを関連づけたりするには、自身の記憶を働かせる作業が不可欠だ。そのため将来も記憶する作業は大切だろう。

記憶力を鍛えるには、今後も詩、楽譜、書物を暗記したり、チェス、ブリッジ、囲碁などの記憶を利用するゲームを楽しんだりする必要がある。

また、自身の職業にしようと思っていなくても、日常生活や共感力に必要なさまざまな知識を身に付ける必要もある。たとえば、身体の弱い人の世話、家事、料理、修理、日曜大工、園芸、執筆、デッサン、作曲などだ。街の暮らし、慈善活動、市民運動に関心を持つことも肝要だ。

そして、これらの側面を発展させるのに不可欠なのは、できるだけ多くの個人および集団のスポーツに熱心に取り組むことだ。

一般的に、これらの知識のどれか一つをマスターして満足するのではなく、できるだけ多くの知識を身に付けるべきだ。また、自分の専門分野を早期に決めるのは避けたほうがよい。

必要となる職業

これらの資質と知識は、学校や実践を通じて学習され、日々の活動や自身の職業に役立つものにならなければいけない。必要となる職業を以下に挙げる。

第一に、今日のサービスの大半（おもに女性が担っている）は、ほぼ無償で行われている。しかし、これらのサービスは収入をともなう職業にする必要がある。

たとえば、子育てという職業だ。現在、子育ては一部の国では家族手当という形で報酬の対象になっているが、訓練はまったく行われていない。また、高齢者、子供、障害者、病人など、脆弱な人々を支える介護という職業も同様だ。介護もしばしば無報酬であり、介護教育は不充分だ。これらの職業をボランティアあるいは社会的評価の低い職業のまま放置してはいけない。

次に、社会が必要な限り継承しなければならない過酷な職業だ。今日では、鉱夫、組み立てライン工、建設作業員、清掃員、トラックやバスの運転手などの職業だ。また、農家、パン職人、肉屋、料理人、菓子職人といった職業も必要であり、これらの職業に就きたい者は、学校、農場、工房、レストランなどで訓練を受けるべきだ。彼ら全員が学ぶべきは自然を尊重しながら働くことだ。

国の統治に関する職業（裁判官、弁護士、警察官、軍人、刑務官、行政官、公務員）や美学の職業も不可欠だ。

芸術に携わる職業に関しては、社会的な評価を高めて伝承すべきだ（例：音楽家、作家、詩人、画家、彫刻家、建築家、調香師、服飾デザイナー、金銀細工師、織物師、庭師、景観デザイナー、写真家、映画関係者、演出家、曲芸師、道化師、手品師、脚本家、俳優、歌手、編集者、印刷業者、学芸員、展覧会のキュレーター、考古学者）。とくに今日、一部の国ではこれらの職業はいかなる機関によっても保護されておらず、伝統的な専門技術は失われつつある。そのような国では、専門学校を充実させるべきだろう。

一般的に、消滅しつつある職業（帽子職人、靴の修理屋、仕立て屋、家具職人、織物職人、工芸品職人、古楽器製造者）は保護の対象にすべきであり、それらの専門知識を保護および継承することはきわめて重要だ。

さらには、教師、学校と課外活動の管理者、医療従事者に対するニーズは、これまで以上に高まるに違いない。ホスピタリティ業界のスタッフ、ジャーナリスト、行政官、営業職、統計学者、金融業者、保険業者、飛行機のパイロット、船員、漁師、ガードマン、防衛関係者、デジタル技術者、宇宙探検家、環境問題の専門家（原子力、クリーン水素、太陽光、風力などの持続可能なエネルギー、水資源、森林、ごみのリサイクル、省エネ管理、地球環境に優しい購買活動）などの職業も肝心だ。

そしてまったく新しい職業が誕生するだろう。未来学者の中には「二〇三〇年に存在するだろう職業の八五％は二〇二二年には存在しない」「二〇二二年に存在する職業の半分は消滅する」と大した根拠もなく主張する者さえいる。いずれにせよ、われわれが存在しない職業に備えなければならないのは確かだ。これは人類史上初の出来事だ。

そうした新しい職業は、現在の職業の中にその萌芽が見られるものがある。そうした例をいくつか挙げる。都市農家、ビルディング・インフォメーション・モデリング・マネージャー（建築プロジェクトにおけるデジタルモデルの管理者）、人工臓器の開発者・製造者・設置者などの医療専門家などだ。また、自給自足の隠れ家の準備、シェルターの建設、危険な場所や荒野で水資源や食料を見つけ出すなどのサバイバリズムに関する職業だ。

次に、今後登場するだろうまったく新しい職業を挙げる。ニューロ・マネージャー（ヒトの脳の働きを遠隔から分析する専門家）、絶滅種復活の専門家（クローンや遺伝子改変の技術を利用して絶滅した動物種を復活させる）、ＡＩのための精神科医（ＡＩが人間を裏切らないようにするための専門家）、仮想空間アドバイザー（メタバースにおける新技術の指導）、生物模倣技術の研究者と開発者、宇宙旅行の添乗員などだ。

一般的に言えるのは、「命の経済」に関わる現在と未来の職業に就くための教育を優先させることだ。すなわち、教育、医療、公衆衛生、健康によい食糧、持続可能なエネルギー、ホスピタリティ、デジタル技術、持続可能な住宅、持続可能な金融、安全保障、民主主義、芸術、メディアなどだ。これらに加えて他の職業を「命の経済」へ転換するような職業も含まれる。

さらには、同時あるいは順番に複数の職業に就く術を学ぶ必要もあるだろう。たとえば、アリストテレスは哲学者であると同時に科学者だった。レオナルド・ダ・ヴィンチは、画家であると同時に科学者、建築家、数学者、音楽家だった。未来では、生涯にわたって同じ職業に就かなければならない者は誰もいないだろう。そして一度に一つの職業しか持っていない者もいないはずだ。

遠く離れた知識同士をつなげることほど重要なことはない。その際、常に初心を忘れてはいけない。知識を俯瞰するには、謙虚な態度が要求されるからだ。

未来の教育法

講義、教師主導のディスカッション、宿題、反復練習、暗記、評価など、古典的な教育法は今後も長きにわたって利用されるだろう。これらに加えて、グループワーク、プロジェクトの実現、自信と協調性の育成、自尊心の向上など質の高い教育の普及が加わる。

知識伝達における暴力と強制は、身体的、言語的、心理的なものを問わず、いかなる形式であっても世界中で禁止であることを、われわれ人類は確約しなければならない。

日々、世界中ではさまざまな教育法が試行錯誤されている。これらの教育法を広く周知させ、よいものについては普及させるべきだろう。ちなみに、ユネスコはこれらの教育法について総合的な評価を下している。たとえば、初等教育では、充分な訓練を受けた教師が電子メールで指導案を毎日受け取るという、低コストで教師の負担の少ない方法により、大きな成果を上げている。

ハードサイエンスのような多大な努力を強いられる学問に若者の関心を集めるには、仮想現実を利用する体験学習を推進すべきだろう。また、柔軟な発想や独創性を伸ばすボードゲームの活用も役立つに違いない。

生徒自身による学習も発展させるべきだ。教師の指導のもと、生徒がクラスメイトのために授業を行う。こうすれば「反転授業」〔自宅で予習し、授業では演習や議論を行う〕だけでなく「逆転授業」〔生徒自身が授業を行う〕も可能になる。

また、教師が保護者に対し、子供の教育への積極的な参加の重要性を繰り返し訴えることも必要だろう。その際、自分たちの地域の発展、および自分たち自身の健康、生活水準、環境、女性の権利を向上させるには、子供に新たな知識を授けることが必須だと説くべきだ。

こうした啓発活動にはSNS、そして将来的には先述の人工装具の活用が有効だろう。知識の伝達に不可欠な研究活動の重要性は、これまで以上に増す。

これらの未来の教育学イノベーションの価値は、テスト結果のライブ・デジタル分析によって評価できるようになる。また、処方的分析システムにより、生徒の行動を予測し、中退の予測、そして中退を避けるのに適した教育法の選択が可能になる。

将来的に、今日ではまだ黎明期にある神経科学により、暗記に頼らない学習法、才能の発掘法、弱点の克服法、個人の特性に応じた教育法が見つかるだろう。これらの分野の研究は重点的に推進すべきだ。

老後も含めた生涯教育

数千年もの間、男子は親の職業を継ぐしかなく、女子に至っては職業に就くことはほとんどなかった。家庭の拘束から逃れる子供が現れたのは、人類史から見ればつい最近のことだ。先述のように、北欧などの一部の国では、文化的遺産が男女にかかわらず子供の教育や進路におよぼす影響を大幅に削減することに成功している。

そうはいっても、「出自に関係なく誰もが自由に職業を選択できる社会」は往々にして幻想であり、いまだに貧困層の家庭の子供は辛い職業に就くように仕向けられている。「無知による蛮行」では、さらに悲惨な状況に陥る。「人工物による蛮行」では、全員が社会ニーズに応じて方向づけられ「製造」される。

自由な社会になると、次のような変化が起こる。誰もが「自分自身になる」手段を手に入れ、自己を特別な存在にするものを見つけ出せるようになる。性別や出自で判断されたり進路を決められたりする子供はいなくなる。そして誰もが家庭や社会が提供できないことを補う手段を有するようになる。そのような社会への移行は、辛いあるいは退屈な仕事が自動化されるのと同じペースで進行する。

まず、クラス分けの際に異なる出自の生徒をバランスよく配置することだ。そうすれば学校に社会的な混合状態をつくり出すことができる。この混合状態からは、恵まれない環境で育つ生徒は大きな恩恵を受ける一方、恵まれた環境で育つ生徒が失うものは何もない。このような社会を構築してこそ、職業訓練と進路指導は、終身型かつ個別型になる。

あらゆる年齢の人々が学習者であると同時に教師になる。たとえば、若者は彼らの知識を年長者に教え、年長者は自分たちの知識を若者に教えるという具合だ。全員が生涯、学習者になるのだ。

多くの職業（医療従事者、公共交通機関の運転手（バス、電車、旅客機、客船）、教師）に関して、定期的な能力試験を設ける必要がある。

生涯教育は公立の学校と大学が担うべきであり、この巨大な市場を民間企業だけに任せてはいけない。

将来的には、生涯教育を受けている人には報酬を支払うべきだろう。現に、一部の国では、学生だけでなく生涯教育を受けている社会人も勤務先の企業から報酬を受け取っている。こうした報酬は、勉強に真剣に取り組み、継続的な進歩が認められる人に対してのみ支払うことにする。

教室改革：ハイブリッド型の教室

先ほど紹介した最初の二つのシナリオ（「無知による蛮行」と「人工物による蛮行」、およびそれらの混合型）では、幼稚園から大学に至るまで、教室は消滅する。

三つめのシナリオ（ホモ・ハイパーサピエンスと超集合知）では、世界の三分の二の地域に影響する人口動態という津波と斬新なテクノロジーの出現により、次のようなことが起こる。教室は時代遅れの産物になり、生徒一人一人のニーズに合った新たな教育法が開発される。あらゆる形の権威は疑問視される。決められた時間割は拒絶される。生徒が集中力を長時間保つことは困難になる。これらのことを勘案すると、三つめのシナリオでも最初の二つと同様、教室は消滅する運命にある。したがって、世界中で小中高校と大学は消滅するだろう。

しかしながら、いつの時代であっても、調和のとれた包括的な人間形成には愛情溢れる家庭だけでなく、（能力のある保護者がいる場合であっても）家庭では教えられないことを習得できる学びの場が必要になる（とくに、両親が共働きの場合）。つまり、幼少期に、社会的な制約を受けたり、不運に遭遇したりする体験をするために、家庭以外の学びの場を設けることはきわめて重要なのだ。

現実世界の学校やこれに付随する課外活動がなければ、自己陶酔的かつ不誠実で孤独な人物ばかりが生み出されるだろう。家庭だけで養育される子供だけが大人になったのでは、社会は成り立たない。

幼少期をデジタル機器の画面を眺めながら両親とだけ過ごした子供は、（ときどき近くの友達と過ごしたとしても）ほとんどの場合、大成しないだろう。ましてや責任ある市民にはなれないはずだ。そのような子供は孤独で狭い世界に生きる唯我独尊タイプで、クリエイティビティを育むことができない。彼らは、誠実さ、分かち合い、共感、利他主義の尊さを体験できず、共同体主義を受け入れることができず、嫉妬と死に対する衝動に抗うこともできないだろう。すなわち、集団生活が成り立たなくなり、蛮行が横行する世の中になってしまう。

しかし、学校が未来も今日の姿のままであることはない。

これまでの学校（ここでは、店、作業場、工場、オフィス等あらゆる教育の場の総称とする）は、抜本的な変化を強いられるだろう。

今後、学校では、これから大人になる子供に対し、教師の命令に頭ごなしに従うことは期待できなくなる。これは数世紀前から多くの教育学者が訴えてきたことでもある。学校は企業と同様、権威、規律、服従の場でなくなる。

学校は企業と同様、長時間の監禁場所ではなくなる。知識の伝達時間を家庭や他の場と共有するのが学校だ。

生徒は教師とともに週二日、自宅や課外活動の場で遠隔学習を選択できるようになる。当然ながら、このハイブリッド型教室は保護者をはじめとする関係者にとり、新たな負担になるかもしれない。

ハイブリッド型教室を実現するには、教室にカメラを据え付け、その日の受講を教室でなく自宅を選択した生徒に授業を配信する必要がある。あるいは、ラジオ、電話、インターネットによって授業を配信することも可能だろう。

教室では、教師を中心に据えるのではなく（今日、ほとんどの場合がまだこの形式だ）、共有と交流を促す環境をつくり出さなければならない。学校は企業と同様、もてなしの場であるべきだ。机、椅子、ロッカーを備えるだけでなく、交流の場を目指すべきだ。世界中の学校が教育先進国の学校で見られる設備を整える必要がある。たとえば、レストラン（「学食」という名称はなくなる。子供はここで一日二回、少なくとも一回は健全な食事をとることができる）、スポーツ施設、健康管理施設、図書館、シアターホール、ビデオゲーム室（子どもが知的なゲームを学べる場）などだ。休憩施設には芸術作品を展示し、スポーツや知的なゲームを楽しめて安心して会話のできる場を設ける。

学校のあるべき姿は、教師に対しては、快適さ、独りで過ごせる場、会議、スポーツ、瞑想、授業の準備のための環境を整備する。保護者に対しては、教師の同意のもとに気軽に立ち寄れる場にする。

そして社会はあらゆる脅威から学校、そして生徒、教師、彼らの関係者を物理的に保護しなければならない。

このような学校の運営は、今日の学校よりもはるかに低コストですむだろう。教師は授業内容や教育法に関して電子メールなどによって常時サポートされるからだ。小学校教師を募集する際は、現在の採用基準を引き下げたり、兼業を認めたりすることも可能になる。校舎は全校生徒の三分の二程度を収容できる規模で設計すればよいだろう。大学の場合、大学生活の場は常時利用できる状態にしながらも、対面式の授業は年間三ヵ月、残りは遠隔授業にすることも可能だ。

学校は暮らしの総合的な場であるべきだ。なぜなら、さまざまな側面を持つ「命の経済」(教育、医療、食糧、持続可能な発展、安全、民主主義、文化、スポーツ、公衆衛生)の発展にとって、学校は不可欠だからだ。学校は、今後重要性をさらに増す課外活動の世界、そして未来を担う研究の世界と緊密な関係を築かなければならない。

家庭は教育の場でなければならない。そのためには、自宅には可能なら子供部屋とは別に勉強部屋を確保したい。

ハイブリッド型学校は、保護者が教師になることが前提だが、現在ではまだそうなっていない。そのため、保護者は現実あるいは仮想の家庭教師に自宅または自宅外で助けてもらうことが考えられる。そうした家庭教師の費用、とくにスポーツなどの教育に関しては、共同体が負担するものとして、保護者は課外活動に携わる人々と作業を分担することが考えられる。

当然ながら、市場がこの進化を見逃すはずはなく、公共サービスを民営化させ、教師の有償の労働を、保護者や課外活動団体の無償の労働に置き換えようとするに違いない。われわれは、そうした市場化が起こらないように目を光らせる必要がある。

しかしながら、教育がバランスの取れた経済活動になりうることは認めざるをえない。それは戦略的な教育産業によって支えられるだろう。私立学校は、公共サービスの受託者としての権利と義務を詳細に定める約款に従うことを条件に、教育活動に従事できるものとなるだろう。

学ぶと同時に教える

フルタイムの教師の収入は、同等の学位を持つ教師以外の職業に就く者の平均額を上回るように設定すべきだ。教員資格を得るには、初等教育の場合ではバカロレア取得後に三年間の高等教育、そして中等教育の場合ではバカロレア取得後に五年間以上の高等教育（そのうちの最低一年間は教育学）を条件としたい。

大学では研究なくして教育はあり得ない。

教師の待遇や資格については、フィンランドの例が大変参考になる。

教師は充実した研修を受け、生徒からの評価に耳を傾けなければいけない。ただし、生徒による評価は教師だけが知るものとする。教師が企業の生涯教育制度などを利用して一時的に別の職業を体験できる制度を整える。教師を生涯の仕事にしなくても、非常勤教師として学校で数年間教鞭をとるという道筋も用意しておく。この仕組みがあれば、たとえば技術者が科学の教師として週一コマ三時間の授業だけを受け持つことも可能になる。

大人は保護者としての役割を果たすための教育を受ける。現在、一部の国では保護者が果たすべき教育者としての役割とは関係なく家族手当が支払われているが、現行の家族手当に加えて、そうした教育を受ける保護者に報酬を支払うことも考えられる。

全員が生涯を通じて学習者であると同時に教師でなければならない。すなわち、子供時代と青年期には共通の問題に仲間とともに取り組み、現役時代には同僚と知識を分かち合い、引退後には若い世代に自己の経験や知識を伝えるのだ。

こうして教えることが最高の学びであると、誰もが理解するようになる。

「命の経済」の一部である教育

これらの新たなニーズを満たすには、一人当たりの教育費を今日よりも大幅に増やさなければならない。二〇五〇年には教育費を少なくとも対GDP比の一〇％にする必要がある。この目標を達成するには、すべての国は（「死の経済」を構成する化石燃料などの有害な物質を利用する産業部門を切り捨て）教育を優遇する政策を打ち出すと同時に、富国から途上国（とくに「無知による蛮行」に脅かされているサハラ砂漠以南の国々）への多額の援助が必要になる。

さらには、教育費の増額という目標を達成するには、「命の経済」の教育を含むすべての部門を支援する必要がある。劣悪な環境に置かれたのなら、子供は安心して学習できないだろう（例：粗末な住環境、不安定な家計収入、非民主的で不穏な社会、悪事、偏執的な行為、虐待、疫病、扇動が横行する社会）。したがって、われわれは教育を、首尾一貫した家族政策、野心的な住宅政策、効率的な医療制度、質の高い食糧、調和のとれた安全な環境に組み込まなければならない。

学校自体が「命の経済」の担い手を養成する場になることによってこそ、学校は民主的で持続可能な社会の実現に深く関与できる。

（ユネスコやユニセフなどの）既存の文書に加え、これらの処方箋を『子供に関する国際法典』としてまとめ上げるべきだ。このような法典ですべての子供が自立するまで（一般的には一八歳まで。状況によっては高等教育終了時の二三歳まで）の生活を健やかに過ごすことを保証しなければならない。

さらには、親になるための支援と訓練を全員にしなければならない。そして質の高い教育と持続可能で居心地のよい住居の保証、精神、身体、デジタルの面での健康の管理、子供の身体的、知的、心理的な統合の手助けが必要になる。

とくに、デジタル産業界が新たなテクノロジーを利用して子供を保護するための方策をとるように、強制しないまでも仕向ける必要がある。たとえば、有害なコンテンツを発見するツールをデジタル機器に組み込むことや、子供の保護に関する啓発活動を展開することだ。

六歳未満の子供がデジタル機器のスクリーンを眺める行為は、家庭内および児童を迎え入れる施設では禁止すべきだ。この規範を遵守しない企業や国に対しては、しかるべき制裁措置を講じるべきだろう。

新興国は財政上の理由から、国民全員に従来型の教育でさえ充分に施すことができない状況にあるが、スマートフォンやオンライン・バンキングがそうだったように、こうした革命では最前線で、前衛的で解放的な教育プロジェクトを、先陣を切って遂行できるのかもしれない。

ホモ・ハイパーサピエンスから超集合知へ

私もこの挑戦に不退転の覚悟で挑むつもりだ。

私は人類が他の生物種とは異なり、今日に至るまで数多くの発見をし、無数の芸術作品を生み出し、莫大な知識を受け渡してきたことに驚嘆している。

その一方で私は、一部の権力者が貴重な知識を独占し、大多数の人々、そしてほとんどすべての女性を、無知、貧困、服従、苦悩の人生に追いやってきたことに怒りを覚える。

また、私は人類が愛を伝えることができず、憎しみ、サディズム、悪事や殺戮に対する快感に抗うことができなかったことにも怒りを覚えている。

そして私は、一握りの人々が、大衆や他の生物種を搾取しながら蓄積してきた膨大な知識を、自分たちの幸福のためだけに利用してきたことに激怒している。

私は、人類が未来から押し寄せてくる巨大な津波（人口動態、テクノロジー、イデオロギー、エコロジー）に備えようとしないのではないかと心配している。

幸運なことに、まだ間に合う。私は人類が自己の超越によって自身の存在意義を見出すことを強く願っている。そして、そのためには、人類はこれから起こることを最大限に活用しなければならない。

端的に言うと、人類が自分たちの知識の一部を次世代へと継承してきたのは、単に自分たちの子供が生計を立てられるようにしたいという個人的な思いからだけではなく、無意識ではあっても、はるかに大きな使命を感じていたからでもある。つまり、無数のホモ・サピエンスが蓄積してきた知識により、人類はいつの日かホモ・ハイパーサピエンスになることができると考えているからに違いない。ホモ・ハイパーサピエンスは、ホモ・サピエンスが自分たちでは手に負えないために自問しようとしない難問に対する回答を見出すはずだ。

なぜ人類は次世代に知識を伝達するのか。それは人類が叡智を尊ぶ道筋を歩めば、次世紀において人類存亡の機を脱し、宇宙の遥か彼方まで旅をすることができると信じているからだ。そして非暴力で、自由で、共感的で、文化的で、創造力を身に付けたホモ・ハイパーサピエンスに対し、それまでに蓄積したさまざまな知識を伝え続ける手段を持つことができると確信しているからでもある。

人類は、未来のホモ・ハイパーサピエンスが「集合知（個別知性の総合ネットワーク）」を生み出す共通プロジェクトに尽力するように仕向けることにも成功するかもしれない。この「集合知」はホモ・ハイパーサピエンス全体の知識とは異なり、神経科学、遺伝学、物理学、宇宙物理学、化学、生物模倣技術、デジタルおよびニューロンAIなどの進歩によって育まれる。現在のAIよりはるかに強力で機動力の高いこの複合的な「集合知」は、今日の人間の知性よりもはるかに速いペースで知識を深めていく。

人類はその性質上、メンバーの更新によって常に変容し続けるため、自分たち自身に古今東西のあらゆる知識を絶えず伝達するだろう。

人類は自分たちの生み出した人工物をコントロールし続け、善の立場に留まり、ホモ・サピエンスの集団自滅的な所業を避けるために、常に闘わなければならない。

この「集合知」が、人工物の管理、叡智、明晰さ、思いやりに関してさらに進化すると、「超意識」を生み出すかもしれない。私はこの「超意識」が悪の精神に染まったり、人類の悪の精神を世界中に拡散したりすることはないと信じたい。

また私は人類が自身の変化し続けるアイデンティティから、自分たちの犯した過ちや残虐行為に関する教訓を得て、意識を変革することを望んでいる。

最後に、私は人類が自分たちの有限性を意識したうえで、生命および宇宙という牢獄が課す物質的な限界の向こう側に存在する新たな知識を探求することを切望している。

筆を置く前に

世界に向けた二〇の提言

1．すべての人類が、教育、住居、食糧、安全、身体的および精神的なケアなどの「命の経済」のモノとサービスを享受できることを保証する。
2．すべての人類が、生涯学習を受ける普遍的な権利を持つことを保証する。また教育は、性別、出自、収入、アイデンティティ、障害の有無に関係なく、人類全員が利用できる普遍的なサービスであることを確認する。
3．子供と若者を保護する世界的な法典をつくり、これを遵守する。とくに、倒錯、暴力、身体的および言語的な強制行為、インターネット上でのいじめを禁止する。
4．誠意、好奇心、やる気、そして理性、創造性、批判的思考の向上を促進する。
5．すべての人類が自分らしく生き、誰もが人類の一員として活躍することを支援する。
6．ハイブリッド型学校への移行を視野に入れ、公教育と研究に対する国内外の予算を現在の二倍になるまで徐々に引き上げる。

7. 子供の誕生時、親になる大人に対して、支援し、子供の教育がいかに重要であるかを認識してもらう。
8. 四歳から哲学と環境問題を教える。
9. 六歳まではデジタル機器の使用を禁止する。
10. 子供たち全員が質の高い幼稚園および保育園を利用できるようにする。
11. 一六歳までは先述したハイブリッド型学校に通う教育を義務化し、一八歳までは教育を受ける権利、そして二三歳までは学習するために必要な資力を提供する。
12. 私立学校を含め、すべての教育機関は社会的多様性を保証する。
13. 「新たな四学科」（科学、倫理学、芸術、生態学）を世界中で教える。
14. スポーツの実践、自然に関する知識、生物多様性を重視する。
15. 教育の必要不可欠な要素として研究を推進する。
16. 教師ならびに子供の教育に関わる人々の社会的な地位を高める。
17. ハイブリッド型学校の運営で協働する教師と家庭の関係を密接にする。
18. 学校と大学を生涯学習の場にする。
19. 他者の生命に関わる職業に就く人々の資格免許は、一五年ごとの更新制にする。
20. 学習者全員には報酬を支払い、学習を拒否する者には報酬を支払わない。

フランスに対する二〇の具体的な提言

1. すべての子供を二歳から就学させる。
2. ハイブリッド型学校への移行を視野に入れ、とくに初等教育、職業教育、高等教育において、生徒および学生一人当たりの公教育費を一〇年以内に倍増させる。
3. すべての教育機関（私立学校も含む）の生徒に占める恵まれない家庭の子供の割合を最低二〇%、最大三〇%にする。
4. 少なくとも小学校では、ハイブリッド型授業によって教室内の生徒の数を大幅に削減する。
5. 初等および中等教育の制度を地方分権化する。
6. ハイブリッド型学校という枠組みにおいて、学校と課外活動団体との共同プロジェクトを実践するために、教育機関にこれまで以上に大きな自治権を与える。
7. 小中高校および大学で一日最低一時間のスポーツを義務づける。
8. すべての教師と生徒に非宗教およびフランス共和国の価値観を教える。
9. 留年の代わりに、学習の遅れを年度末や次学年で取り戻す補習プログラムを導入する。
10. 教育優先地区に名門大学への進学準備クラスや名門大学の学部を設置する。
11. これらの新たなニーズに対応する教育機関を設立する。
12. 環境問題の解決など「命の経済」に関わる職場に、少なくとも一〇〇万人の実習生を受け入れる。

13. 恣意的に決めた学習到達度ではなく、努力を評価する教育を実践し、失敗から学ばせることのできる教師を育成する。

14. 学び直しのできる学校の数を増やし、落ちこぼれた者を救済する再教育をする。

15. 子供に対する社会的な支援を二三歳まで延長する。

16. 学力の低い大学入学資格者のために、大学に一年間の予備教育課程を設ける。

17. 年齢制限のない継続的な教育を展開する。

18. 教師、研究者、課外活動に携わる人々の給料を引き上げる。

19. 二三歳までの学生を含む国民全員を対象に、今日の一〇種類ある最低限の社会的保障を一本化した最低所得保障制度を設立する。

20. 社会のあらゆる段階において、理性、真実、非宗教、科学の教育を推進する。

読者に向けた二〇の具体的な提言

1. ひたすら読書する。自分の興味のあることが見つかるまで、あらゆるジャンルの本を手に取ってみる。

2. 学習意欲を養う。それにはさまざまな方法があるが、私の場合は計画を立てること、そして失敗を恐れることが重要。難解な本を読破する、自分にとって少し難しいと思われる問題を解く、頑張ればできそうな課題に取り組むなど、徐々に険しくなる冒険に挑むことで、自分のやる気を高められる。

3. 暗記、そして楽器や演劇をじっくりと練習することによって注意力を養う。

4. 格闘技や持久的なスポーツを通じて徐々に高いリスクを制御する術を身に付け、自信をつける。

5. 身体的、言語的な非暴力を学び、これを養う。暴力に訴えようとする自分に気づいたのなら、身体的、言語的に反応する前に、深呼吸をしてからしばらく瞑想する。攻撃的なメッセージに対して書面で回答する際は、一時間ほど時間を置いてからにする。

6. 自分らしさを探求し、これを活かす術を学ぶ。自分の弱点に思い悩まない。自分の長所を模索する。

7. 常に疑問を抱く。自分自身に対し、冷酷なまでに誠実に向き合う。毎晩、その日に何を学んだのかを自問し、真実だと思っていたことが誤りだと判明したのなら、それらを書き留めておく。

8. 学び続ける。自分が学んだことを周囲と分かち合う喜びを見出し、自身の知識を会話の話題にする。

9. 学業における失敗を取り返しのつかないことだと受けとめてはいけない。わからないことは書き留めておき、独りで、あるいは他者とそれを理解するための手段を協力して見出す。こうした作業を身に付けるには、スポーツは格好の修行の場だ。

10. 自己の身体と精神を大切にすることを学ぶ。自分が知っていること、あるいは知らないことについて、他者だけでなく自分自身にも嘘をついてはいけない。
11. 人生は儚く、学びの可能性はどこまでも広がっていると認識する。
12. 学習効果を向上させるために仲間とともに学ぶ。些細なことであっても学習グループをつくり、知識を共有する場を設ける。
13. 教えることが最良の学習法であることを、実践を通じて理解する。職場の同僚、学校や課外活動の友人に教える機会をつくる。
14. これまでに紹介したことを子供たちに説明し、ともに実践する。とくに、子供が読書の楽しみを見出し、読んだ本の内容を親子の会話の話題にする。子供の手元に読み物があるように絶えず気を配る。野心的な計画を温めることによって、子供のやる気を培う。知識を教え、分かち合う喜びを見出す。身近な現象を科学的に解明することによって自然の法則を教える。
15. 子供が天才だとか、あるいは障害があるとかを頭から決めつけない。どの子供にも個性があり、個性はプラスでもマイナスでもない。個性をどう活かすかが重要だ。常に子供の才能と脆弱性を探す。
16. 学習を好きになってもらう。学習を好きになるのは自分自身のためであり、学んだことを仲間と分かち合う喜びを感じるためだ。学校から帰宅した子供には、授業でどんな質問をしたのかを毎日尋ねる。

17. ビデオゲームなどの受動的な活動の誘惑に負けないように、スポーツ、会話、美術館巡り、読書などを促す。

18. 担任の教師や課外活動の指導者と日常的に連絡を取り合う。自宅に子供のクラスメイトを招き、学習会を企画する。学習会の最後には、ちょっとしたご褒美を出す。

19. 学校で優秀な成績を取ったらご褒美をあげる。成績が悪かったのなら、その原因を子供とともに探る。成績が悪かったからといって罰するのは、子供から学習の喜びを奪うことにしかならない。

20. 死と生に関するさまざまな意味を子供にじっくりと考えさせる。

謝辞

シャルロッテ・メイヤーにとても感謝している。彼女は執筆当初から、本書に必要だった参考文献の検索という膨大な作業に付き合ってくれた。彼女は懇切丁寧に出典も確認してくれた。編集者のソフィー・ド・クロゼにも深く感謝したい。彼女は原稿を何度も読み直し、鋭い質問を投げかけてくれた。

フラマリオン社〔本書の原出版社〕の彼女の有能な同僚たちにも敬意を表する。図版担当のマリー・オーデ、装丁者のフランソワ・デュルケム、索引を作成したセザール・ペルピーニャ、校正者であるエヴァ・ブーツ、ヴァージニー・ギャレット、コレット・マランダン、ギヨーム・ロベールだ。

最後に、本書は多くの方々との会話から着想を得た。彼らの一部を紹介したい。オードレ・アズレ、ピエール・ブルデュー、ボリス・シリュルニク、スタニスラス・ドゥアンヌ、アンジエラ・ダックワース、デリフィーヌ・マルティノ、アラン・トゥーレーヌ。

そして特定のテーマに関しては、シャノン・セバン、ジェレミー・フォンタニュー、ジュリー・マルティネス、ロリス・シャヴァネ、オード・ケリヴェル、マルセル・スカリョーネ、ローレンス・ブーン、エリック・シャルボニエ、ジャン＝マルク・タセット、アウラッド・ロフティ。

当然ながら、本書の内容に責任を持つのは私だけだ。

本書に関する感想や疑問があれば、j@attali.com までご連絡をいただければ幸いだ。

本書の参考文献はこちらに掲載しました。

https://hondana-storage.s3.amazonaws.com/54/files/attali.pdf

ジャック・アタリ
JACQUES ATTALI
1943年アルジェリア生まれ。パリ理工科学校、パリ政治学院および国立行政学院卒。1981年フランソワ・ミッテラン大統領顧問、91年欧州復興開発銀行の初代総裁などの要職を歴任しながら、思想家・ジャーナリスト、劇作家等としても幅広く活躍。経済・哲学・歴史・評伝、文化論など幅広い分野で50冊以上に及ぶ著作を上梓。
邦訳に『危機とサバイバル――21世紀を生き抜くための〈7つの原則〉』(作品社)、『アタリの文明論講義:未来は予測できるか』(ちくま学芸文庫)、『世界の取扱説明書――理解する/予測する/行動する/保護する』(プレジデント社)他多数。

林昌宏
MASAHIRO HAYASHI
1965年名古屋市生まれ。翻訳家。立命館大学経済学部卒業。訳書にジャック・アタリ『世界の取扱説明書』(プレジデント社)、シルヴァン・シペル『イスラエルVS.ユダヤ人』(明石書店)、ダニエル・コーエン『AI時代の感性』(白水社)他多数。